金朝"异代"文士的
民族认同之路

Jin Dynasty's Literates from Other Nations
On the Road of Ethnic Identity

李秀莲 著

图书在版编目(CIP)数据

金朝"异代"文士的民族认同之路/李秀莲著. —北京:中华书局,2017.1(2024.4重印)
(国家社科基金后期资助项目)
ISBN 978-7-101-11188-0

Ⅰ.金… Ⅱ.李… Ⅲ.中国历史-研究-金代 Ⅳ.K246.407

中国版本图书馆 CIP 数据核字(2015)第 201584 号

书　名	金朝"异代"文士的民族认同之路
著　者	李秀莲
丛 书 名	国家社科基金后期资助项目
责任编辑	吴爱兰
责任印制	陈丽娜
出版发行	中华书局
	(北京市丰台区太平桥西里 38 号　100073)
	http://www.zhbc.com.cn
	E-mail:zhbc@zhbc.com.cn
印　　刷	三河市中晟雅豪印务有限公司
版　　次	2017 年 1 月第 1 版
	2024 年 4 月第 2 次印刷
规　　格	开本/710×1000 毫米　1/16
	印张 17¾　插页 2　字数 280 千字
国际书号	ISBN 978-7-101-11188-0
定　　价	59.00 元

国家社科基金后期资助项目出版说明

后期资助项目是国家社科基金设立的一类重要项目,旨在鼓励广大社科研究者潜心治学,支持基础研究多出优秀成果。它是经过严格评审,从接近完成的科研成果中遴选立项的。为扩大后期资助项目的影响,更好地推动学术发展,促进成果转化,全国哲学社会科学规划办公室按照"统一设计、统一标识、统一版式、形成系列"的总体要求,组织出版国家社科基金后期资助项目成果。

全国哲学社会科学规划办公室

目 录

绪 论 …………………………………………………………… 1
　一、命题的提出 …………………………………………… 2
　二、几个关键词的阐释 …………………………………… 4
　三、研究现状 ……………………………………………… 14
　四、命题研究的主要内容、主要观点、研究方法、学术创新 …… 23

第一章　女真人的"族群认同"与阿骨打"变家为国" …… 27
　第一节　女真人的"族群"认同 ………………………… 28
　　一、女真人的来历 ……………………………………… 28
　　二、女真人的区分与族群认同 ………………………… 30
　　三、熟女真的分布 ……………………………………… 34
　第二节　女真完颜部核心地位的确立与贵族政治的形成 …… 45
　　一、女真完颜部走上独立发展之路 …………………… 45
　　二、反抗辽朝,女真完颜部领导核心地位的确立 …… 48
　　三、阿骨打的"父权"与家族政治 …………………… 50
　第三节　从都勃极烈到皇权政治的转变 ………………… 52
　　一、学术界关于"都勃极烈"问题的争议 …………… 53
　　二、"国相"与都勃极烈 ……………………………… 58
　　三、女真人认同的都勃极烈 …………………………… 67
　小　结 ……………………………………………………… 70

第二章　渤海人与女真人的互相认同 …………………… 72
　第一节　女真、渤海本同一家 …………………………… 72
　　一、渤海政权的性质及其与女真完颜部的关系 ……… 73
　　二、渤海遗民与女真人的共同政治目标——反辽 …… 74

三、女真与渤海人的政治联姻 ……………………………… 79
　第二节　渤海文士杨朴劝阿骨打称帝 ……………………… 82
　　一、关于金朝开国史的研究与论争 ………………………… 82
　　二、捭阖诸说，寻找劝阿骨打称帝的人 …………………… 84
　　三、杨朴劝阿骨打称帝的时间 ……………………………… 87
　　四、杨朴劝阿骨打称帝对金朝开国的贡献 ………………… 89
　第三节　杨朴在《金史》中的隐遁与金初政治认同的错综复杂 …… 91
　　一、杨朴在《金史》中的隐遁与贵族政治危机 ……………… 91
　　二、杨朴"献策"与女真人的认同 …………………………… 95
　　三、杨朴在《金史》中的隐遁与其"献策"的局限性 ………… 98
　第四节　高庆裔对女真贵族政治的认同与颠覆 …………… 100
　　一、高庆裔的通事身份与其发迹 …………………………… 101
　　二、高庆裔参与对宋交涉 …………………………………… 104
　　三、高庆裔与宗翰的贵族政治 ……………………………… 107
　　四、高庆裔在贵族政治与皇权之间沉浮 …………………… 113
　小　结 ……………………………………………………………… 117

第三章　燕云文士对金朝政治的认同 ……………………………… 119
　第一节　燕云文士政治认同的同一性 ……………………… 119
　　一、燕云文士多主动归降 …………………………………… 119
　　二、张觉叛金归宋，燕云文士民族认同的拷问 …………… 121
　　三、燕云文士以保境安民为己任 …………………………… 121
　　四、燕云文士推动女真贵族转变观念 ……………………… 123
　第二节　韩企先"隐于朝" …………………………………… 126
　　一、韩企先为宗翰的"门人客卿" …………………………… 126
　　二、韩企先入朝立"难言"之功 ……………………………… 128
　　三、韩企先"世称贤相" ……………………………………… 133
　第三节　韩昉为帝王之师 …………………………………… 136
　　一、韩昉入仕"内朝" ………………………………………… 137
　　二、韩昉在熙宗背后 ………………………………………… 142
　　三、韩昉一而再地求退 ……………………………………… 147

小　结 …………………………………………………………… 152

第四章　两宋仕金文士群体的复杂与其民族认同道路的分歧 ……… 154
　第一节　宋朝文士仕金态度的分殊与嬗变 ……………………… 154
　　一、宋朝文士通过多种途径入仕金朝 …………………… 155
　　二、宋朝文士对金朝政治从抵触到适应 ………………… 156
　　三、宋朝文士个体的态度与政治大环境 ………………… 159
　第二节　宇文虚中从"南冠客"到"国师" ……………………… 163
　　一、宇文虚中四使金营 …………………………………… 164
　　二、"南冠客"滞留金营的复杂情感 ……………………… 166
　　三、宇文虚中在金营"露才现奇" ………………………… 173
　　四、宇文虚中入朝为"国师" ……………………………… 180
　第三节　文化认同的错位与宇文虚中之死 ……………………… 183
　　一、宇文虚中"疑案"的起因 ……………………………… 183
　　二、汉文化与女真习俗的冲突 …………………………… 186
　　三、宇文虚中与女真贵族间的文化认同取向 …………… 191
　　小　结 …………………………………………………………… 194

第五章　"异代"文士家族势力的兴衰与民族认同之路的延伸 ……… 196
　第一节　"名士"与"庶士"家族的兴衰 …………………………… 196
　　一、"名士"家族民族认同之路的分殊 …………………… 196
　　二、"名士"家族对金朝的认同与被认同 ………………… 201
　　三、"庶士"家族地位的上升 ……………………………… 207
　　四、"庶士"家族裙带关系的恶性发展 …………………… 209
　第二节　渤海张氏家族的民族认同之路 ………………………… 214
　　一、张氏家族的荣显与君王的眷顾 ……………………… 215
　　二、张浩"无事不为，无役不从" ………………………… 219
　　三、张浩与海陵"霸王"政治 ……………………………… 220
　　四、天下"大定"与张氏家族 ……………………………… 226
　　五、大定朝的"无为"政治 ………………………………… 228
　第三节　张氏兄弟"以言辅政"，踯躅于民族认同之路上 ……… 233

一、应对世宗"求谏""求贤" …………………………… 234
　　二、张氏兄弟"临事多徇" ……………………………… 238
　　三、张氏兄弟与魏徵的"差距" ………………………… 240
　　四、张氏兄弟的忠臣逆境 ……………………………… 245
　小　结 …………………………………………………… 249

结论："异代"文士民族认同的歧义与歧途 …………… 251
　　一、"异代"文士的民族认同与女真人的"汉化" …… 251
　　二、"异代"文士民族认同的"合力" ………………… 252
　　三、"异代"文士民族认同的歧途 …………………… 254

参考文献 ……………………………………………… 266

绪　论

金朝是女真人建立的政权,灭辽荡宋,入主中原,被视为北族王朝之一。百余年间,从氏族部落跃进到国家,走过了中原王朝从商周到秦汉三千多年的历程。有学者关注这一社会现象,并概括说,"金元作为少数民族建立的政权,其政治制度有一个从原始状态、低级状态向高级状态发展的过程。在一定意义上可以说是前代制度发展过程的浓缩"①。"发展过程的浓缩"意味着历史的大跃进。

在这个从低级向高级社会大跨越的历史进程中,女真人曾面临发展道路的多向选择问题。摆在女真人面前的道路有三条:一是女真人走自己的道路,充分发展由氏族部落向国家转化的道路;二是仿效辽朝的南、北面官制,实行汉地、王权、部族三重统治;三是全盘吸收汉文化,走汉化、建立皇权专制的道路。历史多重因素的际遇,女真人最终选择了接受汉文化、认同汉文化的道路,女真人接受汉文化的具体过程与金初"借才异代"的关系密切,也就是说,"异代"文士的民族认同之路伴随着女真人接受汉文化的过程。

金朝"异代"文士的民族认同之路表现的是辽宋"异代"文士群体与女真社会互为认同的过程。以武力征服而建国的女真人占据辽地,进入宋境。武力征服仅能维持短期的占有,长期的统治则需要文治。以骑射见长的女真人穷蹙于文治,必须选择"借才异代"来实现统治。"异代"文士通过多种途径进入女真人统治的金朝,情愿与不情愿的民族认同便不可避免地发生在"异代"文士与其所面对的女真人和女真政权上。"异代"文士与女真人的民族认同是双向的运动,认同与被认同、接受认同与拒绝认同同时进行,所以说,民族认同之路,不是单一的认同,不是接受汉文化的问题,而是一个复杂的历史过程。"异代"文士是中原文化与女真文化沟通的主要桥梁,正是由于他们多方面的推动,加之历史的际遇,女真统治者才有可能

---

① 吴宗国主编:《中国古代官僚政治制度研究》,北京大学出版社,2004年,《绪论》第5页。

入主中原，走上皇权专制的道路。

"异代"文士作为金初推动社会发展的重要社会群体，对女真社会的影响是全方位的，尤其在参与皇权、皇权政治的构建，以及皇权的进一步发展、变异中都发挥了举足轻重的作用。"异代"文士在推动、创造历史的同时，也为历史所创造，即"在直接碰到的、既定的、从过去继承下来的条件下创造"①。"异代"文士与女真人共同经历了文化认同、政治认同，乃至民族认同，通过"异代"文士铺设的民族认同之路，女真人（部分）与汉人逐渐融合。

一、命题的提出

金朝是以女真人为统治者的多民族、多族群的联合政权，其发展的主线是民族认同、民族文化认同的过程。民族认同，在当时的历史境况下，首先表现的是族群的认同，即女真人与包括汉人在内的族群认同，"异代"文士群体进入女真社会是服从政治需要的民族认同。其次是文化认同，女真人确立政权，需要在制度层面上认同汉文化，这一认同的实现主要通过金初进入女真社会的辽宋文士，即向"异代"文士"借才"。金朝"异代"文士的民族认同之路主要有两个向度：一方面是他们对女真社会的认同，包括从拒绝到认同，或者"曲线"认同，以及女真人对"异代"文士的认同行为的回应；另一方面是女真社会认同"异代"文士及文士群体的不同回应。两个向度的认同始于文化认同，运行于政治认同的过程中，终结于民族认同。

"异代"文士的民族认同之路是通过引导女真贵族接受、礼遇汉文化，以塑造皇权、皇权政治为目标。女真社会皇权政治的塑造是"异代"文士文化认同的符号、政治认同的媒介、民族认同的象征。金朝皇权政治的出现缘于"异代"文士的介入，来自辽宋的"异代"文士把汉文化移植到女真社会，女真人接受了汉文化，把女真人的"尊号""大号"都勃极烈改成"皇帝"。在以诸勃极烈联合的贵族政治为核心的女真社会嵌入"皇权"，并推动皇权政治从不同的方向削弱贵族政治，动摇了女真贵族对"旧俗"的坚守。在"旧俗"变革的过程中，女真人接受汉文化或是有意识的，或是无意识的。但当发现汉文化要改变女真"旧俗"时，部分女真人表现出有意识地排斥、

---

① 《马克思恩格斯全集》，人民出版社，1972年，第603页。

拒绝汉文化，连带排斥汉文化的载体——"异代"文士，这样，"异代"文士又成了民族文化认同过程中，遭遇文化冲突的罹难者。"异代"文士的民族认同道路与女真人对汉文化的认同影形相随，同样曲折。

女真贵族政治中滋生皇权，发展皇权政治，使之具备了入主中原、统治半壁河山的资本。皇权政治缘于至上皇权的出现，皇权制造了围绕它运转的国家机器，皇权对国家机器具有绝对的控制权，不论是真皇权还是假皇权（真皇权是指皇帝拥有权力，假皇权是指他人假皇帝之名拥有权力），皇权就是独占，对国家机器的全部"独占"，官僚、军队、监狱等全部在皇权的驾驭之下。

"异代"文士推动女真贵族认同汉文化，催生了女真社会的皇权、皇权政治的出现与发展。皇权出现后，"异代"文士与女真贵族之间民族认同道路的取向又处于皇权控扼之中，作为女真人认同汉文化的桥梁，既在皇权之内，又在皇权之外。在皇权之内，文士是皇权政治的组成部分，就这一点来说，与中原王朝的士人一样，正如汉高祖刘邦所说："贤士大夫有肯从吾游者，吾能尊显之。"①唐太宗也曾有言："天下英雄，尽入吾彀中矣。"②"贤士""英雄"始终是中原帝王政治的重要组成部分。帝王主动招徕文士辅佐皇权，首先是利用，同时也是安抚、束缚。金朝"异代"文士的民族认同之路有这样的经历与内容，这是金代皇权与中原皇权的同一性所致；金代皇权又不同于中原王朝的皇权，金代皇权还有排斥"异代"文士的一面，在皇权之外，"异代"文士不同于与刘邦"同游"的"贤士"，更有别于唐太宗"彀中"的"英雄"。首先，"异代"文士或来自辽，或来自宋，其文化背景与女真人不同，他们带着异质文化进入女真社会，冲击、变革女真社会，必然造成自身与社会的冲突与困境；其次，"异代"文士的文化素养与女真人存在一定差距，差距的缩小一方面表现为"异代"文士极力同化女真人，另一方面是女真人也有异化文士的企图。民族认同道路上，认同与拒绝认同不以任何一方的意志为转移，"夷夏"互变的过程是不可避免的大趋势。

来自渤海族群、辽朝燕云地域以及宋朝的"异代"文士从不同的出发点，或自愿，或被迫进入女真社会。他们推动女真人认同、接受汉文化，并

---

① ［汉］班固：《汉书》卷1《高帝纪》下，中华书局，1962年，第71页。
② ［五代］王定保：《唐摭言》卷15《杂记》，上海古籍出版社，1978年，第159页。

在女真社会培植了皇权、皇权政治。女真社会出现至尊的皇权,打破了氏族社会遗留的所谓"平等""民主"之旧俗壁垒。带着女真旧俗痕迹的皇权虽然背离了女真贵族民族自树的意愿,但也没有达到"异代"文士改变女真人、女真社会的政治期许。发生在这里的民族认同是不以认同者与被认同者任何一方的意志为转移的。金朝"异代"文士在确立皇权、发展皇权政治的期望与失望中徘徊、踌躇;金朝女真贵族控制的皇权政治既接受汉文化,又排斥汉文化,给"异代"文士的民族认同之路带来诸多不确定的因素。"异代"文士是两种文化相碰撞的授受者、推动民族文化互相影响的践行者、文化交流的媒介。"异代"文士推动皇权、皇权政治在女真社会出现,皇权政治虽然确立在对贵族政治否定的基础之上,但是,女真人的"本我"民族认同先于、高于政治认同,或者说女真人的"本我"民族认同与政治认同互为表里。金朝政权中,女真贵族处于最高统治阶层,所建立的政权的民族性是不可改变的,带有民族色彩的皇权既打击贵族又依赖贵族,斗争的最终结果是皇权与女真贵族媾和。在两者的争斗、媾和中,"异代"文士的民族认同之路险象环生,艰难曲折。

金朝的发展时刻面临着民族认同道路的抉择,民族认同道路的抉择捭阖在"异代"文士、女真贵族、皇权之间,归根结底是确立皇权政治。"异代"文士斡旋在皇权与贵族之间,为了使女真人认同汉文化,作为桥梁的"异代"文士必须先受女真人及其文化,理解女真人的生活方式等。"异代"文士民族认同之路上的认同与被认同的互动关系中潜藏着巨大的研究张力和书写张力,包含着民族文化冲突与融合的过程、金朝社会发展取向的抉择以及兴替等问题。所以,"金朝'异代'文士的民族认同之路"是揭示金朝历史及其特殊性比较重要的学术研究切入点。

二、几个关键词的阐释

研究金朝"异代"文士民族认同之路,既是对前人研究成果的继承,也寓意着笔者不断深入探索的努力。围绕这一命题需要阐释几个关键词。

(一)金朝——北族王朝

研究金朝"异代"文士民族认同之路,揭示的是金朝的特殊性。就金朝的特殊性而言,研究者的认识与定位殊异,有美国学者把金朝纳入"征服王朝"体系中,有日本学者提出"北亚历史世界"的概念,中国大陆学者多认同

"北族王朝"的界定。学术争论有益于学术发展,但争论是有原则和标准的,不论是概念还是理论,都要忠实于历史的客观性。金朝是以北方族群女真人为统治主体的政权,它的建立、发展直至灭亡不能忽略它的民族性。对其民族性的深入认识是有助于研究"征服王朝"论、"北亚历史世界"论和"北族王朝"论歧义的结点所在。

1."征服王朝"论

美国学者魏特夫在研究"作为中国社会史一部分的辽朝"①历史的过程中发现其历史的特殊性,指出辽朝具有征服王朝的模式,"被直接或间接地当作后来在中亚以及在中国本部的征服的一个模式"②。与其后的金、元、清同为征服王朝。其中,"辽金两个王朝代表征服模式的两个主要亚型,即在文化上抵制的亚型(辽)和在文化上让步的亚型(金)"③。

魏特夫把金朝作为征服王朝模式的一个亚型看待,既指出它们具有"征服王朝"的共性,又揭示出辽金两者各自的特殊性。诸如"涵化"与第三文化,征服王朝的统治集团与被统治集团相接触,其文化不是简单地同化、融化和传播,而是复杂的涵化。"涵化过程并非机械的积累。本地文化与外来文化双方,在接触后都有所改变,从而在相互调整中产生出第三文化"④。在复杂的接触过程中产生的第三文化保留了接触者文化中某些原来的成分,而另一些成分则以新的面貌出现或完全消失。契丹、女真与"他者"接触,主要是汉文化接触过程中确实出现了"第三文化",契丹、女真的"第三文化"最明显的表征莫过于契丹文字和女真文字,契丹、女真文字对契丹人、女真人是新鲜的,对汉人也是陌生的,这就是典型的"第三文化",但不能否认"第三文化"与相碰撞的第一、第二文化的源泉关系。魏特夫提出"征服王朝"论意在驳斥"汉化"论者以结果代替复杂的历史发展过程的偏颇,强调相接触的族群存在"汉化"的过程,是有价值的论断。诚如他自

---

① [美]魏特夫:《中国社会史——辽(907—1125):总论》,载王承礼主编《辽金契丹女真史译文集》第1集,吉林文史出版社,1990年,第6页。

② [美]魏特夫:《中国社会史——辽(907—1125):总论》,载王承礼主编《辽金契丹女真史译文集》第1集,吉林文史出版社,1990年,第4页。

③ [美]魏特夫:《中国社会史——辽(907—1125):总论》,载王承礼主编《辽金契丹女真史译文集》第1集,吉林文史出版社,1990年,第44页。

④ [美]魏特夫:《中国社会史——辽(907—1125):总论》,载王承礼主编《辽金契丹女真史译文集》第1集,吉林文史出版社,1990年,第34页。

己所言:"与赞成所谓汉人总是融化他们的征服者的论点相反,似乎应该来一个一百八十度的大转弯。"①

"征服王朝"论的出发点是把辽、金、元、清作为中国社会史的一部分,研究其特殊性。与"南北对立"立场上的"征服王朝"论不同②,魏特夫"征服(和渗入)王朝"论的提出是相对"典型中国王朝"而言,如秦汉、隋唐,对比中强调辽、金、元、清的特殊性。这种认识有一定的客观性,其不足是以局部的特征概述全部,征服王朝的"征服"是部族政权向国家政权转化过程中的一种方式,仅仅是政权建立过程中的特殊性,而不是整个王朝历史过程的特殊性。辽、金、元、清政权的建立者以其所擅长的骑射不断征服周边邻部,建立部族大联盟酋邦政权,酋邦政权在短时间内转化成国家政权是通过征服中原,占据、享用中原的文化、文明成果实现的。迨他们入主中原(辽朝仅有局部除外)后,武力征服者的优势地位逐渐消失,处于被中原文化的征服之中。面对被中原文化征服的趋势,女真统治者采取种种举措防止、扼制被汉文化征服。在这个金朝拒绝被中原文化征服的历史过程中,"异代"文士不得不服从金朝的政治形势和环境,他们既是政治认同的被征服者,又是文化认同的征服者。

2. "北亚历史世界"论

由于"征服王朝"论强调辽、金、元、清的特殊性,又把局部的特征与表象概述为王朝全部的特征,即所谓"征服王朝"。"征服王朝"论引来学术界的两种误解,一则认为"征服王朝"论有分裂中国历史的企图,代表者有张博泉和景爱等学者③。另一则认为"征服王朝"论远没有达到分裂中国历

---

① [美]魏特夫:《中国社会史——辽(907—1125):总论》,载王承礼主编《辽金契丹女真史译文集》第1集,吉林文史出版社,1990年,第24页。

② [日]爱宕松男:《契丹古代史研究》,邢复礼译,内蒙古人民出版社,1987年,第2页。引论中说:"当十世纪之初,契丹族的英雄耶律阿保机即首先与同族的奚族建立部落联合,并以此为基础,征服了满蒙一带的邻近诸族,接着,乘胜南越长城,吞食了中国北部,缔造了占据中原的北方民族国家,即所谓征服王朝的辽国。"

③ 张博泉:《中华一体的历史轨迹》,辽宁人民出版社,1995年,第605页,据载:"'征服王朝论'旨在分裂我们伟大祖国的民族和国家。"景爱:《"征服王朝论"的产生与传播》,载陈述主编《辽金史论集》第4辑,书目文献出版社,1989年,第367—368页,作者指出:"日本学者提出的'骑马征服王朝'与魏特夫的'征服王朝'在某些方面不尽相同,日本的'骑马民族征服'论者之间,意见也并非全部一致,但他们的基本立场和观点却是相同的:都是将北方游牧民族与汉族对立起来,竭力夸大差别和对立,缩小、抹煞汉族与游牧民族之间在经济文化方面的密切联系,从而歪曲中国历史上的民族关系,以达到分裂中华民族的目的。"

史的目的,日本学者田村实造尤其不赞同"征服王朝"论。他说:"如像以上这样给中国征服王朝下定义,则不加任何定语,原封不动将征服王朝四个字加在前面所说的五胡十六国和北朝各政权的头上,恐怕是不妥的。"①进而提出"北亚历史世界"的概念。所谓"北亚历史世界"论,"即是在亚细亚方面,由地形划分出来以东亚细亚、北亚细亚、南亚细亚、西亚细亚四大地域,从先史以来即形成了以此为范畴的文化区域,即是说以此为基础的四大历史世界各自作为个别的特殊的世界,一直并存到近代。……在北亚细亚和东亚细亚从先史时代以来即形成了性质各不相同的文化区域;然后以此文化区域为基础,形成一个历史世界,直至二十世纪;因此,北亚细亚史必须看做和东亚细亚史具有独立性的历史发展的世界"②。

田村实造的"北亚历史世界"论利用魏特夫"征服王朝"论中以辽、金、元、清的局部特征概述为全部特征的不足,演绎出中国历史上的中原与北方对立的论说。他说:"对这一系列征服王朝是仍按历来的看法把它们视为中国史的一环,还是该把它们视为中国史以外的自成一个历史世界的北亚史的一环,并站在把中国史和北亚史都包括进去的更高的立场去考察,这对于东洋史学家来说,是一个重要而又饶有兴趣的课题。我想站在后一立场,即把中国史和北亚史合起来的立场来考察中国征服王朝,但作为研究的前提,必须先从考察征服王朝所由兴起的北亚世界开始。"③

"北亚历史世界"论完全出于研究者的"立场",是研究者主观地"操切""打扮"历史的结果。为了适应研究者的"立场"需要,有意否定树木与森林的关系,只提树木,不言森林。"北亚"作为地理概念是存在的,但"北亚历史世界"是人群活动的世界,人的活动是客观存在的,所以,北亚历史不以人的意志为转移,也不是人为地割裂出来的历史。秦汉长城就是要人为地划分出南自南、北自北,但历代统治者企图人为地割裂长城内外,恰好说明长城内外联系的存在,而且是割不断的。历代统治者企图用长城割裂南北

---

① [日]田村实造:《关于中国征服王朝》,载王承礼主编《辽金契丹女真史译文集》第1集,吉林文史出版社,1990年,第99页。
② [日]田村实造:《北亚细亚历史世界的形成》,傅仲涛译,《绪言》第1—3页,中国科学院近代史研究所资料编译组编译《外国资产阶级是怎样看待中国历史的》(资本主义国家反动学者研究中国近代历史的论著选译)第一卷,商务印书馆,1961年,第367—368页。
③ [日]田村实造:《关于中国征服王朝》,载王承礼主编《辽金契丹女真史译文集》第1集,吉林文史出版社,1990年,第98页。

是徒劳的,日本学者人为地划分"北亚历史世界"也是枉然。自古以来,北亚发生的历史始终与中原王朝的历史休戚相关,是中原王朝历史的一部分,是有自己特殊性的、能补充中国大历史的一部分。北亚历史的特殊性决定了它与中原王朝的依存、互补关系的存在。

3."北族王朝"论

较早使用"北族王朝"一词的是日本学者爱宕松男①,他用"北族"作为"异族"的代名词。美国学者芮乐伟·韩森著《开放的帝国:1600年前的中国历史》②一书,视北族王朝为异族统治,同样赋予"北族"为"异族"的内涵。中国大陆学者也使用"北族王朝"这一概念,所不同的是从客观的中国历史情况出发,赋予它更广泛的含义。首先,张帆用"北族王朝"简称各北方民族所建立的王朝③。其次,申友良在《中国北族王朝初探》一书中提出:"北魏及其以后由北方游牧民族通过武力征服与在征服过程中的文化吸收而建立的王朝称为'北族王朝',其实质上就是'中原王朝'的一个亚型。因此,北族王朝只包括北魏、辽、金、元、清这些朝代。"④再次,姚大力指出:"中国的历史和文化从来就不仅仅是汉族的历史和文化,而是汉族和其他许多少数民族的共同遗产。在历史上,汉族的中央王朝经常把周边的各少数民族地区纳入其统治范围,为什么到中原建立王朝的少数民族就要被视为'外族'甚至'异族'?元人自己把当国的蒙古人称为'国人';在需要强调族属之别的时候则名之曰'国族',或者'北族'。使用'北族'王朝来指称辽、金、元、清等等历史上的非汉族政权,与以'外族''异族'来对它们进行界定相比,显然要有更多的历史包容性。"⑤

就"北族"所指的不确定性,中国大陆学者对"北族"的界定并没有从根本上否定、驳斥"异族"的问题。"北族"被视为"异族"的前提是北族被人为

---

① [日]爱宕松男:《辽金宋三史的编纂与北族王朝的立场》,《文化》十五卷4号,日本:东北大学,昭和廿六年(1951)。
② [美]芮乐伟·韩森(Valerie Han Sen):《开放的帝国:1600年前的中国历史》,梁侃、邹劲风译,江苏人民出版社,2007年,第280页。
③ 张帆:《元朝的特性——蒙元史若干问题的思考》,赵汀阳、贺照田主编《学术思想评论》第1辑,辽宁大学出版社,1997年,第457页。
④ 申友良:《中国北族王朝初探》,中央民族大学出版社,1997年,《前言》第4页。
⑤ 姚大力:《中国历代王朝兴衰启示录:漠北来去》,长春出版社,1997年,第26—27页。

地理解成北方民族的简称,中国大陆学者也有这样的认识①。如果北方民族作为一个与中原汉族一样的民族实体而存在,就必然与中原汉族并存且对立,相对汉族来说是不同的民族,被称为"异族"也是成立的。北族是否是"异族",关键要论证所谓"北族"是否是一个与汉族一样的民族实体。

"北族"首先是方位问题。北,有两种解释,一是指在中原王朝以北的地域范围内,一是指在中原王朝统治范围内的北部。既然以中原王朝为参照,所谓中原王朝本身也是变化的,商周时期的中原王朝与隋唐时期的中原王朝所统治的范围是不同的,商周以降,汉民族的核心尚在形成中,商族(族群)、周族(族群)与其北部的鬼方等族群是一样的,有时是并存关系,有时是联盟关系,至秦汉,汉民族的核心基本形成,大汉与强胡(匈奴大联盟)的对峙,一方面促进了汉民族的凝聚,另一方面暴露出匈奴大联盟的松散与虚无,在秦汉政权的打击下,匈奴大联盟内部矛盾加剧,大联盟的解体宣告"北族"蜕变成民族实体的失败。此后,北族冠名下的任何族群,包括高车、柔然、铁勒、突厥、回纥、契丹、女真、蒙古、满洲等都不具备自然地发展成与汉民族一样的民族实体的客观条件,无法具备与汉民族相比的成熟性。汉民族是一个相对恒定的民族实体,不论政权存在与否,民族实体都能独立存在,而北族则不然。北族也有短暂的民族体(民族形成初期)存在,但必须与政权唇齿依存,互为表里。政权灭亡,民族体也随之消亡,如建立北魏政权的拓跋鲜卑人、建立辽朝的契丹人、建立金朝的女真人、建立元朝的蒙古人、建立清朝的满洲人多随着政权灭亡而消逝,融入汉人中。建立元朝的蒙古和建立清朝的满洲情况虽有些特殊,但参与元朝统治的蒙古人多数在元朝灭亡后融入汉民族。今天的蒙古族的先民多不是元朝居统治阶层的蒙古人的后裔,今蒙古族多是来自元代蒙古的边缘族群,他们很大程度上保持着崇拜成吉思汗的情感认同,转化为民族认同。满洲民族也一样,他们的存在主要是今天的民族政策保护的结果,是政治化的民族,与参与建立王朝的蒙古、满洲不同,不能以今天的蒙古民族、满洲民族比附元朝的蒙古人和清朝的满洲人。

女真、蒙古、满洲等所构成的"北族"不是民族,在进入中原前,他们是

---

① 罗新:《中古北族名号研究》,北京大学出版社,2009年,《前言》第1页,"北族"即所谓北方民族,主要是阿尔泰语系诸民族(Altaic peoples)。

诸多部族、族群的联合体,其中一部分入主中原建立王朝,作为统治集团得到特权的庇护,与汉人相形之下,貌似具有与汉民族相似的民族身份,其实不然。"北族"的非民族性,决定了北族政权民族认同之路的双轨制,既有族群自我认同的需要,表现为捍卫民族文化,但又不得不接受汉文化,两种取向的较量使北族王朝的历史与中原王朝不同,且各具特色。

  金朝作为北族王朝之一,不同于唐、宋王朝。命题中的"金朝"意在揭示其民族性,即金——北族王朝。作为北族王朝,金与辽、元、清有共同性,也有特殊性。金与辽同是半壁江山,但彼此认同汉文化的程度不同;清朝是一统天下的王朝,这点与金不同,但金与清同是接受汉文化比较彻底的政权。在民族认同道路上,金与辽不一样,辽朝在契丹人统治下,民族认同以契丹人"本我"民族认同为主,始终强调契丹人与汉人的分野。金朝的女真统治者也曾强调民族自树,但认同"他者",吸收汉文化走得比较远。费正清已认识到金朝作为北族王朝文化认同的特殊性,他说:"我们可能假设,征服中国的辽、金、元三朝形成内亚细亚军事势力侵入中国的一个相关连续状态,虽然有间断,却必视为单一的过程。辽持续得最久,但只占据了华北的北边地带。元占领整个中国,但朝代最短。因此,只有金占到了对全局有重要意义的地位,学会了外族入侵者怎样藉着吸收灭亡的北宋留下的现成汉人,得以统治华北的中国心脏地带。"① 金朝在民族认同的道路上具有典型意义是没问题的,但说辽、金、元是"军事势力侵入""外族入侵者"则不尽客观。金朝在入主中原前处于部落联盟阶段,向外扩张是巩固、发展部落联盟的需要和方式,与中原史前时期的炎黄大战、炎黄大战蚩尤一样,不是"军事势力侵入",更谈不上"外族入侵者"。辽朝的契丹、金朝的女真、元朝的蒙古是诸多部落、族群的联合体,不是民族共同体,这种联合体缺乏内在的凝聚力,附着在任何一个民族共同体上,都可以成为这个民族的一部分。再加上联合体的文化形态、经济形态的差异,导致附着在汉族共同体上的过程存在差异,也就是民族认同之路的差异。

  金朝的女真人,抑或称女真族,仅仅是称谓符号,实际的女真"民族"是不存在的,或言尚在形成过程中。所谓女真人是"族群"(Ethnic group),而

---

① [美]John King Fairbank(费正清):《费正清论中国:中国新史》,薛绚译,台湾:正中书局,1994年,第122页。

不是"民族"(Nation)。关于"族群"(Ethnic group)与"民族"(Nation)概念的界定,国内外学术界争论得很激烈,"族群"基本限定在"本质内涵是具有大致相同的社会历史文化背景"的部落①,族群内部强调文化认同。民族,指在族群文化认同的基础上具有政治认同的族群。徐舜杰先生指出:民族与族群有区别,"从性质上看,族群强调的是文化性,而民族强调的是政治性";"从社会效果上看,族群显现的是学术性,而民族显现的是法律性";"从使用范围上看,族群概念的使用十分宽泛,而民族概念的使用则比较狭小"②。女真人是强调血缘、地域、祖先等文化认同的族群,发生在金朝女真人身上的文化认同既有属于族群内部的民族自树内容,又有对"他者"的认同,即指接受汉文化为主的民族认同。金朝政治统治确立后,女真人的文化认同又包含了政治认同的内容。

(二)"异代"文士

"异代"文士指的是入仕金朝的辽宋士人。士人,或称为"士""士子""儒士",在宋朝称"士大夫",像蔡靖、宇文虚中、司马朴等在宋朝都属于"士大夫"阶层。笔者认为辽宋士人入金之后,主要是以文辅弼女真贵族的政治统治,向女真统治者渗透治世之道与文治思想,是"士"的行为。《论语·里仁》有"子曰:士志于道"。文士与崇尚武力的女真贵族在政治上形成互补。

以记载金朝文人活动与诗文成就著称的《归潜志》《中州集》多用"文士"称代读书人。为此,本书称进入金朝的辽宋士人为"文士",以文仕进者。

女真人也在不断培养自己的文化人,即女真文士,女真文士是从崇尚武力的女真贵族中分离出来,具有了士人的身份的,但是,不能称之为"儒士""士大夫",为与"异代"文士相区别,对他们最恰当的称谓是女真文士。因此,把由辽宋进入金朝的士人称之为"文士"是为了与女真人的文化发展基调保持一致。

"异代"一词较早出于清人庄仲方的《金文雅》。其序文曰:"金初无文

---

① 廖杨:《民族关系与宗教问题的多维透视:以广西为考察中心》,民族出版社,2009年,第42页。

② 徐杰舜:《论族群与民族》,郝时远主编《解读民族问题的理论思考》(下),社会科学文献出版社,2009年,第63、66页。

字也,自太祖得辽人韩昉而言始文,太宗入宋汴州,取经籍图书。宋宇文虚中、张斛、蔡松年、高士谈辈后先归之,而文字煨兴,然犹借才异代也。"①庄氏的此段文字与历史多有悖谬②,姑且不论,但是他把金朝初年招徕的辽宋文士概括为"借才异代"是很中肯的。"异代"用于本书中,更能体现出入仕金朝的辽宋文士与金朝政治之间距离的存在及其客观性。

(三)民族认同的历史过程

"民族认同"属于民族社会学研究范畴。从民族理论上讲,包括民族认同、文化认同和国家认同,研究的目标是现实社会的凝聚力、向心力问题。与历史上发生的民族认同有一定区别,发生在历史上的民族认同是一个客观的历史过程,是民族与族群、族群与族群互动的历史过程。族群的互动必须要"接触",这一点费孝通已经认识到,他说:"民族……必须和'非我族类'的外人接触才发生民族的认同。"③费孝通站在民族学家的视角,提出民族认同必须是和"非我族类"的"接触",他所言"非我族类"是建立在民族学框架下的"民族"认同,而非历史上的民族与族群、族群与族群间的接触、互动。金朝"异代"文士的民族认同之路上的"接触"发生在"文士"群体(汉民族的代表)与女真族群之间,女真族群尚未形成民族共同体,"异代"文士民族认同之路上相遇的是女真族群,女真族群走向民族共同体的趋势决定了女真族群自我认同的必然。女真人灭辽荡宋,不期而遇地接触到契丹文化、汉文化,女真族群自我认同的同时又无法回避对契丹文化、汉文化的认同,女真族群的自我认同与对"他者"的认同既对立又统一,当女真文化遭遇变革时,与"他者"呈对立势态,但女真文化的发展又别无选择地要吸收"他者",最后成为壮大、丰富"他者"的一部分,这又是统一。

---

① [清]庄仲方编:《金文雅》序,江苏书局,1891年。

② "自太祖得辽人韩昉而言始文",有误。金太祖于天辅七年(1123)八月,崩于部堵泺西行宫。韩昉于天会四年(1126),方由宋归金,太祖不曾得韩昉,韩昉也不曾用事于太祖朝;攻入汴京者是宗望和宗翰,太宗没有入汴州;太宗卒于天会十三年(1135)正月,宇文虚中于天会十二年秋入朝;高士谈入朝时间不详。张斛"国初理索北归,官秘书省著作郎"(见[金]元好问《中州集》卷1《张秘书斛》,中华书局,1959年,第18页)。金著作郎之设在皇统六年(1146)。[元]脱脱:《金史》卷56《百官志》,中华书局,1975年,第1269页。载:"皇统六年,著作局设著作郎、佐郎各二员,编修日历,以学士院兼领之。"蔡松年在天会中为太子中允,除真定府判官,从元帅府与齐伐宋。皇统元年(1141),宗弼为左丞相,荐松年为刑部员外郎。太宗年间,蔡松年不曾入朝为官。虚中、张斛、高士谈任事于太宗朝。

③ 费孝通:《文化的生与死》,上海人民出版社,2013年,第545页。

金朝民族认同之路展现的是民族认同的对立与统一,不仅要研究认同者,还要研究拒绝认同者,认同与拒绝认同铺就的民族认同之路历史地实证了辽、金、元等"北族政权"在中华"多元一体"格局的形成过程中,你中有我、我中有你的客观性。本命题中"民族认同之路"指的是"异代"文士与女真族群之间的文化认同、政治认同和民族认同的历史过程。

(四)皇权政治

金朝"异代"文士的民族认同之路与女真社会皇权的出现以及皇权政治的确立相伴而行。"皇权政治"一词屡见于学者著述中,但很少有人界定它。认识皇权政治首先要认识皇权。在中国历史上,"皇权"随同清朝最后一位皇帝一同退出历史舞台,但皇权问题却进入了历史学家的视野。明代的皇权、皇权政治就备受关注,吴晗曾以朱元璋为个案研究皇权问题。1943年,吴晗写成的《朱元璋传》发表时,被重庆中央大学教授陈锡改为《从僧钵到皇权》。1948年,吴晗又有《论皇权》一文问世,在此文中,吴晗概括出皇权的三个特征,即暴力性、独占性、排他性。这也是皇权政治的核心内容[①]。

近年,李渡著《明代皇权政治研究》一书,专门研究明代的皇权与皇权政治,他认为:"明代皇权正是利用这一结构(指内阁、监察、特务,笔者加),并辅之其他强有力的政治手段和制衡策略,自上而下地干预、支配和控制着国家政治生活的各个层次和所有方面。因此,我们将明代的政治称之为皇权政治。"[②]

明代的政治是皇权政治,其他中原王朝的政治也是皇权政治,在皇权控制之下,每个朝代都有自己的皇权政治,明代的皇权政治只不过是更健全、更发达而已。田余庆先生研究东晋门阀政治时指出:皇权与士族共天下,"是皇权政治的一种变态,是皇权政治在特殊条件下出现的变态"[③]。并进而总结道:"隋唐的皇权政治并不全同于秦汉的皇权政治,他们之间存在着显著的差别,但毕竟都是皇权政治。"[④]抛开各个朝代皇权政治外在的

---

① 吴晗:《论皇权》,《北京文学》1999年第3期;刘光永:《吴晗对封建皇权的剖析》,《求索》2005年第12期。
② 李渡:《明代皇权政治研究》,中国社会科学出版社,2004年,第227页。
③ 田余庆:《东晋门阀政治》,北京大学出版社,1996年,第343页。
④ 田余庆:《东晋门阀政治》,北京大学出版社,1996年,第362页。

差别不说,内在的本质就是皇权的运行。姚念慈先生在《多尔衮与皇权政治》一文中,谈了他对皇权政治的看法:"皇权政治的内涵,就我的理解,主要不在皇统的断续,而在于君主集权体制的运行。"①

中原王朝的每个朝代都有自己的皇权政治,金朝也有自己的皇权政治。金朝的皇权政治的起点建立在勃极烈制度之上,勃极烈制度属于贵族政治,金朝的皇权脱胎于贵族共议的民主政治,它既排斥贵族政治,又依恋贵族政治。女真人的贵族政治又始终是皇权政治的重要组成,某种意义上讲,金朝的皇权政治优宠女真贵族,倚重贵族政治,贵族政治时时扼制皇权,影响皇权政治的发展。在民族认同道路上,金朝"异代"文士在皇权政治与贵族政治的缝隙间寻找出路,既要确立皇权政治,又不能冒犯贵族政治。

三、研究现状

金朝"异代"文士的民族认同之路主要研究的是"异代"文士的文化认同、政治认同的历史过程,归根结底是实现民族认同。文士与政治的关系是现实社会与学术领域普遍关注的问题,在历史学研究中亦如此。在金朝历史研究中,涉及文士对政治的影响及其政治境遇的研究成果日渐增多。根据研究成果与本书的研究内容关系之疏密可以分为直接和间接涉及"异代"文士与政治的研究成果。

(一)与"异代"文士有直接关系的研究成果

焦慧《杨璞金初活动考辨》②一文云:杨璞(朴),祖居铁州(今吉林敦化西南),系渤海靺鞨族后裔,为金朝开国主要谋臣之一。他在大金政权建立、完善朝仪制度中及其处理金辽、金宋关系诸方面都起了重要的作用,所以《四库全书提要》有"杨璞(朴)协太祖开基"之说。但是对于这位在金朝建国时期有着重要影响的历史人物,《金史》作者竟未为之立传。因而其生平政治生涯罕为人知,即使有片断的记载,也仅散见于诸史籍中,东鳞西爪,未能得睹全豹;且各种记载尚有大同小异之处,有加以考辨的必要。杨璞(朴)初仕于辽,后归降女真。关于其归降女真的时间问

---

① 姚念慈:《多尔衮与皇权政治》,载《清史论丛》编委会编《清史论丛1996》,辽宁古籍出版社,1996年,第108页。

② 焦慧:《杨璞金初活动考辨》,《辽宁大学学报》1990年第6期。

题,诸史记载抵牾。作者的结论是:杨璞(朴)归降太祖在收国元年(1115)之前。

王世莲《渤海遗民与金之勃兴》①一文陈述杨朴、高庆裔、高随及张浩家族对金朝的贡献。女真、渤海同祖一宗的关系,不但为女真人积极支持、踊跃参加渤海遗民的抗辽复国斗争的历史所证实,而且从渤海遗民在金之勃兴中所起的重要作用上得到了有力说明。

齐心《略论韩昉》②一文云:韩昉是一位"深明政治"的地主阶级知识分子,他积极支持女真政权,尤其在金熙宗进行的重大改革中,是得到重用的汉族知识分子之一。在政治上委以要职,参与撰写重要的诏书、册文,是女真统治者的重要顾问、参谋。在宋金文化交流上作出一定贡献,在传播汉族封建文化上起了桥梁作用,对女真族社会的封建化起了促进作用。

王庆生《蔡松年生平仕历考述》③一文考述了蔡松年的家世、初仕金朝的官职及隐退心理,田珏党事与皇统仕历,海陵的信任与死因等。

刘锋焘《从守节彷徨走向消释解脱——论蔡松年文化人格的转变》④一文剖析了蔡松年从"拒仕"到"出仕"、从矛盾到释然的心理转变过程。

都兴智《金初女真人与辽宋儒士》⑤一文指出:"金初女真人在对待知识分子的选拔和使用上具有明显的抑宋扬辽、重北轻南的特点。"直接原因是:"原辽、宋地区的文人对金朝的政治态度不同,故女真统治者在选拔和使用上存在着明显差别。"

董克昌、雨君《金代知识分子政策浅析》⑥一文分析了金廷对待知识分子的政策,大致经历了"述以文事""好儒恶吏"及"好吏恶儒"三个演变过程。并说"好吏恶儒"压抑知识分子,是导致金廷灭亡的重要原因。

董克昌、董宇军《知识分子在大金王朝的地位》⑦一文认为清人赵翼指

---

① 王世莲:《渤海遗民与金之勃兴》,《求是学刊》1983年第4期。
② 齐心:《略论韩昉》,陈述主编《辽金史论集》第3辑,书目文献出版社,1987年。
③ 王庆生:《蔡松年生平仕历考述》,《徐州师范学院学报》1993年第1期。
④ 刘锋焘:《从守节彷徨走向消释超脱:论蔡松年文化人格的转变》,《兰州大学学报》2000年第1期。
⑤ 都兴智:《金初女真人与辽宋儒士》,《辽宁师范大学学报》1991年第6期。
⑥ 董克昌、雨君:《金代知识分子政策浅析》,《社会科学战线》1996年第6期。
⑦ 董克昌、董宇军:《知识分子在大金王朝中的地位》,《黑龙江民族丛刊》1998年第1期。

出"金代文物远胜辽元"是很有见地的议论。所说文物系指礼乐及典章制度,而制定与执行和知识分子有莫大关系。很有必要探讨知识分子在大金王朝中的地位,以揭示文物远胜辽元的奥秘。

刘浦江《金朝的民族政策与民族歧视》①一文,从民族政策与民族歧视的视角探索了金代民族政策的演变过程。太祖至熙宗时代,各民族间的不平等地位最为明显,海陵王以后,民族畛域逐渐淡化,五个民族(女真、渤海、契丹及奚、汉人、南人)等级成为历史的陈迹,但民族间的不平等现象并未从此消失,只是表现形式有所不同罢了。

刘浦江《渤海世家与女真皇室的联姻——兼论金代渤海人的政治地位》②一文,通过渤海望族大氏、李氏、张氏与女真皇族婚媾,考察渤海人政治势力的消长兴衰。章宗明昌年间,永蹈、永中以谋反治罪,殃及渤海人,使其政治前途从此不振。

刘浦江《说"汉人"——辽金时期民族融合的一个侧面》③一文指出:燕云"汉人"在辽金时期,已有明显的胡化倾向,女真统治者信任他们,使之在金初的政坛上发挥着重要的作用。但自海陵朝起,"南人"在科举仕途上逐渐取得优势,"汉人"的政治势力明显走向衰落。

杨果《金代翰林与政治》④一文指出:女真统治者在用人行政上仍然摆脱不了亲本族、讲武功、重吏才的倾向。因此,以汉人文士为主体的金代翰林学士院的政治功能受到限制,不可与唐末、两宋时期相提并论。不过,女真贵族要建立专制主义中央集权制度,推行封建化,标榜文治,就必须网罗各族知识分子精英、封建文化积累丰富的翰林学士。但是,他们被储于院中,并不重用,因而,造成翰林的用途重文词,远政治。

和希格《从皇统党狱始末看金朝政治》⑤一文认为,由于金初汉人文官集团的倾轧与政治弊端的存在,出现了皇统党狱。这是金代历史上统治阶级内部斗争的一次重大政治事件。金初韩企先入相两朝,到熙宗初年在其周围形成了一个德才兼备的汉人文官集团。但是韩卒以后,都元帅宗弼刚

---

① 刘浦江:《金朝的民族政策与民族歧视》,《历史研究》1996年第3期。
② 刘浦江:《渤海世家与女真皇室的联姻——兼论金代渤海人的政治地位》,祝总斌、郑家馨主编《北大史学》第3辑,北京大学出版社,1996年。
③ 刘浦江:《说"汉人"——辽金时期民族融合的一个侧面》,《民族研究》1998年第6期。
④ 杨果:《金代翰林与政治》,《北方文物》1994年第4期。
⑤ 和希格:《从皇统党狱始末看金朝政治》,《内蒙古大学学报》1996年第2期。

愎自用,偏听偏信蔡松年,为达独断专权目的,造成此案,致使其后人才缺乏,汉官对政务缄默,损失颇大。皇统年间,熙宗固执多疑也有责任。海陵王在位时,任用蔡松年等为一失误。到世宗时始复用冤案幸存者。章宗时,为田珏追官复爵,并存恤子孙。

都兴智《田珏之狱略论》①一文指出:"田珏之狱"是金初高层统治集团内部长期矛盾激化斗争的结果,摧残了人才,给国家造成了无法估量的损失,而且,负面影响很大,田珏之狱发生后,正人为之夺气,给以后的为政者留下可怕的阴影,造成了畏缩不前、因循苟且的政治风气。

刘浦江《金代的一桩文字狱——宇文虚中案发覆》②一文中,极大限度地搜集了现存的涉及宇文虚中一案的史料,并条分缕析。从金方史料看,可以肯定宇文虚中一案绝非谋反事件,而是一起藏书获罪的文字狱;南宋文献中,《宇文虚中行状》记载此案最详细最具有权威,但却不能证明虚中死节;元朝人苏天爵在《三史质疑》中说:虚中"第以讥讪慢侮权贵被杀";明清人士关于虚中案的文字中,以全祖望和施国祁为代表,全祖望力主虚中死节,而施国祁认为,"要之宋事无征,而《金史》之言谤讪可据。盖宋人南渡,受侮已极,朝野冤声,尤多著录,土印活版,滥刻甚众,传本之入北者,大率叫嚣怒骂、慢侮北人之语。宇文家籍,良必有之,即谤书为反具,抑复何疑"。在全与施之间,刘浦江先生以施说为高。

董迪《论金代政治文化的勃兴》③一文中谈及女真政治文化之所以能在较短时间内发生这么深刻的变化,与它能不断地吸收渤海、契丹、汉等周围民族的先进文化是分不开的。其中提到了渤海文士高庆裔、杨朴、张浩、李善庆,仕辽汉族文士韩企先、韩昉、左企弓等,宋朝文士宇文虚中、洪皓等人。

程妮娜《论金世宗、章宗时期宰执的任用政策》④一文认为,世宗、章宗主要致力于如何在保持女真贵族统治地位的前提下,将中原封建王朝的儒家统治思想和政策充分地运用于女真封建王朝的政治制度之中。在宰执任用上表现为:其一,以女真人为主体的政策;其二,重用文人的政策;其

---

① 都兴智:《田珏之狱略论》,《北方文物》1995年第3期。
② 刘浦江:《金代的一桩文字狱——宇文虚中案发覆》,《辽金史论》,辽宁大学出版社,1999年。
③ 董迪:《论金代政治文化的勃兴》,《江海学刊》2005年第3期。
④ 程妮娜:《论金世宗、章宗时期宰执的任用政策》,《史学集刊》1998年第1期。

三,依靠皇亲国戚的政策。尽管在诸族人中汉人封建文化水平最高,佐治朝政的能力最强,经验丰富,亦不乏忠直之人,但很难取得女真皇帝的充分信任。

(二)与金朝"异代"文士民族认同有间接关系的研究成果

(1)女真人的民族"自树"

研究民族认同问题必然包括女真民族的"自树",女真人的民族自树属于自我认同,是民族认同的一个方面。相对而言,女真民族自树的历史意义的学术研究重视不足,多作为汉化的对立面提出。陶晋生《女真史论》有言:"在皇帝领导下的是行政首长和官僚集团,对于皇室效忠,主张汉化和改革制度。将领和贵族集团则意欲削弱中央政府的权力,以维持和扩张他们在其领地上的权益。"①皇帝集团积极汉化,贵族集团保守民族文化;王德厚《金世宗与女真人的"汉化"》②提及世宗阻止女真人"汉化",客观上却促进了女真"汉化";杨军《女真文字、女真科举与女真汉化》③认为,世宗设女真进士科,出发点是提倡女真民族的自树意识,但女真人对汉文化的消费、享用解构了民族自树的努力。

(2)女真对"他者"的认同

金朝女真人对中原文化的认同是显性的,得到了学界的广泛关注。

首先是"华夷观"演变问题。齐春风《论金朝华夷观的演化》④指出,金朝在认同汉文化时,华夷观也在变化,对被称为"夷狄"由反感到默认到反驳,世宗以"华"者自居,章宗、宣宗议德运,居正统;季芳桐《论元代儒家郝经夷夏观》⑤指出,郝经认为,华夏典章制度及儒家伦理最优秀,金朝取得的成就缘于对"华夏"文化的认同。通过评价郝经,可见作者的学术思想;周少川《元代汉儒民族思想的发展进步》⑥,通过对元代汉儒修三史"各与正统"的原则,间接肯定金朝"正统"地位;罗炳良《历史文化认同趋势中的

---

① 陶晋生:《女真史论》,台湾:食货出版社,1981年,第41页。
② 王德厚:《金世宗与女真人的"汉化"》,《黑龙江民族丛刊》1991年第4期。
③ 杨军:《女真文字、女真科举与女真汉化》,《长春大学学报》2006年第1期。
④ 齐春风:《论金朝华夷观的演化》,《社会科学辑刊》2002年第6期。
⑤ 季芳桐:《论元代儒家郝经夷夏观》,《南京社会科学》2004年第10期。
⑥ 周少川:《元代汉儒民族思想的发展进步》,《云南民族大学学报》(哲学社会科学版)2004年第2期。

"夷夏观"》①,一方面认为金代各民族皆为一家是女真民族认同与历史认同的自觉体现,另一方面认为在少数民族政权中任职的汉族士人以少数民族是否接受和运用中国文明程度较高的政治制度和意识为标准,判断其政权的合理与合法性;刘锋焘《艰难的抉择与融合——浅论"华夷之辨"观念对中华民族史的负面影响》②,揭示辽金政权中,少数民族与汉族双向的靠拢融合,即契丹、女真统治者积极主动汲取中原汉族文明,而汉族人因"华夷之辨"的观念意识,接受"夷狄"政权总是不情愿的,几无例外地经历了"抗拒—彷徨—接受的过程";王盛恩《"华夷之辨"对民族融合的影响——兼与刘锋焘先生商榷》③,提出辽金统治者向汉文化靠拢是被迫的,"华夷之辨"阻碍了民族融合向"契丹化""女真化"的方向发展,加速了中华民族整体文化素质同步提高的进程;刘浦江《德运之争与辽金王朝的正统性问题》④指出,辽金统治者热衷"华夏正统"是对汉文化认同的标志,章宗朝对正统的争论潜藏着女真文化与汉文化的抉择。

其次是"汉化"问题。宋德金《金代女真的汉化、封建化与汉族士人的历史作用》⑤一文指出,女真汉化与封建化同步,决定其政权长期存在;李锡厚《改弦易辙终究要胜过抱残守缺——金朝统治集团内部汉化与反汉化之争》⑥一文,肯定熙宗、海陵汉化政策在历史上具有进步意义;刘浦江《女真的汉化道路与大金帝国的覆亡》⑦一文,针对西方、日本等学者(认为契丹、女真政权始终没有被汉文明同化,是征服王朝)与中国学者(被汉文明"同化""融合")观点的对立,研究女真汉化的诸因素,指出金朝提供了北方

---

① 罗炳良:《历史文化认同趋势中的"夷夏观"》,《学习与探索》2007年第4期。
② 刘锋焘:《艰难的抉择与融合——浅论"华夷之辨"观念对中华民族史的负面影响》,《文史哲》2001年第1期。
③ 王盛恩:《"华夷之辨"对民族融合的影响——兼与刘锋焘先生商榷》,《南都学坛》2003年第5期。
④ 刘浦江:《德运之争与辽金王朝的正统性问题》,《中国社会科学》2004年第2期。
⑤ 宋德金:《金代女真的汉化、封建化与汉族士人的历史作用》,中国社会科学院历史研究所宋辽金元史研究室编《宋辽金史论丛》第2辑,中华书局,1991年。
⑥ 李锡厚:《改弦易辙终究要胜过抱残守缺——金朝统治集团内部汉化与反汉化之争》,《华夏文化》1994年第4期。
⑦ 刘浦江:《女真的汉化道路与大金帝国的覆亡》,《松漠之间——辽金契丹女真史研究》,中华书局,2008年。

民族汉化王朝的典型模式;虞云国《试论十至十三世纪中国境内诸政权的互动》①认为,汉化是少数民族王朝在历史互动中的主流,对汉化后的金政权"一败涂地",感叹"是也汉化,非也汉化,成也汉化,败也汉化"。

再次是民族融合问题。伯颜(贾敬颜)《金朝之汉人与南人》②指出,汉人与南人的划分反映民族融合的情势;贾敬颜《"汉人"考》③、陈述《汉儿汉子说》④都认为,金朝汉人与北魏以来的"汉人"语义不尽相同,汉人即燕人,金末元初,汉人的范围扩大,甚至包括接受汉文化的契丹、女真等;李旭《略论辽金礼制汉化问题》⑤研究契丹、女真由国俗入汉礼,加快了北方民族文化融合的历史进程,但对人们的社会生活习尚产生了一定的消极影响;刘浦江《说"汉人"——辽金时代民族融合的一个侧面》⑥指出,燕云地的"汉人"被女真视为"非我族类",南宋视之为"蕃人",出现了汉人胡化、胡人汉化的民族互认现象;王德朋《金代汉族士人研究》⑦第七章第三节谈到女真习俗对汉人社会生活的影响;麻铃《金朝"夷可变华"及"华夷同风"的治边思想》⑧认为,金朝本着"夷可变华"和"华夷同风"的思想,推行汉化,加速了民族融合与文化认同;张其凡、惠冬《金朝"南人"胡化考略》⑨认为,女真汉化的同时,中原汉人"胡化",南人也有"胡化"倾向,金末,汉人与南人政治心态不同程度地表现出对金统治的认同与拥护。

(三)相关的研究成果

本书研究的对象是"异代"文士的民族认同之路,民族认同始于文化认同,终于政治认同,"异代"文士为实现民族认同,积极推动皇权、皇权政治的确立。关于金朝文士、皇权、皇权政治等方面的研究成果都对本课题的研究具有参考和借鉴意义。

---

① 虞云国:《试论十至十三世纪中国境内诸政权的互动》,《两宋历史文化丛稿》,上海人民出版社,2011年。
② 伯颜:《金朝之汉人与南人》,《社会科学辑刊》1985年第1期。
③ 贾敬颜:《"汉人"考》,《中国社会科学》1985年第6期。
④ 陈述:《汉儿汉子说》,《社会科学战线》1986年第1期。
⑤ 李旭:《略论辽金礼制汉化问题》,《史学月刊》1992年第1期。
⑥ 刘浦江:《说"汉人"——辽金时代民族融合的一个侧面》,《民族研究》1998年第6期。
⑦ 王德朋:《金代汉族士人研究》,中国社会科学出版社,2006年。
⑧ 麻铃:《金朝"夷可变华"及"华夷同风"的治边思想》,《社会科学战线》2008年第11期。
⑨ 张其凡、惠冬:《金朝"南人"胡化考略》,《史学集刊》2009年第4期。

"异代"文士或是以诗文著称①,或是对传播汉文化有贡献者②,对他们的研究必然会涉及其活动的政治环境。在金朝文学发展历史的研究中,"异代"文士的政治心态、政治处境是其文学创作的外部条件。刘锋焘在《宋金词论稿》中写道:"金人虽然罗致了大批原属辽、宋的儒生文士,但有一个问题我们必须注意到:这些由辽、宋入金的文人,由于历史原因所造成的思想观念不同,他们对女真统治者、对女真政权的态度是不同的,而这种不同的态度,又反过来影响了女真统治者对他们的不同态度,二者互为因果。"③刘明今《辽金元文学史案》④、赵琦《金元之际的儒士与汉文化》⑤、胡传志《金代文学研究》⑥等文学著述都对本书的写作有一定的参考价值。

金朝的皇权政治既是帝王的又是贵族的,关于帝王、贵族的论文⑦、著

---

① 关于以文学著称者的研究论文有:李艺:《金代词人群体研究》,博士学位论文,中国社会科学院研究生院,2002年;赵鸣岐:《试论洪皓使金》,《北方论丛》1982年第1期;胡传志:《论金初作家蔡松年》,《社会科学战线》1996年第6期;周惠泉:《金代三文学家评传》(宇文虚中、蔡松年、吴激),《山西师范大学学报》1993年第2期;缪钺:《论金初词人吴激》,《四川大学学报》1989年第4期;刘美琴:《宇文虚中的悲剧情怀及其诗歌创作》,《忻州师范学院学报》2003年第1期;张静:《漂泊念平生 难忘去国情——金初诗人高士谈诗歌简论》,《忻州师范学院学报》2003年第1期。等等。

② 关于文化传播方面的论文有:葛洪源:《金朝女真文化研究》,博士学位论文,山东大学,2002年;宋德金:《金代女真的汉化、封建化与汉族士人的历史作用》,中国社会科学院历史研究所宋辽金元研究室编《宋辽金史论丛》第2辑,中华书局,1991年;孟东风:《金代女真人的汉化与民族融合》,《东北师大学报》1994年第6期;魏崇武:《金代儒学发展略谈》,《赣南师范学院学报》1995年第5期;赵永春:《洪皓使金及其对文化交流的贡献》,《松辽学刊》1997年第1期;王德忠:《金朝社会人口流动及其评价》,《东北师大学报》2000年第6期;张新艳:《金统治下汉人的历史来源——金统治下汉人研究之一》,《黑龙江民族丛刊》1998年第1期;张新艳:《金统治下汉人的人口数量与身份地位——金统治下汉人研究之二》,《黑龙江民族丛刊》1998年第2期;张新艳:《金统治下汉人与女真人的关系——金统治下汉人研究之三》,《黑龙江民族丛刊》1998年第3期。等等。

③ 刘锋焘:《宋金词论稿》,中国社会科学出版社,2002年,第218页。

④ 刘明今:《辽金元文学史案》,上海古籍出版社,2004年。

⑤ 赵琦:《金元之际的儒士与汉文化》,人民出版社,2004年。

⑥ 胡传志:《金代文学研究》,安徽大学出版社,2000年。

⑦ 庆春:《阿骨打是女真族的民族英雄》,《四平师院学报》1981年第2期;曲英杰:《论金海陵王》,《中国社会科学院研究生院学报》1981年第3期;徐松巍:《对完颜亮研究的回顾与反思——兼及历史人物评价问题》,《北方文物》1992年第2期;董克昌:《关于评价完颜亮的几个问题》,《北方文物》1987年第4期;刘肃勇:《论完颜亮》,《中国史研究》1985年第4期;刘肃勇:《谈完颜亮杀人和用人二事——与董克昌先生商榷》,《北方文物》1989年第4期;高寿仙:《浅谈金世宗的用人思想》,《党史教学》1985年第6期;朱耀廷:《谈金世宗的用人政策》,《社会科学辑刊》1988年第6期;董克昌:《怎样评价完颜亮的功过——兼与刘肃勇同志商榷》,《北方文物》1989年第4期;肖民:《也论完颜亮——兼与〈完颜亮论〉作者商榷》,《北方文物》1989年第4期;杨启:《略论金世宗》,《湘潭大学社会科学学报》1982年第1期;隋喜文:《金世宗的人才思想》,《北京社会科学》1994年第2期;景爱:《论金世宗的用人政策》,《北方文物》1987年第3期;王德忠:《也论金世宗的历史地位》,《牡丹江师范学院学报》1992年第2期;董克昌:《谁是"小尧舜"》,《民族研究》1990年第2期;王宏北:《辽灭金兴与阿骨打建国》,《黑龙江民族丛刊》2003年第4期。等等。

述对本书研究皇权政治多有启迪,如张博泉等著《金史论稿》第二卷第四编《金代人物与社会改革的研究》①、刘肃勇著《金世宗传》②、周峰著《完颜亮评传》③等。

  在以上研究论著中,对"异代"文士的民族认同问题研究的部分成果,或者是发现了问题的存在,或者是研究达到了一定的深度,但总体看来还有一定的不足和缺欠。诸如:对问题的研究停滞在表面现象,齐心先生根据《金史》史料对韩昉略作研究后,至今尚无对韩昉的深入研究;董克昌、雨君敷陈历史记载,认为金廷对待知识分子的政策,大致经历了"述以文事""好儒恶吏"及"好吏恶儒"三个演变过程。其实,金朝伊始就用吏、重吏、好吏,甚至以吏为师,这是金朝"急于事功"政治的特点,社会跨越发展的必然;研究者对问题的研究常常陷于自相矛盾中,焦慧先生考察杨朴的活动,梳理史料的结果是劝阿骨打称帝的杨朴,竟于称帝之后归降,矛盾无法解释的情况下,不得不断言,《辽史》记载有误,杨朴当在1115年前归降;和希格对"皇统党狱"始末的研究,即说这是金初汉人文官集团倾轧与政治弊端存在的产物,这就与归罪于蔡松年之谗言相矛盾,文官集团的倾轧与蔡松年等的谗言之关系并没有理清;悬置问题,刘浦江先生研究"宇文虚中案"的结果是施国祁的见识"要比全谢山等人来的高明"。当然,以上诸类问题的存在不是个人的,是金史研究者群体的缺欠在个体身上反映出的不足,欲求问题的根本解决,必赖研究者群体的努力与接力。

  以上诸类问题产生的原因首先是历史资料的局限。历史研究是架构在客观历史与历史资料之间的运作,金朝历史,特别是金朝开国的历史,就记录下来的历史资料而言,存在两个大的问题:一是传说当作历史记录;二是根据历史载记者对自己所处社会的理解记载女真人的氏族社会的历史事件,历史表象与本质相差甚远,可以说历史资料与客观历史不在一条线上,不在一个平面上。针对这样的历史记载,要推进历史研究的深入,必须调整研究视角与研究方法。本书以"金朝'异代'文士的民族认同之路"为研究视角,力争从"异代"文士对女真社会的认同及其被认同与否等政治境遇问题研究中存在的不足与空白给予探索性的补充。

---

① 张博泉:《金史论稿》第2卷,吉林文史出版社,1992年。
② 刘肃勇:《金世宗传》,三秦出版社,1987年。
③ 周峰:《完颜亮评传》,民族出版社,2002年。

四、命题研究的主要内容、主要观点、研究方法、学术创新

（一）主要内容

金朝"异代"文士的民族认同之路，一方面，研究来自辽的渤海文士、燕云文士和来自两宋的文士入仕金朝态度的变化及其政治作为；另一方面，研究女真人对"异代"文士给予女真社会的文化认同、政治认同的回应。"异代"文士与女真人互动关系的张力表现的是学术研究的潜在空间。

第一章研究女真人的民族自树和自我认同的历史过程。女真人走上自我凝聚之路，"都勃极烈"作为女真人自我认同的旗帜，与诸勃极烈一同构成民族自树的领导核心。女真完颜部经过几代人的征讨，确立了部落联盟的领导地位。阿骨打"变家为国"称都勃极烈，都勃极烈在女真人心目中是至尊的，与"皇帝"无异。

第二章研究辽朝统治下的渤海人对女真人的民族认同。渤海、女真本同一家，有民族族源的因素，有共同反抗辽朝的政治目标，还有女真与渤海人的婚姻联盟。渤海文士杨朴与高庆裔在金初政治舞台上扮演了很重要的角色，杨朴劝阿骨打称帝，为皇权政治出现在女真社会埋下了变革的种子。高庆裔帮助宗翰垄断权力，使女真贵族政治出现"寡头""独裁者"，打破了贵族政治的平衡，客观上支持了皇权政治的确立。也就是说，杨朴、高庆裔在民族认同之路上选择了不同的方向，杨朴是把皇权和皇权政治嫁接到女真社会；高庆裔是推动贵族寡头政治的建立，二者殊途同归。

第三章研究燕云文士对金朝政治的认同。燕云文士的政治认同表现为：一方面，要适应女真社会的现状求得生存；另一方面，要把他们在辽朝实践过的、适应中原社会和他们自身发展的中原王朝的制度引进到金朝政权中。不论是认同金朝政治，还是推动金朝政治，都以保全自身的生存为前提。燕云地区的文士弃辽仕金的态度多是主动的，他们弥缝金朝女真贵族在文治上的缺漏，有效地安抚新占领的辽、宋故地，取得了女真统治者的信任，并得到重用，他们作为女真政权的建设者、修补者都能积极适应金朝社会的需要。

第四章研究两宋文士以多种渠道入仕金朝，他们仕进态度的不同对金朝政治的影响也存在差异。刘豫接受金朝册封，竭力效命金朝；蔡靖、吴激等是身在曹营心在汉者；宇文虚中虽然接受金朝的官爵，也为金朝做了很多事，但他始终自视为"鹤立鸡群"者，与金朝政治不兼容是明显的；洪皓等拒绝仕金，但他们通过教授女真贵族子弟，传播儒学，间接地影响女真社会的历史进程。在宋朝文士中，宇文虚中个人的经历是特殊的，在他复杂的经历中，蕴涵了入仕、客居金国的宋朝文士共同的矛盾心理，他们的内心深处都蕴藏着不同程度的裂变，诚如时人刘著的感慨："浮世浑如出岫云，南朝词客北朝臣。"他们以批判的方式推动金朝社会向前发展，批判者用力的方向不同，各种矢向的力形成合力，推动金朝对发展道路的选择。在女真建国之初，面临三种道路的选择：其一是女真人自己的路，即由氏族社会、酋邦向国家演进；其二是辽朝契丹人的多种制度并存之路，即燕云地区的州县制、契丹人的王权制、边地部族制；其三是接受中原的皇权政治。

第五章研究文士政治认同的态度及其民族认同的错综复杂，不同程度地影响了其家族、裙带关系的发展。辽宋文士入仕金朝取得一定的社会地位，这使他们具备了发展家族势力、发展裙带关系的基础。金朝皇权政治的曲折发展，又直接影响了文士家族、文士裙带关系的命运，文士家族命运的沉浮又反映出金国皇权政治的特殊性，皇位传递之间，人为地否定前朝的政治态度使皇权政治的继承与发展受到影响，服务于皇权政治的文士及其家族的命运沉浮不定，前朝的功臣变成了罪人，罪人则能变成功臣。辽宋文士作为其家族势力的兴起者，皇权政治对他们的认同与否定在家族的命运中表现得更充分。

结语："异代"文士民族认同的歧义与歧途。

"异代"文士推动金朝皇权政治的确立，是为了营造能被自己认同的社会，更希望在自己营造的政治环境中得到认同，但金朝皇权政治与贵族政治的媾和，使非女真人的文士群体边缘化，成为被利用的"走卒"。文士在自己构建的政治认同中疏离了政治，皇权政治瓦解，女真人作为统治民族的特权消失，成为汉民族的一员，由此实现了民族融合，民族认同客观地发生了。

(二)主要观点

金朝是女真人为统治民族的政权，学术界称这样的政权为"北族王朝"，北族王朝的发展过程就是民族互动、认同的过程，即女真人认同"他者"，又被"他者"所认同。民族认同是个复杂的历史过程，但这个过程常被简单地理解为"汉化"，即中原输出汉文化、女真人接受汉文化的单一过程。

"汉化"仅谈出女真人接受汉文化的结果,忽视了两个文化群体互动过程中的错综复杂的矛盾运动过程,使历史认识出现片面、简化,甚至概念化的倾向。

民族认同之路重在历史过程的研究,即研究"你中有我,我中有你"的形成过程。女真人学习汉文化与民族文化本位的构建是对立统一的关系,从民族认同的视角看,女真人学习汉文化的初衷是为了民族自树,女真精英分子也为此努力过,只是移居中原后,处于汉文化包围中,女真人的族群文化的构建不但徒劳且畸形。诸如创设女真进士科,不但没有达到复兴女真文化的目的,相反,女真进士科一方面致使女真人丧失"尚武"的文化精神,另一方面又破坏了科举选拔人才的神圣性。当然,女真人民族认同道路的选择是在直接碰到的、既定的、从过去继承下来的条件下历史的际会,所以说,接受汉文化,在某种程度上讲是被迫的,舍此无路可走,屡屡被人称道的"汉化"并不是北族王朝历史发展的首选和坦途。

"异代"文士是金朝发生民族认同的桥梁、中介,处于两种文化之间的"异代"文士的民族认同之路集中地反映出认同与被认同的过程,即女真人认同"异代"文士,"异代"文士对认同做出一定的反应;反过来,"异代"文士认同女真人,女真人对被认同也有一定的反应。认同——反应,再认同——再反应。金朝的历史就在不断地认同、不断地反应中曲曲折折地向前发展。

(三)研究方法

分析研究对象的特殊性而实施有针对性的研究方法是学术研究的首要任务。"金朝'异代'文士的民族认同之路"研究的是历史问题,历史学的研究方法居主导地位。

本课题研究的核心内容是民族认同的历史过程,需要借助资料回到历史中,在历史存在中重新发现问题,即历史演进法;"民族认同"研究涉及面很广,借鉴前人的研究成果,反省前人学术实践的得与失是必要的,即史学批评方法;金朝"异代"文士的民族认同之路,演绎的是女真人与文士及其所代表的汉文化隐喻下的汉民族之间的互动关系,这段历史文献记载的话语语义混乱,史料文本形成过程复杂,资料的解读需要做"古史辨"的分析,即历史符号学中的文本话语语义分析和文本形成制度分析等方法;"金朝'异代'文士的民族认同之路"研究的是辽宋文士进入女真社会后,文士与女真人两个群体产生互动关系,彼此认同与被认同的历史过程,符合"挑战—回应"的研究模式。围绕女真与非女真人的互动,即"我群"(In group)与"他群"(Out group),"他者"视角十分必要,即跨文化比较法;辽宋文士群体与女真人群体的互动关系的研究属于社会史研究范畴,借鉴社会学、民族社会学、政治学、人类学和心理学等学科的研究方法。

(四)学术创新

研究视角的创新。金朝"异代"文士的民族认同之路也就是金朝的民族认同之路,从这里入手可以揭示出金朝历史发展的曲折及其特殊性。

研究理论与方法的创新。金朝历史凸显民族性,主要是女真族群发展的历史,探索民族史学理论,运用历史演进法回到历史原点,梳理历史过程,研究历史存在,重新发现历史,解释历史,还原历史的鲜活性,避免历史研究的概念化。

研究内容的创新。首先,对金朝开国历史有新的认识。通过研究女真社会历史文化背景,充分认识到民族政权建立之时,也是民族英雄出现的时候,阿骨打称都勃极烈与契丹阿保机称可汗、蒙古铁木真称大汗一样,因而提出阿骨打于收国元年(1115)称都勃极烈,天辅元年(1117)称帝建国,对金朝开国史研究有所建树;其次,比较深入地研究了"异代"文士作为金初重要的社会群体,在金朝历史发展中的作用及历史地位;再次,揭示出金朝皇权政治的特殊性等问题。

第一章　女真人的"族群认同"与阿骨打"变家为国"

建立大金国的女真人不应该称"民族",它属于"族群"范畴。学术界关于族群的界定,如 M.G.史密斯所言:"由于具有实际或虚构的共同祖先,因而自认为是同族并被他人认为是同族的一群人。"①又如挪威学者弗雷德里克·巴斯在《族群与边界》一文中所言:"族群这个名称在人类学著作中一般被理解为用以指明一群人:(1)生物上具有极强自我延续性;(2)共享基本的文化价值,实现文化形式上的公开的统一;(3)组成交流和互动的领域;(4)具有自我认同和被他人认可的成员资格,以形成一种与其他具有同一阶层(order)的不同种类。"②国内外学者所界定的"族群"更适合对女真人社会状况的一般描述。

对于"族群"问题,中国学者也有精辟的论断。郝时远先生指出:"20世纪60年代有关族群定义和相关理论的提出,可以清楚地看出 ethnic group 的含义虽然发生了趋向于抽象和泛化的变化,尤其是在定义中突出了主观的'认同'和被他人所确认的本质。但是这并没有改变它所指称的'族类共同体'范畴。"③族群存在自我认同和被他人确认的本质,所以,还有人认为族群是文化认同的产物④,从史籍记载靺鞨人曾向唐太宗提及"女真",至五代,女真作为族群的实体,其历史活动有了连续的记载。直至大金国建立,女真族群内部发生的文化认同成为主流。在族群认同过程中,辽朝契丹人对女真的压迫促使族群内部的文化认同具有了政治认同的

---

① [美]M.G.史密斯:《美国的民族集团和民族性——哈佛的观点》,何宁译,《民族译丛》1983年第6期。
② [挪威]弗雷德里克·巴斯:《族群与边界》,高崇译,载徐杰舜主编《族群与族群文化》,黑龙江人民出版社,2006年,第43页。
③ 郝时远:《Ethnos(民族)和 Ethnic group(族群)的早期含义与应用》,《民族研究》2002年第4期。
④ 朱伦:《西方的"族体"概念系统——从"族群"概念在中国的应用错位说起》,《中国社会科学》2005年第4期。"族群"通常被视为文化人类学的概念,而"民族"则一定是政治学的概念。

意义,阿骨打借势"变家为国"。

第一节 女真人的"族群"认同

历史学上的女真人研究,多含混地视之为民族,鲜有从文化人类学的角度研究他的族群属性。从族群视角研究女真人的历史,更接近历史的客观实在。从唐太宗贞观初年,女真被朝贡唐朝的靺鞨人提及,到努尔哈赤弃女真之名,称"满洲"(1636),女真人在近千年的历史中,主要是以族群的状态存在,若说历史上曾有女真(民)族的话,也是很短暂,甚至很牵强的。女真人的来历、地域分布及内部构成都说明他是部落群,或部族群。

一、女真人的来历

女真的起源,或称族源,至今仍是悬而未决的问题。女真人的来历文献记载得错综复杂,难以是从。

《宋会要辑稿》载:"唐贞观中,靺鞨来朝,中国始闻女真之名,契丹谓之虑真。"①

《北风扬沙录》载:"金国本名朱里真,番语(指契丹语)舌音讹为'女真',或曰'虑真',避契丹兴宗宗真名,又曰'女直'。肃慎氏之遗种,西海之别族也。或曰三韩[中]辰韩之后。姓拿氏,于夷狄中最微且贱。唐贞(正)观中,靺鞨来中国,始闻女真之名,世居混同江(松花江中游)水东,长白山——野绿水之源。南邻高丽,北接室韦,西界渤海铁离,东濒海。《三国志》所谓邑娄,元魏所谓勿吉,唐所谓黑水靺鞨者,今其地也。有七十二部落,不相统制。契丹阿保机乘唐衰,兴北方,吞诸蕃三十六,女真在其中。"②

《松漠纪闻》云:"女真,即古肃慎国也。东汉谓之挹娄,元魏谓之勿吉,隋唐谓之靺鞨。……其属分六部,有黑水部,即今之女真。其水掬之则色微黑,契丹目为混同江。……五代时,始称女真。后唐明宗时,尝寇登州,渤海击走之。其后避契丹讳,更名女直,俗讹为女质。居混同江之南者,谓之熟女真,以其服属契丹也。江之北为生女真,亦臣于契丹,后有酋豪受其

---

① [清]徐松辑:《宋会要辑稿》第196册《蕃夷》,中华书局,1957年,第7711页。
② [宋]陈准:《北风扬沙录》,李澍田主编《东北史料荟萃·金史辑佚》,吉林文史出版社,1986年,第1页。

宣命为首领者,号太师。"①

《三朝北盟会编》亦云:"女真,古肃慎国也,本名朱里真,番语讹为女真。"②

《金史·世纪》云:"金之先,出靺鞨氏。……黑水靺鞨居肃慎地,东濒海,南接高丽,亦附于高丽……其后渤海盛强,黑水役属之,朝贡遂绝。五代时,契丹尽取渤海地,而黑水靺鞨附属于契丹。其在南者籍契丹,号熟女直;其在北者不在契丹籍,号生女直。生女直地有混同江、长白山,混同江亦号黑龙江,所谓白山黑水是也。"③

《宋会要辑稿》记载女真之名,唐初曾一现。靺鞨与女真并载,女真与靺鞨有一定区别;《北风扬沙录》一说靺鞨来朝,提及女真之名。又说,女真,肃慎氏之遗种,西海之别族也。或曰三韩[中]辰韩之后。再说,女真是阿保机吞并三十六部之一,即女真出黑水靺鞨;《松漠纪闻》称"有黑水部,即今之女真"。《金史》云:"金之先出靺鞨氏。"根据这些混乱的记载无法确定女真的来历。

女真作为客观存在的部落,或曰族群,他的来历不会不可知,现在不可知是因为资料记载存在问题。即历史载籍者不辨真伪,不辨时间空间顺序,随意堆砌道听途说的历史信息,造成历史研究的障碍。为澄清女真人的来历,必须根据历史记载梳理历史过程。

首先,贞观年间,靺鞨来朝提及的女真在契丹东北,靺鞨的西北,或西部。《辽史》载:唐昭宗天复三年(903)春,辽太祖"伐女直,下之,获其户三百"④。同书又载:天复六年(906),"十一月,遣偏师讨奚、霫诸部及东北女直之未附者,悉破降之"⑤。阿保机征服东北女真后,又将其迁至辽南等地。《三朝北盟会编》记载:"阿保机虑女真为患,乃诱其强宗大姓数千户,移置辽阳之南,以分其势,使不得相通。迁入辽阳著籍者,名曰合苏款。"⑥黄龙府女真、鸭绿江女真都是从契丹东北迁出的。

---

① [宋]洪皓:《松漠纪闻》,李澍田主编《长白丛书》初集,吉林文史出版社,1986年,第9页。
② [宋]徐梦莘:《三朝北盟会编》卷3《宣政上帙三》,上海古籍出版社,2008年,《女真纪事》第1页,总16页。
③ 《金史》卷1《世纪》,第1—2页。
④ [元]脱脱:《辽史》卷1《太祖本纪上》,中华书局,1974年,第2页。
⑤ 《辽史》卷1《太祖本纪上》,第2页。
⑥ [宋]徐梦莘:《三朝北盟会编》卷3《政宣上帙三》,《女真纪事》第2页,总16页。

其次,契丹东北的女真不包括"金之先"。另据《金史》记载"金之先出靺鞨氏",即女真完颜部出于靺鞨七部,靺鞨族群存在于唐征高句丽之前（668年前）。此后,靺鞨分为粟末靺鞨和黑水靺鞨,粟末靺鞨参与建立渤海国。靺鞨七部中的黑水部为首,重新组合成十余部,诸部联合形成黑水靺鞨。由此推断,金之先当出于靺鞨七部中奔散的安居骨、伯咄等部的可能性较大,据《新唐书·北狄传》"黑水靺鞨"条记载:"白山本臣高丽,王师取平壤,其众多入唐,伯咄、安居骨等皆奔散,浸微无闻焉,遗人迸入渤海。"①安居骨等即是并入渤海的靺鞨成员,金之先人即在其中。金之先所出靺鞨是靺鞨七部之靺鞨,这一点在《高丽史》中得到进一步认证,《高丽史》称:"女真本靺鞨遗种,隋唐间为高句丽所并,后聚落散居山泽,未有统一,其在定州、朔州近境者,虽或内附,乍臣乍叛。及盈歌、乌雅束相继为酋长,颇得众心,其势渐横。"②

辽代女真主要来自两部分：一是《金史》记载的出于靺鞨的女真,其中包括女真完颜部；二是贞观年间被靺鞨提及的在契丹东北的女真,他们是女真的主体,是契丹人极力控制的女真部落,置大王府,派节度使等。两部分女真分别是高句丽人称呼的"东女真"与"西女真"。

二、女真人的区分与族群认同

女真分为"东女真"与"西女真"是唐至五代时的格局,辽朝契丹人为征服女真,瓦解女真的反抗力量,采取迁徙、分化政策。在契丹统治下,女真居地发生很大变化,同时也具有了新的称谓。宋人把女真划分为:熟女真、回跋、生女真、东海女真、黄头女真等；契丹人将女真划分为:南女真、北女真、曷苏馆女真、黄龙府女真、顺化国女真、鸭绿江女真、长白山女真、生女真、濒海女真、乙典（阿典、移典）女真、奥衍（奥扬）女真等。居地、称谓发生变化的女真人的身份的确认是研究辽金时期女真族群认同的重要内容之一。

（一）生女真与熟女真的划分

契丹征服东北女真后,把部分女真编入辽朝户籍,称为系籍女真,又称

---

① [宋]欧阳修、宋祁:《新唐书》卷219《北狄传》,中华书局,1975年,第6178页。
② [朝]郑麟趾:《高丽史》卷96《尹瓘传》,[日]市岛谦吉编辑,武术信贤印刷,国书刊行会活字版,第11页,明治四十一年（1908）。

"熟女真"。未系籍的女真称"生女真",生女真与熟女真均出于西女真。研究者多以系籍与不系籍划分"熟女真"与"生女真"的标准存在误区。女真完颜部未系辽籍,被视为生女真也值得商榷。

仔细考察历史过程,不难发现女真完颜部称生女真是有问题的。首先,生、熟女真出现于辽朝征服东北女真后,而且,地域范围"居束沫之北,宁江之东北者,地方千余里,户口十余万,散居山谷间,依旧界外野处,自推雄豪酋长,小者千户,大者数千户,则谓之生女真"①。适时女真完颜部还没有迁入安出虎水(阿什河)侧,从时间、地域上讲,女真完颜部不是生女真。其次,明朝东北女真还有称生女真者,郑晓在《皇明四夷考》的《女直》中说:"海西有山夷,即熟女直,完颜余种,亦务耕稼,妇女喜金珠,倚山作寨,亦名山寨夷;江夷,居黑龙江,即生女直,数与熟女直仇杀,百十战不休。"②《大明一统志》引《开元新志》记载:"上自海西,下至黑龙江,谓之生女直,略事耕种,聚会为礼,人持烧酒一鱼胞,席地歌饮,少有忿争,则弯弓相射。"③明代,在黑龙江流域仍然有生女真,他们与辽代的生女真文化存在共性。显然,是否系辽籍不是划分生、熟女真的标准。另据文献记载,用生、熟划分北方族群的用法始于后唐,如生吐浑与熟吐浑。

《新五代史》载:"初,唐(按,指后唐)以(白)承福之族为熟吐浑。长兴中(930—933),又有生吐浑杜每儿来朝。(杜)每儿,不知其国地、部族。至汉乾佑二年(949),又有吐浑何戛剌来朝,不知为生、熟吐浑,盖皆微,不足考录。"④

《契丹国志》记载:"西近北至生吐蕃国,又西至党项、突厥等国。皆不为契丹害,亦不进贡往来,盖以熟土浑、突厥、党项等部族所隔。"⑤

就生、熟的含义,刘义棠先生认为:"吐谷浑至五代,既有生、熟之分,故知其已逐渐汉化。生、熟难分亦知其汉化程度之深。"⑥

以汉化程度的高低划分生、熟吐谷浑,看似合理,其实不尽然。在史料

---

① [宋]徐梦莘:《三朝北盟会编》卷3《政宣上帙三》,《女真纪事》第2页,总16页。
② [明]郑晓:《皇明四夷考》上卷《女直》,魏焕、郑晓撰《皇明九边考 皇明四夷考合订本》,台湾:华文书局,1968年,第488页。
③ [明]李贤等撰:《大明一统志》(下卷)卷89《外夷·女真》,三秦出版社,1990年,第1368页。
④ [宋]欧阳修:《新五代史》卷74《四夷附录第三》,中华书局,1974年,第911页。
⑤ [宋]叶隆礼:《契丹国志》卷22《四至邻国地理远近》,齐鲁书社,2000年,第167页。
⑥ 刘义棠:《中国边疆民族史》,台湾:中华书局,1982年,第372页。

本身就讲不通,《旧五代史》记载:"(天祐)九年(912),周德威讨刘守光,嗣本率代北诸军,生、熟吐浑,收山后八军,得纳降军使卢文进、武州刺史高行圭以献。"①

生、熟吐浑并提,说明他们既有联系,又有区别,而且,区别不是表面能看出来的。"吐浑何戛剌来朝,不知为生、熟吐浑",如若以"汉化"区分生熟,何戛剌必有外在的表现,或者服饰,或者语言,看不出何戛剌是生吐浑,还是熟土浑,正说明生、熟吐浑的划分不是以"汉化"为标准的。

生、熟吐浑的根本区别是城居与非城居。城居,且有一定的农业生产者为熟吐浑;野处,以游牧、捕猎为生者为生吐浑。熟吐浑主要居住在今山西省北部一带的边塞州郡内,如:应州(治今应县)等,熟吐浑的部落人口分别由白氏、赫连氏等大族统率,成为隶属五代割据政权的主要依附力量。生吐浑则居住于云州(今山西大同)塞外,与突厥、契苾及其他"蕃部"杂居,主要从事游牧捕猎的生产活动,生吐浑居无定所,所以,文献记载"生吐浑杜每儿来朝。……不知其国地、部族"。散居野处是生吐浑的特点,也是生女真的特点。《三朝北盟会编》记载,生女真有自己的活动地域,在束沬江之北,宁江州东北,向东一千里可达忽汗河。在这个地域内,生女真散居野处,不相统属,无法管理,辽朝没有办法使其入籍。生女真未入辽籍不是它称"生女真"的原因,而是生女真特殊生活习性的定义。《金史》中称之为"野居女直"。至明代,东北生女真已经"略有耕种",但野居的习性还很突出。

(二)生女真与完颜部之间的文化认同

生女真野居散处,与女真完颜部不同,女真完颜部本是东女真,至其迁到安出虎水侧,才与生女真相近,辽朝又将完颜部首领任命为生女真部族节度使,女真完颜部与生女真的文化相互影响,相互认同,以致把女真完颜部混入生女真中。

首先,女真完颜部影响生女真。《金史》记载:"黑水旧俗无室庐,负山水坎地,梁木其上,覆以土,夏则出随水草以居,冬则入处其中,迁徙不常。献祖乃徙居海古水,耕垦树艺,始筑室,有栋宇之制,人呼其地为纳葛里。

---

① [宋]薛居正等:《旧五代史》卷52《唐书·李嗣本传》,中华书局,1976年,第701页。

(纳葛里)者,汉语居室也。自此遂定居于安出虎水之侧矣。"①

"黑水旧俗"指的是生女真的习俗,不是女真完颜部的习俗。完颜部来到海古水,在涞流水与安出虎水之间,不是黑水。黑水指的是粟末水(今第二松花江)。黑水所居生女真不建房屋,迁徙不常,不耕种,完颜部来到这里改变了生女真的习俗,在黑水地域开始出现耕垦、筑室。

其次,生女真散居野处,常被相邻部落劫掠。

《金史》有载:"腊醅、麻产侵掠野居女直,略来流水牧马。"②

又载:"……腊醅兄弟乘此际结陶温水之民,浸不可制。其同里中有避之者,徙于苾罕村野居女直中,腊醅怒,将攻之,乃约乌古论部骚腊勃堇、富者挞懒、胡什满勃堇、海罗勃堇、斡苫火勃堇。海罗、斡苫火间使人告野居女直,野居女直有备,腊醅等败归。腊醅乃由南路复袭野居女直,胜之,俘略甚众。"③

《金史》两处记载腊醅、麻产兄弟劫掠"野居女直",可能是同一件事。腊醅、麻产是纥石烈部人,居于活剌浑水河邻乡。活剌浑水又作胡剌温、忽剌浑,一说是今之呼兰河④,一说是今之付拉荤河(今通河县境内)⑤,这两条河都是松花江北支流,也就是说,腊醅、麻产要渡松花江到来流水掠穆宗的牧马和"野居女直",而且,袭击"野居女直"初受阻,再转向南路。若腊醅、麻产在"野居女直"北,必须绕过东侧或西侧,才能转向南路,不合情理是非常明显的。比较合理的定位是腊醅、麻产的居地在"野居女直"东,且很近,先进攻东侧受阻,又转向南侧。民国时有研究者认为:"腊醅传,腊醅、麻产兄弟,活剌水河邻乡纥石烈部人。方昶按,今霍伦即活剌浑之音转。乌春传,涉活论、来流水,霍伦即活论之异文,亦作和陵。欢都传,石显(鲁)之子劾孙举部来归,居于按出虎水源,胡凯山者,所谓和陵之地是也。是和陵即活论之证。今图又作活龙,则活论之转也。"⑥景方昶的考证把活剌浑水置于松花江南岸,近于合理。但"霍伦即活剌浑之音转"不能认同。

---

① 《金史》卷1《世纪》,第3页。
② 《金史》卷1《世纪》,第9页。
③ 《金史》卷67《腊醅、麻产传》,第1581页。
④ 张博泉、魏存成主编:《东北古代民族·考古与疆域》,吉林大学出版社,1998年,第652页。
⑤ 干志耿、孙秀仁:《黑龙江古代民族史纲》,黑龙江人民出版社,1987年,第330页。
⑥ [清]景方昶:《东北舆地释略》卷2《金史·上京路属地释略·活剌浑》,载《东北丛刊》1930年第3期。

笔者认为,活刺浑水应是今牡丹江的另一译写。唐代的忽汗河,金称呼尔哈河(亦作活罗海、鹘里改、胡里改),元称忽尔哈江,明称忽尔海河。腊醅、麻产兄弟从生女真之东侵扰黑水流域的生女真。

女真完颜部首领乌古乃在辽兴宗时期(1031—1055年在位),被任命为"生女直部族节度使"。此后,生女真节度使就在此家族中世袭,女真完颜部的这个家族具有了代表完颜部的政治资本,而且,这种政治因素把女真完颜部与生女真连在一起,且被视为生女真的一部分。辽朝任命女真部族的节度使,均是非本部族之人,用契丹人、渤海人为各部节度使就体现了这一思想,任用景祖乌古乃为生女真部族节度使也是这样思想的体现,不可能用本部族的人为本部族的节度使。辽朝任命完颜部人为生女真部族节度使从另一个方面说明女真完颜部本不是生女真。女真完颜部作为生女真节度使,一方面是接受辽朝的委任,另一方面确实增强了生女真的力量,保护生女真免受邻部的掠夺。

其三,女真完颜部人认同生女真的习俗。《金史·世纪》写道:"生女直之俗,生子年长即异居。"①"年长即异居"是北方族群比较普遍的习俗,游牧人群特别突出,游牧人群的扩大需要开辟新的牧场,这就是年长异居的根源,与农耕者不同。生女真"年长异居"恰好说明他们过着"散居""野处"的半游牧生活。完颜部人其乡随其俗,部分地接受生女真的习俗,过着亦农亦牧亦渔亦猎的经济生活,所以就有了"旧时兄弟虽析犹相聚种"的习俗②。

女真完颜部入驻生女真之地后,文化互相影响,历史载籍者不辨泾渭,把生女真的文化与女真完颜部混同记载,后世研究者也将错就错。生女真与完颜部区别的存在与消失是一个历史过程,抹杀他们的区别也就忽视了族群文化认同的历史过程。

三、熟女真的分布

女真被划分为"生"与"熟"是针对契丹东北的女真族群而言的,是根据他们的生活习性及其与契丹关系的远近而定的,是有时间与空间限定的概念。在契丹对女真人的划分里没有熟女真称谓,这是因为城居的熟女真已

---

① 《金史》卷1《世纪》,第6页。
② 《金史》卷44《兵志》,第995—996页。

经被契丹迁徙、处置于渤海故地,包括辽河流域。在渤海灭亡前后的一段时间里,处于宁江州以西、粟末水(第二松花江)以南的女真人拥有"熟女真"的称谓,待他们被迁徙以后,"熟女真"不同部分被给予新的称谓,或黄龙府女真,或鸭绿江女真等。"熟女真"被契丹统治者"肢解"分布于渤海故地,所以说,"熟女真"作为一个完整的社会群体在辽朝已经不存在,辽朝的史籍中没有"熟女真"称谓。

契丹东北女真指的是在嫩江、松花江(第二)一带的女真人,包括后来称为生女真和熟女真的部落。熟女真被分离成很多部分,有合苏馆女真、南女真、北女真、鸭绿江女真、黄龙府女真等。

(一)合苏馆女真

合苏馆女真是女真人中最受辽朝重视的部分,阿保机在世时,就被迁徙到辽阳一带。这部分女真人可能有双重身份,既是女真人的重要组成部分,还有可能是黑水靺鞨被渤海征服的部分,在契丹攻灭渤海前就已经征服了这部分女真,《旧五代史》载:后唐同光四年(926)春正月丙寅,"契丹寇女真、渤海"①。迨渤海灭亡后,就把东北女真部分迁到辽阳。甚至可以说,在未灭渤海时,就迁到辽阳一带,对渤海形成包围之势。

曷(合)苏馆女真很多文献都有记载,但各种文献又歧说不一。

《三朝北盟会编》记载:"契丹阿保机,乘唐衰乱,开国北方,并吞诸蕃三十有六,女真其一焉。阿保机虑女真为患,乃诱其强宗大姓,数千户,移置辽阳之南,以分其势,使不得相通,迁入辽阳著籍者名曰合苏款,所谓熟女真者是也。"②

《文献通考》记载:"阿保机虑其(女真)为患,诱迁豪右数千家于辽阳南而著籍焉,分其势,使不得与本国相通,谓之合苏馆,合苏馆者(熟)女真也。"③

《大金国志》记载:"黄头女真者,皆山居,号合苏馆女真。"④

《契丹国志》记载:"黄头女真,皆山居,号合苏馆女真。合苏馆,河西亦

---

① 《旧五代史》卷34《唐书十·庄宗本纪》,第468页。
② [宋]徐梦莘:《三朝北盟会编》卷3《宣政上帙三》,《女真纪事》第2页,总16页。
③ [元]马端临:《文献通考》卷327《四夷考四》,中华书局,1986年,第2570页。
④ [宋]宇文懋昭:《大金国志》,崔文印校,卷12《熙宗孝成皇帝》,中华书局,1986年,第177页。

有之。有八馆,在黄河东,与金粟城、五花城隔河相近。其人憨朴勇鸷,不能别死生,契丹每出战,皆被以重札,令前驱。髭发皆黄,目睛多绿,亦黄而白多。"①

《松漠纪闻》记载:"黄头女真者,皆山居,号'合苏馆女真'。合苏馆,河西亦有之,有八馆,在黄河东,今皆属金人。与金粟城、五花城隔河相近。二城八馆旧属契丹,今属夏人。金人约以兵取关中,以三城八馆报之,后背约,再取八馆,而三城在河南,屡争不得,其一城忘其名。其人戆朴勇鸷,不能别死生。金人每出战,皆被以重札,令前驱,谓之硬军。后役之益苛,廪给既少,遇卤掠所得,复夺之,不胜忿。天会十一年(1133)遂叛。兴师讨之,但守遏山下不敢登其巢穴。经二年,出斗而败,复降。疑即黄头室韦也。金国谓之黄头女真,髭发皆黄,目精多绿,亦黄而白多,因避契丹讳,遂称黄头女直。"②

从上面的诸种文献看,似乎合苏馆是熟女真,又是黄头女真。有研究者认为"其熟女真,又谓之曷苏馆,亦称黄头女真"③,"被编入辽朝户籍,称为'熟女真'。又称曷苏馆女真(义为篱笆内的女真)"④。历史记载混乱,后世的研究也鲜见辨伪、辨正。梳理曷苏馆、熟女真、黄头女真之间的关系,解释"曷苏馆"一词的含义很关键,曷苏馆,又译写为合斯罕、合思罕、合苏款、和硕馆、合苏馆、鹤柱馆等,这些都是民族语言读音的汉字译写,指的是同一事物。就现在的研究情况看,多数研究者认同它是"满语",汉译"篱笆"的意思。贾敬颜先生的论说比较有代表意义,他说:"合苏馆又作曷苏馆、遏速馆、合苏款、合苏褒(词尾有附加成分,犹言'合苏馆的')、合思罕、合斯罕、合苏、苏馆(后两者当有缺漏),女真语'藩篱'之义(相当于满语的hashan,即'篱笆栅')。其所以如是命名,盖女真入辽籍,为其'藩属',就象藩篱那样,起着'外围'的作用。因为有合苏馆女真存在,所以生女真建立金朝后,又在熟女真集中之区设置了合苏馆路。"⑤

这种解释看似很合乎逻辑,问题是"合苏馆"一词是否是满语,或是被

---

① [宋]叶隆礼:《契丹国志》卷26《诸蕃记》,第188页。
② [宋]洪皓:《松漠纪闻》,李澍田主编《长白丛书》初集,吉林文史出版社,1986年,第21—22页。
③ 金毓黼:《东北通史》,社会科学战线杂志社,1980年,第335页。
④ 白乐天主编:《中国全史·中国通史》(1—3卷),光明日报出版社,2000年,第1200页。
⑤ 贾敬颜:《女真及其相关的民族》,《历史教学》1985年第10期。

满语承继的女真语,不能确定。《金史》记载:"曷苏馆路,置节度使。天会七年(1129),徙治宁州,尝置都统司,明昌四年废。有化成关,国言曰曷撒罕关。"①这里的"国言"很难说它就是女真语,即使是女真语,也不一定就在满语中,在没有确定语言族属的情况下,把"合苏馆"在满语中对译实在是欠妥。

在《金史》记载"合苏馆"之前,《辽史》已有较清楚的记载。

《辽史·百官志》载:"曷苏馆路女直国大王府。亦曰合苏衮部女直王,又曰合素女直王,又曰苏馆都大王。圣宗太平六年(1026),曷苏馆诸部许建旗鼓。"②

《辽史·食货志》载:"曷术,国语(指契丹语)铁也。"③

《辽史·营卫志下》载:"曷术部。初,取诸宫及横帐大族奴隶置曷术石烈,'曷术',铁也,以冶于海滨柳湿河、三黜古斯、手山。圣宗以户口蕃息置部。"④

把"曷苏"的语源与"曷苏馆"的历史综合起来看,曷苏馆指辽朝的属国冶铁的女真部落,是熟女真的一部分,曷苏馆女真中还有黄头者,即黄头女真。

合苏馆诸部女真,圣宗太平六年,"许建旗鼓"⑤,称"曷苏馆女直国大王府"。《辽史》北面属国官条载:"曷苏馆路女直国大王府。亦曰合苏衮部女直王,又曰合素女直王,又曰苏馆都大王。"⑥特置"曷苏馆路女直国大王府",由辽廷派官员和女真酋帅共同管理本路各部军政事务。

(二)濒海女真国大王府与东海女真

滨海女真,又写作"濒海女真"。

《辽史》提到统和六年(988)八月"滨海女直遣使速鲁里来朝",又载有"濒海女直国大王府"。蒋秀松先生认为滨海女真即《三朝北盟会编》所载的"东海女直"。"此系指今乌苏里江以东苏联滨海地区的女真人"⑦,并批

---

① 《金史》卷24《地理志》,第553页。
② 《辽史》卷46《百官志》,第756页。
③ 《辽史》卷60《食货志》,第930页。
④ 《辽史》卷33《营卫志》,第389页。
⑤ 《辽史》卷46《百官志》,第756页。
⑥ 《辽史》卷46《百官志》,第756页。
⑦ 蒋秀松:《东北亚研究:东北民族史研究(三)》,中州古籍出版社,1997年,第47页。

驳日本学者和田清的观点(所濒之海并非日本海,而是黄海,即指鸭绿江下游濒海一带的女真人)。日本海被视为东海,濒海女真被说成"东海女真",即《高丽史》所称之为的"东女真"。另说濒海女真所濒之海为黄海,在鸭绿江下游,与鸭绿江女真相近。孰是孰非需要梳理资料,进行考察、研究。

《辽史》载:统和六年(988)八月,"丁丑,濒海女直遣使速鲁里来朝……滨海女直遣斯鲁里来修土贡"①。《辽史》"北面属国官"有"濒海女直国大王府"②。与"鸭渌江女直大王府"顺次记载。

濒海女直与滨海女直所指同一;速鲁里与斯鲁里当指同一人。来朝与修土贡是同一件事。据冯家升考证:"升按濒海女直一日而遣两使,又速鲁里系斯鲁里之异译,此必重出。"③

滨海女真遣使来朝是为了"修土贡"。有人认为:"修,即商定,说明贡献也不是随意性的了,它要受到一定的'条制或章程'的限制。"④

按"条制或章程"献土贡的理解有些偏颇。修,是修改,或是数量的修改,或是种类的修改。关于滨海女真"修土贡"的具体内容没有直接的文献记载,不过,间接的资料也可资佐证。据《辽史·圣宗本纪》记载:统和六年闰五月,"乌隗于厥部以岁贡貂鼠、青鼠皮非土产,皆于他处贸易以献,乞改贡。诏自今止进牛马"⑤。《辽史·部族表》⑥也记载同一事。统和六年闰五月,乌隗于厥部,乞改贡。同年八月,滨海女真"修土贡","乞改贡"与"修土贡"应具有相同的内容,而且是出于相同的原因。乌隗于厥部、滨海女真"乞改贡""修土贡"说明他们已迁离原来的驻地,原来岁贡的土产物在新居地没有,为了岁贡,他们曾于"他处贸易以献"。乌隗于厥部迁到没有貂鼠、青鼠的地方,说明他们向南迁移,可能在黄龙府以南、东南。滨海女真也是从别处迁来的,否则,没有必要"修土贡"。

滨海女真是从别处迁来的历史一旦成立,足以动摇滨海女真就是东海女真的基础,东海女真不是辽朝(圣宗时期)迁来的,辽朝也不曾向所谓"东海"(指今日本海)一带迁徙女真人。

---

① 《辽史》卷12《圣宗本纪》,第131页。
② 《辽史》卷46《百官志》,第757页。
③ 冯家升:《辽史证误三种》,中华书局,1959年,第125页。
④ 郝维民、齐木德道尔吉主编:《内蒙古通史纲要》,人民出版社,2006年,第169页。
⑤ 《辽史》卷12《圣宗本纪》,第130页。
⑥ 《辽史》卷69《部族表》,第1094页,载:"诏乌隗于厥部却贡貂鼠、青鼠皮,止以马牛入贡。"

把滨海女真看作东海女真存在可质疑的地方。

第一,东海女真在契丹东北女真之外,不属于熟女真,也不属于生女真。东海女真,《三朝北盟会编》记载:"极边远而近东海者,则谓之东海真。"①以地理大致方位判断,在忽汗水以东,不在生女真地界,且不系辽籍。

干志耿、孙秀仁等认为东海女真是生女真②,又视东海女真为滨海女真,显然是矛盾重重。滨海女真在统和六年(988)有"修土贡"的记载,说明此前、此后都向辽进贡"土物",只是贡物种类发生变化了。滨海女真被辽纳入属国属部,属于北面官,设有滨海女真国大王府。滨海女真是系辽籍者,不同于东海女真。

第二,最早把滨海女真与东海女真连在一起者,缺乏充分的论证,站不住脚。较早把滨海女真与东海女真连在一起的是《黑龙江沿革史讲稿》一书,写道:"濒海女真,《金史》称东海女真。即今苏联沿海州地区。"③其实,《金史》中没有"东海女直"字样,唯有《三朝北盟会编》提及"东海女真"。

后来的学者在此基础上进一步推断,将错就错。董万仑先生认为:"濒海女真主要指分布在今苏联沿海州地区的女真人。……东海女真,即濒海女真。"④冯永谦先生认为:"濒海女直大王府所在之地,当为绥芬河流域,即为今俄属乌苏里斯克(双城子)城址。"⑤

第三,"东海"不是"大海",也不是"日本海"。《三朝北盟会编》记载:"五国之东接大海,自海东而来者,谓之海东青……女真发马甲千余人入五国界,即东海巢穴取之,与五国战斗而后得。"⑥

从《三朝北盟会编》的记载看,大海与东海不是一回事,大海是五国部东边所及,接界。东海在五国境内。《金史》记载:"金起东海。"⑦金指的是女真完颜部,金起之地指的是完颜部所居的仆干水之崖。仆干水之崖,或曰"今牡丹江上源",或曰"暮棱水"(今穆棱河,笔者认为仆干水是《金史》中

---

① [宋]徐梦莘:《三朝北盟会编》卷3《宣政上帙三》,《女真纪事》第3页,总17页。
② 干志耿、孙秀仁:《黑龙江古代民族史纲》,黑龙江人民出版社,1987年,第334页。他们认为"辽代'东海女真'(濒海女真)与五国部亦均属生女真一类"。
③ 黑龙江省档案馆编:《黑龙江沿革史讲稿》,内部发行,1981年,第86页。
④ 董万仑:《东北史纲要》,黑龙江人民出版社,1987年,第207页。
⑤ 冯永谦:《辽东京道失考州县新探:〈辽代失考州县辨证〉之一》,载刘宁主编《辽金历史与考古》第1辑,辽宁教育出版社,2009年,第229页。
⑥ [宋]徐梦莘:《三朝北盟会编》卷3《宣政上帙三》,《女真纪事》第11页,总21页。
⑦ 《金史》卷96《梁襄传·赞》,第2138页。

的暮棱水)上源,均与今日本海很远,靠不上边,东海不是日本海。东海是指今镜泊湖,古称"忽汗海"。

《三朝北盟会编》所记"东海女真"不是《辽史》所记的"濒海女直",东海女真在忽汗海(今镜泊湖)以东,濒海女真当在鸭绿江下游,即和田清所考证的"黄海"沿岸地带。

(三)长白山女真国大王府

长白山三十部女真在《辽史》《金史》《高丽史》《三朝北盟会编》《宋会要辑稿》《文献通考》《续资治通鉴长编》等史籍中提及过。《辽史》记作"开泰元年(1012)春正月己巳朔……长白山三十部女直酋长来贡,乞授爵秩"①,《续资治通鉴长编》记作女真"三十首领"②,《高丽史》则记作"女真三十姓部落",显宗"三年(1012)春二月甲辰,女真酋长麻尸底,率三十姓部落子弟来献土马"③。

关于长白山三十部女真,中外学者给予很多关注。日本学者如津田左右吉《尹瓘征略考》、池内宏《高丽朝东女真的海寇》、小川裕人《论三十部女真》、三上次男《辽末金完颜家族的通婚状态》等,对三十部女真地理位置考定得比较多,而三十部女真的来源很少涉及。三十部女真的来源与组成是认识这个时期女真人整体变化的一个侧面。从高丽所记的东、西女真划分,从宋人的生、熟女真,东海女真,黄头女真的划分来看,三十部女真不在其列,这部分女真是后来诸多部落聚合而成的,来源很复杂。

三十部女真出现的时间大约在辽圣宗时期,与辽圣宗征讨女真有关。辽圣宗(983—1031)时期,开始加强对女真的统治与征服,统和元年至四年(983—986),辽两次征伐女真:第一次,自统和元年至二年(983—984)四月,命东路行军宣徽使耶律普宁(耶律阿没里)、都监肖勤德(肖恒德或肖肯德)率军"讨女直捷"④。二年八月,"东京留守兼侍中耶律末只奏,女直术不直、赛里等八族乞举众内附"⑤。第二次,从统和三年八月至四年(985—986)正月,命枢密使耶律斜轸、林牙肖勤德等东征女真。四年正月,"上讨

---

① 《辽史》卷15《圣宗本纪》,第170页。
② [宋]李焘:《续资治通鉴长编》卷32《太宗淳化二年》,中华书局,1980年,第728页。
③ [朝鲜]郑麟趾:《高丽史》卷4《显宗世家》,第55页。
④ 《辽史》卷10《圣宗本纪》,第113页。
⑤ 《辽史》卷10《圣宗本纪》,第113页。

女直所获生口十余万、马二十余万及诸物"①。契丹征讨的女真当指鸭绿江女真和滨海女真,女真被征讨后,要么表示臣服,即"举众内附",要么被俘,要么逃离。逃离者有向高丽逃奔的,也应该有向长白山山区逃奔的,山地比较容易躲避契丹人的征讨,三十部女真应该是来自滨海女真、鸭绿江女真的叛逃者,他们啸聚长白山,成为三十部女真的主体。当然,不否定长白山本来有一部分女真人的存在,但不会太多。还可能有五国部人加入②。正是由于女真被征讨而逃难,促使长白山地域女真部落的壮大,至于是否是三十部不好说,可能多一些,也可能少一些。

宋朝方面的记载也证实三十部女真出现的时间。《续资治通鉴长编》太宗淳化二年十二月条云:"是岁(991),女真首领野里鸡等上言,契丹怒其朝贡中国,去海岸四百里立三栅,栅置兵三千,绝其朝贡之路。于是航海入朝,求发兵与三十首领共平三栅。若得师期,即先赴本国,愿聚兵以俟。上但降诏抚谕,而不为出师。其后遂归契丹。"③

三十部女真向宋求兵不得,只能依存在契丹与高丽之间,《辽史》所提到的"长白山三十部女直"就是《高丽史》所提到的女真三十姓部落。统和二十八年(1010),契丹征讨高丽,占领都城开京④,也震慑了长白山女真。辽圣宗开泰元年(1012)正月,"长白山三十部女直酋长来贡,乞授爵秩"⑤。高丽显宗三年(1012)二月,"女真酋长麻尸底率三十姓部落子弟来献土马","同年闰十月,女真毛逸岁、锄乙豆率部落二十姓诣和州乞盟,许之"⑥。白山女真一面要向辽朝臣服,另一面还要保持与高丽交往,为自己开一条后路。太平元年(1021)四月,"东京留守奏,女直三十部酋长请各以其子诣阙祗候。诏与其父俱来受约"⑦。辽并设有"长白山女直国大王府"⑧。

另从高丽方面的记载看,三十部女真常与东女真互称,如《显宗世家》

---

① 《辽史》卷11《圣宗本纪》,第119页。
② 《金史》卷67《乌春传》,第1577页,载:"乌春,阿跋斯水(今吉林敦化福勒成河)温都部人。"
③ [宋]李焘:《续资治通鉴长编》卷32《太宗淳化二年》,第728页。
④ 《辽史》卷115《高丽传》,第1520页。
⑤ 《辽史》卷15《圣宗本纪》,第170页。
⑥ [朝鲜]郑麟趾:《高丽史》卷4《显宗世家》,第55—56页。
⑦ 《辽史》卷16《圣宗本纪》,第189页。
⑧ 《辽史》卷46《百官志》,第756页,载:"圣宗统和三十年,长白山三十部女直乞授爵秩。"

一处记"三十姓首领女真毛逸罗",另处记"东女真酋长毛逸罗";《文宗世家》一处记"蒙罗古村三十部落",另处记"东女真蒙罗古村"。三十部女真中还有东女真参与其中。

(四)黄龙府女真部大王府

黄龙府是辽的军事重镇,原是渤海国夫余府。阿保机灭渤海,先攻黄龙府,再进攻龙泉府,回师又进驻黄龙府,死于此地。《辽史·太祖本纪》记载:"(天显元年七月,926)甲戌,次扶余府,上不豫。是夕,大星陨于幄前。辛巳平旦,子城上见黄龙缭绕,可长一里,光耀夺目,入于行宫。有紫黑气蔽天,踰日乃散。是日,上崩,年五十五……重熙二十一年(1052)九月,加谥大圣大明神烈天皇帝。太祖所崩行宫在扶余城西南两河之间,后建升天殿于此,而以扶余为黄龙府云。"①黄龙府得名"黄龙"降临固不可信,得名于契丹迁"黄头"者于此值得探索。

"黄龙府罗涅河女直"有两种解释:其一,黄龙府统辖下的罗涅河女真;其二,黄龙府地带有从罗涅河迁来的女真。929年,黄龙府刚被契丹占有,是否具有行政辖区的职能,难以确定。不过,黄龙府附近有新迁入者,文献是有记载的。《许奉使行程录》记载:"第三十三程。自黄龙府六十里至托撒孛堇寨。府为契丹东寨,当契丹强盛时,擒获异国人则迁徙散处于此。南有渤海,北有铁离、吐浑,东南有高丽、靺鞨,东有女真、室韦,北有乌舍,西北有契丹、回纥、党项,西南有奚。故此地杂诸国俗,凡聚会处,诸国人言语不同,则各为汉语以证,方能辨之。"②

"异国人",研究者说他们是契丹以外的民族,不太确切。要研究"异国人"所指,必须从历史文献记述的"主体"与"客体"的关系入手。记述此事的人不是契丹人,也不是女真人,是宋朝的使者。天会二年(1124)年,许亢宗记载了黄龙府附近的见闻,并追述一百年前,契丹强盛,开疆拓土,把"异国人"迁到黄龙府的历史。"异国人"是出于记述者的定义,是记事者根据讲述者的讲述进行的概括和定义。记述者把契丹与女真和自己视为同样的、同一地域的人,这里"异国人"的"国"是地域的概念,非国家的含义,指的是异域之人,和记事者、女真、契丹人在外貌上不一样的人,"异国人"是

---

① 《辽史》卷2《太祖本纪》,第23—24页。
② [宋]宇文懋昭:《大金国志》卷40《许奉使行程录》,第568页。

黄头者。他们在女真人中,被称为黄头女真;在室韦中,被称为黄头室韦。

黄头女真属于被契丹征服的熟女真,他们来自罗涅河,即淖尔河(嫩江的西支流),后来写作绰尔河,绰与淖是形近字,很容易写混,按罗涅河的读音,当对译为淖尔河,不是绰尔河。罗涅河女真包括在契丹东北女真中。

《文献通考》记载:"阿保机虑其为患,诱迁豪右数千家于辽阳南而著籍焉,分其势,使不得与本国相通,谓之合苏馆,合苏馆者(熟)女真也,又曰黄头女真,其人憨朴勇鸷,不能别生死。"①

《大金国志》记载:"黄头女真者,皆山居,号合苏馆女真。"②

《契丹国志》记载:"黄头女真,皆山居,号合苏馆女真。合苏馆,河西亦有之。有八馆,在黄河东,与金粟城、五花城隔河相近。其人憨朴勇鸷,不能别死生,契丹每出战,皆被以重札,令前驱。髭发皆黄,目睛多绿,亦黄而白多。"③

《松漠纪闻》记载:"黄头女真者,皆山居,号'合苏馆女真'。合苏馆,河西亦有之,有八馆,在黄海(河)东,今皆属金人。……其人戆朴勇鸷,不能别死生。金人每出战,皆被以重札,令前驱,谓之硬军。后役之益苛,廪给既少,遇卤掠所得,复夺之,不胜忿。天会十一年(1133)遂叛。兴师讨之,但守遏山下不敢登其巢穴。经二年,出斗而败,复降。疑即黄头室韦也。金国谓之黄头生女真,髭发皆黄,目精多绿,亦黄而白多,因避契丹讳,遂称黄头女直。"④

曷苏馆女真迁到辽阳一带,黄头女真(部分)迁到黄龙府。黄龙府是契丹的"东寨",杂居很多讲不同语言的族群,大康八年(1082)三月,"黄龙府女直部长术乃率部民内附,予官,赐印绶"⑤。《辽史·百官志》载:"黄龙府女直部大王府。道宗大康八年,赐官及印。"⑥是知黄龙府女真部大王府置于道宗大康年间,较北女真、南女真、曷苏馆女真大王府建置为晚。黄龙府女真部大王府的辖域不限于今吉林省农安县一带,可能与明代的福余(馀)

---

① [元]马端临:《文献通考》卷 327《四夷考四》,第 2570 页。
② [宋]宇文懋昭:《大金国志》卷 12《熙宗孝成皇帝》,第 177 页。
③ [宋]叶隆礼:《契丹国志》卷 26《诸蕃记》,第 188 页。
④ [宋]洪皓:《松漠纪闻》,载李澍田主编《长白丛书》初集,吉林文史出版社,1986 年,第 21—22 页。
⑤ 《辽史》卷 24《道宗本纪》,第 287 页。
⑥ 《辽史》卷 46《百官志》,第 762 页。

卫相当,包括嫩江以东的乌裕尔河,以西的绰尔河(罗涅河)之间,黄龙府罗涅河女真自绰尔河(罗涅河)附近迁来。

(五)南、北女真大王府

据《辽史·百官志》"属国部"记载,辽有"南女直国"。南女直主要分布于今辽东半岛熊岳城以南地区。辽置"南女直国大王府""汤河详稳司"(南女直汤河司)管理之①。《辽史·地理志》记载属南女真汤河司统辖的州有卢州(今辽宁熊岳城)、归州(今熊岳城西南归州镇)、复州(今辽宁复州城)、苏州(今辽宁金州城)和镇海府等地②。有人谓南女真即曷苏馆女真,其实南女真与曷苏馆女真的来源不同,南女真为圣宗朝伐女真,以俘获所置,而曷苏馆女真则为阿保机迁女真边地"强宗大户"所置,后来又陆续有所充实。

据《辽史·百官志》"属国部"记载,辽有"北女直国"。《辽史·地理志》记载属于北女真兵马司统辖的有韩州(今昌图八面城)、肃州、安州、咸州(今开原)、同州、银州(今铁岭)、辽州(今辽滨塔)、双州以及龙化州等。北女真是指分布在辽河中游一带的女真人。统和八年(990)九月,"北女直国四部请内附"③。辽朝设北女真国大王府,并于辽州设北女真兵马司管辖。统和元年、四年连续攻讨鸭绿江女真。是时,北女真四部可能屈从于辽征讨女真诸部的强大压力归附契丹,成为辽朝治下的属部。

(六)奥衍、乙典女真

奥衍女真部,是辽时最处北方的女真部落,关于他的记载比较少。《辽史·营卫志》载:"奥衍女直部。圣宗以女直户置。隶北府,节度使属西北路招讨司,戍镇州境。"④中国学者把奥衍女真确定在今蒙古乌兰巴托西北⑤。前苏联学者认为,奥扬女真居住在蒙古人民共和国境内的奥尔洪河畔⑥。奥衍、奥扬、乌衍、隗衍是同音、近音的异写,后来又写作"阿延","满

---

① 《辽史》卷46《百官志》,第745页。
② 《辽史》卷38《地理志》,第460、475、476页。
③ 《辽史》卷70《属国表》,第1141页。
④ 《辽史》卷33《营卫志》,第391页。
⑤ 何俊哲、张达昌、于国石:《金朝史》,中国社会科学出版社,1992年,第21页。
⑥ [苏]А.И.克鲁沙诺夫主编:《苏联远东史——从远古到17世纪》,成于众译,哈尔滨出版社,1993年,第291页,他说:"当时这里有一个大的突厥部落群也叫这个名字。这说明很有可能奥扬突厥与奥扬女真同起源于某个共同体。如果注意到奥尔洪河流域自古以来就是古突厥人的居住地这一事实,那么奥扬女真即是突厥语部落的推论,是合乎逻辑的。"

洲语,尊大也。旧作奥衍,今改。"①"尊大"是引申意义,还不是原义。奥衍女真居住在奥尔洪河畔,或说乌兰巴托西北。

乙典女真部,《辽史·部族下》载:"乙典女直部。圣宗以女直户置。隶南府,居高州北。"②乙典女直,"乙"又可读为"阿""奥",又写作"阿克占"。乙典女真被辽迁居至高州(今内蒙古赤峰市东北)北的为一支,还有一支"自陈皆长白山星显、禅春河(即今延边地区的布尔哈通河、嘎呀河)女直人,辽时迁为猎户,移居"金时的咸平府路(今辽宁开原县东北)地,被编入辽朝户籍,受辽直接管理,金代共有1600余户③。

辽代女真由两部分组成,其一是契丹东北的女真,被契丹征服后,有隶籍与不隶籍的区分,隶契丹籍者多被迁到辽阳、黄龙府等地,宋朝史籍记作"熟女真";留居粟末水(第二松花江)以北、宁江州以东,被称作"生女真";其二是隋唐时期称靺鞨的安居骨等部奔散后,再聚集于高丽西北部,宋朝史籍称之为"东海女真",高丽史籍称为"东女真"。女真完颜部本出于"东女真",迁入生女真地界,与生女真、诸部女真发生族群认同。

第二节 女真完颜部核心地位的确立与贵族政治的形成

女真完颜部迁入黑水地域内,地理环境与人文环境为其发展提供了条件,与生女真结成联盟,打败、征服五国部。完颜部在生女真与五国部之间居主导地位,对内具备团结女真诸部的凝聚力量,经过几代人的努力,至穆宗盈哥(1094—1103)时,生女真诸部已基本控制在以完颜家族为核心的大联盟中。女真完颜部渐渐得到认同,阿骨打率先举起反辽大旗,对外发挥领导者的作用,并形成以阿骨打为首的女真贵族领导集团——诸勃极烈。

一、女真完颜部走上独立发展之路

阿骨打家族自始祖函普入赘完颜部,终止了完颜部与邻部之间的血亲

---

① [清]阿桂:《满洲源流考》,孙文良、陆玉华点校,卷11《辽营卫》,辽宁民族出版社,1988年,第177页。
② 《辽史》卷33《营卫志》,第391页。
③ 《金史》卷46《食货志》,第1034页,载:"咸平府路一千六百余户,自陈皆长白山星显、禅春河女直人。辽时签为猎户,移居于此,号移典部。"

复仇行为,促进了完颜部的发展,同时也给自己家族赢得了发展的机会,但完颜部的"父权"对函普家族来说是"舅权","舅权"压制函普家族"父权"的发展,函普家族"父权"的发展必须摆脱"舅权",迁徙是和平摆脱"舅权"的最好方式,是独立发展的开始。

(一)绥可率部迁徙,确立家族"父权"地位

11世纪初,绥可率领家族及族人从仆干水(一说是今牡丹江,笔者认为应该是今穆棱河)"徙居海古水,耕垦树艺,始筑室,有栋宇之制……自此遂定居于安出虎水之侧矣"①。绥可这次迁徙的原因史料中没有任何记载,可能是"迁徙不常"生活的一种结果,抑或是生活环境的一种被迫,不管出于什么原因,迁徙的结果总是重要的。定居生活有助于部族的发展和壮大,《三朝北盟会编》记载:"随阔(绥可)……教人烧炭炼铁,刳木为器,制造舟车,种植五谷,建造屋宇。"②率部族迁徙的绥可俨然是女真人的"文化英雄"。他率领家族,联合生女真,耕垦树艺,筑室以居,"旧无庐室"的生女真地界始有栋宇之制。绥可在女真完颜部社会发展中居于开拓者的地位。迁徙是部落壮大的一个契机,绥可教人烧炭炼铁,其中所教之人不是完颜部的成员,而是黑水生女真。绥可家族在安出虎水与来流水之间定居下来,与周围部落逐渐形成联盟关系。迁徙是女真完颜部历史发展的一个转折点,绥可和平地颠覆了"舅权",确立了家族的"父权",新的生存环境为女真完颜部的继续发展和壮大提供了条件。

(二)昭祖石鲁以"条教"为治

昭祖石鲁"稍以条教为治",约束诸部,这是函普家族发展的第二个机遇。安出虎水畔有适宜女真完颜部生息繁衍的自然环境,更重要的是有适宜发展的社会环境,完颜部处于远离辽朝监控且能号令周围诸部的有利地理位置,由于地理位置偏远,辽朝对于完颜部的强大不是遏制,而是利用。

在昭祖石鲁时期,为加强家族内部的凝聚力,昭祖在诸父中推行"条教"。史载:"生女直无书契,无约束,不可检制。昭祖欲稍立条教,诸父、部人皆不悦,欲坑杀之。已被执,叔父谢里忽知众将杀昭祖,曰:'吾兄子,贤人也,必能承家,安辑部众,此辈奈何辄欲坑杀之!'亟往,弯弓注矢射于

---

① 《金史》卷1《世纪》,第3页。
② [宋]徐梦莘:《三朝北盟会编》卷18《宣政上帙十八》,引[宋]苗耀《神麓记》,第4页,总127页。

众中,劫执者皆散走,昭祖乃得免。昭祖稍以条教为治,部落浸强。辽以惕隐官之。诸部犹以旧俗,不肯用条教。昭祖耀武至于青岭、白山,顺者抚之,不从者讨伐之。"①

所谓"条教"是针对"无约束,不可检制"的女真诸部出现的,用来"约束诸部"②,要求"诸父"服从昭祖石鲁的领导,不然不会激起诸父、部人的强烈反对,以致其叔父谢里忽"弯弓注矢射于众中",用武力驱散反对者。"条教"以统一的号令约束诸父,才有家族"部落浸强"的结果。强大起来的完颜部受到辽朝的重视和利用,"辽以惕隐官之"。日益强大的完颜部具备了向周围诸部发号施令的能力,石鲁"耀武至于青岭、白山,顺者抚之,不从者讨伐之"。至景祖乌古乃时,"众推景祖为诸部长"③,"稍役属诸部,自白山、耶悔、统门、耶懒、土骨论之属,以至五国之长,皆听命"④。对于辽朝,景祖采用计策与之周旋,提高自己的地位。史载:"五国蒲聂部节度使拔乙门叛辽,鹰路不通。辽人将讨之,先遣同干来谕旨。景祖曰:'可以计取。若用兵,彼将走保险阻,非岁月可平也。'辽人从之。盖景祖终畏辽兵之入其境也,故自以为功。于是景祖阳与拔乙门为好,而以妻子为质,袭而擒之,献于辽主。辽主召见于寝殿,燕赐加等,以为生女直部族节度使。"⑤

景祖乌古乃替辽朝擒获拔乙门,一举多得。一是阻止辽兵入境骚扰;二是擒获拔乙门,有功于辽朝,被任命为生女真部族节度使;三是剪除自己的一个对手。景祖的后继者世祖、肃宗继续征讨叛乱者,扩大联盟。

(三)穆宗盈哥统一号令

穆宗盈哥采取统一号令是函普家族的第三次发展机遇。穆宗盈哥时期,完颜部周围的诸部大有群雄并起之势,纷纷扩大势力,称"都部长"。在这时,争取主动权非常重要,穆宗"用太祖(阿骨打)议,擅置牌号者置于法,自是号令乃一,民听不疑矣"⑥。

当然,所谓"号令乃一,民听不疑"的记载,定有夸大其词的成分,当时,完颜部还不能控制诸部,或者说控制的范围很有限,不过,奋斗的目标已经

---

① 《金史》卷1《世纪》,第3—4页。
② 《金史》卷67《石显传》,第1573页。
③ 《金史》卷65《石显传》,第1573页。
④ 《金史》卷1《世纪》,第4页。
⑤ 《金史》卷1《世纪》,第5页。
⑥ 《金史》卷1《世纪》,第15页。

明确,要成为发号施令者。

从昭祖石鲁"稍以条教为治"到穆宗盈哥的统一号令,完颜家族几代人在近百年的时间里,通过招附、征服,使女真完颜部由亲近部落间的联盟发展到对其他较远的诸部的征服,"东南至于乙离骨、曷懒、耶懒、土骨论,东北至于五国、主隈、秃答,金盖盛于此"①。

二、反抗辽朝,女真完颜部领导核心地位的确立

女真完颜部的发展逐渐受到辽朝的重视,辽朝欲借助完颜部的力量控制生女真,于是,昭祖被任命为惕隐之官。反过来,昭祖打着为辽朝管理诸部的旗号,向周围诸部发号施令,顺者抚之,不从者伐之。景祖替辽朝擒获拔乙门,被辽任命为节度使之官。景祖虽受辽官,但拒绝"受印系籍",利用辽朝的旗号,但拒绝辽朝的控制,进而避免成为被辽朝奴役的女真诸部的敌人,避免与诸部正面冲突与对立。完颜部与辽朝保持若即若离的关系,主要是利用辽朝扩张自己的势力,在与桓赧、散达战事吃紧时,曾遣肃宗向辽求援,并有向辽系籍受印的打算。为与辽朝保持交通,"凡有辽事,一切委之肃宗专心焉"②。肃宗在任国相时,尤能知辽人国政人情。

完颜部的继续扩张遇到纥石烈部阿疎的抵制,也引来辽朝的干预。阿疎者,星显水纥石烈部人。其父阿海为勃堇,与完颜部保持和好关系,阿疎为勃堇,完颜部极力怀柔。穆宗盈哥"教统门、浑蠢、耶悔、星显四路及岭东诸部自今勿复称都部长"③,表达了将诸路纳入完颜联盟的意图,阿疎的"异志",与穆宗的统一意图相对抗,并与同部毛睹禄勃堇等起兵反对完颜部④。穆宗盈哥举兵伐阿疎,阿疎求助辽朝,辽朝借助阿疎之事开始干预完颜部的扩张。但是,辽朝在开通"鹰路"的问题上,又必须倚重完颜部,穆宗盈哥借为辽开通鹰路冲淡辽朝在阿疎事上的关注。完颜部"始终以鹰路误之,而辽人不悟"⑤。其后,康宗乌雅束、太祖阿骨打都以辽朝不遣阿疎

---

① 《金史》卷1《世纪》,第15页。
② 《金史》卷1《世纪》,第11页。
③ 《金史》卷1《世纪》,第14页。
④ 《金史》卷67《阿疎传》,第1585页,载:"穆宗嗣节度,闻阿疎有异志,乃召阿疎赐以鞍马,深加抚谕,阴察其意趣。阿疎归,谋益甚,乃斥其事。复召之,阿疎不来,遂与同部毛睹禄勃堇等起兵。"
⑤ 《金史》卷67《阿疎传·赞》,第1587页。

为言,与辽朝作梗,拒绝其使者。"终至于灭辽然后已"①。

完颜部与辽朝周旋,一则为减少辽朝对自己的压迫,再则借辽的大旗号令周围诸部。完颜部日益强大,常常冒犯、对抗辽朝,辽朝则不能不加以防范,但辽政日益腐败,对被奴役的周边民族求索不已,也加深了辽与女真各部的矛盾②。仅为海东青一役,从部民到酋长均受其累,"辽每岁遣使市名鹰'海东青'于海上,道出境内,使者贪纵,征索无艺,公私厌苦之"③。为开通鹰路,完颜部酋长自景祖乌古乃至穆宗盈哥屡与五国部战,景祖乌古乃末年,与五国没拈部谢野勃堇战,竟因极度疲乏而病倒在向辽边将达鲁骨请功的途中。

随着完颜家族的发展,反抗辽朝压迫的意识也在增强,率先表现在阿骨打身上。"天庆二年(1112)春,天祚混同江钓鱼,旧例诸国酋长尽来献方物,宴会犒劳,使诸酋长歌舞为乐,至阿骨打,但端立正视,辞以不能"④。《辽史》对此事也有记载:天祚"命诸酋次第起舞,独阿骨打辞以不能。谕之再三,终不从"⑤。阿骨打与天祚帝对抗,为女真人反抗辽朝树起一面旗帜,诸部"潜附阿骨打,咸欲称兵以拒之"⑥。完颜家族在反辽斗争中渐居核心地位,首先是自昭祖石鲁以来,几代人的征讨使生女真诸部基本上统一在完颜部的号令之下;其次是阿骨打个人的勇武果断,适时把握时机,遣人刺探辽朝虚实,当得知"辽主骄肆废弛之状。于是召官僚耆旧,以伐辽告之,使备冲要,建城堡,修戎器,以听后命"⑦。阿骨打反抗辽朝首先是凝聚家族的力量,争取家族的支持。

《金史》记载:"将举兵伐辽,而未决也,欲与迪古乃计事,于是宗翰、宗

---

① 《金史》卷2《太祖本纪》,第23页。
② [宋]徐梦莘:《三朝北盟会编》卷3《宣政上帙三》,《女真纪事》第10—11页,总21页,载:"天祚嗣位,立未久,当中国崇宁之间,漫用奢侈,宫禁竞尚北珠。北珠者,皆北中来榷场相贸易,天祚知之始欲禁绝,其下谓中国倾府库以市无用之物,此为我利而中国可以困,恣听之。而天祚亦骄汰,遂从而慕尚焉。北珠美者大如弹子,小者若梧子,皆出辽东海汊中,每八月望,月色如昼,则珠必大熟,乃以十月方采取珠蚌。而北方沍寒,九、十月则坚冰厚已盈尺矣。凿冰没水而捕之,人以为病焉。又有天鹅能食蚌则珠藏其嗉。又有俊鹘号海东青者,能击天鹅。人既以俊鹘而得天鹅,则于其嗉得珠焉。海东青者出五国……必求之女真,每岁遣外鹰坊子弟趋女真发甲马千余人,入五国界,即海东巢穴取之,与五国战斗而后得,其后女真不胜其扰。"
③ 《金史》卷2《太祖本纪》,第23页。
④ [宋]徐梦莘:《三朝北盟会编》卷3《宣政上帙三》,《女真纪事》第11页,总21页。
⑤ 《辽史》卷27《天祚帝本纪一》,第326页。
⑥ [宋]徐梦莘:《三朝北盟会编》卷3《宣政上帙三》,《女真纪事》第11页,总21页。
⑦ 《金史》卷2《太祖本纪》,第23页。

干、完颜希尹皆从。居数日,少间,太祖与迪古乃冯肩而语曰:'我此来岂徒然也,有谋于汝,汝为我决之。辽名为大国,其实空虚,主骄而士怯,战阵无勇,可取也。吾欲举兵,仗义而西,君以为何如?'迪古乃曰:'以主公英武,士众乐为用。辽帝荒于畋猎,政令无常,易与也。'太祖然之。明年,太祖伐辽,使婆卢火来征兵。"①

迪古乃是函普之弟保活里五世孙,居于耶懒水。一说即雅兰河,今俄罗斯滨海边疆区东北塔乌黑河②;二说今俄罗斯滨海地区的苏昌河③。迪古乃支持阿骨打,一是基于辽朝的腐败,二是缘于家族联合、凝聚的必要性。

三、阿骨打的"父权"与家族政治

阿骨打嗣其兄康宗乌雅束位,承担起父权制的家长责任。作为家族中的家长之一,率领部分家族成员起兵,首先代表的是家族的利益。其领导下的诸勃极烈是大家长与诸父的关系,诸勃极烈承担的是不同的家政角色,在诸勃极烈之间几乎没有上下尊卑和隶属关系。父权制的家长与其卵翼下的诸勃极烈正面临着社会的变革。

完颜部自始祖函普入赘以来,父权制下的家长在完颜家族的发展中一直处于很重要的位置。昭祖石鲁以家长的身份立"条教"约束"诸父",其叔父谢里忽以武力镇服"诸父",救助昭祖石鲁为的是捍卫能够代表其兄兴家的家长。景祖乌古乃代表家族任辽朝节度使,但在"受印系籍"的问题上,他也能代表部人、诸父拒绝之。史载:辽主欲使景祖系辽籍,"景祖诡使部人扬言曰:'主公若受印系籍,部人必杀之!'"景祖不愿系辽籍,部人也不愿系辽籍,景祖的意愿最终取决于部人,代表部人。由于家长的地位很重要,承袭家长的人时常遇到来自家族的挑战,世祖劾里钵世袭节度使,其父的异母弟跋黑有"异志"④,所谓"异志"无非就是要取而代之,或另立门户。穆宗盈哥袭节度使,以兄劾者子撒改为国相,对此,"诸父之子习烈、斜钵及诸兄有异言,曰:'君相之位,皆渠辈为之,奈何?'"⑤所谓的"君相"完全是

---

① 《金史》卷70《完颜忠传》,第1622页。
② 孙乃民主编:《吉林通史》第一卷,吉林人民出版社,2008年,第350页。
③ 张泰湘:《东北亚研究:东北考古研究》(三),中州古籍出版社,1994年,第29页。
④ 《金史》卷1《世纪》,第7页。
⑤ 《金史》卷68《欢都传》,第1594页。

后人的语言,实际上,盈哥与撒改就是主外与主内的家长,是父权的代表。

阿骨打嗣康宗乌雅束位,仍然代表父权掌管家族事物,而且,"与撒改分治诸部,匹脱水以北太祖统之,来流水人民撒改统之"①。即使起兵反辽,也是从家族的利益出发,把伐辽的打算先告知肃宗颇剌淑的妻子靖宣皇后蒲察氏,蒲察氏说:"汝嗣父兄立邦家,见可则行。吾老矣,无贻我忧,汝必不至是也。"②蒲察氏是阿骨打的婶母辈,对阿骨打起兵攻打宁江州,虽说不上支持,但她代表家族地位是存在的。反辽斗争的初步胜利,阿骨打的家政范围也随之扩大,作为辅佐阿骨打管理大家庭的诸勃极烈也随之出现,收国元年(1115)七月,以弟吴乞买为谙班勃极烈,国相撒改为国论勃极烈,辞不失为阿买勃极烈,弟斜也为国论昃勃极烈。同年九月,以国论勃极烈撒改为国论忽鲁勃极烈,阿离合懑为国论乙室勃极烈。

阿骨打与诸勃极烈最本质的关系是大家长与小家长的关系,大小家长首先认同的是血缘关系,根据血缘关系的远近亲疏划分权利和等级,吴乞买、斜也是阿骨打的同母弟,撒改是阿骨打的堂兄,辞不失、阿离合懑是阿骨打的叔父。《金史》认为诸勃极烈之官是"升拜宗室功臣之序焉"③。诸勃极烈都是宗室成员是无可置疑的,但关于"臣"的身份则是虚无的。根据杨保隆先生的分析:"金朝的大政方针皆由诸勃极烈共同合议、商讨决定,然后大家各集一个方面的军政大权,分头去实行,相互间地位比较平等。"④诸勃极烈各司一职,彼此不存在隶属关系,平等参与议事。

阿骨打称帝与撒改之间的关系由并列"分治诸部",转变为名义上君与臣的关系,但阿骨打拒绝接受君臣之礼。《金史》有载:"太祖即位后,群臣奏事,撒改等前跪,上起,泣止之曰:'今日成功,皆诸君协辅之力,吾虽处大位,未易改旧俗也。'撒改等感激,再拜谢。凡臣下宴集,太祖尝赴之,主人拜,上亦答拜。"⑤

《三朝北盟会编》引《金虏节要》有云:"盖女真初起,阿骨打之徒为君也,粘罕之徒为臣也,虽有君臣之称,而无尊卑之别。乐则同享,财则同用,

---

① 《金史》卷70《撒改传》,第1614页。
② 《金史》卷2《太祖本纪》,第23页。
③ 《金史》卷55《百官志》,第1215页。
④ 杨保隆:《试谈金代废除勃极烈制度的最初动因》,《社会科学战线》1994年第1期。
⑤ 《金史》卷70《撒改传》,第1614—1615页。

至于舍屋、车马、衣服、饮食之类,俱无异焉。房主所独享者惟一殿,名曰乾元殿,此殿之余,于所居四外栽柳,行以作禁围而已。其殿也,绕壁尽置大炕,平居无事则锁之,或开之,则与臣下杂坐于炕,伪后妃躬侍饮食,或房主复来臣下之家,君臣宴然之际,携手握臂,咬头扭耳,至于同歌共舞,莫分尊卑而无间,故譬诸禽兽,情通心一,各无觊觎之意焉。"①

这种大家长与小家长以及小家长之间的平等参政、议事关系,对金初社会的发展是有利的,清人赵翼对金朝初年的家族政治也有评论,他说:"开国之初,家庭间同心协力,皆以大门户、启土宇为念,绝无自私自利之心,此其所以奋起一方,遂有天下也。"②

太祖与诸勃极烈的关系停滞在父权制的大家长与诸父共同议事的阶段,平等议事源于他们的经济基础和生活方式,诚如张博泉先生所言:"土地基本上是集体所有,因为还没有国家,土地国有还未最后形成,土地私人占有观念极为薄弱,起着支配作用的经济原则是乐则同享,财则同用。"③平等议事关系的打破,尊卑秩序的建立有待于经济基础的改变。问题是,女真人,包括完颜部在内,他们生活的环境是地广人稀,而且以渔猎经济为主,指望通过土地私有改变父权制的家族政治是很遥远的事。真正促使阿骨打家族政治转变的有两件事:一是新的政治制度的直接引进,即杨朴劝说阿骨打称帝,"变家为国",阿骨打称帝在完颜宗室的贵族政治中埋下了变革的种子;二是荡辽侵宋后,金朝的政治直接嫁接到辽宋的经济基础之上,辽宋故地的经济基础成了金朝政治变革的土壤。

第三节 从都勃极烈到皇权政治的转变④

阿骨打称帝前,任都勃极烈,由都勃极烈嗣位是金朝皇权的起点。阿骨打的都勃极烈身份及其与诸勃极烈平等议事的观念约规着太祖、太宗时

---

① [宋]徐梦莘:《三朝北盟会编》卷166《炎兴下帙六十六》,引[宋]张汇《金虏节要》,第5—6页,总1197页。
② [清]赵翼:《廿二史札记》卷28《金初父子兄弟同志》,中华书局,1963年,第566页。
③ 张博泉等:《金史论稿》第1卷,吉林文史出版社,1986年,第166页,张博泉先生认为,女真人建国前是父权制家族公社,建国后是奴隶制的家族公社。笔者认为,太祖、太宗时期,父权制下的家族政治是主要的,紧接着就向皇权政治过渡,奴隶制没有得到发展的机会。
④ 李秀莲:《阿骨打称都勃极烈与金朝开国史之真伪研究》,《史学月刊》2008年第6期。

期皇权政治的内容,甚至影响到整个金朝皇权政治发展的取向。但阿骨打从都勃极烈到称皇帝的历史,史料记载很含混,尤其渤海文士杨朴劝阿骨打称帝、立国、建元等事件,在金、宋、辽三方史料中各执一说。澄清阿骨打从都勃极烈到称皇帝的历史有助于认识阿骨打皇权的本质,以及杨朴等渤海文士对女真政权的政治认同与民族认同的积极性、主动性。

一、学术界关于"都勃极烈"问题的争议

刘浦江先生在《关于金朝开国史的真实性质疑》[①]一文中,利用宋人的笔记、辽朝的史料与《金史》相比较,发现金朝开国史的真实性可疑,并针对完颜阿骨打何时称帝建国、国号是什么、有没有"收国"年号、"天辅"始于何年等问题已经进行了比较深入的研究。笔者在这里重提阿骨打称帝问题,是因为金代的皇权政治发展取向与阿骨打称帝的历史背景关系至深,此问题的澄清也有助于认识"异代"文士民族认同之路的起点与曲折。

关于阿骨打称帝的缘起主要有两说:一是《金史·太祖本纪》所记载的,吴乞买、宗翰等宗室贵族一而再地"劝进",于是,阿骨打称帝,国号大金,改元"收国";二是《辽史》及宋朝方面的史料所记载的,辽东文士杨朴劝阿骨打称帝。

《辽史·天祚帝本纪》载:"是岁(天庆七年,1117),女直阿骨打用铁州杨朴策,即皇帝位,建元天辅,国号金。"[②]

宋朝方面的史料多载阿骨打称帝于宋徽宗政和八年(重和元年,1118),主此说者以李心传《建炎以来系年要录》为代表[③]。对阿骨打称帝问题,历史记载矛盾歧出,刘浦江先生认为"金朝开国史的真实性"存在问题,并最大限度地收集了辽、宋、金方面的史料,但最后结论还是落在"初步认为"上[④]。

---

① 刘浦江:《关于金朝开国史的真实性质疑》,《历史研究》1998年第6期。
② 《辽史》卷28《天祚帝本纪》,第336页。
③ [宋]李心传:《建炎以来系年要录》卷1,上海古籍出版社,1992年,第5页,载:重和元年八月,"旻(阿骨打)用辽秘书郎杨璞计,即皇帝位"。
④ 刘浦江:《关于金朝开国史的真实性质疑》,《历史研究》1998年第6期,此文基本结论是:"由《金太祖实录》所撰造而为《金史》所承袭的金朝开国史肯定是不真实的,但是其历史真相究竟如何,目前还不能给予十分肯定的回答,我初步认为,完颜阿骨打于公元1114年起兵以后,可能在1117年或1118年建立了国家,国号是'女真',年号为'天辅',1122年改国号为'大金'。——当然,这远远不是定论。彻底恢复金初历史的真实面貌,仍有待于我们的继续努力。"

相互矛盾的历史记载只能编排自身以外的其他史料的不正确,却不能证明自身为什么正确,历史资料的相互矛盾无法帮助我们对这段历史有一个基本统一的认识。为了对这段历史有一个基本统一的认识,我们可以借助历史资料,"回到历史中去",重新梳理阿骨打称帝的历史过程。《金史·百官志》载:"太祖以都勃极烈嗣位。"① 太祖称帝前是都勃极烈,这是没有疑议的,但太祖什么时候开始为都勃极烈,都勃极烈什么时候出现在女真社会,历史记载模糊,这是造成后来学者认识产生歧义的根源。

张博泉先生根据《金史·百官志》所载:"金自景祖始建官属,统诸部以专征伐,巍然自为一国。其官长皆称曰勃极烈,故太祖以都勃极烈嗣位。"② 判断勃极烈"应始于景祖",并进一步推断,景祖为节度使,辽人呼节度使为太师,金人称"节度使"为"都太师",《广雅·释诂》云:"师,官也。"《三朝北盟会编》载:"谙版孛极烈,大官人;孛极烈,官人。"由此得出结论:都太师即大官人,大官人即都勃极烈,景祖任节度使,称都太师,景祖即是都勃极烈③。与张博泉先生观点相近者还有王世莲先生④。

程妮娜先生认为穆宗始为都勃极烈。她在《金初勃堇初探》一文提到,勃堇与勃极烈制既有联系又有区别,"为提高军事部落联盟长的地位,穆宗将原都勃堇(众部长,都部长)的称号改为都勃极烈,以示尊崇。自穆宗以后,勃堇受都勃极烈直接统辖"⑤。文中未言所据。

多数人认为都勃极烈的出现在康宗八年(1113),文献有载:是年十月,"康宗即世,太祖袭位为都勃极烈"⑥。有人推断完颜部首领称都勃极烈的原因:"一是在金穆宗时,各地区联盟首领的都部长名号已取消,而完颜氏部落大联盟首领,自景祖乌古乃以后称'都太师',即辽朝授之的'生女直部

---

① 《金史》卷55《百官志》,第1215页。
② 《金史》卷55《百官志》,第1215页。
③ 张博泉等:《金史论稿》第1卷,第98页;王景义《略论金代的勃极烈制度》一文也认为:"完颜部自景祖乌古乃时,即开始世袭连任大联盟长,亦称都勃极烈。"载《社会科学辑刊》1997年第3期。
④ 王世莲:《孛堇、勃极烈考释》,《吉林大学社会科学学报》1987年第4期。王世莲认为:"景祖既为节度使,意味着他是总管一方军政大权的首领了。自此,'有官属,纪纲渐立''巍然自为一国'矣。其国主便是景祖乌古乃——'都太师''都勃极烈'……乌古乃就成为长于其他太师的'都太师'了,犹如孛堇高于孛堇一样,都太师也就成为女真诸部的最高冢宰——都勃极烈。在都勃极烈的官属中,有国相、都统、副都统、详稳等官长,这就是金建立前的勃极烈制。"
⑤ 程妮娜:《金初勃堇初探》,《史学集刊》1986年第2期。
⑥ 《金史》卷2《太祖本纪》,第22页。

第一章 女真人的"族群认同"与阿骨打"变家为国" 55

族节度使'。二是由于阿骨打在即位前一年(辽天庆二年,1112),在'鱼头宴'(当为'头鱼宴',笔者加)上不听辽天祚帝之命'起舞',天祚帝已有'托以边事诛之'之意,故当他继康宗位后,辽朝拖了近一年才授予他节度使称号。在辽朝对其不封授的情况下,为了表示自己的地位既尊且贵,遂采用此称号(指都勃极烈,笔者加注)。"①

第一种观点与第三种观点运用的思维方式基本相同,即在《金史》中抓到一则资料,作为立论(见前文)。然后,再为其立论寻找论据,为了让论据支持论点,不可避免地出现想当然的推论,如,张博泉先生为把景祖乌古乃任节度使与都勃极烈联系起来,对"师"进行训诂,即"师,官也"。节度使契丹人称为太师,女真人称"都太师"。两个民族之间语言的嬗递与借用在此不论,仅就女真人借用"太师"后,是否有训诂行为,答案是否定的。在景祖时,女真人的文化水平是直接的"拿来主义",不会对借来的词语进行转义、训释。更不会运用汉文化中的《广雅》训释"都勃极烈"。这种训诂显然是臆测;再有,《三朝北盟会编》说:"谙版孛极烈,大官人;孛极烈,官人。"这是宋朝人对女真语"孛极烈"的汉译,而且,谙版孛极烈译为"大官人",都勃极烈就不能再译"大官人"了。同样,第三种意见的论据主要是穆宗的禁令,穆宗"教统门、浑蠢、耶悔、星显四路及岭东诸部自今勿复称都部长"②。穆宗盈哥禁止其他部落称都部长或都孛堇,其目的是要诸部承认他的号令、地位,因为他自己就是都孛堇。如果他是都勃极烈,高于都孛堇,根本不用禁止诸部称都孛堇,穆宗号令所统属的诸部不得称都孛堇,也就是我们所说的禁止"僭越"。其实,《金史》有载:"金自穆宗号令诸部不得称都孛堇,于是诸部始列于统属。"③这是说穆宗开始把松散的联盟关系向"统属"关系转变,而且,诸部并没有因穆宗号令而全部俯首,反抗、抵制不断出现,纥石烈部阿疎就是反抗者之一。康宗乌雅束时,"苏滨水民不听命,使斡带等至活罗海川,召诸官僚告谕之。含国部苏滨水居斡豁勃堇不至。斡准部、职德部既至,复亡去"④。诸部叛服不定,说明穆宗盈哥、康宗乌雅束的都孛堇地位还在确立、巩固之中。

---

① 陈佳华、蔡家艺等:《宋辽金时期民族史》,四川民族出版社,1996年,第117—118页。
② 《金史》卷1《世纪》,第14页。
③ 《金史》卷128《循吏传》,第2757页。
④ 《金史》卷1《世纪》,第16页。

《金史·太祖本纪》载:"康宗即世,太祖袭位为都勃极烈。"①这个记载是说康宗就是都勃极烈,太祖接替康宗为都勃极烈,为"总治官"②。事实上,太祖即康宗位,并没有"总治官"的权力,在完颜部内,最明显的事就是他与撒改"分治诸部"。如果阿骨打是都勃极烈,与之分治诸部、地位相当的撒改是什么?对部落之外,为伐辽事,曾亲自到迪古乃部征求意见。起兵前,达鲁古部实里馆尚不知该从谁,太祖对实里馆说:"吾兵虽少,旧国也,与汝邻境,固当从我。"③所谓"旧国"当指昔日存在的联盟关系,太祖以"旧国""邻境"要求实里馆加盟,而不是要求实里馆服从"总治官"。种种迹象表明,阿骨打在起兵前没有"总治官"的权力,也不是都勃极烈。王钟翰先生主编的《中国民族史》认为"康宗即世,太祖袭位为都勃极烈",实"不足以为证"④。

对阿骨打何时任都勃极烈的认识不能统一的关键问题之一是"都孛堇"与"都勃极烈"的词源关系尚未理清,即认为:"孛堇"与"勃极烈"相同,"都勃极烈"与"都孛堇"同。有人说:"生女真各部首领皆称为'孛堇'或'勃极烈','都勃极烈'或'都孛堇'即各部总首领。"⑤"都勃极烈"与"都孛堇"的关系不分清楚,也就无从认识都勃极烈何时出现的问题。《金史》中"孛堇"指一个部的官长,又称部长。《蒙古秘史》译作"别乞",源于突厥语[bək],原系军事长官称号,后泛指官吏。契丹语称[bekj],写作:丹夕⑥。随着诸部联盟的出现,统领数部的官长也随之出现,称都孛堇,又称诸勃堇、都部长、诸部长。景祖被众人推为诸部长,都孛堇始出现在完颜部。

孛堇、都孛堇与勃极烈、都勃极烈不同,勃极烈在词源上是孛堇的派生词,它们是拥有同一词根的两个词⑦,"孛堇"女真文写作:凡刂,读作[bə(g)i—in]⑧。"勃极烈"女真文写作:凡他,读作[bə(g)i—lə]⑨。都勃极烈

---

① 《金史》卷2《太祖本纪》,第22页。
② 《金史》卷135《金国语解》,第2891页,载:"都勃极烈,总治官名,犹汉云冢宰。"
③ 《金史》卷2《太祖本纪》,第24页。
④ 王钟翰主编:《中国民族史》,中国社会科学出版社,2001年,第491页注5。
⑤ 李锡厚、白滨:《辽金西夏史》,上海人民出版社,2003年,第109页。
⑥ 王弘力:《契丹小字墓志研究》,《民族语文》1986年第4期。
⑦ 陈佳华、蔡家艺:《宋辽金时期民族史》,第117页;另见张博泉《金史论稿》第1卷,第97页,张先生认为:"勃极烈是勃堇的转讹。勃堇或勃极烈即后来满语的'贝勒',同为部长之义。"笔者不同意此说。
⑧ 金启孮编著:《女真文辞典》,文物出版社,1984年,第252页。
⑨ 金启孮编著:《女真文辞典》,第210页。

的"都",按《满洲源流考》载:太祖以达贝勒嗣位,"达贝勒,达,满洲语达为首之称,旧作都,今改正。解云统治之官,犹冢宰也"①。"达"[da]女真语写作𢗈,义为:"根、本、首、头。"②"都勃极烈"女真文写作:𢗈𡷰他,即"官的头目"③。

都勃极烈出现在完颜部是因为完颜部强大及其酋长的权力、地位空前发展的结果,这种局面的出现,是在阿骨打反辽取得初步胜利的时候。阿骨打起兵反辽对女真诸部产生强大的凝聚力量,女真诸部归附阿骨打或者出于对辽朝压迫的怨懑,或者出于战争掠夺的追求,不管出于什么动机,诸部归附阿骨打是事实,阿骨打也借助天下归心的大好形势,甚至诏谕被契丹统治的渤海人、系辽籍的女真人加盟。阿骨打已经拥有空前的权力与地位,空前的尊号——都勃极烈的出现已是水到渠成的事。

对都勃极烈的认识不能统一的关键问题之二是研究者多被《金史》的记载钳住了思维。研究者或者盯住景祖时期的历史记载,或者利用关于穆宗的记载,或者抓住阿骨打袭康宗位的记载。都勃极烈出现在女真社会的历史是客观的、唯一的,不会既在景祖时期,又在穆宗或康宗时期,历史记载的错乱完全是人为的。诚如有的学者所说:"我们必须实事求是地承认,记载生女真完颜部初期历史情况的资料带有浓厚的传说色彩,是一种追记性质的历史纪录。"④《金史》中太祖的历史及其祖宗的历史都是"追记"的,"追记"的过程《金史》记载得比较清楚,"女直既未有文字,亦未尝有记录,故祖宗事皆不载。宗翰好访问女直老人,多得祖宗遗事"⑤。天会六年(1128),命完颜勖与耶律迪越筹备修自始祖以下十帝实录,是为三卷《祖宗实录》,皇统二年(1142)修成。八年(1148),完颜勖等又修成《太祖实录》。修《金史》的史官主要利用这些"追记"的"实录"再追述女真完颜部初期的历史而形成《金史·世纪》。针对这种情况,可以说《金史》记载景祖时,"巍然自为一国,其官长皆称曰勃极烈,故太祖以都勃极烈嗣位"。又记载"康宗即世,太祖袭位为都勃极烈"。这些记载都是"追记"的结果,"追记"中有

---

① [清]阿桂:《满洲源流考》卷18《官制》,第343页。
② 金启孮编著:《女真文辞典》,第11页。
③ 孙伯君:《金代女真语》,辽宁民族出版社,2004年,第214页。
④ 何俊哲、张达昌、于国石:《金朝史》,社会科学出版社,1992年,第23页。
⑤ 《金史》卷66《完颜勖传》,第1558页。

历史的影子,但"追记"本身与历史不相符的可能性很大,而且,与严格的历史记录也相差甚远。把这些"追记"作为"信史"加以利用,必然陷于、困于历史记载的矛盾之中。

二、"国相"与都勃极烈①

阿骨打为都勃极烈的时间应该在接替康宗乌雅束部长之位后、称皇帝之前,所以,都勃极烈在女真社会出现的时间、原因、背景,对认识渤海文士杨朴劝阿骨打称帝,阿骨打称皇帝及其皇权与贵族政治的关系是有帮助的。但是,《金史》中关于金朝建国前的历史记录存在两大问题:一是"追记",越久远的"追记",传说的色彩越浓重;二是刻意地篡改历史,所谓的"始祖以下十帝",原本都是草莽间的部落酋长,在《金史》中都被打扮成"称孤道寡"的帝王。这两种问题在有关阿骨打的历史记载中都存在,《金史·太祖本纪》说阿骨打一出生就是一个非同寻常的人,世祖劾里钵嘱托"了契丹事"。《金史》极力地把阿骨打打扮成天生的帝王,所以,别有用意的主观历史记录湮没了阿骨打如何称都勃极烈、如何从都勃极烈到皇帝的客观历史。从关于阿骨打的历史记录中,已经看不出他称都勃极烈的历史及其起决定作用的人物,为研究阿骨打称都勃极烈的历史,有必要从与阿骨打关系密切者的身上寻找线索。

撒改是建国前后与阿骨打保持密切政治关系的人之一。阿骨打即康宗位后,撒改以国相身份与他"分治诸部";阿骨打与谢十之战,撒改没有参加,但阿骨打将获谢十马赐撒改;撒改遣其子宗翰等贺捷并一而再地"劝进";收国元年(1115)七月,撒改为国论勃极烈,九月,又改为国论忽鲁勃极烈;撒改跪拜阿骨打,阿骨打"泣止之曰:'今日成功,皆诸君协辅之力,吾虽处大位,未易改旧俗也。'撒改等感激,再拜谢"②。天辅五年(1121),撒改薨。"太祖往吊,乘白马,嫠额哭之恸。及葬,复亲临之,赠以所御马"③。通过互不联属的几件事已经看出阿骨打与撒改的关系非同一般,尤其"嫠额"哭撒改,"嫠额"又称"送血泪",是女真人用以表达最真挚情感的习俗。阿骨打另一次"嫠额"是辽天庆五年(收国元年,1115),辽主率兵亲征女真,

---

① 李秀莲:《女真完颜部"国相"考》,《北方文物》2014年第2期。
② 《金史》卷70《撒改传》,第1614页。
③ 《金史》卷70《撒改传》,第1615页。

阿骨打面临灭顶之灾，"劈面仰天恸哭"，激励将士与他共渡难关①。"劈额""赠以所御马"，是女真人丧葬礼俗中最隆重的仪式，以此足见阿骨打对撒改的敬重程度。

阿骨打敬重撒改是有原因的。《金史·撒改传》云："伐辽之计决于迪古乃，赞成大计实自撒改启之。"②所谓"大计"当指"劝进"一事，经"劝进"，阿骨打登大位，撒改的贡献确实很大。"劝进"前，撒改与阿骨打是并列的地位，"分治诸部"。此后，变成上下君臣关系，甚至屈居第三位，不论国论勃极烈，还是国论忽鲁勃极烈，终究是第三位。撒改之所以牺牲自己的地位，推举阿骨打登大位，一是客观形势的需要，完颜部的强大责无旁贷地成为反抗辽朝的核心，完颜部要推出领头的人，阿骨打有能力作头人，撒改顺应客观形势的需要推举阿骨打；二是兴家的责任，撒改是"长房"，有兴家的责任，为兴家而推举阿骨打；三是"国相"在完颜部是一个举足轻重的人物，有能力推举阿骨打，撒改"继肃宗为国相，既贵且重"③。"国相"的"劝进"比一般人有分量。

一般认为，国相"是部落联盟军事首领的匡辅人物"④。按照《金史》所载肃宗颇刺淑、撒改为"国相"时的具体行为就是辅佐完颜部酋长治理民事，辅佐是"国相"的职能，但不是全部。由于《金史》记载的"障目"因素，鲜有人去追问"国相"的真实身份，追问当初景祖为何用币马从雅达手里买来这一职务。揭开"国相"的真实身份是认识阿骨打与撒改、皇帝与诸勃极烈不同寻常关系的关键。

所谓"国相"一职是景祖乌古乃买来的。《金史》有记载的最初的"国相"是雅达，景祖以"币马"从雅达手里买来了"国相"，雅达家族失去"国相"前后，与景祖家族的关系历史记载很模糊，学界一般认为，雅达也是完颜部人，也姓完颜，"国相"权力是在完颜部内的转移。景祖与雅达是否同姓完颜，涉及部落联盟与反叛的性质，是研究"国相"来龙去脉的关键一步。

---

① 《辽史》卷28《天祚帝本纪》，第332页，载：辽天庆五年（1115），"女直主聚众，劈面仰天恸哭曰：'始与汝等起兵，盖苦契丹残忍，欲自立国。今主上亲征，奈何？非人死战，莫能当也。不若杀我一族，汝等迎降，转祸为福。'诸军曰：'事已至此，惟命是从。'"
② 《金史》卷70《撒改传》，第1614页。
③ 《金史》卷70《撒改传》，第1614页。
④ 张博泉：《金史论稿》第1卷，第103页。

《金史》记载："桓赧、散达兄弟者，国相雅达之子也。居完颜部邑屯村。"①

凭藉居于完颜部邑屯村的记载，研究者多认为雅达家族为完颜部人。在这里要考虑邑屯村是雅达父子居住时已归属完颜部，还是在桓赧、散达叛乱时，世祖荡其家。后来桓赧、散达归降，邑屯村属于完颜部，或者是记述历史时，此地才是完颜部的居地。从相关记载看，邑屯村在当时不属于完颜部。邑屯村当在唵敦河，或益褪水附近。

《金史》载："纥石烈胡剌，晦发川唵敦河人。"②

《金史·斡鲁传》载："辽兵六万来攻照散城，阿徒罕勃董、乌论石准与战于益褪之地，大破之。"③

晦发川指的是辉发河所辐射的平川地带，不能限于辉发河流域，晦发川地域内的唵敦河，或益褪水即是今伊通河，也是《金史》中的"雅达澜水"④。完颜部人是后迁到这里的。《完颜娄室神道碑》记载："其先曰合笃者，居阿注浒水之源，为完颜部人。祖恰鲁直……以财雄乡里，枝属浸蕃，乃择广土，徙雅达瀨水。"⑤完颜娄室家族迁到雅达瀨水应该是桓赧、散达家族势力衰微后的事。

《金史》记载："后（景祖昭肃皇后）往邑屯村，世祖、肃宗皆从。会桓赧、散达偕来，是时已有隙，被酒，语相侵不能平，遂举刃相向。后起，两执其手，谓桓赧、散达曰：'汝等皆吾夫时旧人，奈何一旦遽忘吾夫之恩，与小儿子辈忿争乎。'因自作歌，桓赧、散达怒乃解。"⑥

桓赧、散达家邑屯村与景祖昭肃皇后唐括氏的家很近，"唐括氏，帅水隈鸦村唐括部人"⑦。帅水、率水、舍很水是同音异写，世祖曾以偏师涉舍很水，经贴割水，覆桓赧、散达之家。《金史·石家奴传》载："桓赧、散达之

---

① 《金史》卷67《桓赧、散达传》，第1574页。
② 《金史》卷82《纥石烈胡剌传》，第1840页。
③ 《金史》卷71《斡鲁传》，第1632页，另《金史》卷81《阿徒罕传》，第1816页，也记载同一事，阿徒罕"与乌论石准援照散城，阿徒罕乘不备急击之，遂夜过益褪水，诘朝，大败之，斡鲁上其功，赐币与马"。
④ 都兴智：《辽金史研究》，人民出版社，2004年，第227页。
⑤ 干志耿、孙秀仁：《黑龙江古代民族史纲》附录二《金源郡壮义王完颜娄室神道碑》，第397页。
⑥ 《金史》卷63《后妃传》，第1500页。
⑦ 《金史》卷63《后妃传》，第1500页。

乱昭肃皇后父母兄弟皆在敌境,斛鲁短以计迎还之。"①皇后母家在"敌境",说明邑屯村与昭肃皇后母家唐括氏的隈鸦村相近,可能是同一条水上的两个村落。

"帅水""率水""舍很水"又与"双阳"音近,在双阳县境内有双阳河,"女真语原作'刷烟',或译作'苏瓦烟''刷觇''苏完',汉语为'黄色'之意"②。双阳河是饮马河(移里闵河)支流,饮马河又是伊通河的支流。邑屯村与帅水是很近的。

桓赧、散达仅仅是景祖的"旧人",且是得到景祖恩惠的"旧人"。要说旧人,乌春也是旧人,乌春曾对世祖说:"吾与汝父等辈旧人,汝为长能几日,干汝何事?"③乌春与景祖既不同姓,也不同种,"旧人"是指旧日的联盟者。

桓赧、散达与昭肃皇后唐括氏的关系很近。当世祖、肃宗与桓赧、散达"举刃相向"时,皇后两执其手,并要桓赧、散达不要与小儿子辈忿争。他们在文化习俗上也有相同性,"自歌以释其忿争"是皇后家的习俗,桓赧、散达能接受、认同,说明他们的文化习性是相近的。至于昭肃皇后父母兄弟在"敌境",虽说世祖"以计迎还",更主要的是桓赧、散达没有加害他们的打算。世祖与桓赧、散达之战,昭肃皇后很担心,与其说是担心世祖失败,不如说是担心双方的存亡,世祖击败桓赧、散达,并没有全歼其党徒,嗣后,桓赧、散达来归降。这种和解是昭肃皇后所期待的,也应该有皇后与桓赧、散达亲密关系的维系。桓赧、散达不是完颜部人,应该是唐括部人。

部落联盟初期,完颜家族为"部长",另一家族雅达为"国相",他们既是力量的联合,也是权力的联合,当其中某家族要突出发展时,权力的分散便是障碍了。景祖时期,完颜家族就处于突出发展阶段,集中权力是非常必要的。在这样的形势下,景祖用和平收买的方式得到"国相",国相由景祖第四子——颇剌淑肃宗担任。景祖在世时,转让"国相"的两家族相安无事。景祖殁后,矛盾便凸显出来。世祖、肃宗随其母昭肃皇后至邑屯村,与桓赧、散达先是口角,接下来要动武,被昭肃皇后唐括氏制止。后来,桓赧、散达联合其他部落与完颜部相争相斗。

---

① 《金史》卷120《石家奴传》,第2614页。
② 都兴智:《辽金史研究》,第228页。
③ 《金史》卷67《乌春传》,第1578页,载:世祖欲与乌春约婚,乌春不欲,笑曰:"狗彘之子同处,岂能生育。胡里改与女直岂可为亲也。"

雅达之子桓赧、散达与肃宗等争斗的原因，据《金史》记载，景祖弟、肃宗的叔父"跋黑有异志"①。跋黑诱惑桓赧、散达等乱，"桓赧兄弟尝事景祖。世祖初，季父跋黑有异志，阴诱桓赧欲与为乱"②。从这里看，是完颜家族内部争权援引外力，致使桓赧、散达等滋乱。但从事态的整体分析，桓赧、散达的反乱势力主要是针对肃宗的，针对"国相"交易之事。蔡美彪先生认为："颇刺淑为国相，引起了雅达之子桓赧和散达的强烈反对。"③董万仑先生也这样认为④。

《金史》记载："桓赧、散达之战，部（完颜部）人赛罕死之，其弟活罗阴怀忿怨。一日，忽以剑脊置肃宗项上曰：'吾兄为汝辈死矣，到汝以偿，则如之何？'久之，因其兄柩至，遂怒而攻习不出，习不出走避之。攻肃宗于家，矢注次室之裙，著于门扉。复攻欢都，欢都衷甲拒于室中，既不能入，持其门旃而去，往附杯乃。"⑤

活罗把其兄的死直接归咎于肃宗不会是无原由的，肃宗等对活罗的责难是默认的，且自知理亏，对活罗的进攻，肃宗不还手，习不出、欢都等都不还手。活罗附叛者杯乃，后被俘获，肃宗释其罪，仍任使左右。世祖、肃宗对桓赧、散达的进攻极力求和，未战之时，遣盆德议和；肃宗一战战败后，再求和；在打败桓赧、散达时，并没有像对杯乃、乌春那样对待他们，而是任他们逃命，未几，桓赧、散达俱以其属来降。

景祖收买"国相"，是完颜部发展过程中很重要的事件。《金史·世纪·赞》曰："景祖不受辽籍辽印，取雅达国相以与其子。世祖既破桓赧、散达，辽政日衰，而以太祖属之穆宗。其思虑岂不深远矣夫！"⑥雅达家族失去国相也是损失重大，为此，桓赧、散达与完颜部进行了激烈的战斗。桓赧、散达联合乌春等形成强大的势力，迫使世祖、肃宗要分头应付，肃宗对阵桓赧、散达一而再地失利，至世祖参战时，竟做了决死的打算。桓赧、散达争战是为了要好马，欲得盈歌之大赤马、辞不失之紫骝马。显然，桓赧、

---

① 《金史》卷1《世纪》，第7页。
② 《金史》卷67《桓赧、散达传》，第1574页。
③ 范文澜、蔡美彪主编：《中国通史》第6册，人民出版社，2008年，第233页。
④ 董万仑：《东北史纲要》，第232页，董先生认为："此事引起雅达子桓赧和散达的反对。追劾里钵任联盟长后，事态扩大，酿成叛乱。"
⑤ 《金史》卷1《世纪》，第11页。
⑥ 《金史》卷1《世纪·赞》，第17页。

第一章 女真人的"族群认同"与阿骨打"变家为国"

散达争战是延续景祖时币马与"国相"的交易。

"国相"一职转入景祖家族,是"景祖以币马求之于雅达,而命肃宗为之"①。《金史·桓赧、散达传》也记载:"景祖尝以币与马求国相于雅达,雅达许之,景祖得之,以命肃宗,其后撒改亦居是官焉。"②景祖乌古乃以币马从雅达手里买来"国相",如果"国相"就像《金史》所言,肃宗颇刺淑"身居国相,尽心匡辅"③。撒改为"国相"也是辅弼穆宗盈哥、康宗乌雅束、太祖阿骨打。也就等于说,景祖乌古乃以币马买来的是没有任何实际内容的"国相"名衔,但真实的情况不会这样。

"国相"对阿骨打家族一定有使用价值,历史记载没有明言,不等于没有。就女真所处的氏族社会之境况而言,当时两件事是最重要的,即"唯祭与戎"。在完颜部中,除了军事首领景祖乌古乃外,还应该有负责宗教事务的首领,即"巫者"。王可宾先生认为:"其初,女真各氏族或其支系都有一个巫者,其地位与部长相侔。"④王可宾先生的推论对处于氏族发展阶段的女真社会是成立的,"与部长相侔"的官长当推"国相"。

完颜部的"国相"就应该是巫者的角色。女真语中有两个"国相",其一为国论勃极烈,读作[gurun ni bə(g)i—sə]⑤,写作"ᡤᡠᡵᡠᠨ",是阿骨打时期才出现的,与巫者无关;另一"国相"出现较早,读作[o—omi—r]⑥,写作"ᠣᠮᡳᡵ",《大金得胜陀颂碑》即用此词。斡·兀迷儿撒改(译作国相撒改)⑦,或读作[bui omi r]⑧。"国相"的词根"omi"与"会"[omiαbie]⑨、"会酒"[omiαbie nurə(酒)]⑩、"饮"[omirα]⑪的词根相同,都有"集会"的

---

① 《金史》卷1《世纪》,第11页。
② 《金史》卷67《桓赧、散达传》,第1574页。
③ 《金史》卷1《世纪》,第11页。
④ 王可宾:《女真国俗》,吉林大学出版社,1988年,第302页。
⑤ 金启孮编著:《女真文辞典》,第123页。
⑥ 金启孮编著:《女真文辞典》,索引第48页。
⑦ [日]田村实造:《大金得胜陀颂碑の研究》(上),《东洋史研究》第二卷第五号,昭和十二年(1937)六月发行,第8页。
⑧ 金启孮编著:《女真文辞典》,索引第8页。
⑨ 金启孮编著:《女真文辞典》,第65页,"bie"为"动词基本形的语尾字"。
⑩ 金启孮编著:《女真文辞典》,索引第48页。
⑪ 金启孮编著:《女真文辞典》,索引第48页。

意思,"o"作"为"讲①,"r"指特殊的人或事②,[o-omi-r]当释为"为会之人"。"为会之人"当是"国相"的原始含义,与巫者的身份相符,"是争战中不可缺少的一个组织者和鼓动者"③。

巫者在女真社会很重要。女真"国俗,有被杀者,必使巫觋以诅祝杀之者,乃系刃于杖端,与众至其家,歌而诅之曰:'取尔一角指天、一角指地之牛,无名之马,向之则华面,背之则白尾,横视之则有左右翼者。'其声哀切凄婉,若《蒿里》之音。既而以刃画地,劫取畜产财物而还。其家一经诅祝,家道辄败"④。"国相"在女真社会扮演很重要的角色,一般是世袭的,所以,景祖乌古乃用币马从雅达家族买来的是巫者的特权,而非"国相"的名衔。

身为巫者的"国相"有时是独立的,有时与部长合二为一,部长兼有巫者的职能。肃宗颇剌淑,景祖第四子,自幼机敏善辩,景祖使之任"国相"。每遇战事,肃宗颇剌淑常常能独挡一面。《金史》记载肃宗与斡勒部人杯乃战,就流露出巫者的身份,"肃宗下马,名呼世祖,复自呼其名而言曰:'若天助我当为众部长,则今日之事神祇监之。'语毕再拜。遂炷火束缊。顷之,大风自后起,火益炽。是时八月,并青草皆焚之,烟焰涨天。我军随烟冲击,大败之"⑤。肃宗颇剌淑任都部长兼"国相",其后,穆宗盈哥以撒改为"国相"。

国相撒改的地位非常重要,当时有言:"不见国相,事何从决。"⑥撒改的主要职责是驯服诸部,审理讼狱。审理讼狱是"国俗"巫觋诅祝杀人者的巫术行为,是"神判"职能的转化。撒改作为巫者的职能史籍记载很少,究其原因:一是完颜部征伐诸部的战争在社会生活中居主要地位,撒改更多的活动是参与征伐诸部的战争,穆宗盈哥三年(1096),撒改先以偏师攻顿恩城,接着,为都统,伐留可、诈都、坞塔等;二是阿骨打及其子嗣续统即位,

---

① 金启孮编著:《女真文辞典》,第 39 页。
② 金启孮编著:《女真文辞典》,第 237 页,据研究:"r","为名词词缀(语尾字),凡具有这个词缀的语词,多半表示有生命的东西";另见孙伯君《金代女真语》,第 86 页,"ri"名词词缀,表示具有某种特点的人或事物的情况。
③ 王可宾:《女真国俗》,第 301 页。
④ 《金史》卷 65《谢里忽传》,第 1540 页。
⑤ 《金史》卷 1《世纪》,第 11—12 页。
⑥ 《金史》卷 70《撒改传》,第 1615 页。

其家族占据皇室地位,历史的修撰以隆崇阿骨打为主,撒改本人的地位及其家族地位不断下降,历史记载撒改就是一个"宗臣",《金史》有赞曰:"撒改治国家,定社稷,尊立太祖,深谋远略,为一代宗臣,贤矣哉。"①

尽管如此,细研史籍,还是能发现撒改作为巫者的面目。阿骨打战败辽将谢十,向撒改告捷,"撒改及将士皆欢呼曰:'义兵始至辽界,一战而胜,灭辽必自此始矣。'"②根据前后史事来推断,撒改及将士的"欢呼"是有名目的,阿骨打与辽开仗前,曾"申告于天地"③。战后,向撒改告捷,还要"以谢十马赐之"。当时阿骨打与撒改"分治诸部",地位相当,谈不上"赐之",但以谢十马与撒改,定有求于撒改,因此,撒改等人的"欢呼"应该是"申告于天地"的延续。这是九月的事。十月,撒改巫者的面目再现得比较清晰。

《金史·五行志》记载:阿骨打"军宁江,驻高阜,撒改仰见太祖体如乔松,所乘马如冈阜之大,太祖亦视撒改人马异常,撒改因白所见。太祖喜曰:'此吉兆也。'即举酒酹之。曰:'异日成功,当识此地。'师次唐括带斡甲之地,诸军介而立,有光起于人足及戈矛上,明日,至札只水,光复如初"④。

《大金得胜陀颂碑》也记载:"太祖率军渡淶流水,命诸路军毕会,太祖先据高阜,国相撒改与众仰望,圣质如乔松之高,所乘赭白马亦如岗阜之大,太祖顾视撒改等人马高大亦悉异常。太祖曰:'此殆吉祥,天地协应吾军,胜敌之验也。诸君观此正当戮力同心,若大事克成,复会于此,当酹而名之。'后以是名(赐)其地。云时又以禳禬之法行于军中,诸军介(而序立,战士光浮万里之程,胜敌)刻日,其兆复现焉。"⑤

两则资料记载的是同一件事。

阿骨打及其将士置身于祥瑞之气中,并且,都提到撒改看出太祖人马

---

① 《金史》卷70《撒改传·赞》,第1627页。
② 《金史》卷70《撒改传》,第1614页。
③ 《金史》卷2《太祖本纪》,第24页,载:"申告于天地曰:'世事辽国,恪修职贡,定乌春、窝谋罕之乱,破萧海里之众,有功不省。而侵侮是加。罪人阿疎,屡请不遣。今将问罪于辽,天地其鉴佑之。'"
④ 《金史》卷23《五行志》第535页,载:"师次唐括带斡甲之地,诸军介而立,有光起于人足及戈矛上,明日,至札只水,光复如初。"《金史》卷2《太祖本纪》第24页,载:"师次唐括带斡甲之地,诸军襄射,介而立,有光如烈火,起于人足及戈矛之上,人以为兵祥。明日,次扎只水,光见如初。"两处记载的是同一件事,前者,有撒改在其中,与《大金得胜陀颂碑》的记载是一致的;后者说此事发生在与谢十开战前,当时撒改在别路。
⑤ [日]田村实造:《大金得胜陀颂碑の研究》(下),《东洋史研究》第二卷第五号,昭和十二年(1937)六月发行,第30—31页。

异常高大，太祖亦视撒改等人马异常。在这里，撒改白其"所见"是一个巫者的职司。《大金得胜陀颂碑》云："禳襘之法行于军中。""禳襘"应该是巫者主持的活动，只是在这里不能渲染撒改的神力，撒改神力必须屈于阿骨打之下。其实，这种战前祭拜天地、鼓动士气的工作是撒改的职权，由于史籍刻意渲染阿骨打是天降"异人"，所以，两则资料都附会出"太祖顾视撒改等人马高大亦悉异常"之笔，掩盖了撒改作为巫者沟通人神之间的桥梁作用。

相比较，《五行志》中，撒改作为巫者的身份有一定的流露，能"因白所见"，而《陀颂碑》中，几乎没给撒改出现的机会。《五行志》可能源于《太祖实录》，修《太祖实录》时，撒改家族还有些地位和影响，故而，保留了撒改的一些功绩。待大定年间建《陀颂碑》时，撒改家族的地位和影响在碑文中几乎反映不出来了。

撒改于太祖二年（1114）九月、十一月两次"劝进"都是有背景的，第一次，一战克捷，撒改卜知"灭辽必自此始矣"。于是，派其子宗翰等"劝进"；第二次，撒改白其所见：太祖体如乔松，所乘马如冈阜之大。宁江州大捷，应验了撒改卜知的"吉兆"，这是撒改再次"劝进"的理论基础。撒改作为能行巫者之事的"国相"，能够见人所未见，传达天的旨意，在笃信万物有灵的女真人中享有崇高威望，"既贵且重，故身任大计，赞成如此，诸人莫之或先也"①。

《金史·太祖本纪》记载："收国元年（1115）正月壬申朔，群臣奉上尊号。是日，即皇帝位。"②这并非客观的历史记录，"皇帝"在当时女真社会没有出现的可能，渤海人杨朴之辈尚未归降，女真人还不知皇帝为何物，这时称都勃极烈更合乎历史发展的逻辑。十一月，出河店之战，阿骨打拥兵"甲士三千七百，至者才三之一"③。在1115年前，阿骨打的势力空前壮大，出河店战后女真兵"始满万云"④，已数倍于来流水会兵，与穆宗盈哥伐萧海里时，"募军得甲千余"⑤，更不可同日而语。这一变化正是阿骨打超越

---

① 《金史》卷70《撒改传》，第1614页。
② 《金史》卷2《太祖本纪》，第26页。
③ 《金史》卷2《太祖本纪》，第25页。
④ 《金史》卷2《太祖本纪》，第25页。
⑤ 《金史》卷1《世纪》，第15页。

其先人、超越自己、称大号的基础,也是宗翰等劝进的前提。"称大号"的目的是"系天下心",当时归降的部落趋之若鹜,先后有鳖古酋长胡苏鲁以城降,兀惹雏鹘室来降,铁骊王回离保以所部降。以时建号无疑是对这一形势的巩固与推进,所以,宗翰与阿离合懑、蒲家奴等进曰:"若不以时建号,无以系天下心。"①宗翰等对形势的客观分析是有根据的,阿骨打也以之为是。于是,收国元年(1115)元月,阿骨打建号为"都勃极烈"。都勃极烈的出现在女真人的历史上也是一件大事,是撒改等女真人共同的心愿,撒改拥戴阿骨打为都勃极烈就是"赞成大计"。

三、女真人认同的都勃极烈

阿骨打在收国元年建号都勃极烈,被《金史》说成是"即皇帝位",就女真人的民族感情而言,都勃极烈确实与皇帝无异②。"勃极烈,女直之尊官也"③。都勃极烈之下为谙版勃极烈,"谙版,尊大之称也"④。都勃极烈在"谙版"等诸勃极烈之上,当为最尊、至尊之官。都勃极烈是可以表达女真民族情感的大号、尊号,相当于汉制之皇帝⑤。契丹人用"众官之官"代替"皇帝"称谓,写作 ,"别乞之官"⑥。撒改等人一而再地"劝进",代表的正是这种民族情感,撒改等推举阿骨打为都勃极烈,符合女真民族历史发展的大趋势。女真人反抗辽朝的民族斗争需要推出自己的民族领袖。于是,阿骨打称都勃极烈,续之,又出现了诸勃极烈。阿骨打为都勃极烈半年后,进攻黄龙府之前,即收国元年七月,为加强"都勃极烈"的领导权,以太宗为谙版勃极烈;撒改国论勃极烈,尊礼优崇得自由者;辞不失阿买勃极烈,治城邑者;呆国论昃勃极烈,阴阳之官。九月,以国论勃极烈撒改为国

---

① 《金史》卷74《宗翰传》,第1693页。
② 杨树森、穆鸿利编著:《辽宋夏金元史》,辽宁教育出版社,1986年,第218页。穆鸿利先生曾提到皇帝与都勃极烈等同的问题,即:"金建国之初尚处在奴隶制阶段,其统治制度,在中央逐渐废除了建国前部落联盟时期的'国相'制,而采用'勃极烈'(女真语意为官长、王)制。除皇帝称都勃极烈外,还分为谙班(尊、大)勃极烈……"
③ 《金史》卷70《撒改传》,第1615页。
④ 《金史》卷55《百官志》,第1215页。
⑤ 苏金源:《论完颜阿骨打的政治、经济改革》,《史学集刊》1982年第2期,苏金源认为:"都勃极烈即诸勃极烈之首,亦即'汉制'之皇帝,主宰金朝一切军国大政。其下封拜了十个勃极烈,组成一个以都勃极烈为核心的最高统治机构。"
⑥ 王弘力:《契丹小字墓志研究》,《民族语文》1986年第4期。

论忽鲁勃极烈,国论言贵,忽鲁犹总帅也;阿离合懑为国论乙室勃极烈,迎邪之官。收国二年(1116),阿骨打堂兄弟斡鲁为迭勃极烈,倅贰之职。天辅五年(1121)闰月辛巳,国论忽鲁勃极烈撒改薨。六月庚子,诏谙版勃极烈吴乞买贰国政。以昊勃极烈斜也为忽鲁勃极烈,蒲家奴为昊勃极烈,阴阳之官。撒改长子宗翰为国论移赉勃极烈,即尊贵第三。诸勃极烈在收国元年七月始出现,反证了阿骨打称都勃极烈的时间与之相去不远。只有确定收国元年阿骨打称都勃极烈,才能合理地解释在收国、天辅年间勃极烈制度不断健全的必然。

勃极烈制度在阿骨打时期不断完善,阿骨打即使在"黄袍"加身后,都勃极烈的思想观念也没有消失,"吾虽处大位,未易改旧俗也"①。阿骨打建号都勃极烈与"即皇帝位"在女真文化范畴内,没有本质的区别,但都勃极烈终究不是严格意义上中央集权的帝王。修史者为把都勃极烈"打扮"成专制帝王,由此引发金初历史书写的系统篡改,其中"收国"年号是比较关键的问题。

为使妄言的"即皇帝位"合诸情理,把天辅元年(1117)出现的大金国号,移到收国元年。为阐释"大金",突出阿骨打"称帝"的意义,《金史》记载"辽以宾铁为号……金之色白,完颜部色尚白"②之说,牵强悖谬完全是人为的。至于"收国"年号,《辽史》不载,赵翼直觉地认为:"收国两年俱抹煞矣!此辽史之疏漏也。"③释之以"疏漏"简化了客观历史与历史记载的复杂关系,收国年号与其后的天辅、天会、天眷不相连贯是很不正常的,专制帝王的年号往往寄予他的是治世理想或希望,"天辅"年号就寄予了以阿骨打为首的女真贵族的愿望,表现出女真人与契丹等北方民族一样,都有崇敬"天"的思想,并希望得到上天的护佑,显然,"收国"年号不具备这样的寓意,它的确立与"天辅""天会""天眷"等年号不同。刘浦江先生综合研究宋、辽、金等多方史料,对金朝开国历史的真实性提出质疑,并得出"收国年号是不存在的"的结论④。

---

① 《金史》卷70《撒改传》,第1614页。
② 《金史》卷2《太祖本纪》,第26页,太祖曰:"辽以宾铁为号,取其坚也。宾铁虽坚,终亦变坏,惟金不变不坏。金之色白,完颜部色尚白。"于是国号"大金"。
③ [清]赵翼:《廿二史札记》卷27《辽金二史各有疏漏处》,第549页。
④ 刘浦江:《关于金朝开国史的真实性质疑》,《历史研究》1998年第6期。

所谓年号,是帝王为了刻度本朝或他朝言行的顺序而人为的时间坐标,为记言记行。由于年号的人为性,它可以顺向的确立,即先确立年号,再按年号记事,也可以逆向追认。公元前841年是中国历史上有确切纪年的开始,此前的历史都是逆向的追记。金熙宗时期,女真完颜部的先祖未为帝者被追谥,随之也就有了穆宗、康宗纪年。为都勃极烈时期的阿骨打被追谥为皇帝,是需要年号的。于是,史官或者是韩昉之类的文人总结当时建号以"系天下心"的目的,及当时"四方来降"的形势,追记这两年为"收国"。"收国"年号用女真文书写就体现出这种寓意。古鲁·温·巴哈·孩 [gurun baxa xai],写作:囻土肖皀,"前二字义为'国',后二字义为'取得',合译'收国'"①。《辽史》不载"收国"年号,赵翼认为是"辽史之疏漏"。综合女真开国过程的多种信息,赵翼的判断是错的。宋人范成大说:"虏本无号,自阿骨打,始有天辅之称。"②这从另一方面说明,"天辅"年号是世人熟知的,而且,《金史·太宗本纪·赞》曰:"天辅草创,未遑礼乐之事。"③这里不言"收国"草创,是在不经意中也流露出"天辅"是真正的开国年号。"收国"年号,仅是金朝史官追记历史的时间坐标,即使出现在碑刻上④,也是一种追记,时人未曾使用过。实际上,"收国"是阿骨打称都勃极烈时期的年号,是女真人的酋邦政权确立时期。

给阿骨打称都勃极烈时期安上一个"收国"年号,"收国"年号的草拟者不论是女真人,还是非女真人,他们草拟年号的行为代表的是女真人的意愿。在女真人的心目中,都勃极烈可与皇帝的尊位相媲,而且被赋予民族英雄的内质。女真人当时斗争的主要任务是摆脱辽朝的压迫,集结民族力量,实现民族独立。在吴乞买、撒改等劝进被太祖拒绝后,阿离合懑、昱、宗翰等"以系天下心"需要建号,说服了阿骨打。当时的"天下心"并没有超出女真人的范围,在女真族群中,最有号召力量的、能得到族群认同的"大号""尊号"不是皇帝,而是"都勃极烈"。这种历史的经历在金之前的契丹、金

---

① 金启孮编著:《女真文辞典》,第122—123页。
② [宋]范成大:《范成大笔记六种》(《唐宋史料笔记丛刊》本),孔凡礼点校,中华书局,2002年,第16页。
③ 《金史》卷3《太宗本纪·赞》,第66页。
④ 孙进己:《海龙女真摩崖石刻》,《社会科学战线》1979年第2期;另见李澍田主编《金碑汇释》,陈相伟校注,吉林文史出版社,1989年,第137页,《海龙女真摩崖石刻》上刻有"收国二年五月五日"。

之后的蒙古都发生过,北方民族的崛起,都经历过拥立民族领袖的历史阶段。在契丹的历史上,907年,耶律阿保机取代痕德堇为契丹可汗,十年之后,辽神册七年(916),阿保机去可汗号称皇帝①;在蒙古的历史上,1206年,在斡难河源,蒙古贵族、那颜推出的是一代天骄——成吉思汗,而不是皇帝。女真人作为北方民族的一支,前承契丹、后启蒙元,阿骨打作为民族英雄与女真民族崛起的历史是一个整体,民族崛起首先需要的是自己民族的英雄,女真人需要阿骨打成为"都勃极烈"。太宗、撒改等宗室贵戚代表女真人推戴、拥立阿骨打为"都勃极烈",并在此基础上健全勃极烈制度,这是女真民族自树意识的体现,是为民族独立而斗争的使命使然。

小 结

辽代女真的组成很复杂。契丹东北的女真可视为一个群体,被契丹征服后,城居者隶于契丹籍,被宋朝载籍者称为"熟女真",即是辽朝文献所载的曷(合)术馆女真、黄龙府女真和鸭绿江女真等;非城居者居粟末水以北、宁江州以东、忽汗河以西,此地女真虽也臣于契丹,只因其散居野处的生活习性,契丹无法使其隶籍,被称为生女真。生女真与熟女真被高丽史籍称作"西女真"。出于靺鞨的女真主要指的是靺鞨七部中的安居骨部,唐朝征服高句丽,一度依附高句丽的安居骨部、伯咄部等奔散至高丽国西北、忽汗海以东。高丽史籍记作"东女真"。女真完颜部出于"东女真",11世纪初迁回安居骨部原地,已是生女真地界。

女真完颜部与生女真之间的文化互动是女真族群的自我认同,契丹视其为整体,令完颜部首领为生女真节度使,外在的确认加上行政的干预,加速了女真完颜部与生女真的凝聚。完颜部与生女真之间的认同是互补式的。生女真散居野处,数十部不相统属,完颜部充当了他们共同的领导者,而且得到契丹人的认可。完颜部与生女真形成攻守同盟,实际上是生女真支持了完颜部的崛起。

---

① 金毓黻:《东北通史》,第303页,金毓黻认为:"辽史本纪称:'太祖阿保机于初为首领之年月,即皇帝位,称元年。'此所谓皇帝,即可汗之译称,后来史臣夸张其词,称曰皇帝,其实非也。嗣位之三年,不肯代受,以至于九年,卒以诸部之消让,而终至代受,则其年,即梁末帝贞明元年也(西元九一五年)。"

原契丹东北的女真很强悍,被征服后迁徙他处,诸如曷术馆女真、黄龙府女真等。契丹人成功地分解、控制了这部分女真的反抗力量,完颜家族就在契丹人控制女真的薄弱环节上,与生女真结盟,利用辽朝的信任,屡借为契丹人开通"鹰路"之名,与五国部征战,在女真与契丹的夹击下,五国部基本被完颜部征服,阿骨打把握时机,率先发起反辽斗争。

女真完颜部在反辽的斗争中,以家族力量为核心,不断扩大族群认同的范围,先后有生女真、黄龙府女真、曷术馆女真加盟,女真人的族群认同与政治认同同步行进,这也是金朝"异代文士"民族认同发生的社会背景。

第二章　渤海人与女真人的互相认同

阿骨打起兵反辽，不仅是女真族群各部落的愿望，也代表了被契丹亡国的渤海遗民的愿望，渤海人是女真人反抗辽朝压迫的同盟者。渤海遗民对女真族群及其政权的认同具有深厚的社会基础，他们的民族认同之路具有族群认同与政治认同的双重意义。

渤海遗民与女真人具有共同的反抗辽朝的政治目标，共同的地域又是渤海人认同女真政权的近水楼台，女真人也确实需要渤海人的认同，史载："女真兵兴，渤海先降，所以女真多用渤海（人）为要职。"①渤海文士在族群认同的基础上践行了政治认同，对女真社会的发展产生了深远影响。首先是渤海文士杨朴劝阿骨打称帝，在贵族军事民主议事的政治中埋下变革的种子；其次是渤海文士高庆裔支持宗翰发展贵族政治，使贵族政治由多元议事走向"东、西朝廷"的二元执政，再到宗翰的"独裁"统治。宗翰的专权引发了贵族之间的权力之争，宗翰在贵族的权力之争中覆灭，贵族政治趋于没落。金朝历史在贵族政治的没落趋势与皇权的伸张势头相交错中推进，杨朴劝阿骨打称帝对贵族政治具有破坏意义，与高庆裔对宗翰的贵族政治权力的捍卫殊途同归。

第一节　女真、渤海本同一家

"女直、渤海本同一家"，研究者多认为是阿骨打为收拢人心而提出的政治号召，鲜有追踪"渤海、女直本同一家"的历史寓意及二者族源关系。通过研究渤海与女真完颜部"本同一家"的根源，我们可以认识渤海人与女真人在互为认同基础上的联合以及渤海文士民族认同道路的选择等相关问题。

---

① ［宋］徐梦莘：《三朝北盟会编》卷98《靖康中帙七十三》，引［宋］赵子砥《燕云录》，第13页，总725页。

一、渤海政权的性质及其与女真完颜部的关系

"女直、渤海本同一家"指同出渤海国，女真完颜部出于奔散的安居骨部，大致活动在暮陵水上源（今穆棱河上源），《金史》所谓的"仆干水之崖"。此地曾属于渤海国，女真完颜部曾是渤海国政权中的联盟者。探讨女真完颜部与渤海国的关系需要研究渤海国的性质。

渤海国政权的性质是很费解的问题。一方面，据文献记载，渤海具有国家的建构，有国王、文武百官、五京、十五府、六十二州等；另一方面，渤海又是唐朝的藩国，接受唐朝的封命。面对渤海的复杂国情，中国学者多称渤海为"地方政权"，或"地方民族政权"，比较有代表性的论说如："渤海国虽然叫做'国'，但决不是独立主权国家，也不是附属国。渤海国是唐朝中央政权管辖之下的一个高度自治的地方民族政权。"[①]

国外学者多以渤海为独立的国家，苏联学者则称渤海国为独立的通古斯人国家。并认为"渤海国制止了中国的侵略企图"[②]。朝鲜学者提出"渤海是高句丽人创建的国家，其领土包括高句丽旧领的大部分和广大的新开辟地区。尤其是朝鲜半岛的北半部，除现今的黄海道以外，大都属于渤海疆域。渤海是繁荣昌盛的一大强国，在二百多年的时间里，它取得了政治、经济、文化的高度发展。它的血统和文化，是今天我们朝鲜民族血统和文化的重要组成部分"[③]。

不论"地方民族政权"，还是"独立的通古斯人国家"，抑或是"高句丽人创建的国家"，诸种观点的共同问题是把历史问题概念化，地方民族政权仅仅是概念，究竟是什么样的政权并没有说清楚。至于国家，是要建立在民族形成的基础上，没有趋于统一的主体民族，遑论国家。实际上渤海国就是部落基础上的高级联盟。以大氏为核心，联合靺鞨部落和高句丽"余烬"。

《新唐书》载："渤海，本粟末靺鞨附高丽者，姓大氏。……万岁通天中，

---

① 李治亭主编：《东北通史》，中州古籍出版社，2003年，第203页。
② [苏]Е.И.杰烈维扬科：《黑龙江沿岸的部落》，林树山、姚凤译，吉林文史出版社，1987年，第4页。
③ [朝]朴时亨：《为了渤海史的研究》（《历史科学》1962年第1期），李东源译、刘凤翥校《渤海史译文集》，黑龙江省社会科学院历史所，1986年，第2页。

契丹尽忠杀营州都督赵翙反,有舍利乞乞仲象者,与靺鞨酋乞四比羽及高丽余种东走,度辽水,保太白山之东北,阻奥娄河,树壁自固。武后封乞四比羽为许国公,乞乞仲象为震国公,赦其罪。比羽不受命,后诏玉钤卫大将军李楷固、中郎将索仇击斩之。是时仲象已死,其子祚荣引残痍遁去,楷固穷蹙,度天门岭,祚荣因高丽、靺鞨兵拒楷固,楷固败还。于是契丹附突厥,王师道绝,不克讨。祚荣即并比羽之众,恃荒远,乃建国,自号震国王,遣使交突厥。"①

大祚荣所联合的靺鞨包括乞四比羽的粟末靺鞨和高句丽亡国时奔散的安居骨、伯咄等部,女真完颜部的先人即在其中。《续日本纪》记载,大武艺在给日本天皇的国书称:"忝当列国,监(滥)总诸蕃,复高丽之旧居,有扶余之遗俗。"②大武艺的谦辞反映的是实情,渤海国就是"诸蕃"的联合体。联合体中,靺鞨人居多。《类聚国史》记载,日本遣唐学问僧看到:"其国(渤海)延袤二千里,无州县馆驿,处处有村里,皆靺鞨部落,其百姓者靺鞨多,土人少。皆以土人为村长,大村曰都督,次曰刺史,其下百姓皆曰首领。"③靺鞨部落林立是渤海国除都城上京龙泉府以外广大地区的真实写照。渤海亡国了,靺鞨村里的百姓依然过着氏族部落的生活,女真完颜部即在其中。

二、渤海遗民与女真人的共同政治目标——反辽

契丹亡渤海后,采取安抚、分化的政策。阿保机幸忽汗城,改称"天福"城,改渤海国为"东丹",以皇太子耶律倍为人皇王主之,安排渤海老相为右大相,渤海司徒大素贤为左次相,赦其国内,迁渤海民于异地。亡国之初,渤海大氏的核心力量被契丹严加控制,几乎没有反叛的可能,反叛的倒是居于府州的靺鞨部落,天显元年(926)三月,安边、郑颉、定理三府先降后叛,平定后,五月南海、定理二府复叛。至辽圣宗时,渤海遗民叛亡的记载

---

① 《新唐书》卷219《渤海国传》,第6179—6180页。
② [日]黑板胜美:《续日本纪》卷10"圣武天皇神龟五年正月甲寅条",转引自孙玉良编著《渤海史料全编》,吉林文史出版社,1992年,第241页。
③ [日]菅原道真:《类聚国史》卷193《殊俗·渤海上》,"后以天之真宗丰祖火天皇二年";[日]《日本逸史》卷5《康王致日本桓武天皇报嗣位书(正历元年,795)》"后以天之真宗丰祖父天皇二年"。见李彦新、孙泓等编《东北古史资料丛编》(三)(唐卷),辽沈书社,1990年,第571、590页。

渐多。大致可划分为四种势力：

第一种是来自渤海王族大氏的反叛——大延琳之乱。借助辽东京民众反辽的情绪，渤海王族大延琳起兵反辽。史载："初，东辽之地，自神册来附，未有榷酤盐䴷之法，关市之征亦甚宽弛。冯延休、韩绍勋相继以燕地平山之法绳之，民不堪命。燕又仍岁大饥，户部副使王嘉复献计造船，使其民谙海事者，漕粟以振燕民，水路艰险，多至覆没。虽言不信，鞭楚搒掠，民怨思乱。"①

辽朝欲在东京推行汉法，榷酤关市，引发百姓抵触。又遇上燕地灾害，官府赈灾劳动商民，民有乱心。东京舍利军详稳大延琳借机于太平九年（1029）八月，"囚留守、驸马都尉萧孝先及南阳公主，杀户部使韩绍勋、副使王嘉、四捷军都指挥使萧颇得，延琳遂僭位，号其国为兴辽，年为天庆"②。

大延琳反辽，响应者多有异志。首先，大延琳派太府丞高吉德出使高丽，寻求援助，高丽首先做的是停止向辽朝纳贡，并伺机占据鸭绿江东岸。直至大延琳被擒，未出一兵。其次，派太师大延定鼓动东京以南、以北女真反叛，东京辽阳南、北女真多是被契丹征服的东北女真，被强迫迁徙到此地的，他们对契丹"宿怨"很深，响应起事不是支持大延琳，而是为挣脱辽朝给他们的枷锁。真正支持大延琳者处于弱势，反对者是强势，大延琳曾遣使黄龙府、保州争取后援。驻戍保州的渤海太保夏行美将大延琳反辽实情报告了保州统军将领耶律蒲古，蒲古杀渤海兵800人，断绝了大延琳的东路之援。东京副留守王道平逃出辽阳，与遣往黄龙府的大延琳使者一起至辽帝行在告变。国舅详稳萧匹敌的投下渭州（今辽宁彰武境）地近东京，遂率本管武装和家兵占据要害地点，断绝了大延琳西进之路。北方黄龙府援绝，东西为辽军所阻，南方又不可图，大延琳孤城坚守至太平十年（1030）八月，兵败被擒。

第二种是来自渤海人高姓的反叛，天庆六年（1116），高永昌反于东京。高永昌很可能是高句丽人，这是东京渤海人的第二次反叛。

为备御女真，辽朝征渤海武勇马军2000人，屯白草谷，高永昌亦在行伍中。是年正月初一日夜，渤海少年十余人持刀越墙入东京留守府，杀死

---

① 《辽史》卷17《圣宗本纪》，第203—204页。
② 《辽史》卷17《圣宗本纪》，第203页。

萧保先。户部使大公鼎权摄留守事,与副留守高清明率奚、汉兵镇压和安抚,但仓促之际多伤及无辜百姓,更激起民愤,局势继续恶化。城外反抗者烧寨起营,围攻东京,城内举火相应。大公鼎招谕不从,迎敌不胜,遂出西门奔往辽帝行在。渤海人高永昌则乘机自立,称大渤海皇帝,建元隆基。

高永昌起事很具偶然性,但其中寓意着渤海人反抗辽朝的必然。高永昌拥兵自立,分遣兵马,占据辽东50余城。一时间,高永昌成了辽朝镇压的主要对象,辽宰相张琳募辽东失业者和转户从军,得2万余。五月,自显州进兵沈州,与永昌军战。永昌失利退保东京。张琳隔太子河宿营扎寨,遣人招抚,永昌不从。张琳军渡河攻永昌,为永昌军所败。阿骨打派女真军以援救高永昌为名,攻占沈州,击张琳,同时败永昌军,并擒获之。

第三种是以渤海遗民群体的身份反叛。《宋史》记载:太平兴国四年(979)六月,宋太宗平金阳,移兵幽州,渤海"酋帅大鸾河率小校李勋等十六人、部族三百骑来降,以鸾河为渤海都指挥使"。又"九年(984)春,宴大明殿,因召大鸾河慰抚久之。上谓殿前都校刘延翰曰:'鸾河,渤海豪帅。束身归我,嘉其忠顺。夫夷落之俗,以驰骋为乐,候高秋戒候,当与骏马数十匹,令出郊游猎,以遂其性。'因以缗钱十万并酒赐之"①。《辽史》不载此事,而记有:圣宗统和四年(986),辽宋涿州之役,"渤海小校贯海等叛入于宋"②。疑《辽史》记载有误。辽朝方面一是记错时间,二是瞒报入宋者的官阶和数量。宋朝方面记载较详细,而且,宋太祖亲征幽州,确实一度有获胜之势,渤海大鸾河等就在此际归降宋营,而涿州之役,宋军一路溃败,叛逃于溃军,不合常理。况且,战争中丢失一名小校不值一提,更何况胜利者。所以,《辽史》记载的渤海人宋营者之事不真实。

辽圣宗(982—1031)初年,正是宋太宗北征雄心勃勃之时,北宋作为辽朝契丹人的"敌人"出现,给反对辽朝的渤海遗裔带来一丝希望,渤海将士投入宋营是一方面,另一方面还有欲与北宋联手以掎角之势进攻契丹的燕颇等的反抗势力。《宋史》有载:"太平兴国中,太宗方经营远略,讨击契丹,因降诏其国,令张掎角之势。其国亦怨寇仇侵侮不已,闻中国用兵北讨,欲依王师以摅宿愤,得诏大喜。"③

---

① 《宋史》卷491《渤海国传》,中华书局,1977年,第14130页。
② 《辽史》卷11《圣宗本纪》,第121页。
③ 《宋史》卷491《定安国传》,第14128页。

第二章 渤海人与女真人的互相认同

燕颇叛辽,据《辽史》记载:"[景宗保宁七年(975)]秋七月,黄龙府卫将燕颇杀都监张琚以叛,遣敌史耶律曷里必讨之……九月,败燕颇于治河,遣其弟安搏追之。燕颇走保兀惹城,安搏乃还,以余党千余户城通州。"①

契丹亡渤海后,改扶余府为黄龙府,迁渤海人屯驻,燕颇即是其中的一名卫将,"卫将"不明官阶职司,可能负责宿卫,能近身都监张琚,与之发生矛盾便杀之。保宁七年(975)七月,燕颇反,契丹即刻派兵讨伐,九月,燕颇败于治河(当为鸭子河),退至兀惹城。

兀惹城的地理位置众说不一。魏国忠、朱国忱等推断"兀惹地当在绥滨县以南的桦川、富锦一带"②,孙进己认为在今拉林河一带③,张泰湘认为是同江市秦得利古称④。判断兀惹城的地理位置,需要综合诸多因素,诸如"兀惹"的别译"兀儿""恶弱""乌舍"等。"治河"是鸭子河的误写。《辽史》记载:"时黄龙府军将燕颇杀守臣以叛,何鲁不讨之,破于鸭绿江(当为鸭子河之误)。坐不亲追击,以至失贼,杖之。"⑤

至圣宗统和十七年(999),迁兀惹之民于宾州,鸭子河也随之移动,鸭子河在混同江的某段⑥,近兀惹城。

《五代会要·黑水靺鞨传》载:"后唐同光二年(924)九月,遣使兀儿来朝。以兀儿为怀化中郎将,遣还番。……长兴元年(930)二月,其首领兀儿复遣使朝贡。二年五月,青州奏:黑水兀儿部至登州卖马。"⑦

《新五代史·黑水靺鞨》载:"同光二年,黑水兀儿遣使者来。明年,黑水胡独鹿亦遣使来。"⑧黑水兀儿,指的是黑水之地的兀儿部(兀惹)。《续资治通鉴长编》记载:"黑水为恶弱国土。"⑨隋唐时期东北地区的"黑水",古称粟末水,辽称混同江。金毓黻称乌(兀)惹城,"据混同江右岸,自为一

---

① 《辽史》卷8《景宗本纪》,第94—95页。
② 魏国忠、朱国忱、郝庆云:《渤海国史》,中国社会科学出版社,2006年,第585页。
③ 孙进己:《安定国、兀惹国及燕颇的活动》,孙进己、孙海主编《高句丽、渤海研究集成》卷4《渤海(一)》,哈尔滨出版社,1994年,第282页。另见孙进己著《东北亚研究:东北民族史研究》(一),中州古籍出版社,1994年,第374页。
④ 张泰湘:《东北亚研究:东北考古研究》(四),中州古籍出版社,1994年,第331页。
⑤ 《辽史》卷77《何鲁不传》,第1259页。
⑥ 《辽史》卷38《地理志》,第470页,记载:"宾州……统和十七年,迁兀惹户(部分),置刺史于鸭子、混同二水之间。"
⑦ [宋]王溥:《五代会要》卷30《黑水靺鞨传》,中华书局,1985年,第365页。
⑧ 《新五代史》卷74《四夷附录三·黑水靺鞨》,第920页。
⑨ [宋]李焘:《续资治通鉴长编》卷71《真宗大中祥符二年》,第1606页。

部,称乌舍国,亦作兀惹"①。混同江右岸,指今西北流松花江北岸。据《许奉使行程录》的记载:"第三十三程。自黄龙府六十里至托撒孛董寨。府为契丹东寨,当契丹强盛时,擒获异国人,则迁徙散处于此。南有渤海。北有铁离、吐浑,东南有高丽、靺鞨,东有女真、室韦,北有乌舍,西北有契丹、回纥、党项,西南有奚,故此地杂诸国俗。凡聚会处,诸国人言语不通,则各为汉语以证,方能辨之。……第三十五程,自漫七离孛董寨二百里至和里闲寨,离漫七离行六十里即古乌舍寨,寨枕混同江湄……寨前高岸有柳树,沿路设行人幕次于下。金人太师李靖居于是,靖累使南朝。"②以此见,兀惹城在黄龙府(今吉林农安)东北,混同江南,其西北是铁利部等。

燕颇率军进驻兀惹城,兀惹城既定安国。《宋史·定安国传》记载:太平兴国六年(981)上表宋曰:"又扶余府昨背契丹,并归本国。"③又宋太宗赐乌舍城浮瑜(夫余)府渤海琰府(燕颇)王诏曰:"……当灵旗破敌之际,是邻邦雪愤之日,所宜尽出族帐,佐予兵锋。俟其剪灭,沛然封赏,幽、蓟土宇,复归中原,朔漠之外,悉以相与。助乃协力,朕不食言。"④定安国向宋献表所言"夫余府昨背契丹",当指燕颇反于夫余古城之事。宋朝赐予诏书所言,也把夫余城燕颇与乌舍连在一起,乌舍、兀惹即指定安国。据《辽史》记载,从景宗保宁七年(975)至统和十三年(995),燕颇与定安国反抗辽朝持续二十余年。统和十三年(秋七月)"丁巳,兀惹乌昭度、渤海燕颇等侵铁骊,遣奚王和朔奴等讨之。……(十四年夏四月)奚王和朔奴、东京留守萧恒德等五人以讨兀惹不克,削官"⑤。迨统和十七年(999),契丹迁兀惹之民于宾州,说明兀惹之民已被征服,为离散兀惹之民的反叛,迁徙部分兀惹人,置州管辖,使之成为朝贡之民。《辽史·地理志》记载:"宾州……迁兀惹户(部分),置刺史于鸭子、混同二水之间。"⑥二十一年(1003)夏四月戊辰,"兀惹、渤海、奥里米、越里笃、越里吉等五部遣使来贡"⑦。

---

① 金毓黻:《渤海国志长编》(1—3)卷13《渤海国志十一·乌诏庆》,台湾:华文书局,1968年,第4页。
② [宋]宇文懋昭:《大金国志》卷40《许奉使行程录》,第586页。
③ 《宋史》卷491《定安国传》,第14128页。
④ 《宋史》卷491《渤海国传》,第14130页。
⑤ 《辽史》卷13《圣宗本纪》,第146—148页。
⑥ 《辽史》卷38《地理志》,第470页。
⑦ 《辽史》卷14《圣宗本纪》,第158页。

第四种是沦为奴隶的渤海遗裔的反抗活动。天祚帝时期,出现在饶州渤海人古欲等人的起义即属于百姓的起义。

《渤海国志长编》载:"古欲,遗族也,居于饶州,辽天祚天庆五年(1115)二月起兵,于饶州,称大王。三月,辽命萧谢佛留率兵来攻。四月,古欲击败之,辽以南面都部署萧陶苏斡为都统再以兵来攻,五月,古欲复击败之,声势颇盛。六月,陶苏斡以计招之,古欲遂为所获。"①

渤海古欲起义,与阿骨打起兵遥相呼应,辽朝一而再派兵镇压,声势反而愈盛,甚至有投下户(奴隶)参加,起义失败后,被屠杀的义军有数千人,足见其规模之大。

辽朝契丹人的政权是介于酋邦与国家之间的过渡时期,酋邦社会是划分阶层的社会,一般是以种群部落为单位划分阶层,每个阶层内的成员享有相对平等的社会地位,部落与部落之间是联盟关系,是平等的,不存在压迫问题。但在酋邦向国家转化的过程中,联盟酋长逐渐集权,集权部落的地位要高于其他部落,甚至出现族群压迫。契丹政权又有国家政权的属性,阶级压迫也已经凸显出来。所以,契丹人对渤海遗民的统治既有种群等级压迫的色彩,又有阶级压迫的内容,《三朝北盟会编》记载"契丹时不用渤海,渤海深恨契丹"②。所以,渤海遗民及其后裔对契丹人的反抗既有大氏为首的贵族(大延琳),又有军校将官(燕颇、高永昌)、部落群体(兀惹)和一般百姓。契丹人政权的特殊性促使渤海人与女真人有着反抗辽朝的共同政治目标。

三、女真与渤海人的政治联姻

女真与渤海地缘上相近,族群部落之间的交往、通婚是很自然的事。至阿骨打家族崛起,东征西讨,扩大联盟的需要,开始有意识地以联姻关系扩大部落联盟,把血缘关系的通婚转变为政治联姻。世祖曾打算通过联姻与乌春结盟,《金史》载:"(世祖)欲以婚姻结其欢心。使与约婚,乌春不欲,笑曰:'狗彘之子同处,岂能生育。胡里改与女直岂可为亲也。'"③乌春拒绝

---

① 金毓黻:《渤海国志长编》卷13《渤海国志十一·古欲》,第9页。
② [宋]徐梦莘:《三朝北盟会编》卷98《靖康中帙七十三》,引[宋]赵子砥《燕云录》第13页,总725页。
③ 《金史》卷67《乌春传》,第1578页。

与完颜部联姻,实际上是拒绝加入完颜部的联盟。族群之间的通婚转变为政治目的联姻是服从女真完颜部扩大联盟的需要,阿骨打起兵之初,就意识到与渤海人政治联姻的意义,与"女直、渤海本同一家"的思想同出一辙。

渤海国时期,女真完颜部的先民应该在渤海国的联盟中,民间的通婚应该存在。渤海遗民与女真的通婚史有记载。《松漠纪闻》记载嗢热国的习俗曰:"契丹、女真贵游子弟及富家儿月夕被酒,则相率携尊驰马戏饮其地。妇女闻其至,多聚观之。间令侍坐,与之酒则饮,亦有起舞歌讴以侑觞者。邂逅相契,调谑往反,即载以归。不为所顾者,至追逐马足不远数里。其携去者,父母皆不问。留数岁,有子,始具茶、食、酒数车归宁,谓之拜门,因执子婿之礼。其俗谓男女自媒胜于纳币而昏者。"①《契丹国志》亦载此事②。嗢热国,即是乌舍、兀惹,渤海亡后,以其遗民自居,称"定安国"。渤海遗民与女真人的通婚是存在的,是开放的婚姻习俗,目的不是为了建立联盟。

阿骨打攻下辽东京辽阳后,开始有目的、有意识地笼络渤海贵族世家,与之联姻即是重要的举措。《金史》云:"天辅间,选东京士族女子有姿德者赴上京,后(指世宗母李氏)入睿宗邸。"③贞懿皇后,李氏,是渤海大姓之一。《松漠记闻》记载:"渤海国……其王旧以大为姓,右姓曰高、张、杨、窦、乌、李,不过数种。"④在金代,与女真皇族联姻者主要是大氏、李氏和张氏。

附表一:女真完颜宗室与渤海人联姻

渤海人	完颜宗室	子 嗣	相关亲戚	载 记
大氏	宗干侧室	生三子,长子完颜亮	曾祖大坚嗣,祖大臣宝,父大昊天,兄大兴国奴。族人大奉国臣	《金史》卷63《后妃传上》;卷90《高衎传》

① [宋]洪皓:《松漠纪闻》,李澍田主编《长白丛书》初集,吉林文史出版社,1986年,第17页。
② [宋]叶隆礼:《契丹国志》卷26《诸蕃记·嗢热》,第188—189页,载:"贵游子弟及富家儿,月夕被酒,则相率携樽驰马,戏饮其地……闻令侍坐,与之酒则饮,亦有起舞歌讴以侑觞者。邂逅相契,调谑往反,即载以归,妇之父母知亦不为之顾。留数岁有子,始具茶食酒数车归宁,谓之'拜门',因执子婿之礼。其俗谓男女自媒,胜于纳币而婚者。"
③ 《金史》卷64《后妃传》,第1518页。
④ [宋]洪皓:《松漠纪闻》,李澍田主编《长白丛书》初集,吉林文史出版社,1986年,第19页。

续表

渤海人	完颜宗室	子 嗣	相关亲戚	载 记
大氏	完颜亮元妃	无载	父大昊	《金史》卷63《后妃传上》;卷76《完颜宗义传》;卷82《海陵诸子传》;卷131《梁珫传》
大氏	世宗柔妃	无载	父大昊①	《金史》卷63《后妃(世宗元妃李氏)传》
大氏(蒲速碗)	完颜阿虎里妻	无载	父大昊	《金史》卷76《完颜宗义传》
大氏	完颜亨侧室	子羊蹄	无载	《金史》卷77《完颜亨传》
大氏	完颜昂妻		海陵姨母	《金史》卷84《完颜昂传》
李氏(李洪愿)	宗辅侧室	子完颜乌禄	弟李石	《金史》卷86《李石传》;邹宝库《辽阳市发现金代〈通惠圆明大师塔铭〉》,《考古》1984年第2期
李氏	世宗元妃	子永蹈;允济(卫绍王);永德	父李石	《金史》卷86《李石传》;卷63《后妃(世宗元妃李氏)传》;卷88《石琚传·赞》;卷13《卫绍王本纪》
张氏	世宗侧室	子永中;永功	父张玄征	《金史》卷83《张汝弼传》;卷85《镐王永中传》

---

① 刘浦江:《渤海世家与女真皇室的联姻——兼论金代渤海人的政治地位》,载祝总斌、郑家馨主编《北大史学》第3辑,北京大学出版社,1996年,第176页。"按照这个推论,我们认为世宗柔妃即是大昊之女"。

金初,女真完颜宗室主要与渤海大氏联姻,大氏是渤海王族,在渤海遗民中有一定的影响力,与大氏联姻突出政治用意,目的在于加强政治联盟。

阿骨打宣扬"女直、渤海本同一家",是想借助他们在历史上存在的渊源关系,利用渤海对契丹人的怨恨,实现笼络渤海人的目的。联姻是实现笼络的途径之一,归根结底是要实现政治笼络,让渤海人为女真政权效命。正如《三朝北盟会编》记载:"有兵权、钱谷,先用女真,次渤海,次契丹,次汉儿。汉儿虽刘彦宗、郭药师亦无兵权。……女真兵兴,渤海先降,所以女真多用渤海为要职。"①金朝开国之初,渤海人的作用确实很突出,杨朴、高庆裔等以文辅政,弥补了尚武的女真贵族在经世治国上的缺陷。

第二节　渤海文士杨朴劝阿骨打称帝②

在渤海文士中,杨朴归降较早,他给予女真人的民族认同及其认同道路的铺设在金朝开国的历史过程中发挥了重要作用,但由于历史记载的缺略,杨朴在金朝开国史中的作用被掩盖,辨析金朝开国历史的真伪问题是还原杨朴历史地位的关键。

一、关于金朝开国史的研究与论争

阿骨打称帝是金朝开国史上的重要事件,称帝的时间及劝其称帝的人的确定直接关涉到金朝开国史的研究。《金史》记载阿骨打称帝是撒改、吴乞买等人劝进的结果,《辽史》和宋朝方面的史料多提及杨朴劝阿骨打称帝。后来的研究者或宗于《金史》,或折中《金史》与《辽史》。宗于《金史》者,置其他史料于不顾,尽信、迷信《金史》,有失偏颇。折中《金史》与《辽史》者,回避两者之间的矛盾,主观地取舍材料有悖历史的客观性。分析当前金朝开国史研究仅围绕年号、国号的争论,难以取得突破的现状,我们综合多方历史资料,研究杨朴是否劝阿骨打称帝、劝进的时间和意义,以期对金朝开国的历史有进一步的认识。

---

① [宋]徐梦莘:《三朝北盟会编》卷98《靖康中帙七十三》,引[宋]赵子砥《燕云录》第13页,总725页。

② 李秀莲:《杨朴劝阿骨打称帝及其历史意义》,《满族研究》2010年第4期。

自刘浦江发表《关于金朝开国史的真实性质疑》①（下称《质疑》）一文，揭开了金朝建国于1115年、年号"收国"、国号"大金"等相关问题真伪性的讨论，给长期沉寂的金史研究带来一丝震动，《质疑》一文的可贵之处在于发现问题、提出问题，至于问题的解决，作者初步认为"完颜阿骨打于公元1114年起兵以后，可能在1117年或1118年建立了国家，国号是'女真'，年号为'天辅'，1122年改国号为'大金'"。对这个初步认为，作者一再强调既不是"十分肯定的回答"，也"不是定论"。

对于金朝开国史的真实性的质疑，学术界不乏共识者。吾师李桂芝先生也"倾向于建国时间为1117年"②。但学者对金朝开国史长期停滞在质疑的层面，未有进一步证伪、求真的研究，致使有人对《质疑》产生怀疑，甚至否定。董四礼先生撰文《也谈金初建国及国号年号》（下称《董文》），认为"在没有确凿证据以前，《金史》所记金开国史仍是值得采信的"③。不管《董文》所运用的理论与方法是否正确，他的观点还是代表一个方面的。基于金朝开国史研究不进则退的局面，推进《质疑》的深入，进一步对金朝开国史证伪、求真是十分必要的。

接下来如何推进金朝开国史的研究，是个大难题。刘浦江先生《质疑》一文，在综合宋辽金等多方资料的基础上，发现了问题，并提出了问题，但解决问题，探究金朝开国历史的真相究竟如何，《质疑》一文"不能给予十分肯定的回答"，并期待"继续努力"。当然，金朝开国史研究的困境不是刘浦江先生个人的困境，是整个研究群体的困境。处于困境中，找不到出路的研究群体必然要分化，要么沉默、等待，要么返回原点，《董文》的出现就是返回原点的表现。《董文》从三个方面与《质疑》商榷：一、金史研究中应重视《金史》的史料价值；二、金建国时之国号年号；三、对《质疑》所提新发现之史料的认识。《董文》以《金史》是"原始资料"为立论的基点，认为《金史》所记金开国史不能怀疑，更不能推翻，至少在"没有确凿证据之前"是这样的。《董文》的理论缺欠是明显的，历史研究中没有绝对的信史，《金史》的信史地位是相对于《辽史》《宋史》而言的，它们都是客观历史的记录，它们与客观历史本身都存在距离，是五十步的距离，还是一百步的距离，需要具

---

① 刘浦江：《关于金朝开国史的真实性质疑》，《历史研究》1998年第6期。
② 李桂芝：《辽金简史》，福建人民出版社，2000年，第205页注释③。
③ 董四礼：《也谈金初建国及国号年号》，《史学集刊》2008年第6期。

体研究考证,不能迷信。

《董文》与《质疑》能构成对峙,不是水平高下问题,是《董文》抓住了《质疑》没能解决问题的缺憾,趁《质疑》之危。两者扭结在建国时间、年号、国号问题上,《董文》的意思是不能解决问题,就等于没问题。

建国时间、年号、国号是金朝开国史的标志性问题,对此史料记载各持一端,想从这里解决金朝开国史的真伪问题是徒劳的。解决此问题需要他山之石,与金朝开国史关系密切的还有阿骨打称帝问题,劝阿骨打称帝的人,称帝的时间、意义等问题。

二、捭阖诸说,寻找劝阿骨打称帝的人

关于阿骨打称帝问题,笔者认为,1115年,阿骨打称都勃极烈,1117年称皇帝并建国①,至于劝阿骨打称帝的人有待深入研究。《金史》记载撒改等人劝阿骨打称帝,辽、宋方面史料多记载杨朴劝阿骨打称帝。按民族历史发展的一般规律而言,撒改等人拥戴阿骨打,应该把他置于民族英雄的地位,推举他为"都勃极烈"更合适。就像铁木真在瀚难河源召开忽里台大会(1206),被推为"成吉思汗"一样。劝阿骨打称帝,杨朴更有条件。

杨朴是辽东渤海文士中归降阿骨打比较早的人之一。在女真初兴时期,杨朴作为一介文士参与到阿骨打家族的权力核心层,直接游说阿骨打称帝,建议求辽朝"册封",对女真社会的发展产生了一定的影响。杨朴作为金初的重要谋士,《金史》未为其立传,仅在《金史·耨盌温敦思忠传》提及他参与求辽册封之事,润色文字②。他的活动只有通过辽、宋的史料才能得到进一步的了解。

《辽史·天祚帝纪》载:"是岁(辽天庆七年,1117),女直阿骨打用铁州杨朴策,即皇帝位,建元天辅,国号金。杨朴又言,自古英雄开国或受禅,必先求大国封册,遂遣使议和,以求封册。"③

《契丹国志》载:"是时(天庆八年,1118)有杨朴者,辽东铁州人也,本渤海大族,登进士第,累官校书郎。先是高永昌叛时,降女真,颇用事。劝阿

---

① 李秀莲:《阿骨打称都勃极烈与金朝开国史之真伪研究》,《史学月刊》2008年第6期。
② 《金史》卷84《耨盌温敦思忠传》,第1881页。
③ 《辽史》卷28《天祚帝本纪》,第336页。

骨打称皇帝……又陈说……"①

《大金国志》载:"金天辅元年(宋徽宗重和改元、辽天庆八年,1118)……有杨朴者,辽东铁州人也,本渤海大族,少第进士,累官校书郎,高永昌叛时,降女真,颇用事。是冬,阿骨打用杨朴策,始称皇帝,建元天辅,以王为姓。以旻为名,国号大金。杨朴又劝国主遣人诣天祚求封册……"②

《三朝北盟会编》载:宋重和二年(1119),"有杨朴者,铁州人,少第进士,累官至秘书郎。说阿骨打曰:'匠者与人规矩,不能使人必巧;师者,人之模范,不能使人必行。大王创兴师旅,当变家为国,图霸天下,谋万乘之国,非千乘所能比也。诸部兵众皆归大王,今力可拔山填海而不能革故鼎新,愿大王册帝号,封诸番,传檄响应千里而定,东接海隅,南连大宋,西通西夏,北安远国之民。建万世之镃基,兴帝王之社稷。行之有疑,祸如发矢,大王如何?'阿骨打大悦,吴乞买等皆推尊杨朴之言,上阿骨打尊号为皇帝,国号大金。以水名阿禄阻为国号,阿禄阻女真语金也。以其水产金而名之。故曰大金。犹辽人以辽水名国也。改元收国"③。

《建炎以来系年要录》记载:重和元年(1118)"秋,旻用辽秘书郎杨朴计,即皇帝位"④。

王偁《东都事略·金国传》云:"辽东人有杨朴者,劝阿骨打称皇帝,以其国产金,号大金国,建元为天辅。是岁政和八年也。"⑤

从以上辽、宋方面的史料中可以概括出:杨朴是辽东铁州人,本渤海大族,辽进士,累官至校书郎(一说秘书郎,见于《三朝北盟会编》),在高永昌叛辽前后降女真⑥。先游说阿骨打称帝,建国号大金,再建议求辽朝"封册"等。

上述资料除了以上共识的内容外,还存在分歧。首先是建元问题,或曰"收国",或曰"天辅";其次是年号的起始时间,《辽史》记载天庆七年

---

① [宋]叶隆礼:《契丹国志》卷10《天祚皇帝上》,第91页。
② [宋]宇文懋昭:《大金国志》卷1《太祖武元皇帝》,第15页。
③ [宋]徐梦莘:《三朝北盟会编》卷3《政宣上帙三》,《女真纪事》第13页,总22页。
④ [宋]李心传:《建炎以来系年要录》(一)卷1,第5页。
⑤ [宋]王偁:《东都事略》卷125《附录三:金国传》,齐鲁书社,2000年,第1086页。
⑥ [宋]叶隆礼:《契丹国志》卷10《天祚皇帝上》,第91页,载:"先是高永昌叛时,降女真。"《大金国志》卷1《太祖武元皇帝》,第15页,说"高永昌叛时,降女真"。高永昌于辽天庆六年(1116)正月叛辽,五月,被阿骨打军消灭,存在的时间比较短,杨朴在其前、其后降女真,不影响他劝阿骨打称帝等活动,所以,姑且约前后。

(1117)建元"天辅"。《契丹国志》《大金国志》记载天庆八年(1118)建元"天辅"。《三朝北盟会编》记载阿骨打于宋重和二年(1119)称帝,改元"收国"。在建元问题上,辽、宋的史料不相统一,与《金史》的记载又相差甚远,《金史》称建元"收国"是宋政和五年、辽天庆五年、公元1115年,是吴乞买、撒改等劝进的结果,根本不言杨朴游说阿骨打之事。

由于金朝建元历史记载的错乱,历史研究也是诸说迭出。在刘浦江先生质疑金朝开国史真实性之前,学界基本上以金朝建国在1115年为是,其年号为"收国"。但对历史资料的处理则各执一端。其一,人为地折中史料者有之。张博泉先生在金建国问题上就采用折中史料的方法,他说:"吴乞买、撒改、辞不失等又率官署进言上尊号。与此同时,也得到渤海人的支持与帮助。"①所谓的"渤海人的支持与帮助"当指杨朴劝说阿骨打称帝、建国之事。何俊哲等著《金朝史》也说:"在女真奴隶主贵族的劝说和拥戴下,又有杨朴为其建国称号提供理论依据,于是,阿骨打于辽天庆五年正月(1115),建立了政权,国号大金,建元收国,是为历史上的大金国。"②这种折中问题的思想由来已久,明朝人陈邦瞻撰《宋史纪事本末》即如是,他说:"五年春(宋政和五年,1115)正月壬申朔,女真完颜阿骨打称帝,国号金。先是,阿骨打既屡胜辽,其弟吴乞买率将佐劝其称帝,阿骨打不许……至是,阿骨打始用铁州降人杨朴策,遂称皇帝,即位。且曰:'辽以宾铁为号……'于是,国号大金,建元收国。"③其二,偏执一说者有之。即不考虑其他史料,只认可《金史》。如《宋辽金时期民族史》一书云:"在弟吴乞买等人'以系天下心'的劝进下,于辽天庆五年(1115)正月初一,建国称帝,国号大金,改元收国。"④主此说者还有李治亭主编的《东北通史》等⑤。

不论是折中史料还是偏执一说,都偏离了客观历史的唯一性,往往是顾此失彼。焦慧先生在《杨璞金初活动考辨》一文中,首先承认杨朴游说阿骨打称帝确有其事,他说:"关于杨璞(朴)劝说金太祖称帝建国之事,不仅见诸《辽史》,其它重要史籍如《三朝北盟会编》和《宋史纪事本末》也都记载了这件史

---

① 张博泉:《金史简编》,辽宁人民出版社,1984年,第65页。
② 何俊哲、张达昌、于国石:《金朝史》,第48页。
③ [明]陈邦瞻:《宋史纪事本末》卷52《金灭辽》,中华书局,1977年,第523页。
④ 陈佳华、蔡家艺等:《宋辽金时期民族史》,第97页。
⑤ 李治亭主编:《东北通史》,第257页。

实。"① 但是，对吴乞买等人"劝进"与杨朴"献策"之间的矛盾，取《三朝北盟会编》中杨朴献策，"吴乞买等皆推尊杨朴之言"的说法，不理会《会编》中主张建元重和二年（1119），而且，为使杨朴能出现在收国元年（1115）劝进、建国的历史中，而提出杨朴"归降女真的时间应在此以前，即公元1115年之前"②。

对于杨朴参与"劝进"之事，研究者基本没有异议，问题是杨朴在劝进活动中是主还是辅。一种说法认为撒改等劝进，得到杨朴的支持与帮助；另一种说法是吴乞买等皆推尊杨朴之言。解决两说相争的关键之点在于杨朴归降及劝阿骨打称帝的时间。

三、杨朴劝阿骨打称帝的时间

为澄清杨朴劝阿骨打称帝的时间，梳理辽、宋、金方面历史史料中有关杨朴的记载是重要的一步，前文已略作梳理。下一步是比较分析各方面历史资料形成的背景与地位，以分析杨朴归降的时间。

相比较而言，仅就女真初兴时期历史的记载而言，《辽史》的记载优于《金史》。分析其原因：一是金朝曾二度修辽史，尤其是金初修辽史，亡辽遗臣直接参与修史工作，"熙宗皇统中，又诏耶律固、伊喇因（旧名移剌因）、伊喇子敬（旧作移剌子敬）等续修辽史，而卒业于萧永琪，共纪三十卷，志五卷，传四十卷，皇统七年上之。此金时第一次所修也"③。耶律固又称移剌固，辽天祚帝时，总知翰林院事，是金初与辽朝交涉的历史见证人，而且有机会和可能接触辽金之间的遣使资料，在此基础上，辽朝方面对杨朴"献策"的记载不会是杜撰的；二是辽朝灭亡后，对辽天祚帝的历史记载不会像金朝修《太祖实录》多回护、曲笔；三是章宗在此基础上，"又命伊喇履提控刊修辽史，党怀英、郝俣充刊修官，伊喇益、赵沨等七人为编修官，凡民间辽时碑志及文集，悉送上官，同修者又有贾铉、萧贡、陈大任等。泰和元年（1201），又增三员，有改除者，听以书自随。怀英致仕后，诏大任继成之（俱见各本传）。此金时第二次所修也"④。金朝二度修《辽史》，应该是元人再修《辽史》的重要史源，所以，脱脱领修的《辽史》在记载阿骨打起兵与反辽的

---

① 焦慧：《杨璞金初活动考辨》，《辽宁大学学报》1990年第6期。
② 焦慧：《杨璞金初活动考辨》，《辽宁大学学报》1990年第6期。
③ ［清］赵翼：《廿二史札记》卷27《辽史》，第530页。
④ ［清］赵翼：《廿二史札记》卷27《辽史》，第530页。

问题上,具有"信史"地位。在宋金"海上之盟"形成前,阿骨打主要与辽朝交涉,尤其是请求辽朝"封册",双方遣使频繁,《金史》记录"辽人前后十三遣使"①。女真初兴,"既未有文字,亦未尝有记录,故祖宗事皆不载"②。《金史》记载初兴的历史多是后来的追述,相形之下,辽朝对杨朴"献策"是占有第一手资料的,能弥补金朝方面载记的缺漏,而且,也是宋朝史料不可比攀的。

宋朝方面对杨朴及其相关历史的记载准确性逊于《辽史》,但以丰富见闻。推究其原因:一是杨朴作为金方的使臣参与与宋的交涉,为燕云交割之事,杨朴多次与宋朝使臣接触,甚至向他们透露一些内情,宣和二年(天辅四年,1120)二月,宋朝使副见杨朴,杨朴传谕云:"郎君们意思不肯将平州画断作燕京地分,此高庆裔所见如此。须著个方便。"③宣和五年(天辅七年,1123),金向宋索要南逃燕京汉官赵温讯等人,宋宣抚司与赵良嗣很是为难,"杨璞(朴)暗以微意见喻,若只得一两个紧要人来,便了得"④。宣和五年四月"十一日午,卢益、赵良嗣引伴金国使人杨璞(朴)持誓书来"⑤。杨朴与宋朝使臣的交往,使他的事迹在宋朝史籍中得到更多的记载;二是宋朝史籍间接地汇总史料的渠道较多。《三朝北盟会编》利用金初使金的宋朝使者的记录,如宋金"海上之盟"的使者马植(赵良嗣)所撰《燕云奉使录》,马扩所撰《茅斋自叙》,等等。宋方记载金初历史较其他史料丰富,主要是通过以下四种人,第一种是辽朝的归正人的叙述,如赵良嗣;第二种是为缔结"海上之盟"交聘使者的记述;第三种是滞留金朝的使者,如洪皓等;第四种是金朝中后期南宋的归正人。总的来说,宋朝人对金朝的了解与"海上之盟"交涉同时起步,即宋政和八年(金天辅二年,1118),所以,宋朝记载金朝开国的时间受之影响,多定在政和八年⑥,或重和二年(1119)。

---

① 《金史》卷84《耨盌温敦思忠传》,第1881页。
② 《金史》卷66《完颜勗传》,第1558页。
③ [宋]徐梦莘:《三朝北盟会编》卷4《政宣上帙四》,引[宋]赵良嗣《燕云奉使录》第5页,总26页。
④ [宋]徐梦莘:《三朝北盟会编》卷15《政宣上帙十五》,引[宋]赵良嗣《燕云奉使录》第8页,总107页。
⑤ [宋]徐梦莘:《三朝北盟会编》卷15《政宣上帙十五》,引[宋]马扩《茆斋自叙》第10页,总108页。
⑥ [宋]李心传:《建炎以来朝野杂记》乙集卷19,商务印书馆,1936年,第583页,"女真南徙"条载:"重和元年(1118年)八月,阿固达始称帝,以其水生金,故国号大金,改元天辅。"另见[宋]佚名撰《中兴御侮录》卷上,商务印书馆,1939年,第1页,载:阿骨打"自立为大金国大圣皇帝,建元天辅,时本朝政和八年,契丹亦天庆八年也"。

第二章　渤海人与女真人的互相认同　　　　　89

从辽、宋、金三方面史料的比较分析中,可见《辽史》所言:辽天庆七年(天辅元年,1117),杨朴劝阿骨打称帝建元是比较可信的。还有,是年是"天辅元年",《金史·太宗本纪·赞》曰:"天辅草创,未遑礼乐之事。"①这里不言"收国"草创,而言"天辅草创",是在不经意中流露出"天辅"开国的真相。

杨朴劝阿骨打称帝与称帝时间是相联系的,与他归降的时间亦有联系。杨朴是渤海人,阿骨打起兵之初,就接触到渤海人,阿骨打二年(辽天庆四年,1114)九月,曾与渤海军相遇,十月,"召渤海梁福、斡答刺使之伪亡去,招谕其乡人曰:'女直、渤海本同一家,我兴师伐罪,不滥及无辜也。'"②这时虽有渤海人投靠阿骨打,但杨朴之类的读书人投靠阿骨打的可能性非常小。杨朴少第进士,累官秘书郎(一说校书郎),这样身份的人不会在渤海军中,也不会因为"本同一家"的煽动而投到阿骨打的麾下。

杨朴降女真与阿骨打势力在辽东的发展有关。辽东是渤海人聚居的地方,渤海人高永昌据辽阳称帝,阿骨打消灭高永昌后,"东京州县及南路系辽女直皆降"③。至此,渤海人,尤其是渤海文士的归降才有可能。《契丹国志》载杨朴先是从高永昌叛,后归降女真。《大金国志》也载杨朴在高永昌叛时,降女真。两者的记载应该是有一定依据的,应该考虑它的可信性。杨朴归降的时间当在高永昌反叛时,即收国二年(辽天庆六年,1116)。杨朴劝称都勃极烈的阿骨打称皇帝,时间或是收国二年(辽天庆六年,1116),或天辅元年(辽天庆七年,1117)。

四、杨朴劝阿骨打称帝对金朝开国的贡献

杨朴直接游说阿骨打称帝,建议求辽朝"封册",把阿骨打头上的都勃极烈名衔换成了皇帝。"黄袍"加身对阿骨打本人并没有多大的改变,但对于女真社会的民主参政、议事的贵族政治却有潜在的破坏力,等于在女真社会埋下了变革的种子,杨朴为女真人的社会政治革故鼎新制造了一个契机,为"异代"文士认同女真社会开始铺设道路,对女真社会的发展产生了深远的影响。

---

① 《金史》卷3《太宗本纪·赞》,第66页。
② 《金史》卷2《太祖本纪》,第25页。
③ 《金史》卷2《太祖本纪》,第29页。

杨朴在高永昌叛辽前后归降阿骨打,适时,历史给予他用事金初政治舞台的机遇。首先,阿骨打势力的发展诚如杨朴所言,"诸部兵众皆归大王,力可拔山填海",这是阿骨打"革故鼎新"的资本;其次,杨朴的献策与阿骨打"图霸天下"的心愿相和,杨朴劝阿骨打"谋万乘之国,非千乘所能比也"。阿骨打此时确实有为"万乘"之心。阿骨打责难高永昌归降时说:"东京近地,汝辄据之,以僭大号可乎。若能归款,当处以王爵。"①按前文所分析,阿骨打当时尚未称皇帝,不论是皇帝,还是都勃极烈,他能诏谕辽朝统治下的渤海人、系辽籍的女真人归于他的麾下,说明他已经把自己置于至高的地位,已经有了卧榻之侧岂容他人酣睡的心理,所以,对"僭大号"的高永昌降与不降,没有任何姑息的余地,诏谕讨伐高永昌的斡鲁说:"永昌诱胁成卒,窃据一方,直投其隙而取之耳";其三,阿骨打灭掉高永昌,势力进一步壮大,而且,发展的势头不可遏止。"东京州县及南路系辽女直皆降"②。客观形势的发展,为杨朴"献策"的实现提供了保证;其四,高永昌称帝、建元对阿骨打很有启发作用,高永昌向斡鲁表示投降,"以金印一、银牌五十来,愿去名号,称藩"③。后来,阿骨打始制金牌与高永昌献银牌不无关系。灭高永昌当年九月,南路都统斡鲁来见阿骨打于婆卢火水,"始制金牌"④。从高永昌那里得到银牌,开始制金牌,两者的因果关系是很自然的,金牌与银牌所体现的等级观念已现端倪。

在这种情况下,杨朴的游说之词很容易打动阿骨打等人,使"阿骨打大悦",吴乞买等"皆推尊杨朴之言"。上阿骨打尊号为大圣皇帝,国号大金,建元天辅。这也就是《四库全书总目》所言:"杨朴佐太祖开基。"

杨朴劝阿骨打称帝,在军事民主制的贵族政治基础上注入了皇权政治因素,推动女真社会向前发展。女真社会出现了皇权与"旧俗"的冲突已是不可回转的。太祖即皇帝位后,"群臣奏事,撒改等前跪,上起,泣止之曰:'今日成功,皆诸君协辅之力,吾虽处大位,未易改旧俗也。'撒改等感激,再拜谢"⑤。面对君与臣的名分,阿骨打"泣止之",不情愿接受撒改等的跪

---

① 《金史》卷71《斡鲁传》,第1632页。
② 《金史》卷2《太祖本纪》,第29页。
③ 《金史》卷71《斡鲁传》,第1632页。
④ 《金史》卷2《太祖本纪》,第30页。
⑤ 《金史》卷70《撒改传》,第1614页。

拜,并且极力否认它的存在,维护"旧俗",最后,"撒改等感激",君臣共同排拒上下尊卑差别的存在。太宗时期,皇权与旧俗的冲突不断升级,太宗因违誓约,私用库收积财货过度,宗翰等"请国主违誓约之罪,于是群臣扶下殿,杖二十毕,群臣复扶上殿,谙班、粘罕以下谢罪"①。在这里,君与臣每个人都扮演着自相矛盾的双面人。在旧俗中,太宗是负罪者,要受杖。宗翰等是治罪者,要执杖;在皇权政治中,太宗是皇帝,是至尊、至贵者。宗翰等是逆道者,要谢罪。皇权与"旧俗"的冲突不但发生在太宗与宗室贵族之间,而且更深刻地激荡在既是"九五"之尊的皇帝又是被杖的"负罪者"的内心。

阿骨打称帝后,女真人伐辽荡宋,皇权获得了滋长的土壤,即使太祖谆谆告诫太宗"一依本朝旧制"②。但是,太宗、熙宗自觉或不自觉地揖别了与臣民"同川而浴"的时代。从阿骨打"戎衣"登皇帝位到哀宗缢于幽兰轩,金朝的皇权带着它的民族性、时代性踯躅百余年,杨朴有开启之功。

第三节 杨朴在《金史》中的隐遁与
金初政治认同的错综复杂③

杨朴作为金初的重要谋臣,《金史》不为其立传,甚至"劝进"之事亦不载于金朝史籍,是历史载记的疏漏还是别有原因,历史悬疑难解。杨朴出现在金初历史舞台是政治发展情势的需要,他在《金史》上被隐匿也有金初历史发展的必然,与金初贵族政治遏制皇权不无关系。

一、杨朴在《金史》中的隐遁与贵族政治危机

杨朴劝阿骨打"称帝"之事不见于《金史》,杨朴其人仅在《金史·耨盌温敦思忠传》提及,其角色是参与求辽册封,负责润色文字。

杨朴劝阿骨打称帝之事,从辽、宋方面的记载来看,阿骨打称帝完全是杨朴劝进的结果。杨朴参与金朝建国"献策"是毋庸置疑的,问题是这样重要的人物在《金史》中几乎没有记载,实在令人费解。依笔者研究,阿骨打

---

① [宋]徐梦莘:《三朝北盟会编》卷165《炎兴下帙六十五》,引[宋]赵子砥《燕云录》第10页,总1194页。
② 《金史》卷3《太宗本纪》,第47页。
③ 李秀莲:《杨朴在〈金史〉中的隐遁与金初政治》,《黑龙江民族丛刊》2010年第4期。

于收国元年(辽天庆五年,1115)称"都勃极烈",这是撒改、宗翰等人"赞成大计"、劝进的结果。杨朴于高永昌叛乱(收国二年,辽天庆六年,1116)前后归降阿骨打,阿骨打平定高永昌之乱,势力进一步扩大,杨朴于是时"献策",劝阿骨打称帝,天辅元年(辽天庆七年,1117)阿骨打称帝、建元①。《金史》把本来发生在天辅元年的称帝建国之事,易改到建号都勃极烈时,因而,真正劝阿骨打称帝的人就被排挤出《金史》的记载。

《金史》把劝进之功加在撒改等人的头上,不记载杨朴在金初的活动,与金初的政治有一定的关系。正如王宏志先生的怀疑,《金史》不载杨朴,"大约不会是疏漏,很可能是不愿把阿骨打称帝这件开创金国基业的事,说成是渤海人杨朴的主意"②。

从《金史》的记载来看,杨朴"劝进"之功为撒改等人"窃据"。撒改等人窃据劝进之功的前提是都勃极烈与皇帝在女真人的心目中是没有差别的③。由于女真人无视都勃极烈与皇帝的差别,撒改"赞成大计"与宗翰等人的劝进很自然地取代了劝阿骨打"称帝"的行为。从这一点看,杨朴劝阿骨打"称帝"的功劳不被金朝修史者书写或许是无意的。

但是,在《金史》记载中,撒改是"赞成大计"的功臣,宗翰是两次劝进的主要参与者,第一次劝进是阿骨打二年(1114)九月,太祖一战而胜辽将谢十④;第二次劝进是同年十一月,阿骨打又破辽兵于出河店⑤。撒改家族对推助阿骨打称帝之功劳的攫取,剥夺了杨朴在《金史》中留名的一个机会,从这里看,《金史》不载杨朴的活动是有意的。杨朴的活动不见于《金史》,

---

① 李秀莲:《阿骨打称都勃极烈与金朝开国史之真伪研究》,《史学月刊》2008年第6期。
② 王宏志:《略论金进入中原后政策的转变》,载陈述主编《辽金史论集》第3辑,书目文献出版社,1987年,第254页。
③ 李秀莲:《阿骨打称都勃极烈与金朝开国史之真伪研究》,《史学月刊》2008年第6期。
④ 《金史》卷2《太祖本纪》,第25页,记载:"撒改使其子宗翰、完颜希尹来贺,且称帝,因劝进。"《金史》卷70《撒改传》,第1614页,载:"遣子宗翰及完颜希尹来贺捷,因劝进,太祖未之从也。"《金史》卷74《宗翰传》,第1693页,载:"撒改使宗翰及完颜希尹来贺捷,即称帝为贺。"《金史》卷73《完颜希尹传》,第1684页,不言"贺捷、劝进"事。
⑤ 《金史》卷2《太祖本纪》,第26页,记载:"吴乞买、撒改、辞不失率官属诸将劝进,愿以新岁元日恭上尊号。太祖不许。阿离合懑、蒲家奴、宗翰等进曰:'今大功已建,若不称号,无以系天下心。'太祖曰:'吾将思之。'"《金史》卷73《阿离合懑传》,第1671—1672页,有言:"及太宗等劝进,太祖未之许也。阿离合懑、昱、宗翰等曰:'今大功已集,若不以时建号,无以系天下心。'太祖曰:'吾将思之。'"《金史》卷74《宗翰传》,第1693页,有言:"及太宗以下宗室群臣皆劝进,太祖犹谦让。宗翰与阿离合懑、蒲家奴等进曰:'若不以时建号,无以系天下心。'太祖意乃决。"

主要是《太祖实录》修撰时，就隐去了杨朴其人其事。修撰实录的关键人物之一是完颜勖，"勖……穆宗第五子。好学问，国人呼为秀才。年十六，从太祖攻宁江州"①。完颜勖是亲身经历了阿骨打称帝建国的人，作为一个知情者隐去杨朴"献策"之功，似有所企图，但完颜勖本人与杨朴"献策"之功没有冲突。

除完颜勖之外，主持修撰实录的另一个关键人物是宗翰。"宗翰好访问女直老人，多得祖宗遗事"②。天辅三年（1119），阿离合懑寝疾，"宗翰日往问之，尽得祖宗旧俗法度"③，甚至其子听错的话，宗翰能从旁改正。对阿离合懑"口述"的历史，宗翰享有一定的阐释权。宗翰访求祖宗遗事，一方面使未有文字记载的历史得到一定的保留，另一方面他个人的意志也难免不被书写到实录中。

宗翰很关心祖宗遗事，《太祖实录》的修撰一定有他的影响，而且，借机把自己及家族置于重要的位置是非常可能的。《金史·礼志》记载国初即位仪上，"诸路官民耆老毕会，议创新仪，奉上即皇帝位。阿离合懑、宗翰乃陈耕具九，祝以辟土养民之意。复以良马九队，队九匹，别为色，并介胄弓矢矛剑奉上。国号大金，建元收国"④。

所谓"国初即位仪"很难确定它的真实性。大前提是阿骨打即皇帝位不在收国元年（1115），而且，金朝初期在礼制方面几乎是空白的。再有，如果阿骨打有这样的"即位仪"，为何不见于太宗、熙宗即位时。即便有这样的"即位仪"，又为何仅突出阿离合懑和宗翰，阿离合懑在天辅三年（1119）就死去了，宗翰独享此殊荣。在关于阿骨打即皇帝位的记载中，宗翰处处凸显自己与其在太宗末年的权势及其家族地位的沉浮有关。

太祖在世时，撒改与其子宗翰很受宠遇。《金史》记载：天辅五年（1121）五月戊戌，"射柳，宴群臣。上顾谓宗翰曰：'今议西征，汝前后计议多合朕意。宗室中虽有长于汝者，若谋元帅，无以易汝。汝当治兵，以俟师期。'上亲酌酒饮之，且命之醯，解御衣以衣之。群臣言时方暑月，乃止"⑤。

---

① 《金史》卷66《完颜勖传》，第1557页。
② 《金史》卷66《完颜勖传》，第1558页。
③ 《金史》卷73《阿离合懑传》，第1672页。
④ 《金史》卷36《礼志》，第831页。
⑤ 《金史》卷74《宗翰传》，第1693—1694页。

太祖赏识宗翰有其父祖功德庇护的因素,更主要的还是宗翰的才能,计议多与阿骨打相合,期以元帅,为之"酌酒",甚至要"解御衣以衣之",足见阿骨打对宗翰的器重程度。但是,到太宗朝,宗翰的地位已有动摇的迹象。首先,宗翰的用人权受到掣肘,太宗于天辅七年(1123)九月即位,十月就诏谕宗翰曰:"今寄尔以方面,如当迁授必待奏请,恐致稽滞,其以便宜从事。"①太宗向宗翰申明用人授官当禀奏朝廷,所谓"便宜从事",是考虑"恐致稽滞"的情况,否则,必须奏请皇帝。天会二年(1124),宗翰入京师给太宗的奏请更说明太宗有意限制宗翰的用意。"奏曰:'先皇帝时,山西、南京诸部汉官,军帅皆得承制除授。今南京皆循旧制,惟山西优以朝命。'诏曰:'一用先皇帝燕京所降诏敕从事,卿等度其勤力而迁授之。'"②宗翰所言"优以朝命"当指"迁授必待奏请"的谕命,尽管宗翰用先皇帝的"旧制"迫使太宗收回朝命,但太宗限制宗翰权力的意图已现端倪。

其次,在军事方面扶持宗望,制衡宗翰。天会二年,宗翰以讨诸部的名义,请分宗望、挞懒、石古乃精兵。太宗说:"宗望军不可分,别以精锐五千给之。"③太宗不同意分宗望军的意图可能有两端:一是宗望军镇服南京不能抽调,二是保存宗望势力制衡宗翰。从太宗对宗望方面权力倾斜的力度看,后者的意图更明显一些。

《金史·太宗本纪》载:天会二年二月乙巳,"诏谕南京官僚,小大之事,必关白军帅,无得专达朝廷"④。

二年二月丁未,"命宗望,凡南京留守及诸阙员,可选勋贤有人望者就注拟之,具姓名官阶以闻"⑤。

二年三月己未,"宗望以南京反复,凡攻取之行,乞与知枢密院事刘彦宗裁决之"⑥。

太宗对宗望所请一一从之。"天会二年,平州既平,宗望恐风俗揉杂民情弗便,乃罢是制(指授猛安谋克官)。诸部降人但置长吏,以下从汉官之

---

① 《金史》卷3《太宗本纪》,第48页。
② 《金史》卷74《宗翰传》,第1695页。
③ 《金史》卷74《宗翰传》,第1695页。
④ 《金史》卷3《太宗本纪》,第49页。
⑤ 《金史》卷3《太宗本纪》,第49页。
⑥ 《金史》卷3《太宗本纪》,第50页。

号"①。

最后，在太宗的扶植下，宗翰与宗望均势分权的势头越来越明显。天会初，"斡离不（宗望）、粘罕（宗翰）分道入侵南宋。东路之军斡离不主之，建枢密院于燕山，以刘彦宗主院事；西路之军粘罕主之，建枢密院于云中，以时立爱主院事。国人呼为'东朝廷''西朝廷'"②。

宗翰面对自身及家族权力地位的动摇，他的反应一是极力地控制当下的权力，"时国事大小，罕（宗翰）皆总之，虽卿相拜其前，而罕不为礼。太宗朝，罕之专权，主不能令，至于命相，亦取决焉"③；二是彰显其家族及其本人在历史上的功劳。天会六年（1128），太宗令完颜勖求访祖宗遗事，撰修《祖宗实录》。前文已提及宗翰在访求祖宗遗事上，是先行者，受命访求"祖宗遗事"的完颜勖必有征于宗翰。完颜勖与宗翰的关系很近，太宗命完颜勖慰劳宗翰军，"宗翰等问其所欲。曰：'惟好书耳。'载数车而还"④。宗翰假手于完颜勖书写他在金初的贡献是可能的，太祖"即位仪"是真是伪暂且不说，整个仪式仅突出宗翰，即使不是宗翰的授意，也确实达到了为宗翰"贴金"的目的。宗翰家族在金朝兴起前后的作用确实很重要，在史书中恢复其历史地位也是应该的，但为挽救家族颓势，过分地攫取"功劳"，不论是宗翰所为，还是他人所为，在客观上，确实使杨朴失去在《金史》中留名的一个机会。宗翰家族在太宗朝、熙宗初年，地位逐渐衰微是贵族政治与皇权政治斗争的反映，某种意义上讲，杨朴从《金史》中隐去与这种政治斗争是有一定关系的。

二、杨朴"献策"与女真人的认同

杨朴在金初的活动大致有献策阿骨打"变家为国"，称帝号；游说阿骨打求辽朝册封，并参与"封册"礼仪的把握；建议定朝仪制度；在金与宋交涉中跑腿传话等。天会十年（1132），"以病死"⑤。综其活动，前三者是主要的，但给现实社会带来的直接影响是很微弱的，也就是说并未得到女真社

---

① 《金史》卷44《兵志》，第993页。
② [宋]宇文懋昭：《大金国志》卷3《太宗文烈皇帝》，第40页。
③ [宋]宇文懋昭：《大金国志》卷27《粘罕传》，第380页。
④ 《金史》66卷《完颜勖传》，第1557页。
⑤ [宋]宇文懋昭：《大金国志》卷7《太宗文烈皇帝》，第119页。

会的广泛认同。

首先,杨朴能劝阿骨打称皇帝,但不能使阿骨打成为名实相符的帝王。杨朴与阿骨打都不能超越女真社会的现实,女真社会物质文化水平限制阿骨打发展皇权,女真人的渔猎经济与农耕经济相济存在,生产力发展水平非常有限,上层建筑不能逾越经济基础的决定作用。物质文化发展水平又制约了人们的观念,在女真臣民的头脑中,没有君王意识,君王自己也没有意识到自己应该端居九重。阿骨打率军攻入燕京,与诸勃极烈等"握拳坐于殿之户限上,受燕人之降。且尚询黄盖有若干柄,意欲与其群臣皆张之"①。君徒为君,臣徒为臣,既存在于人们的观念中,又存在于现实社会,因为当时的君臣无尊卑之别的民主政治对灭辽、继之灭宋仍发挥着积极作用,即使是皇帝,要么与诸将一样戎马疆场,要么听任诸将便宜从事,临朝"端默"。

女真人物质生活的简约反映到人与人的关系中,使君臣关系也沐浴在纯朴的民风中。等级的概念很模糊,私有制的出现是劳动产品出现剩余的结果,私有制的发展又促进了等级制度的发展,皇权的出现是等级制度发展到一定时期的产物。物质财富不积累到一定程度,等级制度无法确立,皇帝"浴于河,牧于野"是物质文化发展水平使然。

其次,杨朴建议阿骨打求辽朝封册。

《三朝北盟会编》记载:"杨朴又称说:'自古英雄开国,或受禅,或求大国封册,遣人使大辽,以求封册。其事有十:乞徽号大圣大明者一也;国号大金者二也;玉辂者三也;衮冕者四也;玉刻印御前之宝者五也;以弟兄通问者六也;生辰正旦遣使者七也;岁输银绢十五万两匹者八也;割辽东、长春两路者九也;送还女真阿鹘产、赵三大王者十也。'"②

《辽史·天祚纪》也记载了杨朴游说阿骨打求辽"封册"之事。为交涉"封册",辽金遣使多次往返,《金史》仅提及杨朴为回复辽朝册文"润色"文字。据辽、宋方面史料记载,杨朴在求辽朝"封册"事上,是很重要的角色。《三朝北盟会编》记载:"杨朴以册文非是,阿骨打大怒,鞭其使,却回之。"③

---

① [宋]徐梦莘:《三朝北盟会编》卷12《政宣上帙十二》,引[宋]蔡絛《北征纪实》第7页,总85页。

② [宋]徐梦莘:《三朝北盟会编》卷3《政宣上帙三》,《女真纪事》第13—14页,总22页。

③ [宋]徐梦莘:《三朝北盟会编》卷3《政宣上帙三》,《女真纪事》第14页,总22页。

杨朴在辽与金"封册"的交涉中,既是发起者,也是监督辽朝答复封册"十事"的重要人物,但他不能左右封册的成败,或者说,求"封册"失败是必然的。

杨朴建议求封册的出发点是虚无的。所谓的"自古英雄开国,或受禅,或求大国封册"。这是杨朴建议阿骨打求封册的理论基础,"受禅"也就是"禅让","禅让制"本来就是儒家理想中的"乌托邦",至少在阶级存在的社会不会存在的,阿骨打"求大国封册"的路也行不通。求辽朝封册,是对辽朝与女真的关系缺乏认识的产物,女真人与辽朝是被压迫者与压迫者之间的关系,求其封册,让辽朝放弃统治者的权力是根本不可能实现的。辽朝封册阿骨打为"东怀国至圣至明皇帝",不承认"大金"就表明辽朝不肯放弃压迫者的权力。

封册"十事"中关键的二事是"以弟兄通问"和"岁输银绢十五万两匹"。女真人与辽朝的矛盾是既有阶级矛盾的成分,又有民族矛盾的成分,最根本的是阶级矛盾。阶级矛盾是不可调和的,因此,辽金之间不可能出现"以弟兄通问"的局面,要求分大宋岁赐之半更是与虎谋皮。辽朝宁愿向宋人妥协,也不向女真让步。其中的怨结被后来的清朝统治者道出:"宁与外邦,不与家奴。"对于辽朝来说,宋朝不过是肢体之患,女真人则是心腹之患。

封册之事表面上因金与宋结盟而搁浅,实际上,求"封册"本身就是行不通的。

再次,建议"册立后妃",备具"朝仪典章"。

《大金国志》记载:"(杨朴)为人慷慨有大志,多智善谋。建国之初,诸事草创,朝仪制度皆出其手。"①

天辅三年(1119)②,"知枢密院内相杨朴建议,以为陛下肇登大宝,混一封疆,应天顺人,奄宅天命,而六宫未备,殊失四方观视,欲乞备日,册命正后妃之位,国主从之。诏册蒲察氏为皇后,番汉群臣称庆"③。

四年,"知枢密院杨朴建言:'惟我国家兴自暇荒,朝仪、典章犹所未备,

---

① [宋]宇文懋昭:《大金国志》卷1《太祖武元皇帝》,第24页。
② 在《大金国志》中,天辅纪年始于1118年,与《金史》天辅元年(1117)相差一年,本文从《金史》改定。
③ [宋]宇文懋昭:《大金国志》卷1《太祖武元皇帝》,第17页。

以中朝言之,威仪、侍卫尊无二上,诸亲从、诸王部族尊贵者驰驱戎行,虽不可尽责,其自番汉群臣以下宜致敬尽礼,所合定朝仪、建典章,上下尊卑粗有定序。'国主从之"①。

六年(1123)五月,"国主用杨朴议,始合祭天地于南北郊及禘享太庙,颁赐番汉群臣以下有差"②。

关于杨朴制定"朝仪制度"的活动,仅在《大金国志》中有记载,在这里必须交代的是《大金国志》史源杂芜,已为学界共识。以上所引资料不排除应质疑的成分,只因是孤证,很难考究。不过,《金史》有记载:"天辅后,始正君臣之礼焉。"③从这里可窥视出杨朴定朝仪制度的影子。既然确有"正君臣之礼"的事,不见于其他史料记载总该有个说法,说法可能很多,但最重要的一个说法是杨朴所定的制度影响力太小,不为人所重视。记载也说,"上下尊卑粗有定序",至于"粗"到什么程度,史书未明言,但具体的事例已很说明问题,前文提到的,天辅末年,阿骨打入燕京,询"黄盖"若干,欲与诸勃极烈共享用。太宗即位后,也是常浴于河,牧于野,"民虽杀鸡,亦召其君同食"④。这就是杨朴正君臣之礼后女真社会的真实写照。杨朴所定朝仪制度受社会发展水平的制约,以致难以发挥社会效力,直接影响到金初女真人对杨朴劝进、献策的认同。

三、杨朴在《金史》中的隐遁与其"献策"的局限性

女真社会发展水平是客观存在的,不以人的意志为转移,而且,短时间内不能改变女真人的观念,更不能使其彻底摆脱氏族社会的影响,女真人处于氏族社会现状是必须承认的。但是,反过来看,人是有主观能动性的,有主观能动性的人陷于社会环境的制约,生硬地制定与社会发展水平相背离的规章制度,这已经不是社会问题,而是人的问题,人的局限性问题。人应该克服自己的局限,而且能克服自己的局限,杨朴在无意识中提出过与女真社会相适应的建议,即,"合祭天地于南北郊"的郊祀之礼。陶晋生先

---

① [宋]宇文懋昭:《大金国志》卷1《太祖武元皇帝》,第17页。
② [宋]宇文懋昭:《大金国志》卷1《太祖武元皇帝》,第24页。
③ 《金史》卷70《撒改传》,第1615页。
④ [宋]徐梦莘:《三朝北盟会编》卷3《政宣上帙三》,《女真纪事》第4页,总17页。

生也说:"女真原来就有拜天的习俗,正好可以和中国的南北郊之制相混合。"①杨朴把女真人的拜天习俗与"郊祀"相结合,得到女真人的认同,"其后,太宗即位,乃告祀天地,盖设位而祭也。天德以后,始有南北郊之制,大定、明昌其礼浸备"②。

研究杨朴"献策"的局限性,不是苛求古人,历史研究的目的是为了"自我认识"。英国历史学家R.G.柯林武德在回答"历史学是做什么用的"这个根本问题时写道:"我的答案是:历史学是'为了'人类的自我认识。大家都认为对于人类至关重要的就是,他应该认识自己:这里,认识自己意味着不仅仅是认识个人的特点,他与其他人的区别所在,而且也要认识他之作为人的本性。认识你自己就意味着,首先,认识成为一个人的是什么;第二,认识成为你那种人的是什么;第三,认识成为你这个人而不是别的人的是什么。认识你自己就意味着你能做什么;而且既然没有谁在尝试之前就知道他能做什么,所以人能做什么的唯一线索是人已经做过什么。因而,历史学的价值就在于,它告诉我们人已经做过什么。因此就告诉我们人是什么。"③

柯林武德这段话告诉我们,"人"是历史发展中的人,是社会的人,历史学研究的就是社会的人,包括认识人走入社会、走入社会的特殊性以及特殊性的展现等。杨朴是从渤海人的社会走入女真人的社会,研究杨朴从一个社会与进入另一个社会的历史有"自我认识"的价值,杨朴的局限是历史问题,能否认识杨朴"献策"的局限则是现实问题,认识杨朴"献策"局限的根源符合现代社会对历史学提出的要求。

杨朴"献策"从本本出发,用读书人头脑中固有的政治模式去改造女真社会。称帝、立国、建元、求封册、册后妃等都是来自书本,求封册"十事"中,要么是无法实现的事,要么是无关紧要的事,玉辂、衮冕、玉刻印御前之宝类似的东西在女真人眼里没有什么用途。再说册立后妃,在皇帝寨,"或遇雨雪,虽后妃亦去袜履而行焉"④。这种境况,为后与为妃都是徒有其

---

① 陶晋生:《女真史论》,台湾:食货出版社,1981年,第84页。
② 《金史》卷28《礼志》,第693页。
③ [英]R.G.科林武德:《历史的观念》,何兆武、张文杰译,中国社会科学出版社,1986年,第10—11页。
④ [清]厉鹗:《辽史拾遗》卷12《天祚皇帝三》,商务印书馆,1936年,第239页。

名。杨朴的"本本"经与女真社会存在相当的距离,幸运的是,金朝拥有辽宋故地后,发展皇权政治成了女真统治者唯一的选择,与杨朴"献策"相吻合,但皇权的发展不是杨朴的功劳。

杨朴从本本出发的思维不能提出解决金朝社会现实的方案,与另一渤海文士高庆裔相比,高庆裔面对被征服者的反抗,能建议宗翰实施"铁血"手段,稳定西京统治。在辽宋交涉平州问题上,高庆裔以理力争,维护女真贵族的利益。杨朴只能跑腿传话宋使云:"郎君们意思不肯将平州划断作燕京地分,此高庆裔所见如此。"①与燕云文士相比,不及者更远,燕云文士针对金朝的统治需要,提出置枢密院、开科取士等举措,时立爱建议阿骨打"乞下明诏,遣官分行郡邑,宣谕德义。他日兵临于宋,顺则抚之,逆则讨之,兵不劳而天下定矣"②。随着金朝社会的发展,杨朴已经没有能力承担谋士的任务,《大金国志》说杨朴晚年为枢密院内相知行营留守事,这倒是一个合适于他的位置。

当然,局限性是时代造成的,杨朴劝阿骨打称帝、立国、建元,对女真人在政治上的独立及其反辽斗争还是具有深远意义的。皇帝代表着与女真"旧俗"迥异的制度走进女真人的社会生活,只是当时的人并不能察觉到,阿骨打的皇帝身份也不显著。追灭辽伐宋后,辽宋故地的经济、文化为金朝皇权、皇权政治的发展提供了土壤,杨朴的个人作用与历史的机遇相会际,使移植来的皇权成为金朝社会变革的薪火,围绕着皇权的加强与皇权政治的确立,女真贵族政治力量不断消减。杨朴佐太祖开基的贡献是应该肯定的,但是,不能为了肯定杨朴的贡献,而把历史研究停滞在条陈他的功绩上,使历史研究陷入"存在即合理"的机械唯物论中,杨朴"献策"的局限性是客观存在的。

第四节　高庆裔对女真贵族政治的认同与颠覆③

自杨朴建言立国始,渤海人对金朝政治的影响日益加强。太祖末年,

---

① [宋]徐梦莘:《三朝北盟会编》卷4《政宣上帙四》,引[宋]赵良嗣《燕云奉使录》第5页,总26页。

② 《金史》卷78《时立爱传》,第1776页。

③ 李秀莲:《渤海文士高庆裔与金初贵族政治》,《佳木斯大学社会科学学报》2013年第6期。

另一渤海人高庆裔在政治上渐露头角。高庆裔也是较早参与金初政治的辽东文士之一,金初的政治除了战争,就是与辽、与宋的交涉。高庆裔作为译言"通事",在与辽、宋交涉中很快得到当权者宗翰的赏识。由通事晋升为大同尹,再为西京留守摄枢密院事,太子少保为尚书左丞,权倾一时。高庆裔作为权贵宗翰的卿客,积极帮助宗翰加强"寡头"政治,破坏贵族政治,在皇权与贵族政治的漩涡中,高庆裔的民族认同之路较杨朴更为曲折与不幸。

一、高庆裔的通事身份与其发迹

高庆裔在归降阿骨打前,仅是辽"东京户部司翻译吏"①,没有什么功名,辽朝方面的史料对他没有任何记载。从高庆裔任事于"东京户部司"的经历看,他可能在阿骨打平定高永昌前后归降。天辅三年(1119),阿骨打请求辽朝"封册"的活动中,高庆裔与胡十答、阿撒一同"译契丹字"②,但当时仅仅是一个译契丹字的"通事"。

在女真人与辽交涉中,通事除了翻译契丹字外,在政治上几乎没有太大的影响,女真人进入中原后,通事的地位随之发生很大的变化。语言上的障碍、文化制度上的差异使女真人无法直接统治汉地,这种形势为通事参与政治提供了机会。《大金国志》记载:"北人官汉地者,皆置通事,即译语官也。"③女真人要统治汉地,必须置通事,利用通事作为桥梁与汉人沟通。但是,通事常常利用女真人不通汉语、汉人不通女真语的"空档",瞒上欺下,甚至直接干预政事。

《松漠纪闻》记载译言通事:"上下重轻皆出其手,得以舞文招贿,三二年皆致富民。俗苦之。有银珠可大王者,以战多贵显,而不熟民事,常留守燕京,有民数十家,负富僧金六七万缗,不肯偿,僧诵言欲申诉,逋者大恐,相率赂通事,祈缓之。通事曰:'汝辈所负不赀,今虽稍迁延,终不能免,苟能厚谢我,为汝致其死。'皆欣然许诺。僧既陈牒,跪听命。通事潜易它纸,

---

① [宋]李心传:《建炎以来系年要录》卷1,第8页。
② 《金史》卷84《耨盌温敦思忠传》,第1881页。
③ [宋]宇文懋昭:《大金国志》卷12《熙宗孝成皇帝》,第174页;另见[宋]李心传《建炎以来系年要录》卷18,第375页,载:"凡官汉地者,皆置通事。"[宋]洪皓《松漠纪闻》,李澍田主编《长白丛书》初集,吉林文史出版社,1986年,第32—33页,载:"金国之法,夷人官汉地者,皆置通事,即译语官也,或有以官人为之。"

译言曰:'久旱不雨,僧欲焚身动天,以苏百姓。'珠可笑,即书牒尾,称赛音者再。庭下已有牵拢官二十辈驱之出,僧莫测所以,扣之,则曰:'赛音,好也。'状行矣。须臾出郛(郭),则逋者已先期积薪,拥僧于上,四面举火,号呼称冤,不能脱,竟以焚死。"①

天会十年(1132)至十三年(1135),银珠哥为燕京留守,事当发生在此间,洪皓正羁留燕京,得见闻此事,事当不诬。姚崇吾先生已有考证:"《松漠纪闻》所记这个通事作威作福,陷害富僧的故事,大致可信。"②

《建炎以来系年要录》《大金国志》也记载了这件事③。银珠哥等不谙中原事事的女真贵族委事于通事,洪皓说这是"金国之法",可见通事参与治民理事是非常普遍的。通事的地位很特殊,虽然官职不高,但常常指鹿为马,颠倒黑白,竟让欠债的人把债主"焚死"。使富僧冤死,银术可竟浑然不知。

女真人进入中原后,必须依仗通事,只有通过通事,才能了解中原的人情世故。金人陷袭庆府,有"汉儿将启宣圣墓,左副元帅宗维(宗翰)问其通事高庆裔曰:'孔子何人?'曰:'古之大圣人。'宗维曰:'大圣人墓岂可犯。'皆杀之"④。宣圣墓的存毁高庆裔的进言很关键,高庆裔告诉宗翰:孔子"古之大圣人",很直接地把宗翰拉进中原文化,宗翰不需要知道孔子在历史上的贡献及其历史地位,"古之大圣人"足以打动这位女真贵族。宣圣墓免遭劫难无疑是高庆裔的功劳。

在女真人统治的燕云等地,通事遍及社会的各个层面,在地方官府、在元帅府、在民间都有通事的活动。《三朝北盟会编》记载:天会六年(1128),蔡松年居燕山,"与一渤海道奴通事燕市中,合开酒肆"⑤。蔡松年伙同通事开酒肆的目的很明显,是借用通事的桥梁作用,赚女真人的钱。

---

① [宋]洪皓:《松漠纪闻》,李澍田主编《长白丛书》初集,吉林文史出版社,1986年,第33页。
② 姚从吾:《辽金元时期通事考》,《国立台湾大学文史哲学报》1967年第16期,姚从吾认为:"a.因为女真人占领北平以后,语言不通,蛮不讲理,欺凌降者,随便杀人。僧既富有,犹想放债图利,也是有取死之道的。b.徐霆在《黑鞑事略》中说:'燕京市学,多教回回字及鞑人译语。才会译语,便效通事,便随鞑人行打,恣作威福,讨得撒花(外快),讨得物事吃!'以事略比纪闻,通事的作福作威,如出一辙,所以说这件通事诈欺骗财的事是可信的。"(彭大雅:《黑鞑事略》,徐霆疏证,中华书局,1985年,第6页)
③ [宋]李心传:《建炎以来系年要录》卷18,第375页。
④ [宋]李心传:《建炎以来系年要录》卷18,第374页。
⑤ [宋]徐梦莘:《三朝北盟会编》卷98《靖康中帙七十三》,引[宋]赵子砥《燕云录》第12页,总725页。

女真统治者在语言、文化上与中原文化的距离给这些译言者左右政治局势带来可乘之机。译言者往往投用事者所好,邀功取宠。熙宗时,由宋入金的文士宇文虚中好"讥讪",积怨于女真贵族。为讨好这些女真贵族,有译言者从虚中所撰宫殿榜署摘字,"以为谤讪朝廷"①。"本皆嘉美之名"的榜署,被译言者拨弄成构罪的媒蘖。翰林学士张钧为熙宗草拟"奉答天戒"的罪己诏,其文有"惟德弗类,上干天威"及"顾兹寡昧眇予小子"语句,参知政事萧肄译张钧言为:"弗类是大无道,寡者孤独无亲,昧则于人事弗晓,眇则目无所见,小子婴孩之称。"②萧肄虽为参知政事,但他拨弄是非所扮演的是译言者的角色,结果是张钧被施以醢刑,而萧肄得赐通天犀带。

负责译言的通事多扮演近臣的角色,女真统治者信任他们,他们的官职晋升比较快,而且,多居要职。萧肄就是由秘书监晋升参知政事的,秘书监长官从三品,参知政事从二品,辅佐宰相治理省事,很有实权。这些译言者,虽无功,但可官居平章政事。熙宗朝,李德固本御前管勾契丹文字,天眷元年(1138)十月,以御前管勾契丹文字拜参知政事。皇统七年(1147),拜尚书右丞,天德四年(1151),拜平章政事。贞元元年(1153),拜司空。金朝管勾官最高品阶是从七品,参知政事从二品,说李德固"一步登天"绝不过分。李德固晋升的秘密就是为近臣,能得到主子的信任,并非以功升官。大定十年(1170),李德固之孙李引庆请求袭其祖猛安,世宗以"德固无功"③,废世袭。

译言者升官所走的路子基本是相同的,近于主子,得到主子的信任。主子一旦信任他们,无功者能升官,有功者更能升官。高庆裔是译言者中建功较早、较多者,是宗翰元帅府显赫一时的人物,在宋朝也有一定的知名度。《三朝北盟会编》记载:"番人主中国事者高尚书,孙左司也,高尤亲要,兼充粘罕军前通事。"④《三朝北盟会编》《建炎以来系年要录》多称高庆裔为兵部尚书,高庆裔确实是宗翰的译言通事,这里的高尚书当指高庆裔无疑。此条史料记于丙午岁,也就是天会四年(靖康元年,1126),作为通事的

---

① 《金史》卷79《宇文虚中传》,第1792页。
② 《金史》卷129《萧肄传》,第2780页。
③ 《金史》卷78《韩企先传》,第1778页。
④ [宋]徐梦莘:《三朝北盟会编》卷99《靖康中帙七十四》,引[宋]范仲熊《北记》第5页,总730页。

高庆裔在金营已经很有地位了。七年(1129),宗翰以通事高庆裔为知云中府兼两京留守西路兵马都部署。

高庆裔以通事的身份跻身权力要津,深得宗翰赏识的原因还有:第一,高庆裔本渤海人,"女直、渤海本同一家",在政治情感上与女真人最接近;第二,渤海人向以习汉文化著称,高庆裔"颇知书",了解中原的文化,可以帮助女真贵族接近中原文化;第三,任事于辽朝的经历,对辽、宋间交涉的"故例"有所了解,在参与金、宋交涉时,常常以"故例"为依据,与宋朝相争,使金朝在交涉中的优势地位得到保证;第四,高庆裔本人"外为恭顺,称恩颂德不绝词"①。乖巧的性格很适应贵族政治的门人客卿身份,当时的权臣宗翰独断专行,虽卿相拜其前,亦不为礼,而高庆裔竟能用事于宗翰的门下。

二、高庆裔参与对宋交涉

高庆裔通晓中原文化,又熟悉辽事及辽宋交涉的"故例",在女真人与宋交涉中发挥了重大作用。首先熟知辽朝对平州路的统治历史,使平州归属金朝有了历史上的依据;其次能援引辽宋交涉的"故例",代表金朝与宋朝力争,使起于遐荒的女真人在交聘礼节上也享有大国的地位。

金初,与宋朝主要围绕燕云的归属和与辽"岁币"的转移问题进行交涉。起初,阿骨打与宋交涉的原则是:"为感南朝皇帝好意,及燕京本是汉地,特许燕云与南朝。"②于是,双方缔约就表现出:"大抵以燕京一带本是旧汉地,欲相约夹攻契丹,使女真取中京,本朝(宋)取燕京一带。"③基于对这一原则的理解,宋朝认为"平营本燕京地,自是属燕京地分"④。并遣赵良嗣与金交涉。适时阿骨打尚未意识到拥有土地的重要性,"平营"之地轻易与宋是很可能的。高庆裔以辽朝经营"平营"的实际情况,针锋相对地指

---

① [宋]徐梦莘:《三朝北盟会编》卷9《政宣上帙九》,引[宋]赵良嗣《燕云奉使录》第8页,总63页。
② [宋]徐梦莘:《三朝北盟会编》卷4《政宣上帙四》,引[宋]赵良嗣《燕云奉使录》第4页,总25页。
③ [宋]徐梦莘:《三朝北盟会编》卷4《政宣上帙四》,引[宋]赵良嗣《燕云奉使录》第4页,总25页。
④ [宋]徐梦莘:《三朝北盟会编》卷4《政宣上帙四》,引[宋]赵良嗣《燕云奉使录》第5页,总26页。

出:"今所议者,燕地也。平滦自别是一路。"①高庆裔所说"平滦自别是一路",是指"平、滦、营三州自后唐为契丹阿保机陷之,后改平州为辽兴府,以营滦二州隶之,号为平州路。至石晋之初,阿保机子耶律德光又得燕山檀、顺、景、蓟、涿、易诸郡,建燕山为燕京以辖六郡,号为燕京路,而与平州自成两路"②。关于平州的历史,阿骨打、宗翰等不会知道,宋朝对此也不甚了解,故金、宋之约的内容便不十分严密,高庆裔的介入,无疑是平滦去留的关键。

高庆裔据理以争,在协议中确定了"平、营、滦"三州的去留。金派杨朴传谕宋朝使副:"郎君们意思不肯将平州画断作燕京地分,此高庆裔所见如此。"③高庆裔"所见"得到宗翰、宗望的赞同,或者说,宗翰与宗望根本不同意把燕京之地与宋,高庆裔之言能留下"平营",也是他们所希望的。三年后(天辅七年,1123),阿骨打执意践约④,燕京及蓟、景、檀、顺、涿、易六州归宋。金朝据高庆裔所言,"平州自入契丹别为一军,故弗与,而以平州为南京"⑤。不久,张觉叛,以平州归宋。天会二年(1124),宗望兴军伐宋,"竟以纳平州之叛为执言云"⑥。当然,即使没有张觉叛亡之事,积极主张领土扩张的宗翰、宗望等女真贵族也必然伺机以任何可行的方式或借口出兵燕地。诚如张汇《金虏节要》所云:"关内之地番汉杂处,譬犹与贼共垅而种,同爨而食,欲无侵渔之患其可得乎?"⑦只是以宋朝"纳平州之叛"为借口,使金人出师有名,使宋处于被动、不利的地位。

关于高庆裔参与与宋的交涉活动,《金史》记载缺略,唯一的记载是天

---

① [宋]徐梦莘:《三朝北盟会编》卷4《政宣上帙四》,引[宋]赵良嗣《燕云奉使录》第5页,总26页。
② [宋]徐梦莘:《三朝北盟会编》卷22《政宣上帙二十二》,引[宋]张汇《金虏节要》第9页,总163页。
③ [宋]徐梦莘:《三朝北盟会编》卷4《政宣上帙四》,引[宋]赵良嗣《燕云奉使录》第5页,总26页。
④ [宋]徐梦莘:《三朝北盟会编》卷15《政宣上帙十五》,引[宋]马扩《茆斋自叙》第14页,总109页,载:"是时,燕人重于迁徙,有惮其行者说于粘罕曰:'燕山疆土本非大宋。彼不能取而我取之,桑麻果实所在形势之地,岂可与人。金国方强盛,天下莫不畏服。'粘罕以为然。遂白于阿骨打,请以与涿、易为界,阿骨打曰:'我与大宋海上信誓已定,不可失也。待我死后,悉由汝辈。'终如约交割。"
⑤ 《金史》卷133《张觉传》,第2844页。
⑥ 《金史》卷133《张觉传》,第2845页。
⑦ [宋]徐梦莘:《三朝北盟会编》卷22《政宣上帙二十二》,引[宋]张汇《金虏节要》第9页,总163页。

辅六年(1122)四月壬辰,"遣徒单吴甲、高庆裔如宋"①。未言出使者的使命。宋方对高庆裔等此次出使记载较详细,《三朝北盟会编》云:"(宣和四年,天辅六年,1122)五月,金国遣徒姑坦乌歇、高庆裔充通问使持书来议军事。"②《建炎以来系年要录》记载:宋宣和四年九月,"金人闻贯出师,恐我师先入关,不得岁币,遣通议使乌色、高庆裔来议夹攻,责以不先示起兵月日"③。三种史料虽在时间、与高庆裔一同出使者的名字存在微小差异外(对同一人不同的译名),实际上,记载的是同一件事。《金史》没有具体的行程记载,但宗翰复取西京后,高庆裔出使宋朝,接着,五月,宗翰入朝奏捷,六月,阿骨打起兵亲征,至此,金已克辽三京,战略目标指向西京、燕京。《金史》所载高庆裔出使的使命显然与金人出兵燕京有关,也就是《会编》《要录》所言"持书来议军事",协调金与宋夹攻辽之燕云的行动,防止宋朝违约。

高庆裔在交聘"礼数"上与宋朝较求,维护了金朝的大国地位。阿骨打于"草莽"间立国,初兴的大金难免见欺于外。辽朝虽然被金朝打得节节败退,但辽朝并不承认金朝的独立地位,封册中只承认其为"东怀国",封册仪物不全用天子之制,又无册兄之文等等④。天会初年,高丽"奉表称藩而不肯进誓表",失藩臣之礼。大国的威严除了用武力征服外,还需要交涉辞令的"舌战"。天会四年(1126),为高丽"进誓表"事,韩昉出使高丽,昉以天子"巡狩"、诸侯"朝会"的"古礼"折服高丽君臣,"乃进誓表如约"。宗干称誉韩昉曰:"非卿谁能办此。"⑤金朝与宋的交涉远比与辽朝、高丽的交涉复杂,金宋交涉涉及土地、岁币、藩属关系的定位等等,交涉不成,接着就是战争,如果交涉成功,可以减少战争。高庆裔使宋,实际是捭阖于干戈玉帛之间。在交聘礼仪上,为确立金朝大国的地位,正如宋朝使臣赵良嗣所见:"乌歇、高庆裔行次多是理会旧例,计较礼数,如乞就都亭驿安下,上殿、赐宴、差馆伴使副之类。"⑥在交聘礼数上,宋朝"以两国往来之仪未定,请姑

---

① 《金史》卷2《太祖本纪》,第37页。
② [宋]徐梦莘:《三朝北盟会编》卷7《政宣上帙七》,引[宋]蔡绦《北征纪实》第3页,总47页。
③ [宋]李心传:《建炎以来系年要录》卷1,第7页。
④ [宋]叶隆礼:《契丹国志》卷10《天祚皇帝上》,第92页。
⑤ 《金史》卷125《韩昉传》,第2714页。
⑥ [宋]徐梦莘:《三朝北盟会编》卷9《政宣上帙九》,引[宋]赵良嗣《燕云奉使录》第7页,总62页。

俟他日,况契丹修好之初未尝如此"①。宋朝有意拖延的态度,用意很明显。高庆裔针对宋朝的推诿,"出契丹例卷",证宋朝之非。迫使宋朝以待契丹之礼待金朝。宋朝认识到高庆裔"尤桀黠,颇知书",不可愚弄,便设法讨好他,"乃赐金帛袍段与夏国锦褐"②。

高庆裔的渤海人身份及其较早仕金的资历使他完全站在女真贵族的立场上与宋交涉,即使宋朝皇帝的"国书御笔"也屡屡较求,以誓书"要传万世""字画惹笔提拔不谨",不宜表示"主上亲御翰墨是尊崇大国之意"③为由,三换"国书"。高庆裔的忠诚与才能得到宗翰的赏识。天会六年(1128),升任大同尹。七年,为西京留守,摄枢密院事,成为宗翰幕府的重要谋士。

三、高庆裔与宗翰的贵族政治

高庆裔进入宗翰幕府,其命运便与宗翰的贵族政治休戚相关,为维护宗翰的利益,谋划册立刘豫为"大齐"皇帝,抑制挞懒的势力;实施"磨勘法",整肃官吏队伍,巩固宗翰的地位。宗翰个人权力的膨胀与贵族政治的民主议事格局产生矛盾,与皇权也发生冲突,这使为之奔走的高庆裔成了皇帝、女真贵族、汉族官吏的"眼中钉"。

宗翰的权力在太祖、太宗初期不断增长。阿骨打临终时,命移赉勃极烈宗翰为都统,驻兵云中,以备边。太宗即位初年奉行太祖诏命,"凡军事违者,阅实其罪,从宜处之。其余事无大小,一依本朝旧制"④。宗翰以太祖诏命"一依本朝旧制"为保护伞,一面巩固已有的权力,一面伺机扩张权力。面对宗翰扩张权力的情势,太宗开始对宗翰有意遏制,而宗翰则不放过任何机会扩大自己的权力。天会元年(1123)十月壬辰,太宗诏谕宗翰:"今寄尔以方面,如当迁授必待奏请,恐致稽滞,其以便宜从事。"⑤前文已

---

① [宋]徐梦莘:《三朝北盟会编》卷9《政宣上帙九》,引[宋]赵良嗣《燕云奉使录》第8页,总63页。

② [宋]徐梦莘:《三朝北盟会编》卷9《政宣上帙九》,引[宋]赵良嗣《燕云奉使录》第8页,总63页。

③ [宋]徐梦莘:《三朝北盟会编》卷15《政宣上帙十五》,引[宋]赵良嗣《燕云奉使录》第5页,总105页。

④ 《金史》卷3《太宗本纪》,第47页。

⑤ 《金史》卷3《太宗本纪》,第48页。

论述这里有太宗控制宗翰权力的企图,这种企图很快被宗翰抵制住。次年,宗翰入京师朝太祖陵,借机"奏曰:'先皇帝时,山西、南京诸部汉官,军帅皆得承制除授。今南京皆循旧制,惟山西优以朝命。'诏曰:'一用先皇帝燕京所降诏敕从事,卿等度其勤力而迁授之。'"①太宗不能直接扼制宗翰,转而扶植宗望制衡宗翰的权力,制衡的结果使贵族政治二元化,即:"东朝廷"与"西朝廷"并立。

太宗时,东、西朝廷的出现可以看作是区域性军政活动的需要,但是,从事态的发展来看,军政活动的需要并不是第一位的,天会五年(1127),宗望薨。六年,刘彦宗薨。在宗辅接宗望任右副元帅的情况下,宗翰并燕京枢密院于西京,其专权意向暴露无遗,这也说明"东朝廷"的存在确实影响了宗翰的专权,太宗利用宗望制衡宗翰是奏效的。宗翰不愿意让"东朝廷"继续存在,也就说明东、西朝廷并存是有矛盾的,两者之间的矛盾正是太宗扶植宗望的目的和结果。宗翰对"东朝廷"的态度,也是他对所有可能与其分权者的态度。

继宗望分权之后,挞懒的势力在山东有崛起的势头。挞懒又名完颜昌,穆宗盈哥之子,盈哥是阿骨打父亲的兄弟。挞懒参与伐辽,多有战功。宗翰、宗辅侵宋,挞懒主攻山东。天会六年(1128),挞懒攻济南,刘豫以济南府降,山东地区基本被挞懒控制。七年,金朝任刘豫为京东东、西路和淮南等路安抚使,知东平府兼诸路马步军都总管,节制河外诸军。其子刘麟知济南府。"挞懒以左监军镇抚之,大事专决焉"②。挞懒与刘豫的"主"与"仆"关系已经确立,迨朝廷议立藩辅如张邦昌者,挞懒极力举荐刘豫。挞懒占据山东后,有借立刘豫发展势力的企图,挞懒的企图与宗翰的专权相遇在刘豫的册立问题上。

关于册立刘豫,《金史·刘豫传》载:"挞懒为豫求封。"宗翰、宗辅为册立"帝位"而议:"既策为藩辅,称臣奉表,朝廷报谕诏命,避正位与使人抗礼,余礼并从帝者。"③《三朝北盟会编》一面说"挞懒尝有许豫僭逆之意",一面认为刘豫得立完全是高庆裔的活动,而且是高庆裔建言宗翰抢居"册立"之功。

---

① 《金史》卷74《宗翰传·赞》,第1695页。
② 《金史》卷77《挞懒传》,第1764页。
③ 《金史》卷77《刘豫传》,第1760页。

第二章 渤海人与女真人的互相认同

张汇《节要》曰:"先是虏中伪留守高庆裔献议于粘罕(宗翰)曰:'吾君举兵,止欲取两河,故汴京既得,而复立张邦昌,后以邦昌废逐,故再有河南之役,方今河南州郡下之后,亦欲循邦昌故事。元帅可首建此议,无以恩归他人。'盖以金人自陷山东,挞懒久居滨潍(淮),刘豫以相近,奉之尤喜,挞懒尝有许豫僭逆之意,庆裔粘罕腹心也,恐为挞懒所先,遂遽建议,务欲功归粘罕。"①

宋方史料揣测高庆裔在册立刘豫事件中的地位,依宋人的态度,仿佛高庆裔搅动了宗翰与挞懒之间的矛盾。在刘豫的"册立"问题上关涉到高庆裔的评价,也就是说,一个文士在金初复杂的政治环境中,是他制造了政治矛盾,还是他陷入了充满矛盾的政治漩涡?

对于认识高庆裔在刘豫"册立"中的作用,金、宋史料是可以互为补充的。分析宋、金史料的首要问题是认清"册立"的主持者,主持"册立"活动的当是宗翰的元帅府。首先,太宗闻张邦昌死,命左、右副元帅合兵伐宋,并有诏曰:"俟宋平,当援立藩辅,以镇南服,如张邦昌者。"②也就是说,金朝此时伐宋的目的之一就是"援立藩辅"。其次,天会八年(1130)七月,帅府召集一次诸将的集会,会议的主要议题是娄室征战陕西不利,且"倦于兵"③。所以,帅府会诸将议曰:"兵威非不足,绥怀之道有所未尽。诚得位望隆重、恩威兼济者以往,可指日而定。若以皇子右副元帅宗辅往,为宜。"④遣宗辅往陕西之事在《金史·宗弼传》中载,"宗弼渡江北还,遂从宗辅定陕西"⑤。可知宗弼参加了这次集会,从宗弼身上可知集会的另一个议题就是"援立藩辅"。《金史·刘豫传》载:"宗弼北还,乃议更立其人。众议折可求、刘豫皆可立,而豫亦有心。挞懒为豫求封。"⑥挞懒举荐的是刘豫,娄室举荐的是折可求。有说宗弼也举荐一人,是为杜充⑦。在诸将会议上,援立藩辅的候选人有刘豫、杜充、折可求,三人的取舍最后由元帅府

---

① [宋]徐梦莘:《三朝北盟会编》卷141《炎兴下帙四十一》,引[宋]张汇《金虏节要》第5页,总1027页。
② 《金史》卷77《刘豫传》,第1760页。
③ 《金史》卷3《太宗本纪》,第62页。
④ 《金史》卷3《太宗本纪》,第62页。
⑤ 《金史》卷77《宗弼传》,第1753页。
⑥ 《金史》卷77《刘豫传》,第1760页。
⑦ [宋]李心传:《建炎以来系年要录》卷31,第614页,"完颜宗弼遣人说充,许以中原地封之,如张邦昌故事,充遂降"。

定夺,接下来就是《三朝北盟会编》记载的元帅府派高庆裔操办"册立"的过程。

宗翰同意册立刘豫是权衡利弊的结果,其中不能没有高庆裔的谋划。宗翰在刘豫、杜充、折可求三个候选人中认可刘豫是有客观原因的,折可求以麟、府、丰三州,及堡寨九,降于娄室。适时陕西仅部分被金占领,折可求没有地盘,"册立"折可求对宗翰实力的扩大没有什么好处。杜充也是这样,虽为宋副元帅,但没有自己的地盘。相反,刘豫"知东平府,节制河南州郡"①。其子麟知济南府。从主观上讲,在山东、河南建立刘豫政权对宗翰是有利的,一方面,刘豫政权不影响宗翰在西南、西北诸路的扩张与权力,而且,刘豫的地盘与宗翰所控制的领地能连成一片;另一方面,宗翰可以通过控制刘豫占据山东,打破挞懒据有山东的计划,扼制挞懒势力的发展。宗翰、挞懒等人都知道,册立自己属意的人建立傀儡政权,等于延伸了自己的势力,所以,宗翰摒弃了杜充、折可求不利于自己的候选人。《建炎以来系年要录》记载:"杜充自南京至云中,金左副元帅宗维(宗翰)薄其节,不之礼,久而命知相州。"②宋人说宗翰冷遇杜充是"薄其节",这完全是以宋人之心,度宗翰之腹,外加责难杜充不忠的下场。宗翰排斥杜充是针对宗弼,意在扼制宗弼的势力,诚如日人外山军治所言:"由此可以窥知金的诸将争权夺势的一端。他们为扩张自己的势力都想册立于己有利的汉人。"③

宗翰元帅府决定册立刘豫,令高庆裔具体运作其事,挞懒的举荐之功被宗翰、高庆裔的册立之功所覆盖。《金节要》记载:"盖以金人自陷山东,挞懒久居滨淮,刘豫以相近,奉之尤善,挞懒尝有许豫僭逆之意。庆裔乃粘罕腹心也,恐为挞懒所先,遂遽建议,务欲功归粘罕。粘罕从其说。遣庆裔自云中由燕山、河间越旧河之南,首至豫所隶景州,会吏民于州治,谕以求贤建国之意。郡人莫敢言之,皆曰:'愿听所举,某等不知贤者。'庆裔徐露意,以为刘豫。郡人迎合虏情,惧豫权势。又豫适景人也,故共戴之。庆裔喜曰:'尔与朝廷帅府之意正相合耳!'遂令列状举之。庆裔至德、博、东平,一依景州之例。既至东平,则分递诸郡,以取愿状。归至云中,具陈诸州郡共戴刘豫之意。及持诸吏民愿状于粘罕。复令庆裔驰问刘豫可否。豫阳

---

① 《宋史》卷25《高宗本纪》,第464页。
② [宋]李心传:《建炎以来系年要录》卷38,第730页。
③ [日]外山军治:《金朝史研究》,李东源译,黑龙江朝鲜民族出版社,1988年,第210页注⑪。

辞之,又且推前知太原张孝纯。庆裔归报粘罕。又遣庆裔谕豫曰:'戴尔者河南万姓,推孝纯惟尔一人,难以一人之情而阻万姓之愿。尔可就位,我当遣孝纯辅尔。'豫诺之。"①

高庆裔的具体活动大致如下:其一,利用刘豫所拥有的地利,大做"人和"的文章。宗翰遣高庆裔自云中由燕山、河间,至旧河以南刘豫节制的景州、德、博、东平等地,制造诸州郡共戴刘豫之愿状。所谓的吏民"共戴",表面上是寻张邦昌的"故例",实际上是完成了挞懒举荐之功到宗翰"册立"之功的转移。这样,尽人皆知是宗翰使刘豫当了"大齐"的皇帝。

其二,高庆裔与刘豫交换"册立"的条件。宗翰见"吏民愿状"后,"复令庆裔驰问刘豫可否",这一举动实在出乎寻常,前有张邦昌以死抵"僭立",金人不顾;后有张孝纯被高庆裔"押解"到"大齐"就职。而对刘豫却彬彬有礼,吏民愿状已呈递,再"问刘豫可否",根据前后事情的比较判断,一是不可能,二是别有用意。用意即是"遣孝纯辅尔"作为"册立"的条件。"遣孝纯辅尔"是宗翰要在刘豫政权内安插自己的势力,在张孝纯后面还有郑亿年、李邺等,张孝纯为尚书右丞相、郑亿年吏部侍郎、李邺知东平府。

其三,高庆裔衔天子之命,"备礼册命"刘豫。刘豫同意"遣孝纯辅尔"的条件,宗翰令完颜希尹驰报太宗,立刘豫为大齐皇帝。高庆裔为西京留守、特进、检校太保、尚书右仆射、大同尹兼山西兵马都部署、上柱国。韩昉为金紫崇禄大夫、尚书礼部侍郎、知制诰护军,"备礼册命"。诏曰:"今立豫为子皇帝,既为邻国之君,又为大朝之子,其见大朝使介,惟使者始见躬问起居与面辞有奏则立,其余并行皇帝礼。"②

刘豫"大齐"与张邦昌"大楚"政权的建立都是金朝维持对中原占领地的统治需要。金朝在十年间,疆域遽然扩展至黄河以南,没有统治汉地能力的女真人多方假手他人,让萧庆、刘彦宗等为政替女真人统治河南之地。建立"大楚""大齐"政权是假手他人统治的一种方式,是解决女真人崇尚武力扩张而又不谙治世矛盾的权宜之策,而且是朝廷上下一致认同的策略。太宗诏谕左、右副元帅:"援立藩辅,以镇南服。"③挞懒、宗弼、娄室都举荐

---

① [宋]张汇:《金虏节要》三卷,傅朗云辑注,载傅朗云编注《金史辑佚》,吉林文史出版社1990年,第57页。
② 《金史》卷77《刘豫传》,第1760页。
③ 《金史》卷77《刘豫传》,第1760页。

可立之人,宗翰主持"册立"事宜,高庆裔仅是为其奔走的政客。

刘豫政权是女真人藉此向中原统治方式的过渡,所以,政权的存废不是它有无"尺寸功"所决定的,也不是高庆裔所决定的。政权的傀儡性使之必仰女真权势者的鼻息,在宗翰当权、高庆裔用事的情况下,"豫每岁于二人厚有所献"是正常的,所谓蔑视其他酋长,是贵族间争权夺利的心理反应。这种不平衡的心理使他们抱怨:"我等冲冒矢石拓辟土地,皆为庆裔辈所卖矣。"①这种心理驱使挞懒等由举荐刘豫转向倒掉刘豫,并将其统治的领地出卖给南宋。

刘豫政权的废黜表面上看,是宗翰、高庆裔的失势,导致刘豫失去靠山所致,实际上是刘豫伪政权基本完成了自己的使命。具体表现:一方面是它存在的外部环境的消失,南宋政权基本稳固,金朝没有伐宋的力量与信心。天会八年(1130),宗弼自江南北还,已经意识到平灭南宋是不可能的。当宗翰再议伐宋事时,宗弼曰:"江南卑湿,今士马困惫,粮储未丰足,恐无成功。"②并与宗辅联手抵制宗翰伐宋主张,金朝将帅偃旗息鼓使刘豫失去"以镇南服"的外在环境;另一方面是内在环境的变化,即金朝由武力征服转向文治,内政逐步采用汉官制。天会四年(1126),始定官制,立尚书省以下诸司府寺。斜也、宗干"劝太宗改女直旧制,用汉官制度"③。十二年(1134),初改定制度,诏中外。金朝的历史进入转折时期,是年试进士的词赋试题为:"天下不可以马上治。"④科举试题是金朝政治的一面镜子,从中折射出金朝君臣思想的巨大转变。君臣意识到"天下不可以马上治",金朝的统治转向文治,伪齐政权作为侵略南宋的先锋已经没有存在价值。

金朝统治转向文治,崇尚武力的宗翰及其追随者高庆裔必然退出历史舞台,因女真人崇尚武力征服而存在的刘豫政权也失去了存在的价值,熙宗即位第三天,就向齐遣使告哀报即位,"诏齐自今称臣勿称子"⑤。后又

---

① [宋]徐梦莘:《三朝北盟会编》卷182《炎兴下帙八十二》,引[宋]张汇《金虏节要》第19页,总1323页。
② 《金史》卷77《刘豫传》,第1761页。
③ 《金史》卷78《韩企先传》,第1777页。
④ [宋]李心传:《建炎以来系年要录》卷81,第1341页,载:"今年本朝试进士,张炳文侍郎出天下不可以马上治赋,丞相问何意,张云:'事见前汉陆贾传。'丞相命以番书译贾传而读之,大喜,遂进张两官。"
⑤ 《金史》卷4《熙宗本纪》,第70页。

制诏"齐国与本朝军民相诉,关涉文移,署年止用天会"①。天会十五年(1137)九月,宋将郦琼引兵十万归齐,刘豫欲以此为资本继续伐宋,欲以战功延喘傀儡政权的寿命。宗干、宗磐等女真贵族已经意识到刘豫政权没有存在价值②,废黜没有存在价值的刘豫政权仅是时间问题。

四、高庆裔在贵族政治与皇权之间沉浮

宗翰功大、位高、权重,成为诸多矛盾的焦点。在女真贵族政治内部,宗翰既是完颜家族的成员,又是军功贵族,随着阿骨打、吴乞买家族地位的隆起,曾为国相的撒改家族地位呈没落的趋势,但宗翰恃军功与权柄极力地挽救颓势。由于宗翰极力垄断权力,在客观上,把贵族政治由分权共治变成了寡头独断的政治,宗翰的专权既为完颜宗族所不容,又与太宗末年稍有增长的皇权发生冲突。高庆裔作为宗翰的重要门人卿客无法逃避这种政治氛围,不可避免地与皇权相抵触,与诸贵族结怨。

宗翰以高庆裔为心腹,宗翰所作所为多离不开高庆裔的擘画。为稳定西京统治,高庆裔献"绳治"之策,高庆裔的建议确实很残酷,但对当时社会的稳定很奏效。

《建炎以来系年要录》记载:"宗维(宗翰)用大同尹高庆裔计,令窃盗赃一钱以上皆死,云中有一人拾遗钱于市,庆裔立斩之。……高庆裔又请诸路州郡置地牢,深三丈。分三隔,死囚居其下;徒流居其中;笞杖居其上。外起夹城,圆以重堑。宗维从而行之。宗维患百姓南归,及四方奸细入境,庆裔请禁诸路百姓,不得擅离本贯,欲出行则具人数行李,以告五保邻人,次百人长、巷长,次所司保明以申州府,方给番汉公据以行,市肆验之以鬻饮食,客舍验之以安止,至则缴之于官,回则易之以还,在路日限一舍,违限若不告而出者,决沙袋二百。仍不许全家出,及告出而转之他处。"③

高庆裔适应西京地区统治的需要,提出的多种举措为宗翰采纳,因此,

---

① 《金史》卷 77《刘豫传》,第 1761 页。
② [宋]熊克:《中兴小记》卷 20《起绍兴六年正月尽十二月》,商务印书馆,1936 年,第 236 页,宗磐认为"先主所以立豫者,欲豫辟疆保境,我得按兵息民也。自立之后,既不能自守,兵连祸结,愈无休时,今若从之,胜则豫获其利,败则我受其弊,况前年因豫乞兵,常不利于江上矣。今何可再从之"。
③ [宋]李心传:《建炎以来系年要录》卷 47,第 854 页。

《大金国志》说：宗翰"淫刑毒政，皆高庆裔教成之"①。金人统治的汉地反抗不断，要把动荡的社会短时间内安定下来，必须强化酷刑，高庆裔的建议是"顺应"形势，是形势造就了"淫刑毒政"。把宗翰实施"淫刑毒政"归罪高庆裔，虽然不尽客观，但还是道出了两者关系的密切。高庆裔与宗翰的密切关系使他的行为无法摆脱宗翰专权所营造的政治陷阱，即使是对金朝政治发展必要的举措，也往往因女真贵族之间权与利的纠缠，而失去积极意义。

天会十年(1132)，宗翰谕枢密院实施"磨勘法"，整顿文武官员出身、转官、冒滥问题，西京留守高庆裔主之。

金设"磨勘法"主要是仿宋制，是整肃官吏队伍的必要举措。金初官吏的任选比较混乱，在宗望所辖区域率先采用汉官之号②，天会二年(1124)，"蔡靖以燕山降。诏(刘)彦宗凡燕京一品以下官皆承制注授"③。三年，以南京降者张忠嗣权签南京中书枢密院事。这种随时随地任选官员的方式，必然导致文武官员出身迁秩冒滥。迨燕京枢密院并入西京，吏员品流更加混杂，官场风气不正更为严重，针对官场风气不正的社会问题，设磨勘法是必要的，有积极意义的④。但是，高庆裔代表宗翰的元帅府主持磨勘，无法超越排斥异己的政治环境，问题就变得更复杂了。因"出身迁秩冒滥"立磨勘格，"夺官爵者甚众"⑤，受磨勘者被夺官，并不以之为怪，张通古受磨勘夺官，当宗干"遣人谕之使自理。通古不肯，曰：'多士皆去，而己何心，独求用哉！'"⑥赵元因"尝仕宣和者皆除名籍"⑦，亦在磨勘中。因磨勘而精简官员，"多士皆去"是正常的事。但其中掺入女真贵族之间的权力之争，问题就复杂化了。受磨勘的当事人张通古、赵元等多默认被夺官，问题出在他们背后的女真贵族身上，宗干、宗弼等人是磨勘法的真正抵触者，他们感到

---

① ［宋］宇文懋昭：《大金国志》卷27《粘罕传》，第380页。
② 《金史》卷3《太宗本纪》第49页，载：天会二年(1124)，诏命"凡南京留守及诸阙员，可选勋贤有人望者就注拟之，具姓名官阶以闻"。
③ 《金史》卷78《刘彦宗传》，第1770页。
④ 邓小南：《北宋文官磨勘制度初探》，《历史研究》1986年第6期，作者认为"磨勘法之正式形成，是在宋真宗咸平年间"。
⑤ ［宋］李心传：《建炎以来系年要录》卷52，第927页，"左副元帅宗维(翰)谕枢密院磨勘文武官出身迁秩冒滥，命西京留守高庆裔参主之，夺官爵者甚众"。
⑥ 《金史》卷83《张通古传》，第1859—1860页。
⑦ 《金史》卷90《赵元传》，第1993页。

磨勘削弱了他们的势力,张通古是宗干手下的人,所以,宗干为之"论理",得再除中京副留守。

高庆裔主持磨勘是官方行为,纵使其中有一己私利,也有合法的外衣保护。宗干为张通古谋官,则是赤裸裸的个人行为,维护个人利益是明显的,只因为张通古有才能、有政绩,所以,他受磨勘夺官的事以另一种面孔记载下来。从这则史料反观宗干为其谋官的行为,宗干以保护人才的名誉掩盖了他维护自己势力的用意,而高庆裔夺张通古官爵的行为则被置于因排斥异己而打击人才的位置上,磨勘法也被定格在这样的位置上。后来研究者多从否定磨勘法的角度看问题。"推行磨勘法,对辽、宋政权的降金旧官进行资格与能力的考核,实际是打击东路军所用的汉族官吏,结果才如赵元、张通古等皆在磨勘之中,使东路军所招降和使用的大批汉官被排斥而去"①。张通古的遭遇被看作"多士皆去"的代表,因此"多士皆去"是不合理的,是磨勘之过,磨勘法的积极意义就这样被否定掉了。历史研究停滞在解释文字资料的层面,不利于社会问题的深入认识,文字资料的背后还告诉我们,当时的完颜宗室大臣都在培植自己的势力,宗干保护、后来重用张通古是很说明问题的,宗干当时有权力,是能成功地保护自己势力圈的人。还有权力不济、想保护自己的势力而不能的人,宗弼对赵元就是这样。赵元被磨勘后,若干年不仕,迨宗弼掌权行省,"选名士十余人备官属,元在选中,授行兵部郎中。……在行台凡十年,吏事明敏,宗弼深知之,行台或有事上相府,宗弼必问'曾经赵元未也?'其见重如此"②。宗翰、宗干、宗弼都在树立党羽,不同的是宗翰独揽大权,成为矛盾的焦点,而张通古、赵元的才干与政绩给他们的主子增光添彩,掩盖了女真贵族对磨勘法的破坏。磨勘法对于金朝来说,也是一项新政,在宗室贵族权力之争的挤兑中,磨勘法越来越偏离它的初衷。此后,金朝"官无磨勘之法,每一任则转一

---

① 何俊哲、张达昌、于国石:《金朝史》第 161 页;另见张博泉等著《金史论稿》第 2 卷,第 38 页,张博泉先生认为:"通过磨勘等办法排斥和打击异己分子,这是宗翰一派并在燕京枢密院后所采取的重要组织措施。"程妮娜先生认为:高庆裔"秉承宗翰的旨意在枢密院行磨勘法,排斥异己,以巩固宗翰在中原的统治地位"。见程妮娜《论金代的三省制度》,《社会科学辑刊》1998 年第 6 期。
② 《金史》卷 90《赵元传》,第 1994 页。

官"①,官吏无所惮忌。"以二十五月为任,将满,即改除,并不待阙"②。金朝官吏无磨勘制度的制约,其危害已超越了官吏本身的诸多弊病,弥漫到社会政治的各个角落,直接腐蚀皇权。

磨勘法的主持者不论是谁,都难以超越这种权力之争的怪圈、漩涡,况且高庆裔本人又置身不正的官风之中。高庆裔摄院事,官员多阿意事之,"无敢忤其意者"③。高庆裔是不正官风的受用者,行磨勘法难以自救自赎。高庆裔为整顿金初的吏治而推行的磨勘法,因诸贵族的权力之争导致高庆裔与磨勘法的价值只体现在宗翰的利益中。

宗翰权力的集中打破了贵族政治民主共治的体制,通过册立刘豫,抑制挞懒势力的发展。实施磨勘法又削弱了宗弼、宗干等人的势力。宗翰垄断权力与太宗末年皇权的增长发生冲突,宗翰联合宗干、完颜希尹等扼制太宗立宗磐为储嗣的企图,迫使太宗立完颜亶(太祖嫡孙)为谙班勃极烈。

熙宗初年,宗翰恃拥立之功再擅权于朝堂,熙宗即位三个月[天会十三年(1135)三月],宗翰率先讨封,以国论右勃极烈、都元帅进封太保,领三省事,封晋国王。独领三省大权,位在宗磐、宗干之上。十一月,援引其党羽入朝,元帅左监军完颜希尹为尚书左丞相兼侍中,太子少保高庆裔为左丞,平阳尹萧庆为右丞。宗翰集团独揽大权迫使宗干与宗磐联合,结果便出现以太保宗翰、太师宗磐、太傅宗干并领三省事的局面。这是天会十四年(1136)三月的事。

宗磐积怨于宗翰是因其不得立,宗翰功高,又持"铁券",宗磐不能奈之何,宗磐对宗翰致命的一击是治高庆裔死罪,"宗磐欲挫尼雅满(宗翰),伺庆裔以脏败,下之大理寺狱"④。高庆裔下狱是因为宗翰与宗磐等贵族的争权而导致矛盾激化被殃及,宗翰知道高庆裔因他被罪,"乞免官为庶人,以赎其罪"⑤。熙宗受制于宗磐、宗干,不可能从宗翰所请。高庆裔成了宗翰政治没落的殉葬者。

---

① [宋]李心传:《建炎以来系年要录》卷84,第1388页。
② [宋]洪皓:《松漠纪闻》(补遗),李澍田主编《长白丛书》初集,吉林文史出版社,1986年,第52页。
③ 《金史》卷105《任熊祥传》,第2310页。
④ [宋]熊克:《中兴小记》卷21《起绍兴七年正月尽六月》,第249页。
⑤ [宋]熊克:《中兴小记》卷21《起绍兴七年正月尽六月》,第249页。

小　结

女真立国,社会发展的方向尚在探索中。适应社会的需要,杨朴"献策",劝阿骨打称帝、建国。阿骨打称帝在女真人的贵族政治、诸勃极烈平等议事的社会植入皇权,皇权作为一种异质的政治因素,从外部引发贵族政治解体。杨朴从书本上移植来的理论对女真社会有适用的,也有不适用的,但毕竟给女真社会的发展提供了一种新的理论。相反,高庆裔用实际行动支持、维护宗翰独裁的贵族政治,支持宗翰垄断权力,把女真贵族民主政治推向贵族"寡头"政治,从内部瓦解了女真贵族政治。如果再向前发展,很可能出现宗翰"摄政"的局面。当初,宗翰认可完颜亶为"谙班勃极烈",即是看重他年幼,易于控制,甚至可能有取而代之的想法。

《大金国志》记载:"庆裔临刑,粘罕哭别之。庆裔曰:'我公早听某言,事岂至于今日?某今死耳,我公其善保之。'以此庆裔尝教粘罕之反也,明矣。"①

所谓谋反,无外乎就是当皇帝,就是从独裁者转变为皇帝,宗翰的专权已经显露出这种端倪。这也是金初女真社会发展道路的另一种选择。

杨朴和高庆裔推动金朝政治的目标是一致的,只是宗翰的"独裁"引发了贵族间权力的争夺,贵族民主议事固有的权力平衡被打破,加剧了贵族政治从内部的没落。一面是贵族之间的争权,一面是宗翰"独裁"政治陷于"四面楚歌",熙宗皇权在贵族争权的夹缝间得到一线增长的机会。杨朴与高庆裔从不同的出发点推动或者影响了皇权政治的发展,贵族之间、贵族与皇权之间的政治纠葛,又使杨朴、高庆裔等的政治境遇同样沦落。

除杨朴、高庆裔外,渤海文士王政、高桢等对金朝政治也有不同的影响。王政,辰州熊岳人也。其先仕渤海及辽,自称汉人。"高永昌据辽东,知政材略,欲用之。政度其无成,辞谢不就。永昌败,渤海人争缚永昌以为功,政独逡巡引退"②。王政的"逡巡引退"与渤海人"争缚永昌以为功"形成对比,"东京人恩胜奴、仙哥等,执永昌妻子以城降"③。王政以"义行"感

---

① [宋]宇文懋昭:《大金国志》卷9《熙宗孝成皇帝》,第140页。
② 《金史》卷128《王政传》,第2760页。
③ 《金史》卷71《斡鲁传》,第1633页。

动了女真贵族,授卢州渤海军谋克。王政曾为新降滑州安抚使,采取安抚政策。"民多以饥为盗,坐系。政皆释之,发仓廪以赈贫乏,于是州民皆悦,不复叛。傍郡闻之,亦多降者"①。王政施仁政于民,既惠于民,也惠于国。

高桢,渤海人。叛离高永昌归降斡鲁,指陈高永昌伪降,以此为功,"遂以桢同知东京留守事,授猛安"②。高桢以"绳治"著称。为御史大夫,"为政尚猛,虽小过,有杖而杀之者"③。"绳治无所避,权贵惮其威严"④,民亦害其威。王政的"仁政"重于惠民,高桢的"绳治"重于惠王。渤海文士不同的政治取向正是金朝初年多种社会制度并存的反映。

灭辽荡宋后,在金朝辖域内,多种社会制度并存。女真故地处于氏族社会解体阶段,阿骨打立国,实际上是高级部落联盟的发展,或言"酋邦",先是完颜部周围的部落或因被征服而加入联盟,或是看到阿骨打反辽初步胜利,汇入反辽的大军中,阿骨打也曾号召渤海和辽统治下的熟女真加入反辽阵营,阿骨打任命加入联盟的诸部落的头目为猛安、谋克,无论女真、渤海、汉人均授此职。猛安、谋克是军事首领,适应战时军事联盟的需要。同时,诸勃极烈平等议事也是适应酋邦政治的需要。迨占有辽地,南部燕云之地是比较成熟的皇权专制的制度,北部尚处于氏族部落阶段,辽朝以属国、属部的方式统之,契丹人对北部诸蕃统治的实质还是联盟,甚至不断用武力镇抚,女真诸部也居于属国属部之列,阿骨打初叛辽朝,与其他诸部的叛乱是一样的,只不过阿骨打拥有一定优势。首先占有"天时",辽天祚帝时期,对诸部的压迫更加惨烈,属国属部的反叛如箭在弦;其次占有"地利",完颜部所居之地远离辽朝的控制,又能代替辽朝统治生女真,镇抚五国部;再次营造"人和"形势,完颜部介于生女真、五国部、东海女真之间,通过几代人的征讨、招抚,完颜部在联盟中的地位日渐巩固。这些条件让阿骨打的反叛之路走得更远,更彻底,直至灭掉辽朝。灭亡北宋,占有部分宋地(淮河、秦岭以北),在女真人占领区又有发达的集权、专制的制度。多种制度的选择与统一有待于文士的进一步推动。

---

① 《金史》卷128《王政传》,第2760页。
② 《金史》卷84《高桢传》,第1889页。
③ 《金史》卷45《刑志》,第1018页。
④ 《金史》卷90《马讽传》,第1998页。

第三章 燕云文士对金朝政治的认同

灭辽后,女真政权出现更多民族、族群联合的趋势,金朝历史进入新的发展时期。金朝发展面临三种取向的选择:一是女真社会自然向前发展的取向,即部落联合的酋邦制度的充分发展,酋长为军事首领,军事首领在征战中扩大权力,成长为独裁者,建立军事首领独裁的中央集权;二是采用辽朝的南北面官制,"以国制治契丹,以汉制待汉人"①。北面官与南面官并存;三是引入宋朝的社会制度,使金朝政治出现所谓"封建化"的取向。在女真社会由部族向国家跨进的过程中,燕云文士的政治使命表现为:一方面,要适应女真社会的现状求得生存;另一方面,要把他们在辽朝实践过的、适应中原社会和他们自身发展需要的社会制度引进到金朝政权中。不论是认同金朝政治,还是推动金朝政治,都以保全自身的生存为前提。燕云地区的文士弃辽仕金的态度多是主动的,他们弥缝金朝女真贵族在文治上的缺漏,有效地安抚了新占领的辽、宋故地,取得了女真统治者的信任,并得到重用。

第一节 燕云文士政治认同的同一性

女真人进入燕云地区后,金朝社会发展的大方向日渐明确,中原王朝的社会制度已是女真社会发展的必然选择。适时入仕金朝的燕云文士,他们政治使命的同一性具体表现在:一是弥补女真贵族不谙文治的缺失;二是把皇权专制的制度引入金朝。燕云文士不可或缺的位置与其积极入仕的态度,很快取得女真贵族的信任,且多官居枢要。

一、燕云文士多主动归降

燕云十六州归辽始于后晋。后晋是后唐河东节度使石敬瑭叛唐僭立,

---

① 《辽史》卷45《百官志》,第685页。

以割地、纳贡、称臣为条件，请求辽太宗援助灭掉后唐。辽会同元年(938)，石敬瑭建立后晋，向辽朝称儿皇帝，并把燕云十六州割让给辽。辽大同元年(947)，太宗灭后晋，采用"因俗而治"的统治政策，"以国制治契丹，以汉制待汉人"。在燕云及后晋故地设置"南面官"，沿袭唐制，设枢密院、中书省等汉官机构。官员多用汉人，"自公卿翰苑州县等官，无非汉儿学诵书识字者"①。辽朝统治者假手于汉族文士"治汉人州县、租赋、军马之事"，不失为上策，他们既有控制汉人官吏的大权，又可以坐收租赋。但契丹统治者抱守民族偏见，汉人官吏用而见疑、见欺，对辽朝难尽匹夫之责。所以，当阿骨打兵临城下，燕云文士纷纷倒戈。

燕云文士在弃辽与仕金之间转变得很快，他们与辽朝的政治隔阂是他们主动归降金朝的内在因素，内在因素要通过外在因素发挥作用，阿骨打对燕云文士实施招降政策就是外在因素。天辅六年(1122)十一月，诏谕燕京官民："王师所至，降者赦其罪，官皆仍旧。"②"官皆仍旧"直接促进了左企弓等燕云文士的归降。

《金史·太祖本纪》载："(天辅六年)十二月，辽知枢密院左企弓、虞仲文，枢密使曹勇义，副使张彦忠，参知政事康公弼，金书刘彦宗奉表降。辛卯，辽百官诣军门叩头请罪，诏一切释之。壬辰，上御德胜殿，群臣称贺。甲午，命左企弓等抚定燕京诸州县。"

"(七年正月)甲子，辽平州节度使时立爱降。诏曲赦平州。"

"(七年)二月乙酉朔，命撒八诏谕兴中府，降之。辽来州节度使田颢、隰州刺史杜师回、迁州刺史高永福、润州刺史张成皆降。"③

主动归降的左企弓、刘彦宗等人或"官皆仍旧"，或委任"抚定燕京诸州县"。他们多受到阿骨打的重用与信任。左企弓等奉表降，"太祖俾复旧职，皆受金牌。企弓守太傅、中书令，仲文枢密使、侍中、秦国公，勇义以旧官守司空，公弼同中书门下平章事、枢密副使权知院事、签中书省、封陈国公"④。刘彦宗归降时，"太祖一见，器遇之，俾复旧，迁左仆射，佩金牌"⑤。

---

① [宋]徐梦莘：《三朝北盟会编》卷19《政宣上帙十九》，引[宋]蔡絛《北征纪实》第9页，总137页。
② 《金史》卷2《太祖本纪》，第39页。
③ 《金史》卷2《太祖本纪》，第39—40页。
④ 《金史》卷75《左企弓传》，第1724页。
⑤ 《金史》卷78《刘彦宗传》，第1769页。

燕云文士主动归降与金朝统治者招降纳叛的政策相呼应,女真需要文士经世治民,文士对契丹统治的失望使他们与金朝确立了比较稳固的政治合作关系。

二、张觉叛金归宋,燕云文士民族认同的拷问

平、滦、营三州之地留归金人,改平州为南京,任命辽朝归降的张觉为南京留守。不久,张觉背叛金国。《金史》记载:"张觉亦书作珏,平州义丰人也。在辽第进士,仕至辽兴军节度副使。太祖定燕京,时立爱以平州降,当时宋人以海上之盟求燕京及西京地,太祖以燕京、涿、易、檀、顺、景、蓟与之。平州自入契丹别为一军,故弗与,而以平州为南京,觉为留守。……天辅七年(1123)五月,左企弓、虞仲文、曹勇义、康公弼赴广宁。过平州。觉使人杀之于栗林下,遂据南京叛入于宋,宋人纳之。"①

张觉叛乱对燕云文士是生死的考验。

《金史》记载时立爱、李瞻等对金朝的忠贞,"新城入于宋。宋累诏立爱,立爱见宋政日坏,不肯起,戒其宗族不得求仕。及宗望再取燕山,立爱诣幕府上谒,拜同中书门下平章事,任其子侄数人"②。

又载:"李瞻,蓟州玉田人。辽天庆二年(1112)进士,为平州望云令。张觉据平州叛,以瞻从事。宗望复平州,觉亡去,城中复叛,瞻逾城出降,其子不能出,为贼所害。宋王宗望嘉之,承制以为兴平府判官。"③张觉的背叛并没有影响金朝对燕云文士的信任,宗望再定燕京,"诏(刘)彦宗凡燕京一品以下官皆承制注授"④。燕云文士在政治上的向背支持并鼓舞了女真贵族对燕京等地的再占领和再次南下攻宋。

三、燕云文士以保境安民为己任

燕京诸州县叛服不定,适时,调整女真贵族的统治政策,调解女真人与燕云士庶的关系非常重要。女真人占领燕云地区后,没有稳定、有效的安抚士庶的办法,燕云文士主动站出来以保境安民为己任,在推行"安抚"政

---

① 《金史》卷133《张觉传》,第2843—2844页。
② 《金史》卷78《时立爱传》,第1776页。
③ 《金史》卷128《循吏传》,第2762页。
④ 《金史》卷78《刘彦宗传》,第1770页。

策中,发挥了重要作用。一面稳定民情,一面敦促太祖阿骨打彻底执行安抚政策。

《金史·时立爱传》记载时立爱奉表称降后,"先使人来送款曰:'民情愚执,不即顺从,愿降宽恩,以慰反侧。'诏曰:'朕亲巡西土,底定全燕,号令所加,城邑皆下。爱嘉忠款,特示优恩,应在彼大小官员可皆充旧职,诸囚禁配隶并从释免。'于是,辽帝尚在天德,平州虽降,民心未固。奚王回离保军所在保聚,蓟州已降复叛。民间流言谓:'金人所下城邑,始则存抚,后则俘掠。'时立爱虽开谕而不肯信,乃上表:'乞下明诏,遣官分行郡邑,宣谕德义。他日兵临于宋,顺则抚之,逆则讨之,兵不劳而天下定矣。'上览表嘉之,诏答曰:'卿始率吏民归附,复条利害,悉合朕意,嘉叹不忘。山西部族缘辽主未获,恐阴相连结,故迁处于岭东。西京人民既无异望,皆按堵如故。或有将卒贪悍,冒犯纪律,辄掠降人者。已谕诸部及军帅,约束兵士,秋毫有犯,必刑无赦。今遣斡罗、阿里等为卿副贰,以抚斯民,其告谕所部,使知朕意。'"①

时立爱上书切中时弊。当时,各州郡民情不稳,降而复叛,其主要有两方面原因:一是辽朝君臣尚在顽抗,民人观望形势,以致表现出"民心未固";二是所谓民间流言,"金人所下城邑,始则存抚,后则俘掠"。"流言"中一定有真实成分,而且,金人的"俘掠"是导致各州郡复叛的主要原因,这也是时立爱乞请阿骨打下"明诏"的原因。阿骨打答复时立爱的诏书有言:"或有将卒贪悍,冒犯纪律,辄掠降人者。已谕诸部及军帅,约束兵士,秋毫有犯,必刑无赦。""诏书"恰恰说明"民间流言"的不诬。时立爱等汉官体察民情,敦促女真人出台安民政策,对不谙中原事事的女真统治者大有裨益,当然,真正受益者是黎民百姓。

女真初入中原,在汉人居住地推行其固有的猛安谋克制,可文士不愿为猛安谋克之官,促使金朝行汉官之制。据载:"天会二年(1124),平州既平,宗望恐风俗揉杂,民情弗便,乃罢是制。诸部降人但置长吏,以下从汉官之号。"②为得汉士充任汉官,"以辑新附",金朝于天会初年开科取士,解决州县官吏短缺的问题。同时,也起到收拢人心、稳定局势的作用。金朝

---

① 《金史》卷78《时立爱传》,第1776页。
② 《金史》卷44《兵志》,第993页。

统治政策大幅度地调整,开科取士与刘彦宗等燕云文士不无关系。天会二年(1124)三月,"宗望以南京反覆,凡攻取之计,乞与知枢密院事刘彦宗裁决之"①。燕云归降的汉官既知民情,又能根据民情,推动女真统治者调整统治政策。左企弓推动金朝蹈袭辽南院之旧,行枢密院于广宁。为不促使张觉遽叛,只身赴广宁任,被张觉所害。左企弓是燕云文士中为民请命者之一。

四、燕云文士推动女真贵族转变观念

进入燕云地区后,女真贵族固有的思想观念明显地不适应新形势的需要。转变女真贵族的思想观念是金朝社会向前发展的需要,也是女真社会向前发展的必要条件。燕云文士顺应形势的需要,推动女真贵族转变观念,铺设民族认同之路,民族认同之路既是为女真人铺设的,也是为文士自己铺设的。

女真人以武力征服燕云地区,但最终他们无法跳出被征服者先进的制度文化,可问题是女真贵族本身没有认同先进制度文化的能力,而先进的制度文化本身不能完成对这些武力的征服者的文化"征服",女真人认同中原的制度文化需要媒介,需要燕云文士执行文化征服。

女真人后进的制度文化、思想观念难以与中原的制度文化直接接轨。阿骨打刚进入燕京,"燕人乃备仪物以迎之,其始至于燕之大内也。阿骨打与其臣数人皆握拳坐于殿之户限上,受燕人之降。且尚询黄盖有若干柄,意欲与其群臣皆张之,中国传以为笑"②。在中原礼仪制度中,"黄盖"是至尊的象征,标志的是皇权至上的等第,阿骨打虽然称了皇帝,但君臣等第观念尚未建立起来,诸勃极烈民主共治的思想导致阿骨打要把象征皇权的"黄盖"与"群臣皆张之"。阿骨打用女真人固有的思想观念衡量中原的礼仪制度,难免"中国传以为笑"。同时也说明女真统治者与中原的社会制度文化存在相当大的距离,这在女真统治者身上具体表现为:一是固执己见,阿骨打欲将燕京、西京等地与宋,左企弓进言:"君王莫听捐燕议,一寸山河

---

① 《金史》卷3《太宗本纪》,第50页。
② [宋]徐梦莘:《三朝北盟会编》卷12《政宣上帙十二》,引[宋]蔡絛《北征纪实》第7页,总86页。

一寸金。"①阿骨打不听,执意践约;二是排拒中原文化,天会六年(1122)至七年(1123),宗翰欲彻底征服宋朝遗民,用女真人的服饰文化强行地同化汉人,《建炎以来系年要录》记载:"金元帅府禁民汉服,又下令髡发,不如式者杀之。"②不论是阿骨打的固执己见,还是宗翰对中原文化的排拒,其根源在于他们的观念不能适应新形势的需要。

女真贵族转变观念是一个渐进的历史过程,燕云文士在这个历史过程中不可或缺,没有他们的引领,女真贵族无法在短时间内接受汉文化。女真贵族能接受汉文化,文士进言的角度往往非常重要。天会三年(1125),刘彦宗为说服宗翰、宗望,保护中原典籍文化,曾以古讽今地建言,"萧何入关,秋毫无犯,惟收图籍。辽太宗入汴,载路车、法服、石经以归,皆令则也"③。宗翰、宗望接受刘彦宗的谏言,不是他们真正认同中原文化、爱护典籍,而是刘彦宗的进言引经据典,先树立一个榜样对他们形成压力,迫使他们不得不效仿、认同。

没有文士的引导、匡正,女真贵族的思想、行为则是另一种景象。天会十年(1132),宗翰在白水泊试举人,虐骂应试老者。据《大金国志》载:"初开试日,粘罕立马场中,呼举人年老者,意谓免试,争走马前跪之。粘罕以鞭指挥,令译者报:'尔无力老奴,何来应试?尔等若有文章,何不及第少年?尔等今苟得官,自知年老近死,向去不远,必取赇以为身后计,行乐以少酬晚景,安有补于国?又闻尔等之来,往往非为己计,多有图财假手后进者。如此,则我所取老者、少者,皆非其人也。我欲杀尔等,又以罪未著白,复欲逐尔等,亦念尔等远来,故权令尔等终场,当小心以报国,不然苟有所犯,必杀无赦!'于是诸生伏地叩头,愧恐而去。……故少年有作赋讥者,其略云:'草地就试,举场不公,北榜既出于外,南人不预其中。'由是士子之心失矣。"④

《大金国志》所记此事,虽富有戏剧性,但反映了女真人的本真思想,很符合女真人"贵壮贱老"的文化心理,也与宗翰跋扈的个性相符,其事可信其有。宗翰对应试举人的辱骂行为,有人说是"对中原文化和宋人采取敌

---

① 《金史》卷75《左企弓传》,第1724页。
② [宋]李心传:《建炎以来系年要录》卷28,第560页。
③ 《金史》卷78《刘彦宗传》,第1770页。
④ [宋]宇文懋昭:《大金国志》卷7《太宗文烈皇帝》,第115—116页。

第三章　燕云文士对金朝政治的认同

视态度"①。要说"敌视",可区分为有意识的敌视和无意识的敌视,宗翰表现出来的"敌视"态度是无意识的、不自觉的,仅是历史的一种表象,表象的后面是问题的本质。也就是说,女真人不能真正认同中原文化,不能真正认同科举制度的价值,老者的文章与少年文章有不同的价值,老者的社会阅历广博、经验丰富,这是重视经验积累的农业社会"敬老"的出发点。宗翰用女真人的"贵壮贱老"的观念解构了科举制度的价值内核,宗翰羞辱科场应试者的行为代表的是多数女真人的思想水平,女真人开科取士不是认同科举制度,而是利用,利用科举选出可利用之人。女真人对科举应试老者的辱骂也表明燕云文士民族认同之路的艰难。

宗翰的行为代表了部分女真贵族的思想观念,受女真习俗观念支配的统治行为与社会发展的大方向多有悖离,改变女真贵族的思想观念是社会发展的需要。燕云文士就是在努力适应女真社会的前提下,推动女真社会向前发展的,无怪宋人认为:"金人其后自大,皆燕人用事者及中国若良嗣辈教之。"②燕云文士将新政权的兴衰与个人的前途命运联系在一起,以积极的态度对待新政权,以服务辽朝的经验和认同态度努力推动新政权的建设和发展。"燕人用事者"最为女真贵族承认的有左企弓、刘彦宗、时立爱、韩企先等。左企弓首知枢密院事,天辅七年(1123)五月,置枢密院于广宁,左企弓赴任不以兵护送,"殒身逆党";刘彦宗先用事于宗翰,后佐宗望。宗翰、宗望联兵伐宋,刘彦宗同中书门下平章事,知枢密院事,加侍中,佐宗望军。"凡州县之事委彦宗裁决之"③,并主事燕京建枢密院。尽管刘彦宗的权力很大,但金朝政坛的险象还是会缠身。

据《三朝北盟会编》记载:"金国渤海、汉儿、契丹等并差知州、通判、知县,场务官更有元帅府亦差除,即如外知州、知县差两处,朝廷差官,元帅府更差,即是三人互相争权,乞取财物乃至科钱物,供输皆出民间。有公事在官,先汉儿,次契丹方到金人。丁未冬,宰相刘彦宗差一人知燕山玉田县,国里朝廷亦差一人来交割,不得,含怒而归。无何,国里朝廷遣使命至燕

---

① 张博泉:《金史论稿》第 2 卷,第 37 页。
② [宋]徐梦莘:《三朝北盟会编》卷 12《政宣上帙十二》,引[宋]蔡絛《北征纪实》第 7 页,总 86 页。
③ 《金史》卷 78《刘彦宗传》,第 1770 页。

山,拘取刘彦宗,赐死。续遣一使来评议,彦宗各赂万缗乃已。"①

政出多门,任事者祸福旦夕,刘彦宗能化险为夷使用的是燕云文士的共性本领。天会六年(1128),刘彦宗以病卒,宗翰并枢密院于西京,韩企先为西京留守,与时立爱同掌枢密院事。

第二节 韩企先"隐于朝"②

韩企先(1081—1146),燕京人,先仕辽再仕金。秉承燕云文士被信任、重用的资本,在金初与其他燕云文士一样,被信任、重用,为相太宗、熙宗朝,几二十年。游刃于贵族政治与皇权政治之间,他既得到当权者宗翰、宗干的认可,又能服务于皇权。密谟显谏,不为人所知,隐于朝堂之上,他的隐者政治影响远及大定朝。人称"小尧舜"的金世宗称誉韩企先"前后汉人宰相无能及者"。韩企先仕金的具体经历代表了燕云文士民族认同道路的一般模式,与金初政治的互动以适应、迁就女真文化为主,在适应金朝政治形势的前提下,推动社会变革,而自身又不触犯女真贵族,并得到女真贵族的认可。

一、韩企先为宗翰的"门人客卿"

太宗朝,"以斜也、宗干知国政,以宗翰、宗望总戎事"③。宗望、斜也相继死去,出现宗干主内、宗翰主外的局面。宗翰的"外朝"主要谋士有时立爱、韩企先、高庆裔等。天会六年(1128),韩企先代替刘彦宗为西京留守。七年,同中书门下平章事,知枢密院事。八年,为尚书左仆射兼侍中。

在宗翰门下,但见韩企先屡屡升迁,独不见有关其政绩的记载。天会八年(1130),元帅府"册立"刘豫,韩企先不予其事;十年,元帅府以高庆裔主"磨勘法",企先仍不予其事。韩企先仅是宗翰的谋士,不露头的"密谋"者。韩企先作为谋士,"关决大政,与大臣谋议,不使外人知之"④。

---

① [宋]徐梦莘:《三朝北盟会编》卷98《靖康中帙七十三》,引[宋]赵子砥《燕云录》第13页,总725页。
② 李秀莲:《试论金初宰相韩企先与隐者政治》,《辽宁工程技术大学学报(社会科学版)》2009年第1期。
③ 《金史》卷3《太宗本纪·赞》,第66页。
④ 《金史》卷78《韩企先传》,第1778页。

韩企先隐于朝堂，首先是入乡随俗，女真人本来就有秘密议事的习俗。"凡谋事者，即预事，其有密谋也，各驰马于空迥无人之境，盘旋数刻而后返。若众议，则不以高下，皆环坐一室，画字为(于)灰，可否立定，不复闻语，其密如此"①。女真习于议事程序的秘密再加上宗翰的专制，门人客卿的策论建言都附着在宗翰的政治行为中。其次是韩企先有意识地回避矛盾，隐蔽自己达到保护自己的目的。太宗初年，宗翰与宗望、太宗争夺权力的矛盾已初现端倪。太宗在宗翰与宗望间权力倾斜是明显的，对宗翰，虽给以"便宜从事"之权，但仅限于"迁官除授"，对宗望，则大小之事，"无得专达朝廷"。扶宗望抑宗翰的态度十分明显。对此，宗翰心知肚明，故借朝太祖陵之机，要求掌握云中官吏除授权并分宗望之兵，后者被太宗阻止。宗翰与宗望等宗室大臣争权、与皇权对立的多元政治迫使燕云文士要么"一仆多主"，要么无所作为，要么隐蔽自己的作为。韩企先参与谋议，主观上不欲外人知其所为，客观上也达到了这样的效果。"韩企先入相两朝，几二十年，成功著业"，但"无人能知其功"。韩企先不欲外人知其所为，"与大臣谋议，不使外人知之"，主要是迫于这样政治环境的压力。

天会七年(1129)，韩企先同中书门下平章事，知枢密院事，功高权重，但他所作所为仍没留下任何记载，只能从刘彦宗知枢密院事所作所为间接地了解韩企先的职权范围。刘彦宗同中书门下平章事、知枢密院事时，曾亲自主考天会五年(1127)真定榜，关于真定榜进士试的时间有两说：一说是天会六年②，一说是天会四年③，合理的推断当在天会四年底，五年初。究其原因：第一，天会四年九月，宗望克真定，杀其守李邈。十一月，宗翰、宗望合围汴京。闰月辛酉，宋主桓出居青城。十二月癸亥，宋主桓降；第二，此榜策试题为"上皇无道、少帝失信"。在宋主降金前，刘彦宗不可能出此题，举人也不能冒犯大逆，"承风旨，极口诋毁"；第三，举子褚承亮"诣主文刘侍中(刘彦宗)曰：'君父之罪，岂臣子所得言耶？'长揖而出。刘为之动容"。五年正月乙未，刘彦宗上表，请复立赵氏。刘彦宗请立赵氏的举动是褚承亮影响的结果，也就是说，刘彦宗请立赵氏与真定进士试相去不远。

---

① [宋]李心传：《建炎以来系年要录》卷4，第89页。
② 《金史》卷127《褚承亮传》第2784页，载："天会六年，斡离不既破真定，拘籍境内进士试安国寺。"
③ 薛瑞兆：《金代科举》，中国社会科学出版社，2004年，第87页。

天会六年(1128),刘彦宗主考燕京榜进士试。这两次科举考试均遭遇亡宋举子的抵制。真定拘籍境内进士试安国寺,刘彦宗搜索举人赴燕京考试。韩企先继刘彦宗知枢密院事,必然要负责选授官吏、主持科举考试。天会七年进士试,开启"南北选"制度①,"是秋(天会七年,1129),金元帅府复试辽国及两河学人于蔚州。辽人试词赋,河北人试经义"②。韩企先知枢密院期间,应试的举子对金朝的抵触明显缓解,这种缓解有可能是时间的推移,抵触情绪自然减弱。再者就是人为努力的结果,以宋朝降臣张孝纯主文,在心理上,缓解宋朝遗民士子的抵触。八年(1130),韩企先为尚书左仆射兼侍中③。

韩企先在宗翰门下官居要职,出谋划策,屡有升迁。隐功保身是其顺应当时政治形势的需要所为,与之同僚于宗翰门下的时立爱也是这样。在太祖时代,时立爱献计献策,政绩斐然。太宗年间,时立爱辗转在宗望、宗翰之间,虽有幕后谋划,但屡屡"表求解机务"④,已表明其有厌倦政治之意。韩企先虽为卿相,也免不掉"走卒"的命运。

二、韩企先入朝立"难言"之功

天会十二年(1134)正月,朝廷"初改定制度,诏中外"⑤。以韩企先为尚书右丞相,召至上京。韩企先由"外朝"进入"内朝",由门人客卿转变为朝廷的大臣。韩企先进入朝廷表面上是"改定制度"的需要,实际上是带着宗翰的使命。所谓"改定制度"是宗翰与太宗、宗干等权力争斗的产物。早在天会四年(1126),"斜也(阿骨打幼弟)、宗干(阿骨打庶长子)当国,劝太宗改女直旧制,用汉官制度……立尚书省以下诸司、府、寺"⑥。斜也、宗干主张"用汉官制度"的目的是加强中央朝廷的权力,当时"东朝廷""西朝廷"瓜分了燕云地区的军政、民政权力,太宗朝廷仅剩下接受西夏、高丽朝贺,

---

① 《金史》卷51《选举志》,第1134页,载:"以辽宋之制不同,诏南北各因其素所习之业取士,号为南北选。"
② [清]毕沅:《续资治通鉴》卷106《高宗建炎三年》,中华书局,1957年,第2794页;另见[宋]熊克《中兴小记》卷6《起建炎三年四月尽八月》,第73页,所载略同。
③ 《金史》卷3《太宗本纪》,第61页,另见《金史》卷78《韩企先传》,第1777页,天会"七年,迁尚书左仆射兼侍中,封楚国公"。
④ 《金史》卷78《时立爱传》,第1776页。
⑤ 《金史》卷3《太宗本纪》,第65页。
⑥ 《金史》卷78《韩企先传》,第1777页。

或派遣使节等事宜,与南宋交涉重要事宜都决定于宗翰、高庆裔的元帅府。为与宗翰的"外朝"争权,于是,有"立尚书省以下诸司、府、寺"之举。

宗望、刘彦宗相继故去,东、西朝廷对峙的局面消失,太宗借"东朝廷"制衡"西朝廷"的局面也消失了。太宗、宗干主持的"内朝"与宗翰主持的"外朝"间的斗争日益明朗起来。天会十年(1132),元帅府主持"磨勘"官吏,宗干为其吏员张通古免受"磨勘"去官,与元帅府相争执。张通古任职宗干手下,天会四年(1126),初建尚书省,除工部侍郎,兼六部事①。张通古被"磨勘",显然是对宗干势力的削弱,所以,宗干跳出来为张通古"论理",并使之除中京副留守。针对张通古被"磨勘"除籍,宗干与元帅府相争,表现的是内朝与外朝的争执,实际上,还有宗干个人的利益在里面。

在内朝,太宗作为君,宗干作为臣,他们的利益并非总是一致的。当两者利益一致时,宗干则以维护皇权的身份出现,前面提到天会四年,宗干劝太宗改女真旧制,用汉官制度,立尚书省以下诸司、府、寺。在这里,采用汉官制度既能加强皇帝的权力,也能提升宗干的权力。但当宗干与太宗的利益相矛盾时,内朝与外朝的斗争就更加复杂了。

天会八年(1130),准备接替太宗为皇帝的谙班勃极烈斜也先太宗故去,谙班勃极烈的归属成为朝内、朝外宗室大臣争夺权力的焦点。围绕"建储"问题,宗室大臣之间,宗室大臣与皇权之间的冲突纠缠在一起。按女真旧俗,大位传递遵循兄终弟及辅以传子(嫡子)的规则。按此规则,太宗传位斜也,斜也再传位阿骨打子,阿骨打嫡子与斜也俱亡故,"旧俗"无法执行。对太宗来说,是变革"旧俗"的好时机,以是"太宗意久未决"②。

皇储立嫡与"旧俗"并存使"建储"的标准多元化。首先,依帝王立太子的标准,太宗当立嫡长子,"宗磐(太宗嫡长子)自以人主之元子,欲为储嗣"③。其次,太祖生前有约:"兄终弟及复归其子。"④太祖嫡子亡故,庶长子宗干亦争立。在妃嫔制度不健全的情况下,所谓的嫡庶之别不是非常严格的,至少在女真人的心目中是模糊的。海陵王、金世宗、卫绍王等都是庶出,即帝位后,或追封或追谥其母为后。在这样的心理支配下,宗干"言己

---

① 《金史》卷83《张通古传》,第1859页。
② 《金史》卷4《熙宗本纪》,第69页。
③ [宋]李心传:《建炎以来系年要录》卷84,第1387页。
④ [宋]李心传:《建炎以来系年要录》卷84,第1387页。

乃武元长子当立"①是有理由的。再次,女真社会又有"选贤与能"的习俗,当年,宗翰祖父失位(部落首领)于阿骨打之父②,即是选贤与能的结果,宗翰访求祖宗遗事,必知其事,所以,宗翰"言己于兄弟年长、功高当继其位"③。就立储事,宗磐、宗干、宗翰各有所本,相持不下,太宗不能决。有研究者认为,太宗建储之争"给金初历史发展以极大的影响,金代初年发生的许多重大事件都可以从中找出缘由来"④。天会十二年(1134),太宗以"改定制度,诏中外"⑤,也确实受皇储之争的影响。

朝廷"改定制度"需要人才,宗翰便借机安插党羽,将其亲近者苏保衡⑥、翟永固⑦、宇文虚中⑧荐于朝,扩张他在朝廷的势力。熙宗即位后,宗翰与宗磐、宗干的争权斗争更加激烈,宗翰调动其心腹高庆裔、萧庆入朝,分别为尚书左丞、尚书右丞,与尚书右丞相韩企先相配合。由此观之,宗翰派韩企先入朝的初衷也就露出真相。"太宗朝,罕(宗翰)之专权,主不能令,至于命相亦取决焉"⑨。《大金国志》记载:韩企先等"三人皆粘罕腹心,故不欲用之于外"⑩。这里显然是高估了熙宗"临朝端默"的力量,忽视了宗翰战略转移,争权于"内朝"的用心。

韩企先"博通经史,知前代故事",在宗翰幕府屡有谋划之功,再加上宗翰的举荐,使之很快闻达于朝廷。韩企先至上京,太宗甚惊异曰:"朕畴昔

---

① [宋]李心传:《建炎以来系年要录》卷84,第1387页。
② 《金史》卷1《世纪》,第7页,景祖曰:"劾者柔和,可治家务。劾里钵有器量智识,何事不成。劾孙亦柔善人耳。"劾者,即撒改父,宗翰祖父,因"柔和"不能当部长,部长由次子劾里钵担任,即阿骨打之祖父。
③ [宋]李心传:《建炎以来系年要录》卷84,第1387页。
④ 董四礼:《试论金天会十年的皇储之争》,《求是学刊》1989年第3期。
⑤ 《金史》卷3《太宗本纪》,第65页。
⑥ 《金史》卷89《苏保衡传》,第1973页,载:"苏保衡字宗尹,云中天成人。父京,辽进士,为西京留守。宗翰兵至西京,京出降。久之,京病笃,以保衡属宗翰。京死,宗翰荐之于朝。"
⑦ 《金史》卷89《翟永固传》,第1975页,载:"翟永固字仲坚,中都良乡人。……金破宋,永固北归。中天会六年词赋科,授怀安丞,迁望云令,补枢密院令史,辟左副元帅宗翰府掾。永固家贫,求外补,宗翰爱其能,不许,以钱三千贯周之,荐于朝,摄左司郎中。"
⑧ [宋]徐梦莘:《三朝北盟会编》卷163《炎兴下帙六十三》,引[宋]王绘《绍兴甲寅通和录》第4页,总1177页,载:虚中从天会六年至十二年一直在云中元帅府,"丞相(指宗翰)得宇文相公,直是喜欢。尝说道:'得汴京时欢喜尤不如得相公时欢喜。'"
⑨ [宋]宇文懋昭:《大金国志》卷27《粘罕传》,第380页。
⑩ [宋]宇文懋昭:《大金国志》卷9《熙宗孝成皇帝》,第138页。

尝梦此人,今果见之。"①太宗对韩企先寄予很大希望,任他为尚书右丞相,组织朝廷"议礼制度"。参与议礼制度的还有韩昉、宇文虚中等。

"改定制度"中,官制改革最为重要,也最为艰难。《建炎以来系年要录》记载:"初,金太宗晟尝下诏改正官名而未毕。"②"改定制度"正式开始于熙宗朝,始于勃极烈制度的废除。勃极烈平等议事制度的存在始终扼制皇权的增长,所以,废除勃极烈制度与皇权政治的发展休戚相关,为皇权的发展扫清障碍,为改定制度扫清障碍。

金初皇权与皇权政治的消长,勃极烈制度的存废是关键的环节,弄清楚勃极烈制度的废除与皇权增长的因果关系是首要问题,究竟是皇权的加强导致勃极烈制度的废除,还是勃极烈制度的消亡导致皇权统治得以加强,两者的关系需要辨析。

关于勃极烈制度的废除,学界主要有两种意见相争论。江应梁主编的《中国民族史》认为,勃极烈官制的废除是"在宗翰等人的支持下"进行的③,张博泉先生不以为然,他认为此问题"值得进一步探讨",勃极烈制度的废除是针对宗翰等女真贵族势力的膨胀的。这种观点得到很多人赞同,王景义先生认为,"废除勃极烈制度的根本原因是为了加强皇权统治"④。杨保隆先生认为,"金中央废除勃极烈制采用汉官制的最初动因,是金太宗为加强和巩固皇权,并欲把皇位传给其子宗磐"⑤。

研究历史者的主观意识不应该、也不可能进入客观的历史发展过程,研究历史是顺着历史的脉络去摸索,而不是断言,前面提到的两种观点都触及到问题的某一方面,在勃极烈制度废除的过程中,宗翰确实没有反对,不反对不等于支持,宗翰不反对废除勃极烈制度主要是因为勃极烈制度对他维护权力已经没有意义。天会十年(1132)的皇储之争,完颜亶(阿骨打嫡孙)立为谙班勃极烈后,宗磐为国论忽鲁勃极烈,宗干为国论左勃极烈,宗翰为国论右勃极烈,兼都元帅。就勃极烈排序而言,宗翰居宗磐、宗干之下。熙宗即位两个月后,宗翰为了控制中央的权力,率先放弃国论右勃极

---

① 《金史》卷78《韩企先传》,第1777—1778页。
② [宋]李心传:《建炎以来系年要录》卷84,第1388页。
③ 江应梁主编:《中国民族史》(中),民族出版社,1990年,第412页。
④ 王景义:《略论金代的勃极烈制度》,《社会科学辑刊》1997年第3期。
⑤ 杨保隆:《试谈金代废除勃极烈制度的最初动因》,《社会科学战线》1994年第1期。

烈、都元帅,拜为太保,领三省事,这样,他的权力又在宗磐之上了。所以说,宗翰放弃勃极烈头衔不能说是"支持"勃极烈制的废除。继宗翰之后,尚书令宗磐不甘心屈居宗翰之下,再加官为太师,宗干为太傅,他们都是为了攫取新的权力而放弃了勃极烈头衔。最后是金熙宗放弃勃极烈制度。金熙宗登大位后,该选立谙班勃极烈。按女真旧俗,谙班勃极烈不能虚位,阿骨打登大位不久,就立其弟吴乞买为谙班勃极烈。太宗登位后,马上立弟斜也为谙班勃极烈。斜也死后一年多,就有宗翰等贵族为"立储"而"逼宫"的行为,最后立完颜亶为谙班勃极烈。熙宗登位,也该立谙班勃极烈,但熙宗尚无子嗣,没有名正言顺的谙班勃极烈候选人,谙班勃极烈再次虚位。除此之外,宗翰、宗磐、宗干自己不能、也不能让自己以外的人为谙班勃极烈,左右无路的情况下,熙宗与女真贵族集体放弃勃极烈制度。

当然,以上都是外因,外因要通过内因起作用,内因是勃极烈制度已经不适应女真社会发展的需要,诸勃极烈没有权力内容,没有存在的价值,太宗后期,阿舍勃极烈谩都诃、迭勃极烈斡鲁去世后,他们的位置没有补任。诸勃极烈只剩下虚名,宗翰等争夺谙班勃极烈,不是谙班勃极烈本身有什么价值,是谙班勃极烈后面的皇位、皇权有价值。所以说,勃极烈制度是在宗室贵族权力争夺中自然消亡,而不是人为地废除。历史的发展就是多种因素汇集起来,在不知不觉中推进,不以人的意志为转移。太宗生前诸勃极烈成员官格换授①和熙宗初年"革勃极烈为三公领三省事"②都是表面现象。

勃极烈制度自然消亡,旧官制出现缺口,为官制改革让开道路。推进官制改革的首要任务是在宗翰、宗磐、宗干之间"弥缝阙漏"③。宗翰为太保,领三省事,权力在宗磐之上。尚书令宗磐不甘心屈居宗翰之下,再加官为太师,太师居三公之首。宗翰又觉得不平衡,安排其心腹、元帅左监军完颜希尹为尚书左丞相兼侍中,太子少保高庆裔为左丞,平阳尹萧庆为右丞,以此补自己为太保之"缺"。最后韩企先等把官制改革"弥缝"成以太保宗翰、太师宗磐、太傅宗干并领三省事,暂时缓解了争长争短的矛盾,故韩企先为"宗翰、宗干雅敬重之,世称贤相焉"④。

---

① 杨宝隆:《试谈金代废除勃极烈制度的最初动因》,《社会科学战线》1994年第1期。
② 张博泉:《金史论稿》第2卷,第63页。
③ 《金史》卷78《韩企先传》,第1778页。
④ 《金史》卷78《韩企先传》,第1778页。

宗室大臣围绕权力你争我夺,斗争不断激化,大有"剑拔弩张"之势,缓和局势的调停人是很重要的。韩企先奔走在宗翰、宗磐、宗干之间,充当调停人的角色。这种调解人确实难言其功,常常要"引咎"。完颜希尹被宗翰引为盟军,于天会十三年(1135)十一月拜为尚书左丞相兼侍中,但奸猾的希尹转身也充当起调解人的角色,至天眷元年(1138)罢相,正是宗室大臣权力之争的白热化时期,希尹"有大政皆身先执咎"①。希尹所面对的"大政"与韩企先所关决的"大政"②重要性是相同的。为防止宗翰、宗磐、宗干三者关系的进一步恶化,韩企先"密谟显谏",极尽安抚之能事,而且,他的每一个安抚举动都事关重大,"必咨于王"而后行。韩企先的功劳是使"剑拔弩张"的宗室大臣终究没能刀兵相见,他在"弥缝"宗翰、宗磐、宗干的关系中确实有功,但这种功劳与完颜宗室的"家丑"互为表里,韩企先自己不能、也不敢宣扬功劳,知情的宗干等宗室大臣也难以启齿。《金史》称赞韩企先"成功著业";金世宗称"汉人宰相惟韩企先最贤"③,"至于关决大政,但与大臣谋议,终不使外人知觉。汉人宰相,前后无比"④。世宗对韩企先有功于"大政"心知肚明,却只字不言何功。看来韩企先确实有难言之功。

三、韩企先"世称贤相"

韩企先是太宗梦中渴求的人才,委以"建官正名"之任。权臣宗翰、宗干用其"弥缝阙漏","雅敬重之"。在世宗心目中"汉人宰相,前后尤比"。大定十一年(1171),图功臣二十一人像于衍庆宫,汉人宰相刘彦宗、韩企先在其中,世宗认为韩企先"置功臣画像中,亦足以示劝后人"⑤。

通过大定朝的政治背景分析金世宗称誉韩企先的用意,可认识韩企先在金朝皇权政治中的价值。大定十年(1170),金世宗把韩企先与海陵朝的司空李德固相比,"德固无功……汉人宰相惟韩企先最贤,他不及也"⑥。

---

① 《金史》卷73《完颜希尹传》,第1686页。
② 《金史》卷6《世宗本纪》,第150页,世宗对宰臣曰:"衍庆宫图画功臣,已命增为二十人。如丞相韩企先,自本朝兴国以来,宪章法度,多出其手。至于关决大政,但与大臣谋议,终不使外人知觉。汉人宰相,前后无比,若褒显之,亦足示劝,慎无遗之。"
③ 《金史》卷78《韩企先传》,第1778页。
④ 《金史》卷6《世宗本纪》,第150页。
⑤ 《金史》卷78《韩企先传》,第1778页。
⑥ 《金史》卷78《韩企先传》,第1778页。

十一年,将图功臣像于衍庆宫,嘱宰臣对于韩企先图像事"慎无遗之"。衍庆宫图像二十一功臣中,撒改、宗翰、希尹等是开国功臣,刘彦宗"军旅之暇,治官政,庀民事,务农积谷,内供京师,外给转饷,此其功也"①。他们对金朝开国是有功的。韩企先在金朝历史上也有所作为,但金世宗褒崇韩企先的用意不在于缅怀他的历史功绩,而是希望通过对韩企先的褒崇,树立榜样,培养更多的韩企先似的人才为大定朝皇权政治服务。韩企先被褒崇的政治用意从大定朝回望更清晰。

其一,世宗惩海陵屠戮宗室之恶,对宗室贵族极尽"仁义",即使谋逆者,也有宽贷。世宗希望大定朝有韩企先这样的人,能"密谟显谏","弥缝"宗室大臣间的矛盾,避免宗室间的屠戮。世宗树立韩企先"示劝后人",希望大定朝也有韩企先似的宰相出现,以泽被其子孙。

其二,大定朝匮乏人才,世宗即位初年,屡屡诏谕臣下举荐人才,大定八年(1168)七月,世宗对平章政事完颜思敬等曰:"朕思得贤士,寤寐不忘。自今朝臣出外,即令体访外任职官廉能者,及草莱之士可以助治者,具姓名以闻。"②九月,又谕宰臣曰:"卿等举用人材,凡己所知识,必使他人举奏,朕甚不喜。如其果贤,何必以亲疏为避忌也。"③十一年,议策选女真进士也是为人才之需。褒崇韩企先是为激励宰臣举荐人才,韩企先"每欲为官择人,专以培植奖励后进为己责任"④。

金世宗带着政治用意褒崇韩企先,不能替代历史的客观评价。韩企先是燕京人,其先祖仕辽,"世贵显"。韩企先本人登乾统年(1101—1110)进士第,转而降金。在宗翰、宗干、宗弼鱼贯秉政期间,与之同僚的高庆裔、时立爱因宗翰失势,或被杀,或致仕,只有韩企先稳居相位。韩企先是典型的燕人,习于"诡随"。金世宗一面褒崇韩企先,一面责难燕人,"自古忠直者鲜,辽兵至则从辽,宋人至则从宋,本朝至则从本朝,其俗诡随,有自来矣!"⑤金世宗在燕人与韩企先问题上自相矛盾⑥,说"白马非马"使其皇权

---

① 《金史》卷78《韩企先传》,第1779页。
② 《金史》卷6《世宗本纪》,第142页。
③ 《金史》卷6《世宗本纪》,第142页。
④ 《金史》卷78《韩企先传》,第1778页。
⑤ 《金史》卷8《世宗本纪》,第184页。
⑥ 陶晋生:《女真史论》,台湾:食货出版社,1981年,第91页,陶晋生认为:"世宗一生的言行里,可以发现一些自相矛盾的例子。"

政治首鼠两端。

诚然,韩企先"诡随"的性格是燕地历史文化发展的产物。宋朝人马扩对燕人的评说更切中要害,"契丹至则顺契丹,金人至则顺金人,王师至则顺王师,但营免杀戮而已"①。韩企先先祖世代仕辽,对契丹社会的贵族政治与皇权政治的矛盾的处理方式以及个人如何保身,已有较明确的认识。当韩企先再仕金朝,置身于女真贵族与皇权的冲突中,应付有余。他代表的正是燕人在皇权政治与贵族政治斡旋的一般心态,这种"心态"可以视为善于因时因事灵活应对的"本事",也可称为"诡随"。"诡随"并非贬损燕人,实则是认识到燕人在特殊的政治环境中,"识时务者"的共同性格。

金朝政治形势多变需要这样"诡随"性格的人。《金史》说韩企先对于金朝制定典章制度,多有作为,远引唐法,近及辽、宋,"或因或革,咸取折衷"②。所谓"折衷",多是在异论歧出的情况下,迫于阻力而人为地变通改革方案。天眷年间,杜充、刘筈同知燕京行省,"法制未一,日有异论,(任)熊祥为折衷之"③。折衷方案暂时解决了矛盾,但人为的因素往往使改革偏离客观实际。对此,宗宪曾批评道:"方今奄有辽、宋,当远引前古,因时制宜,成一代之法,何乃近取辽人制度哉。"④当时女真人对改革的意愿多倾向"辽旧",只有希尹与宗宪意见相合,希望成一代之法。"成一代之法"的卓见抵不过"折衷"方案,金朝"议礼制度"是在皇帝"端默"与权臣执柄的缝隙中进行,"或因或革,咸取折衷"实在是政治环境所迫。

韩企先隐功于朝,一则出于燕人"诡随"的习性,再则是金初政治环境的驱使。东、西朝廷并立,外朝与内朝分庭,宗翰、宗磐、宗干并领三省事,在政出多门的情况下,韩企先以"密谟显谏,必咨于王"立于不败之地。韩企先成功隐于朝堂,是一种"大隐"。韩企先主动调和各种矛盾,机敏地寻求中间道路,不触怒矛盾的任何方面,在多种意见中妥协、绥靖。

韩企先成功地隐于朝,说明金朝多变的政治环境适于隐者,不能隐蔽自己,不能如韩企先者,处境是危险的。田珏就是不能隐蔽自己的人,他是

---

① [宋]徐梦莘:《三朝北盟会编》卷15《政宣上帙十五》,引[宋]马扩《茆斋自叙》第3页,总104页。
② 《金史》卷78《韩企先传》,第1778页。
③ 《金史》卷105《任熊祥传》,第2310页。
④ 《金史》卷70《宗宪传》,第1615页。

韩企先赏识、擢用的人才之一,任职吏部侍郎,明火执仗地援引同党,排斥异己,酿成大狱,株连甚众。

韩企先在病榻上向宗弼举荐田珏为相,宗弼答以"此辈可诛"①。如果历史真有这样一幕,以韩企先的城府,恐怕不只是为举荐田珏为相,更重要的是让躲在屏风后的田珏闻宗弼之言,"流汗浃背",戒之收敛自己张扬的行为,做一个隐于朝堂之上的人。当时的田珏是"士之希进者无不附之"②。时人预言:"田侯疾恶太甚,怨隙已成,其能免乎?"③田珏锋芒毕露,"好评论人物"④,隐者中不会有田珏,田珏也不会隐于朝。韩企先是一个成功的隐者,他既能游刃于复杂的皇权与贵族相争的环境中,有所为,又不困于所为,这是他高于高庆裔、田珏等人的地方。高庆裔、田珏等人有所为,但困于所为,不为金朝的政治所容是明摆着的。金朝的政治需要韩企先,而韩企先为官的谋略寻常人难以企及,迫于金朝复杂的政治环境,做不成韩企先,也不能做高庆裔,不求有功,但求无过。所以,朝臣们最终选择宁愿无所为,也决不困于所为,推诿任事渐渐成了官场上的习气。

熙宗末年,已出现文士厌倦、淡漠政治的信号,韩昉屡屡乞致仕,张浩托疾求外用。不过,海陵取代熙宗,其"智足以拒谏,言足以饰非"⑤。他有能力驱使朝臣不得不作为,朝臣在海陵强权、超越现实的政治拉动下。即使惰怠政治,想停也停不下来。世宗则不同,世宗的政治能力是平庸的,他没有能力推动朝臣,反而希望大定朝能出现像韩企先似的朝臣,推动他的政治,大定三十年(1190),世宗常常嗔怒朝臣推诿任事、无所作为,但终无任何改变,而且愈演愈烈。

第三节　韩昉为帝王之师

韩昉,燕京人,辽天庆二年(1112)进士,仕辽十余年,补右拾遗,转史馆

---

① 《金史》卷89《孟浩传》,第1979页。
② [金]刘祁:《归潜志》,崔文印点校,卷10,中华书局,1983年,第111页。
③ [金]王寂:《拙轩集》卷6《先君行状》,中华书局,1985年,第70页。
④ 《金史》卷125《蔡松年传》,第2716页。
⑤ 《金史》卷5《海陵本纪·赞》,第118页。

修撰,累迁少府少监、乾文阁待制等职。金取燕京,韩昉同燕京职官赵温讯等越境奔宋。靖康二年(天会五年,1127)六月,北归。韩昉作为燕京人,同样具有燕云文士共性的仕宦品格,只是他一直任事于皇帝身边,先是太宗,继之熙宗,因此,他对皇权、皇权政治的认同之路又不同于刘彦宗、韩企先等人。

一、韩昉入仕"内朝"

韩昉滞留宋地四年多,其行踪失载。赵温讯、韩昉等因"契丹所指名"①,所以,金人屡索不已,直至靖康二年(1127)六月被遣归。南奔的燕京职官遣归后,多得任用,宣和五年(天辅七年,1123)四月,宋以赵温讯归金,宗翰"释缚赦罪,复以温言抚之"②。用为河东北路转运使。韩昉从宋归金,直接赴御寨,任事于"内朝"。

所谓"内朝"是当时金朝政治格局的一种表现,是以斜也、宗干知国政,以宗翰、宗望总戎事的权力内外分工的产物。但是,灭辽勘宋,戎事频繁,宗翰控制的西京枢密院与宗望控制的燕京枢密院囊括了燕云地区的军政、民政大权,"外朝"权重,"太宗居位,拱默而已"③。斜也、宗干所知的"国政"也没有重要内容。在这种情况下,斜也、宗干劝太宗改女真旧制,用汉官制度,立尚书省以下诸司府寺。诸司府寺需要人才,是有韩昉直赴御寨。

韩昉一入朝就被宗干遣派出使高丽,交涉高丽进誓表的争端。高丽对初兴的女真政权态度游移不定。太祖兴兵大捷,高丽一面遣使贺捷,借机窥探女真人的发展势头;一面布置防御,天辅三年(1119),高丽增筑长城三尺④。天会初年,高丽对金朝使节多有非礼,太宗以"我国有新丧,辽主未获"⑤,绥靖之。天会四年(1126),高丽国王王楷奉表称藩。太宗遣使赐保州仅换来高丽"一依事辽旧制"的许诺,拒绝进誓表。韩昉使高丽就是敦促

---

① [宋]徐梦莘:《三朝北盟会编》卷15《政宣上帙十五》,引[宋]赵良嗣《燕云奉使录》,第6页,总106页。
② [宋]徐梦莘:《三朝北盟会编》卷15《政宣上帙十五》,引[宋]马扩《茆斋自叙》,第9页,总107页。
③ [宋]宇文懋昭:《大金国志》卷8《太宗文烈皇帝》,第130页。
④ 《金史》卷135《高丽传》,第2885页。
⑤ 《金史》卷135《高丽传》,第2885页。

高丽进誓表,高丽坚持说:"小国事辽、宋二百年无誓表,未尝失藩臣礼。"①
韩昉抓住高丽固守旧制的借口,反戈一击说:"贵国必欲用古礼,舜五载一
巡狩,群后四朝。周六年五服一朝,又六年王乃时巡,诸侯各朝于方岳。今
天子方事西狩,则贵国当从朝会矣。"②韩昉明以圣人古礼,暗以大国兵威
折服高丽。宗干夸奖韩昉"非卿谁能办此"③。同时,从韩昉身上,宗干切
实认识到文士的作用及其重要性,因而有言:"自今出疆之使,皆宜择
人。"④朝廷也适时出台任用文士的政策,"韩昉辈皆在朝廷,文学之士稍拔
擢用之"⑤。

以韩昉为首的文学之士被擢用后,对金朝的政治产生了一定的影响,
崇尚文治倾向日益明显。天会五年(1127),宗干有了治历明时的意识,命
司天杨级始造《大明历》⑥。六年,朝廷下诏:"求访祖宗遗事,以备国史,命
勖与耶律迪越掌之。勖等采摭遗言旧事,自始祖以下十帝,综为三卷。"⑦
韩昉直接或间接参与"采摭遗言旧事",为后来主持编修国史奠定了地
位⑧。文士推动朝廷日渐重视儒学,能诵《诗》《书》《易》《礼》《春秋左氏传》
及《论语》《孟子》的神童刘天骥得到太宗朝的关注。八年,太宗"命教养
之"⑨。太宗朝关注此事对经童之制在熙宗朝的出现很有影响⑩。

文士出现在"内朝","内朝"的拱默地位有所改变。天会五年、六年,宗
望、刘彦宗先后亡故,政治格局也有新的变化。宗翰并燕京枢密院于西京,
"外朝"出现宗翰独裁的局面,适时"内朝"权力的消长对金朝皇权政治的发
展非常关键。八年,元帅府筹划册立刘豫伪齐政权,宗翰派希尹奏报朝廷,
朝廷准奏。《建炎以来系年要录》载,金主晟遣西京留守、特进、检校太保、
尚书右仆射、大同尹兼山西兵马都部署、上柱国高庆裔,金紫崇禄大夫、尚

---

① 《金史》卷125《韩昉传》,第2714页。
② 《金史》卷125《韩昉传》,第2714页。
③ 《金史》卷125《韩昉传》,第2714页。
④ 《金史》卷125《韩昉传》,第2714页。
⑤ 《金史》卷66《完颜勖传》,第1558页。
⑥ 《金史》卷21《天文志》,第441页。
⑦ 《金史》卷66《完颜勖传》,第1558页。
⑧ 《金史》卷4《熙宗本纪》,第72页,载:天会十五年(1137),"命韩昉、耶律绍文等编修国史"。
⑨ 《金史》卷51《选举志》,第1149页。
⑩ 《金史》卷51《选举志》,第1149页,载:天会十四年,经童之制"诏辟贡举,始备其列,取至百二十二人"。

书礼部侍郎、知制诰、护军韩昉册命刘豫为皇帝①。在册立刘豫的事上,太宗皇帝行使了册命权,同时又派韩昉为"钦差大臣"。韩昉虽然为副使,但毕竟代表皇帝宣读册命,展示了皇权的存在。关于册立之事,韩昉可能还有更多的幕后活动,《建炎以来系年要录》说:"(韩)昉有文学,仕辽为知制诰,金主因而用之,凡大诏令,多昉所草也。"②天会八年(1130),入内朝的文士很少,能草拟诏书者更少,册命刘豫的册文有可能就是韩昉所撰。

太宗在"旧俗"的侵逼下,渐渐意识到加强皇权的重要。依女真"旧俗",诸勃极烈有权参与共同议政,诸勃极烈共同议事遏制皇权的增长,与皇权专制的冲突也是不可避免的,太宗亲身感受到皇权与"旧俗"冲突的困境。赵子砥《燕云录》有载:"金国置库收积财货,誓约惟发兵用之,至是国主吴乞买私用过度,谙版告于粘罕请国主违誓约之罪,于是群臣扶下殿,庭杖二十毕,群臣复扶上殿,谙版、粘罕以下谢罪。"③太宗作为皇帝要服从"誓约",违约则受"庭杖"。皇权在"旧俗"控制中;在"旧俗"的保护下,宗翰权力急剧膨胀,册立刘豫,韩昉作为皇帝的"钦差大臣",不得不屈居高庆裔之下而为副使。这种窘困,太宗、韩昉君臣都能意识到,即使太宗意识不到,韩昉也会让他慢慢意识到。谙班勃极烈斜也死后,太宗有意立其子宗磐,但"旧俗"发挥威力,遏制了太宗立皇子宗磐、培植皇权的企图。

在"旧俗"围困下的太宗皇权处于穷途末路,不得不思变。天会十一年(1133),朝廷针对宗翰的专权,开始有意识地限制元帅府的权力,有诏曰:"比以军旅未定,尝命帅府自择人授官,今并从朝廷选注。"④十二年,"初改定制度,诏中外"⑤,"始法古立官"⑥。韩昉入礼部,在职凡七年,朝廷屡颁诏书,韩昉少不了参与其中。

由于皇帝无实权控制政治局势,政出多门,宗室贵族争权不已,政局变幻莫测,在朝堂奔走的文人政客一是要谨慎行事,就像韩企先那样,"密谟显谏,必咨于王";二是要有隐身法,把自己的想法渗透给某王,天会十四年

---

① [宋]李心传:《建炎以来系年要录》卷35,第681页。
② [宋]李心传:《建炎以来系年要录》卷35,第681页。
③ [宋]徐梦莘:《三朝北盟会编》卷165《炎兴下帙六十五》,引[宋]赵子砥《燕云录》第10页,总1194页。
④ 《金史》卷4《太宗本纪》,第65页。
⑤ 《金史》卷3《太宗本纪》,第65页。
⑥ 《金史》卷54《选举志》,第1193页。

(1136),熙宗追尊九代祖以下曰皇帝、皇后,是太师宗磐领衔主奏,实际运作此事的文士没有留名。燕云文士比较适应这种缩手缩脚的政治环境,包括韩昉在内。

韩昉在天会中用事于朝廷,时值"外朝"权重于"内朝","内朝"逐渐有了主政的意识。在这种历史的转折时期,韩昉参与把这种意识付之于行动(指册命刘豫事)。太宗末年,内、外朝权力争夺随着宗翰入朝逐渐转入内朝。对于宗翰这时归朝,《三朝北盟会编》推测:"粘罕、兀室乃亶所忌者也,故以相位易其兵柄耳。然二帅皆桀黠之魁,而亶遽能易其兵柄者,何哉?盖二帅于四年(指宋绍兴四年,金天会十二年,1134)夏,自白水泊入见虏主吴乞买,值刘豫有寇江之请,闲居本土,故至是亶能徙而易之。加之二帅在燕云则有众,在本土止匹夫耳,虽欲抗之而不可得也。"①

《大金国志》把《三朝北盟会编》对宗翰失兵权的推测径直说成是熙宗"以相位易兵柄"的结果②。后世学者也多沿袭"以相位易兵柄"说,在20世纪80年代,张博泉先生撰《宗翰和金初的派系斗争》一文,即说:宗翰是以相位易兵权,90年代著《金史论稿》,进一步说"金熙宗即位后,并非在宗翰的参加和支持下进行汉官制的改革,相反,金熙宗第一步即废除中央勃极烈为三省制,以相位易宗翰一派的兵权"③。十多年后,年轻的学者周峰先生也说:"由于宗翰为都元帅,掌握着军队,时时刻刻对皇权造成威胁,因而在熙宗即位之初,即'以国论右勃极烈、都元帅宗翰为太保,领三省事,封晋国王'。不久,又以'元帅左监军完颜希尹为尚书左丞相兼侍中,太子少保高庆裔为左丞;平阳尹萧庆为右丞'。完颜希尹、高庆裔、萧庆都是宗翰的心腹。调他们进入中央政权名义上提升了他们的官职,其实却是'以相位易兵柄'。"④从20世纪80年代到本世纪初,金史研究者对宗翰入朝、释兵权问题的认识几乎没有进展,都认同"以相位易兵柄"之说。

---

① [宋]徐梦莘:《三朝北盟会编》卷166《炎兴下帙六十六》,引[宋]张汇《金虏节要》第4页,总1196页。

② [宋]宇文懋昭:《大金国志》卷9《熙宗孝成皇帝》,第137页,《大金国志》成书晚于《三朝北盟会编》,《三朝北盟会编》是《大金国志》的重要史源,《大金国志》所言"以相位易兵柄"之说出于《三朝北盟会编》是可能的。参见刘浦江《再论〈大金国志〉的真伪——兼评〈大金国志校证〉》,载《文献》1990年第3期。

③ 张博泉:《金史论稿》第2卷,第43页。

④ 周峰:《完颜亮评传》,民族出版社,2002年,第17页。

第三章 燕云文士对金朝政治的认同

由于太宗末年至熙宗初年,朝廷推出的"官制改革"及此时宗室贵族的权力之争与辽、宋文士的活动密切相关,所以,笔者对宗翰入朝,及其派韩企先、宇文虚中等人入朝需要多涉几笔。

《三朝北盟会编》记载中有一个重要的环节,即宗翰与希尹自天会十二年(1134)"闲居本土",袖手等到天会十三年(1135)三月,熙宗以国论右勃极烈、都元帅宗翰为太保,领三省事,封晋国王。这就是《会编》所载的"以相位易兵柄"。在这里,《会编》掩盖了、或者说是忽略了历史真实的一面,只记载了历史的表象。真实的历史应该是天会末年,宗翰权势熏天,老皇帝太宗不能奈之何,小皇帝熙宗仍然不能奈之几何,说宗翰被"以相位易兵柄",是宋朝人把中原王朝以高而虚的官位置换将领兵权的模式套用于金朝历史上,或者说是翻版了"杯酒释兵权"的故事。所谓的"闲居本土""止匹夫耳",是宋人不切实际的推测,关于宗翰"闲居本土",史料缺乏直接的记载,但间接的历史记载仍有助于对历史的认识与推断。

宗翰等人入朝是有目的的。天会十年(1132),完颜亶为谙班勃极烈后,权力重新分配,宗磐为国论忽鲁勃极烈,宗干为国论左勃极烈,宗翰为国论右勃极烈兼都元帅,虽握兵权,但排位第三。宗翰从来没有忽略"关心"朝中大小事务,为太宗违"誓约"之事,斜也邀宗翰入朝一同执法,这里面有诸勃极烈民主议事习俗的重要因素,但立谙班勃极烈之事,则是"日夜未尝忘此"。《金史·宗翰传》赞曰:"甫释干戈,敛衽归朝,以定熙宗之位。"[1]十一年(1133),太宗颁布诏书,剥夺了元帅府任免官吏的权力,这使宗翰进一步认识到控制"内朝"权力的必要。十二年,太宗患中风病[2],朝中的权力很可能旁落,对此宗翰是不会袖手的。为了能控制朝中的权力,宗翰不但自己入朝,还接连不断地派员入朝。韩企先、宇文虚中、苏保衡、翟永固等都是宗翰荐于朝者。宗翰入朝的主观动机是控制朝中的权力,保证谙班勃极烈完颜合剌正常即位,太宗一死,"宗干、宗维(宗翰)传大行皇帝有旨,急诏谙版勃极烈喝啰(完颜亶)即帝位于柩前"[3]。

---

[1] 《金史》卷74《宗翰传·赞》,第1700页。

[2] [宋]徐梦莘:《三朝北盟会编》卷165《炎兴下帙六十五》,引[宋]苗耀《神麓记》第10页,总1194页,载:"吴乞买先患中风病,手足无力,半身不遂,约及一年,至天会十三年乙卯岁正旦……殂于明德宫。"

[3] [宋]徐梦莘:《三朝北盟会编》卷165《炎兴下帙六十五》,引[宋]苗耀《神麓记》第10页,总1194页。

宗翰入朝也有金与宋"戎事"将息的因素。一向主战的宗翰不再突杀疆场，却扮演起"督军"的角色，他一面驱赶刘豫侵宋，一面指责宗弼惰于率兵侵宋，"都监(指宗弼)务偷安尔"①。天会十年(1132)宗翰与挞懒遣王伦归宋，已有和议的意向。金朝向来是出兵时，将帅执权；兵罢，权归主上。金与宋议和的大趋势影响了宗翰权力的转向，他持权归朝也有这种息兵形势的客观作用。

"内朝"君臣也正准备逐渐收回帅府的权力。先是颁诏取消帅府任免官吏的权力，接着又有"法古立官"之议。在各种形势会际的情况下，朝廷以改定制度诏中外，招纳人才。对于宗翰派韩企先、宇文虚中入朝，宗干有序地礼遇贤才，企先入朝为尚书右丞相，宇文虚中、蔡靖等入翰林议礼制度。"外朝"随着持权人的入朝而解体。

在权力之争转向的过程中，韩昉的角色很微妙，在朝堂，为昭文馆直学士，兼堂后官，即知制诰者，"凡大诏令，多昉所草也"。实际上，韩昉就是太宗朝堂上的顾问，据说，太宗左右供奉半皆南人②；在潜邸，韩昉又是宗干王府的"师爷"，师爷作用可大可小，小知句读，大识乾坤。《金史·宗干传》说："金议礼制度，班爵禄，正刑法，治历明时，行天子之事，成一代之典，杲(斜也)(天会八年薨)、宗干经始之功多矣。"③陶晋生对比分析女真贵族，发现宗干与其他女真贵族不同，"很少离开上京，他显然是一直居守上京的吴乞买的谋臣，他的家庭受了很深的中国和渤海的影响，他雇用了中国学者来教育他的子孙"④。宗干功劳的后面应该有很多"师爷"，宗干请韩昉任完颜亶的老师，张用直任完颜亮的老师，韩昉、张用直作为宗干家的"师爷"，很难说宗干的思想不受他们的影响。

二、韩昉在熙宗背后

金熙宗即皇帝位前，韩昉是站在其面前的师者。熙宗自童稚时，"得燕人韩昉及中国儒士教之。其亶之学也，虽不能明经博古，而稍解赋诗、翰雅

---

① 《金史》卷77《刘豫传》，第1761页。
② [宋]李心传:《建炎以来系年要录》卷12，第280页，建炎二年(1128)十一月，"时金主晟居涞流河御寨而左右供奉半皆南人"。
③ 《金史》卷76《宗干传》，第1748页。
④ 陶晋生:《女真史论》，台湾:食货出版社，1981年，第41页。

歌,儒服烹茶焚香,奕棋战象,徒失女真之本态耳"①。熙宗能够"俨然汉家少年",韩昉功不可没。熙宗即位后,在君臣的名分下,韩昉仍然是帝王之师的角色,不同的是他站在熙宗背后以古讽今,指点迷津,引导熙宗在亲情私爱与江山大计之间做出选择。

熙宗为谙班勃极烈是宗室大臣争权暂时妥协的产物,熙宗即位后,宗翰率先打破权力的平衡,为太保,领三省事。宗磐、宗干联合抵制宗翰,使之在困厄中死去。宗翰势力瓦解后,太祖与太宗两家族的势力并立在政治舞台上,彼此都有压制对方的企图。《金史》只言"宗磐尤跋扈"②"宗磐日益跋扈"③,一面之词难定是非。《金史·萧仲恭传》记载:"宗磐与宗干争辩于熙宗前,宗磐拔刀向宗干,仲恭呵之乃止。"④从这一记载可以窥视宗磐的跋扈及其原因,宗磐与宗干两家族的矛盾已经达到你死我活的境地。天眷元年(1138)十月己巳,"始禁亲王以下佩刀入宫"⑤。这个禁令显然是针对宗磐的非礼而制定的,籍此推知,宗磐拔刀之事当在此前,或者说就是十月。宗磐作为尚书令、太师,位在宗干之上,竟要拔刀逼迫,说明他的权力受到阻遏,更准确地说是扩张家族势力的企图受到阻遏。同年十月,熙宗封叔宗强为纪王,宗敏邢王,太宗子斛鲁补等十三人为王。在这次封王中,宗磐家族有十人被封王⑥。三件事连起来,不难想象,宗磐"拔刀向宗干"就是为他或其家族的利益。

为了政治利益,两个家族都极力扩充势力,打击对方。宗磐联合挞懒,挞懒与宗磐家族关系密切,吴乞买(太宗)"幼年曾出继挞懒之父,故与挞懒情好亲厚,挞懒深欲宋王(宗磐)之立"⑦。完颜希尹自宗翰势衰后,逐渐党附太祖家族。双方为平衡势力而妥协,以元帅左监军挞懒为左副元帅,封

---

① [宋]徐梦莘:《三朝北盟会编》卷166《兴炎下帙六十六》,引[宋]张汇《金房节要》第6页,总1197页。
② 《金史》卷76《宗固传》,第1731页。
③ 《金史》卷76《宗磐传》,第1730页。
④ 《金史》卷82《萧仲恭传》,第1849页。
⑤ 《金史》卷4《熙宗本纪》,第73页。
⑥ 《金史》卷76《宗固传》,第1730页,载:宗雅本名斛鲁补,封代王。宗伟本名阿鲁补,封虞王。宗英本名斛沙虎,封滕王。宗懿本名阿邻,封薛王。宗本本名阿鲁,封原王。鹘懒封翼王。宗美本名胡里甲,封丰王。神土门封郓王。斛字束封霍王。斡烈封蔡王。宗哲本名鹘沙,封毕王。皆天眷元年受封。
⑦ [宋]李心传:《建炎以来系年要录》卷114,第1854页。

鲁国王。宗弼为右副元帅,封沛王。宗磐为削弱宗干的势力,设法排斥、除掉希尹。在天眷元年(1138),宗磐、挞懒联合东京留守宗隽,"同力以挤王(指希尹),出为兴中尹。宗隽代为左丞相,令人告发王兆征日多私匿马牛羊。奏,遣使鞫之,无状"①。天眷二年,宗干使完颜希尹复为尚书左丞相兼侍中。

宗隽乃太祖子,他入朝,本是熙宗、宗干援引的②。宗干引宗隽入朝意在遏制宗磐势力,不料宗隽倒戈成为宗磐的同盟。倒戈的原因史料缺乏记载,难断原委,不过这无疑使双方对阵的事态更加严峻了。太宗诸子宗磐等势强已引起朝野愤怒,当时海陵在野,"见太宗诸子势强……心忌之"③。海陵的感情既是个人的,也是家族的。宗磐家族势力的发展令宗干家族,包括熙宗在内无法容忍。

这种局面姑息下去,宗磐可能会有更多的党附者,铲除宗磐已迫在眉睫。宗磐势力的铲除是熙宗朝的一件大事,韩昉适时对熙宗的点拨非常关键。首先,熙宗不谙政治,意识不到宗磐势力继续膨胀将威胁到皇权,甚至威胁到皇权的归属,是否铲除宗磐仅凭熙宗的价值判断是难以定夺的。其次,立国以来,铲除宗磐是完颜宗室同室操戈的第一次,要杀的是已故皇帝的儿子和当今皇帝的亲叔,在向情悖理的女真社会是很难的事④。宗磐、宗隽位居三公,非熙宗之诏命,没人敢治罪宗磐等,从杀掉宗磐后熙宗的表现可逆知其当时的犹豫。宰相、诸王妃入贺皇后生日,"熙宗命去乐,曰:'宗磐等皆近属,辄构逆谋,情不能乐也。'"⑤熙宗杀宗磐而存恤其母后,这种困于情感的纠结是正常的事,而非"矫情"⑥。正是这种非"矫情"才使熙宗难以下决心。在熙宗困于感情、不能决断的情况下,韩昉指点熙宗果断

---

① 陈相伟校注:《完颜希尹神道碑》,载李澍田主编《金碑汇释》,吉林文史出版社,1989年,第81页。

② [宋]熊克:《中兴小记》卷23《起绍兴七年十月尽十二月》,第271页,载:宗隽即亶亲叔,"素有才望,乃除太保,领三省事以制之";《大金国志》卷9《熙宗孝成皇帝》,第142页,有载:"金主以宗磐豪猾难保,故借宗隽才力可以制之。无何,二人共图变逆,其失人心甚矣。"

③ 《金史》卷76《宗固传》,第1731页。

④ "向情悖理"的具体表现是情重于法,法的观念缺乏。高庆裔、完颜希尹、宇文虚中、张钧被杀主要是与女真权贵在感情上的冲突,而非礼法的悖逆。女真社会尚处于"向情悖理"时期,可以因为感情的原因而获罪被杀,也可以因为感情的原因而免罪。

⑤ 《金史》卷76《宗磐传》,第1730页。

⑥ 《金史》卷76《宗磐传·赞》,第1737页,载:"熙宗杀宗磐而存恤其母后,虽云矫情,犹畏物论。"

行事可谓煞费苦心。

天眷二年(1139)五月,吴十谋反被告发,牵涉宗磐等。韩昉担心、或者已看出熙宗对此事态度的不明朗,便很有针对性地对熙宗进行一番以古喻今的教育。

据《金史·熙宗本纪》记载:五月辛亥,"吴十谋反,伏诛。己未,上从容谓侍臣曰:'朕每阅《贞观政要》,见其君臣议论,大可规法。'翰林学士韩昉对曰:'皆由太宗温颜访问,房、杜辈竭忠尽诚。其书虽简,足以为法。'上曰:'太宗固一代贤君,明皇何如?'昉曰:'唐自太宗以来,惟明皇、宪宗可数。明皇所谓有始而无终者。初以艰危得位,用姚崇、宋璟,惟正是行,故能成开元之治。末年怠于万机,委政李林甫,奸谀是用,以致天宝之乱。苟能慎终如始,则贞观之风不难追矣。'上称善。又曰:'周成王何如主?'昉对曰:'古之贤君。'上曰:'成王虽贤,亦周公辅佐之力。后世疑周公杀其兄,以朕观之,为社稷大计,亦不当非也。'"①

记载仅是片断,或仅是前台戏,台后的内容应该更丰富。韩昉让熙宗知道《贞观政要》,也会让他知道"玄武门之变"、武周乱唐的历史。韩昉讲这些乱世经典意在使熙宗明白自己的处境与出路。管、蔡之乱与金朝的现实有可比之处,同是幼主,辅政者同是伯叔辈,乱政者也是伯叔辈,所以,熙宗在管蔡之乱问题上大有开悟。

熙宗果决铲除宗磐等,韩昉的作用不能小视。杨果先生指出:"韩昉有关君主昏明、黜奸用贤的道理,打动了熙宗,事后不久,熙宗便下决心诛杀皇伯宗磐、皇叔宗隽等人。"②韩昉从古代圣人的行为中,为宗干、熙宗找到行动的依据,从思想上打消了熙宗与宗干的顾虑,使之决心除掉宗磐,并进行周密的部署。"朔旦伏兵于内,宗磐等入见,擒送大理狱"③。铲除宗磐党羽"凡七十二王"④,此数目可能不甚准确⑤,仅可视为被杀人数的参考,是认识问题的一个方面,从另一方面可以把问题看得更清楚。参与平叛而授勋者的情况也反映出当时斗争的严峻。宗秀"与平宗磐、宗隽之乱,授定

---

① 《金史》卷4《熙宗本纪》,第74页。
② 杨果:《金代翰林与政治》,《北方文物》1994年第4期。
③ [宋]熊克:《中兴小记》卷27《起绍兴九年七月尽十二月》,第303页。
④ [宋]洪迈:《容斋随笔》三笔,《四部丛刊续编》(五一—五二)卷5《北虏诛宗王》,上海书店,1984年,第7页。
⑤ [日]外山军治:《金朝史研究》,李东源译,黑龙江朝鲜民族出版社,1988年,第240—241页。

远大将军,以宗磐世袭猛安授之"①;宗宪"以捕宗磐、宗隽功。授昭武大将军"②;宗亨"擒宗磐、宗隽有功,加忠勇校尉,迁昭信校尉、尚厩局直长"③;思敬"以捕宗磐、宗隽功,迁显武将军"④;海里"与定宗磐、宗隽之乱,再迁广威将军,除都水使者"⑤;乌林答晖"以捕宗磐、宗隽功授忠勇校尉,迁明威将军"⑥;宗永"以宗室子预诛宗磐,擢宁远大将军"⑦;完颜勖"预平宗磐之难,赐与甚多,加仪同三司,以'皇叔祖'字冠其衔"⑧。这些宗室贵族参与及功赏足以说明诛宗磐等的混战规模。

铲除宗磐势力,韩昉在思想上的导向是非常关键的,推动熙宗与宗干果断地迈出关键的一步,暂时维护了熙宗皇权的稳定,为官制改革及熙宗巡幸燕京排除了干扰。韩昉草诛宗磐诏书,进一步暴露了他在铲除宗磐事件中的理论导向作用。诏略曰:"周行管叔之诛,汉致燕王之辟,惟兹无赦,古不为非。"⑨诏书的言辞与未杀宗磐前熙宗与韩昉的对话是同一基调。熙宗诛杀宗磐等,韩昉的作用不言自明。

天会十四年(1137),宗翰死。天眷二年(1139),铲除宗磐势力。女真贵族势力的削弱,官制改定筹议已基本就绪,韩昉公开为皇帝撰草《请答定官制诏》。翰林学士韩昉撰诏书曰:"皇祖有训,非继体者所敢忘;圣人无心,每立事于不得已。朕丕承洪绪,一纪于兹,只遹先猷,百为不越。故在朝廷之上,其犹草昧之初,比以大臣力陈恳奏,谓纲纪以未举,在国家之何观。且名可言而言可行,所由集事;盖变则通,而通则久,以用裕民。宜法古官以开政府,正号以责实效,著仪而辨等威。天有雷、风,词命安得不作;人皆颜、闵,印符然后可捐。凡此数条,皆今急务。礼乐之备,源流在兹。期以必行,断宜有定。仰惟先帝,亦鉴愚衷。神岂可诬,方在天而对越;时由易偶。若非地则皆然。是用载惟,殆非相反,何必改作。盖当三复于斯,

---

① 《金史》卷66《宗秀传》,第1560页。
② 《金史》卷70《宗宪传》,第1616页。
③ 《金史》卷70《宗亨传》,第1619页。
④ 《金史》卷70《思敬传》,第1625页。
⑤ 《金史》卷72《海里传》,第2620页。
⑥ 《金史》卷120《乌林答晖传》,第2629页。
⑦ 《金史》卷65《宗永传》,第1547页。
⑧ 《金史》卷66《完颜勖传》,第1559页。
⑨ [宋]熊克:《中兴小记》卷27《起绍兴九年七月尽十二月》,第303页。

言皆曰可行,庶将一变而至道,乃从所议,用创新规。维兹故土之风,颇尚先民之质,性成于习,遽易为难,政有所因,殆宜仍旧。渐期胥效,禽致大同。凡在迩遐,当体朕意。其所改创事件,宜令尚书省就便从宜施行。"①

《定官制诏》条陈改官制的重要,"渐祈胥效,禽致大同"。韩昉站在熙宗背后,努力地塑造熙宗,使之在言与行上接受儒家文化,具备"汉人天子"的素养。熙宗巡幸燕京期间,对汉文化的接受是一次飞跃,其中"尊孔"的言与行多出于韩昉的教导。适时,韩昉为济南尹,熙宗至燕京,韩昉接驾、觐见是必然的,孔子及其治世思想是韩昉向熙宗进言的主要内容,通过尊孔、祭孔使熙宗对儒家文化的接受具体化。天眷三年(1140)十一月,以孔子四十九代孙孔璠袭封衍圣公。皇统元年(1141)二月,熙宗亲祭孔子庙,北面再拜。熙宗耳濡目染儒家文化,其思想很快出现一个新的飞跃。熙宗谓侍臣曰:"朕幼年游佚,不知志学,岁月逾迈,深以为悔。孔子虽无位,其道可尊,使万世景仰。大凡为善,不可不勉。"②韩昉指导熙宗读《尚书》《论语》《五代史》《辽史》诸书,向他渗透文治思想,以致侍臣进诗贺宗弼捷报,熙宗竟不合时宜地出言:"太平之世,当尚文物,自古致治,皆由是也。"③熙宗言辞突兀,完全是被教唆的结果。熙宗需要韩昉的教导与辅佐,辅佐熙宗的宗干在垂暮之际也意识到韩昉对熙宗的重要性,皇统元年四月,拜韩昉为参知政事。

三、韩昉一而再地求退

韩昉从天会十二年(1134)入礼部,在职凡七年。历礼部尚书、翰林学士、济南尹,皇统元年拜参知政事。"皇统四年,表乞致仕,不许。六年,再表乞致仕,乃除汴京留守,封郓国公。复请如初"④。皇统七年十二月,罢参知政事,以仪同三司致仕。韩昉急切求退与熙宗皇权失控、熙宗个人的颓废有直接的关系。

从燕京返回金上京的途中,辅佐熙宗的宗干死去。宗干作为熙宗的养

---

① [宋]徐梦莘:《三朝北盟会编》卷166《炎兴下帙六十六》,引[宋]洪皓《金国闻见录》第8页,总1198页。
② 《金史》卷4《熙宗本纪》,第77页。
③ 《金史》卷4《熙宗本纪》,第77页。
④ 《金史》卷125《韩昉传》,第2715页。

父,深得熙宗信任。作为太祖的庶长子,凭藉威望也能够在一定程度上控制宗族秩序。但他一死,内政无人辅佐,熙宗在政治上鲜能寡智,使皇权失控。其主要表现为:

一是皇后擅权。《金史·后妃传》有载:"后干预政事,无所忌惮,朝官往往因之以取宰相。"①刘筈"以能得悼后意,致位宰相"②。卢彦伦"能迎合悼后意,由是颇见宠用。岁余,迁侍卫亲军马步军都指挥使,为宋国岁元使"③。

二是熙宗感到朝中无人辅佐,逐渐改变天眷以来压制宗族的政策,使宗族势力复起。皇统二年(1142),"复太宗子胡卢(宗固的女真名)为王"④,判大宗正,"六年,为太保、右丞相兼中书令"⑤。太宗其他诸子宗雅于皇统二年复封为代王,宗本于皇统九年除右丞相兼中书令,升为太保、领三省事。宗族势力的复兴对熙宗的皇权来说是"请神容易送神难"。宗室贵族一经起用,熙宗不但不能控制他们,反而要受制于宗室贵族。适时,"海陵尝与秉德、唐括辩私议,主上不宜宠遇太宗诸子太甚"⑥。当时朝中用事者主要有两种势力:第一是太祖系、太宗系的宗族势力,宗弼、宗敏、宗固、完颜亮、萧仲恭等;第二是谄事熙宗与悼后者,刘筈、萧肄等。实际掌权的是前者。

宗族大臣执掌朝政,弊病歧出。首先是宗族内部争权倾轧不已,皇统六年以后,《金史·熙宗本纪》记载朝廷大事就是宗室大臣权力的不断调整,右丞相韩企先于是年薨,右丞相的权位相继传递在宗固、宗贤、萧仲恭、完颜亮手中;八年十一月,宗弼薨,都元帅一职又开始在贵族手里传来传去。十二月,以左丞相宗贤为太师、领三省事兼都元帅。九年(1149)正月,都元帅宗贤罢,右丞相亮兼都元帅,接着左副元帅宗敏为都元帅。六月,左丞相宗贤兼都元帅。权力的不断调配是宗室贵族内部争权斗争的反映,权力无论如何分配都无法消除矛盾,尤其在女真社会缺乏等级秩序、没有等级观念的情况下,矛盾的冲突往往是你死我活的。"学士张钧草诏忤旨死,

---

① 《金史》卷63《后妃传上》,第1503页。
② 《金史》卷78《刘筈传》,第1773页。
③ 《金史》卷75《卢彦伦传》,第1716页。
④ 《金史》卷4《熙宗本纪》,第79页。
⑤ 《金史》卷76《宗固传》,第1731页。
⑥ 《金史》卷76《宗固传》,第1731页。

熙宗问：'谁使为之？'左丞相宗贤对曰：'太保（当时任此职者为完颜亮）实然。'"①虽说是据实禀报，但置完颜亮于死地的嫌疑不能排除。

其次是宗室贵族在朝廷内外排斥非"本国人"。皇统六年，宇文虚中、高士谈被杀的直接原因就是他们不能为女真贵族所容。七年，田珏狱案株连者多是被冤枉的，其中也有非"本国人"的因素。韩企先向宗弼举荐田珏为相，宗弼说："此辈可诛。"②刘仲洙等人认定是蔡松年、曹望之"毁短之于宗弼"的结果③。其实，蔡松年等的毁短仅是问题的一个方面，根本问题是朝中没有田珏为右丞相的位置，韩企先死后，接连任右丞相者是宗固等宗室大臣，权力的核心位置除刘筈等几个谄事悼后者外，非"本国人"不能染指，蔡松年也只是刑部员外郎。所以说"田珏党事起，朝省为之一空"④，其中一定有排斥非"本国人"的因素。排斥非"本国人"的范围很广，"皇统五年（1145），将肆赦，议覃恩止及女直人"⑤，被宗宪阻止。八年十一月，左丞相宗贤等进言："州郡长吏当并用本国人。"⑥尽管熙宗驳斥说："四海之内，皆朕臣子，若分别待之，岂能致一？"⑦熙宗的圣人之言抵不过当权贵族的势力，非本国人被排挤，甚至无端被杀戮是不可改变的事实，熙宗朝的现实，不能仅凭熙宗留下几句鹦鹉学舌式的圣人之言，就把他视为圣人，韩昉能教熙宗说圣人的言语，但不能把他变成明君，明君不是只靠帝王之师培育出来的，而是帝王本身的素质与所处的社会相济相生的结果，熙宗与其背后的韩昉不能改变女真社会的现实，再加上熙宗自身的无能，韩昉为帝王之师的处境很危险。

在这样的政治环境中，韩昉求退既是智举，也是被迫。宗磐兄弟们的势力复起，韩昉意识到威胁的存在，担心被报复，求退无疑是智举。朝廷排斥非"本国人"，韩昉也在被排斥之中，即使留居参政，也是尸位素餐而已，到头来还是被排挤出局。皇统七年（1147）十一月，兵部尚书秉德（完颜宗

---

① 《金史》卷5《海陵本纪》，第92页。
② 《金史》卷89《孟浩传》，第1979页。
③ 《金史》卷89《孟浩传》，第1979页。
④ 《金史》卷81《伯德特离补传》，第1826页。
⑤ 《金史》卷70《宗宪传》，第1616页，载："皇统五年，将肆赦，议覃恩止及女直人，宗宪奏曰：'莫非王臣，庆幸岂可有间邪。'遂改其文，使均被焉。"
⑥ 《金史》卷4《熙宗本纪》，第85页。
⑦ 《金史》卷4《熙宗本纪》，第84页。

翰孙)进三角羊①。十二月,参知政事韩昉罢,秉德代替韩昉为参知政事。

　　混乱的政治局势是韩昉求退的外部环境因素,求退的内在决定因素是熙宗的颓废与不可匡救。韩昉对熙宗皇权的发展是尽心竭力的,为把熙宗从女真酋长塑造成"汉人天子"更是苦心孤诣。但熙宗自皇统初年,"荒于酒,与近臣饮,或继以夜。宰相入谏,辄饮以酒,曰:'知卿等意,今既饮矣,明日当戒。'因复饮"②。酗酒,荒怠朝政,接着妄杀,甚至手刃大臣、皇后,熙宗的颓废使正在确立过程中的皇权、皇权政治濒于危机的深渊。

　　关于熙宗的颓废多归因于"济安薨后,数年继嗣不立,后颇掣制熙宗。熙宗内不能平,因无聊,纵酒酗怒,手刃杀人"③。子嗣不立、皇后肆意后宫是加剧熙宗颓废的因素,不是根源。熙宗颓废的根源来自于内心的矛盾,而内心的矛盾又起于韩昉等儒士对他的汉文化教育。汉文化进入女真社会,引起社会的变化,社会的变化是通过人的变化反映出来的。熙宗完颜亶"幼时,词臣韩昉已教之学,稍赋诗染翰"④。于是,熙宗视旧功大臣曰:"无知夷狄也。"旧功大臣视熙宗则曰:"宛然一汉家少年子也。"⑤文化的初级冲突是外在的,而且是社会性的,海陵王完颜亮接受汉文化较深,"为平章政事,颇知书"⑥。有诗曰:"蛟龙潜匿隐沧波,且与虾蟆作浑和。"⑦海陵王完颜亮把自己比作"蛟龙"与旧贵族"虾蟆"也是不相容的;文化冲突的继续发展是个人化的,而且受个人性格的影响至深,熙宗性格温弱,两种文化的冲突多集结于内心。其内心的矛盾主要表现为以下几个方面:

　　一是熙宗的精神世界与现实世界落差越来越大。自熙宗即位以来,"议礼制度"使帝王与臣下的尊卑礼仪不断完备,"天眷三年(1140),熙宗幸燕,始备法驾,凡用士卒万四千五十六人,摄官在外"⑧,在燕京"初御衮

---

① 《金史》卷4《熙宗本纪》,第83页。
② 《金史》卷4《熙宗本纪》,第78页。
③ 《金史》卷63《后妃传》,第1503页。
④ [宋]李心传:《建炎以来系年要录》卷117,第1886页。
⑤ [宋]徐梦莘:《三朝北盟会编》卷166《炎兴下帙六十六》,引[宋]张汇《金房节要》第6页,总1197页。
⑥ [宋]岳珂:《桯史》[《四部丛刊续编(五六)本》,卷8《逆亮辞怪》,上海书店,1985年,第10页。
⑦ [宋]徐梦莘:《三朝北盟会编》卷231《炎兴下帙一百三十一》,引[宋]晁公愫《败盟记》第5页,总1662页。
⑧ 《金史》卷41《仪卫志》,第928页。

冕"①。盛大的仪式鼓起了熙宗对皇权的欲望,一改从前的"端默"。到燕京仅十几天,他就行使生杀予夺的大权把完颜希尹杀掉了。宗干曾阻止熙宗说:"希尹自太祖朝立功,且援立陛下,亦与有力,愿加圣念。"熙宗竟不听,甚至"拔剑斥之"②。熙宗无视宗干的劝阻,执意要杀希尹,主要根源是熙宗入燕京的威严礼仪使他感觉到自己是高高在上的皇帝,皇帝就应该说啥是啥,容不得小视。

《金虏节要》记载了熙宗杀希尹的诏书云:"朕席祖宗之基,抚有万国,仁寿德覆罔不臣妾,而帷幄股肱之旧敢为奸欺。开封仪同三司尚书左丞相陈王希尹……心在无君,言尤不道,逮燕居而窃议谓:'神器以何归?'"③

在诛希尹诏书中,制造者的文字再现了熙宗彼时突兀地冒出的狂妄自大、不可一世的心理,这种心理支配他的言与行更是深不可测。皇统二年(1142)二月,祭拜孔庙后,熙宗大发感慨,据《金史》记载:"朕幼年游佚,不知志学,岁月逾迈,深以为悔。孔子虽无位,其道可尊,使万世景仰。大凡为善,不可不勉。"④还说:"自是颇读《尚书》《论语》及《五代史》《辽史》诸书,或以夜继焉。"⑤从二月到五月启程返回上京的三个月,熙宗日日夜夜地读书,究竟能读多少不必计较,关键是他读书的心理不是出于寻找治世之道,而是来自环境的感染。熙宗回到上京,不但不读书,竟开始酗酒乱杀,从燕京到金上京是从天上落到地上,精神支柱消逝了,他向往的是在燕京时给他的威严,不愿意面对现实,是有酗酒不止。

二是现实世界矛盾重重,矛盾冲突不断淤塞在熙宗的内心。平定宗磐叛乱时,熙宗在人伦亲情与君臣大义之间就举棋不定,不知孰轻孰重,在韩昉的引导下才有决断。宗磐虽然被杀掉了,但熙宗内心的矛盾仍然没有释怀,"情不能乐也",并一而再地存恤宗磐家人。在燕京,宗弼与裴满皇后合

---

① 《金史》卷4《熙宗本纪》,第76页。
② 陈相伟校注:《完颜希尹神道碑》,载李澍田主编《金碑汇释》,吉林文史出版社,1989年,第82页。
③ [宋]徐梦莘:《三朝北盟会编》卷197《炎兴下帙九十七》,引[宋]张汇《金虏节要》第1页,总1417页。
④ 《金史》卷4《熙宗本纪》,第77页。
⑤ 《金史》卷4《熙宗本纪》,第77页。

谋攻讦完颜希尹于熙宗,熙宗也说:"朕欲诛老贼久矣。"①不久,"察其无罪,深闵惜之"②。熙宗这样出尔反尔,自己无法树立帝王的威信,而周围的宗族贵戚也不把他的皇权当回事。皇统七年(1147)四月,熙宗与臣宴于便殿,"酌酒赐元(熙宗弟常胜),元不能饮,上怒,仗剑逼之,元逃去。命左丞宗宪召元,宗宪与元俱去,上益怒,是时户部尚书宗礼在侧,使之跪,手杀之"③。很明显,因常胜有蔑视熙宗之嫌,而迁怒于宗礼,令其跪而杀之,为的是叫人知道他是皇帝。熙宗杀希尹、张钧都有向人们宣告他是皇帝的目的,明明他是皇帝,可是皇后、大臣都不把他当作皇帝,他不知所措。

韩昉作为帝王之师,能在礼仪上给与熙宗威严与皇权观念,却不能给他真实的皇权,没有皇权捍卫的礼仪是虚幻的。秦始皇东巡,浩浩荡荡的大军宣扬的是他的权力。项羽、刘邦因看到秦始皇的威仪,而觊觎他的权力。熙宗只有浩荡的仪卫,没有权力,作为皇帝,他的人格处于分裂状态,在精神世界里,韩昉等文士已经让他知道自己是一个帝王,而且让他体会到帝王在礼仪上的至尊与威严,可是在现实中,他却找不到至尊与威严,女真贵族也不给他维护至尊与威严的权力。熙宗内心的矛盾既是个人的,也是社会的,韩昉作为帝王之师,既无力改变社会,也就无法拯救熙宗。

小　结

燕云地区自古以来胡汉文化杂糅,割据政权更迭频繁,特殊的文化环境使燕云文士具有较强的适应能力,适应辽朝契丹人的统治,适应金朝女真人的统治。如果说渤海文士给女真社会提出"皇权专制"或"贵族专制"发展道路的选择问题,燕云文士则帮助女真人有效地统治中原地区,支持、鼓励了女真人对中原的占领,也推动了女真人坚定地走上皇权专制的道路。

金朝统治集团的民族性是与生俱来、无法改变的,燕云文士在继承的、遇到的、碰到的条件下创造历史,推动皇权政治的发展,但皇权政治与女真

---

① [宋]徐梦莘:《三朝北盟会编》卷197《炎兴下帙九十七》,引[宋]苗耀《神麓记》第2页,总1418页。

② 《金史》卷70《宗宪传》,第1616页。

③ 《金史》卷69《宗敏传》,第1609—1679页。

贵族的纠结,或斗争,或联合,燕云文士尽量不与其中。他们习惯隐退、善于隐退,建功不留名,折中矛盾,寻找中间道路,践行隐于朝的"大隐"。

燕云文士的"隐者"身份无意识地姑息了女真社会后进因素在皇权政治中的潜匿,扩大了皇权政治的负面作用。"隐于朝"是大智者的生存方式,不及大智者的人为了生存,就要推诿任事,从大定年间起,朝野内外推诿任事风气日盛,虽不能归咎于燕云文士,但燕云文士对金朝社会的政治认同、互动的历史过程揭示了朝野上下推诿任事的根源所在。

第四章　两宋仕金文士群体的复杂与其民族认同道路的分歧

在金朝多元政治共存的社会中,辽、宋文士虽际会于同一政治舞台,但他们的民族认同之路却不尽相同。在贵族政治与皇权政治并立的两难境地中,韩企先、韩昉等辽朝文士的政治取向基本是相同的,他们都是金初政治的适应者,政治认同是积极的。相比之下,宋朝文士民族认同之路的崎岖、坎坷则难以尽言,就"异代"文士的整体而言,宋朝文士仕金的态度与辽朝文士不同;就宋朝文士群体而言,每个个体都有着不尽相同的遭遇;就每个个体自身而言,外在的表现与内在的价值判断又是相互矛盾的,而且不同时期也有变化。

两宋文士以多种渠道入仕金朝,有主动降金者,如刘豫;有战而后降者,如张孝纯、蔡靖等;有出使滞留金地受其官职者,如宇文虚中等;有金任其官而拒受者,如洪皓、朱弁、张邵等。仕进态度的不同反映出民族认同之路的分殊,民族认同、政治认同过程中的互动关系是多层面的,积极入仕的刘豫竭力效命金朝,蝇营"伪齐"政权,渴望金朝册封;入仕金朝者中,蔡靖、吴激等是身在曹营心在汉者;宇文虚中虽然接受金朝的官爵,也为金朝做了很多事,但他始终自视为"鹤立鸡群"者,与金朝政治不兼容是明显的;洪皓等拒绝仕金,但他们通过教授女真贵族子弟,传播儒学,间接地影响了女真社会的历史进程,为民族认同之路铺砖垫石。

在宋朝文士中,宇文虚中个人的经历是特殊的,在他复杂的经历中,蕴涵了宋朝文士共同的矛盾心理,他们的内心深处都蕴藏着不同程度的裂变,诚如刘著的感慨:"浮世浑如出岫云,南朝词客北朝臣。"①

第一节　宋朝文士仕金态度的分殊与嬗变

进入金朝的宋朝文士与亡辽文士之间存在明显的三大差别:一是忠君

---

① [金]元好问:《中州集》卷2刘著《月夜泛舟》,第68页。

观念,二是故国情怀,三是忠直多于"诡随"。宋朝文士本身对忠君观念不同的人、不同时期有不同的诠释,眷恋故国情愫的浓重也因时间的推移与环境的变迁而发生变化,从忠直到"诡随"也有潜移默化的趋势。他们入仕金朝的途径复杂,仕金的态度因人、因时而异,在金朝的政治地位与结局也不尽相同。

一、宋朝文士通过多种途径入仕金朝

辽朝灭亡,宋、金共同的敌人消失了,宋、金关系由联盟走向敌对。北宋败亡,金拥有其部分土地与人口,为统治的需要,金朝统治者需要宋朝文士像需要燕云文士一样,但宋朝文士却不能像燕云文士那样步调一致地效忠金朝。

宋、金关系交恶后,两者的关系一是表现为战场上的对垒,在战场上,宋将或降或俘。知济南府刘豫以城降于挞懒,宋副元帅杜充降于宗弼,折可求降于娄室。被俘者,有以死拒仕金者,如李邈①;有先拒后降者,如张孝纯②;二是使节交聘往来,使者中有被金扣留者,如洪皓;还有因不能复命而滞留金地者如朱弁、宇文虚中。使节中,持节不辱使命者且被记载下来的居多,洪皓三授官而不从,几于濒死。洪皓、张邵、朱弁持节长达十五年之久。宇文虚中、龚璹失节而宦于金;三是占领宋地,对宋朝旧官依循待辽燕云旧官之法,"选勋贤有人望者就注拟之,具姓名官阶以闻"③。司马朴因"贤者之后",宗翰、宗望"待之加礼"④,授行台左丞,朴辞而止;再者就是开科取士,天会五年(1127),诏命宗辅曰:"河北、河东郡县职员多阙,宜开贡举取士,以安新民。其南北进士,各以所业试之。"⑤天会五年、六年、七年接连在真定、燕京、云中以经义策试"南人"⑥;最后,因在宋朝仕途不

---

① 《宋史》卷447《李邈传》,第13179页,记载:李邈守真定被俘,金人"命邈被发左衽,邈愤,诋毁甚力。金人挝其口,犹吮血噀之,翼日,自去发为浮屠,金人大怒,遂遇害"。

② [宋]徐梦莘:《三朝北盟会编》卷193《炎兴下帙九十三》,引[宋]张汇《金虏节要》第2页,总1390页,载:"孝纯守太原,几年而破为金执。至粘罕前逼令拜。孝纯曰:'……元帅乃金国大臣,某乃大宋国大臣,岂有一国大臣拜一国大臣之礼,今事至此惟有死尔。何相窘拜耶?'"但后来,迫于金朝的压力与亲情的困扰,仕于伪齐。

③ 《金史》卷3《太宗本纪》,第49页。

④ 《宋史》卷298《司马朴传》,第9907页。

⑤ 《金史》卷3《太宗本纪》,第57页。

⑥ [清]赵翼:《廿二史札记》卷28《金元俱有汉人南人之名》,第574页,载:"金元取中原后,俱有汉人、南人之别,金则以先取辽地人为汉人,继取宋河南、山东人为南人。"

达,归正金朝者,如施宜生①、刘著②、马定国③等。这些从不同途径、带着不同目的入金的宋朝文士对金朝政治的态度也因人而异,因时而变。

二、宋朝文士对金朝政治从抵触到适应

宋朝文士从不同的途径进入金朝,用事金朝的态度也不尽相同,而且随时而改变。除刘豫父子外,仕金的宋朝文士多数都经历了一个排拒的过程。张孝纯曾坚守太原,宁死不降,被囚云中,授云中路察判。金以计坠其志,先令其主文于云中进士试④,再遣高庆裔胁迫其仕伪齐政权。燕山府路安抚使蔡靖为郭药师胁迫,见宗望,初以立志舍生取义,"并戒子松年以不屈"⑤。而金人视蔡靖为"南朝之贤臣,行将大用"⑥。待以优礼,养济甚厚⑦。尽管金人多方笼络,蔡氏父子对金朝授官消极抵制多年⑧,直到天会八年(1130)十月,诏谕"辽、宋官上本国诰命,等第换授"⑨。蔡松年在换授之列,"为太子中允,除真定府判官"⑩。天会十二年(1134),蔡靖始参与朝

---

① 《金史》卷79《施宜生传》,第1786—1787页,载:施宜生"宋政和四年(1114),擢上舍第,试学官,授颖州教授。及王师入汴,宜生走江南。复以罪北走齐,上书陈取宋之策,齐以为大总管府议事官"。

② [金]元好问:《中州集》卷2《刘内翰著》,第65页,载:刘著,"舒州皖城人,宣政末登进士第,归朝预铨调,碌碌州县,年六十余始入翰林"。

③ 《金史》卷125《马定国传》,第2719页,马定国字子卿,茌平人。自少志趣不群。宣、政末,题诗酒家壁,坐讥讪得罪,亦因以知名。阜昌初,游历下,以诗撼齐王豫,豫大悦,授监察御史,仕至翰林学士。另见[金]元好问《中州集》卷1《马御使定国》,第48页。

④ [清]毕沅:《续资治通鉴》卷106《高宗建炎三年》,第2794页,载:"是秋(天会七年,1129),金元帅府复试辽国及两河学人与蔚州……云中路察判张孝纯主文。"

⑤ [宋]徐梦莘:《三朝北盟会编》卷24《政宣上帙二十四》,引[宋]沈琯《南归录》第8页,总178页,载,蔡靖见宗望前,告郭药师曰:"靖若死,举家骨肉告相公缢死,一坑埋之,并戒子松年以不屈。"

⑥ [宋]徐梦莘:《三朝北盟会编》卷24《政宣上帙二十四》,引[宋]沈琯《南归录》第8页,总178页。

⑦ [宋]徐梦莘:《三朝北盟会编》卷98《靖康中帙七十三》,引[宋]赵子砥《燕云录》第12页,总725页,载:天会五年,金人围汴京,取蔡靖家人来燕,"知燕山蔡靖,其子松年与眷属同处,金人养济甚厚"。

⑧ [宋]徐梦莘:《三朝北盟会编》卷98《靖康中帙七十三》,引[宋]赵子砥《燕云录》第12页,总725页,载:元帅府辟蔡松年为令史,但松年伙同一渤海通事在燕山"合开酒肆"。

⑨ 《金史》卷3《太宗本纪》,第62页。

⑩ 《金史》卷125《蔡松年传》,第2715页。另关于"判官"有说为"推官",详见王庆生《蔡松年生平仕历考述》,《徐州师范学院学报》1993年第1期。

廷"议礼制度"①的活动,蔡靖被金人视为"大金入燕得大贤人",但从现存的历史记载看,蔡靖在金朝政坛上并没有任何显扬,可能是抵触的情绪一直存之故。蔡靖曾对宗望说:"靖之此身实属金国,生之杀之皆在太子,然靖之心却不属金国。"②

宋朝文士仕金不显扬如蔡靖者居多,吴激、高士谈、张斛、祝简、朱之才等在官场中几乎没有作为,多因诗文留名。吴激"将宋命至金,以知名留不遣"③,金初为翰林直学士,居燕山,把自己与沦落为北人侍婢的宣和殿小宫姬相比④。出言"同是天涯""闻者挥涕"⑤,如此同病相怜者多矣。洪皓也是挥涕者之一,按洪迈《容斋随笔》记载,吴激赋长短句时,洪皓也在场⑥,若干年后,吴激再为翰林待制,在"会宁府(指金上京)遇一老姬,善鼓瑟,自言梨园旧籍"⑦。吴激顿生"海角飘零"之悲情,时间没有改变吴激的心境,"北朝"是他抹不去的"一窗凉月"。《满庭芳》(射虎将军)词云:"应怜我,家山万里,老作北朝臣。"⑧眷恋故国的诗情使他在金朝文坛颇负盛名,却枉做北朝臣。皇统二年(1142),出知深州,到官三日卒。同病相怜者还有高士谈,他感慨干戈浩荡,赋诗云:"可怜风雨胼胝苦,后世山河属外人。"⑨闲于翰林直学士职位多年,最后因家藏图书尤多获罪,与宇文虚中同就鼎镬。

---

① [宋]徐梦莘:《三朝北盟会编》卷163《炎兴下帙六十三》,引[宋]王绘《绍兴甲寅奉使录》第3页,总1177页。金朝接伴官李书兴曾对宋伴王绘说:"本朝自今制度并依唐制,衣服、官制之类,皆是宇文相公共蔡太学并本朝十数人相与评议。"王绘绍兴四年使金,即天会十二年(1134)。

② [宋]徐梦莘:《三朝北盟会编》卷24《政宣上帙二十四》,引[宋]许采《陷燕纪》第1页,总175页。

③ 《金史》卷125《吴激传》,第2718页。

④ [清]张思岩辑:《词林纪事》卷20,成都古籍书店,1982年,第538页,吴彦高《人月圆》云:"南朝千古伤心事,犹唱后庭花。旧时王谢,前堂燕子,飞向谁家?   恍然一梦,仙肌胜雪,宫髻堆鸦,江州司马,青衫泪湿,同是天涯。"

⑤ [宋]洪迈:《容斋随笔》,鲁同群、刘宏起点校,卷13《吴激小词》,中国世界语出版社,1995年,第4页。

⑥ [宋]洪迈:《容斋随笔》,鲁同群、刘宏起点校,卷13《吴激小词》,中国世界语出版社,1995年,第4页,载:"先公(指洪皓),在燕山,赴北人张总管御家集,出侍儿佐酒,中有一人,意状摧抑可怜。叩其故,乃宣和殿小宫姬也。坐客翰林直学士吴激赋长短句纪之,闻者挥涕。"

⑦ [清]张思岩辑:《词林纪事》,成都古籍书店,1982年,第539页,吴彦高《春从天上来》云:"海角飘零,叹汉苑秦宫,坠露飞萤,梦里天上,金屋银屏,歌吹竞举清冥。问当时遗谱,有绝艺,鼓瑟湘灵,促哀弹,似林莺呖呖,山溜泠泠。 梨园太平乐府,醉几度春风,鬓变星星。舞彻中原,尘飞沧海,风雪万里龙庭,写筝声幽怨,人憔悴,不似坊青,酒微醒,对一轩凉月,灯火青荧。"

⑧ 唐圭璋编:《全金元词》(上),吴激《满庭芳》,中华书局,1979年,第5页。

⑨ [金]元好问:《中州集》卷1《高内翰士谈》,第42页。

宋朝文士对金朝的抵触是比较普遍的，旧官多拒仕，士人多隐匿。为了让士子参加金朝的科举考试，女真统治者不得不"拘押"他们赴考场。

宋朝文士对金朝的抵触情绪也会因时、因事、因际遇而有所消减，但很不稳定。蔡松年在天会八年（1130）为太子中允，除真定府判官，宗弼掌权后，颇用事于行台，至海陵朝，官居右丞相。官职不断升陟，但惰于仕宦的心境时常流露在诗文中，天会九年（1131）的词作《满江红》有云："老骥天山非我事，一蓑烟雨违人愿，识醉歌悲壮一生心，狂稽阮。"①天眷元年（1138），便开始求田问舍，有诗云："问舍前年秋，已买潭西地。"②此诗题为《庚申闰月从师》，庚申为天眷三年，"前年"则为天眷元年。蔡松年在赠省都橡李彧的《雨中花》词序中所说："从事于簿书鞍马间，违己交病，不堪其扰。求田问舍，遑遑于四方，殊未见会心处。闻山阳间，魏晋诸贤故居，风气清和，水竹葱倩。方今天壤间，盖第一胜绝之境。有意卜筑于斯，雅咏玄虚，不谈世事，起其流风遗躅。故自丙辰、丁巳以来，三求官河内，经营三径，遂将终焉。事与愿违，俯仰一纪，劳生愈甚，吊影自怜。"③

宋朝文士对金朝政治的倦怠，一方面是他们心中挥之不去的故国情结，另一方面是金朝政治的晦暗迫使文士隐心于精神的故国，外在环境的变化常常促发内心的激荡。刘著，"宣政末登进士第，归朝预铨调，碌碌州县，年六十余始入翰林"④。老翰林的怨忧在他的仅存词——《鹧鸪天》中多有流露："雪照山城玉指寒，一声羌笛怨楼间。江南几度梅花发，人在天涯鬓已斑。星点点，月团团。倒流河汉入杯盘。翰林风月三千首，寄与吴姬忍泪看。"⑤

从诗词审美的视角，清人陈廷焯评说此词"风流酸楚"⑥。从一个文士泗渡宦海的经历看，无疑是他坎坷仕途的述说。此词当是入翰林后回首往事之作。一面是江南的"梅花发"，一面是天涯人已生华发。"倒流河汉入杯盘"，六十年碌碌匆匆，老翰林的失意"忍泪看"。失意者常常把故乡属意

---

① ［金］蔡松年：《明秀集》卷3《满江红》，山东海丰吴氏石莲盫本，光绪三十年（1904），第6页。
② ［金］元好问：《中州集》卷1《庚申闰月从师还自颍上对新月独酌十三首》，第26页，云："问舍前年秋，已买潭西地。高明鬼所瞰，聊取风雨蔽。濒溪树嘉木，成荫十年计。仍当作茅舍，名之以今是。"
③ ［金］蔡松年：《明秀集》卷1《雨中花》，第23页。
④ ［金］元好问：《中州集》卷2《刘内翰著》，第65页。
⑤ 唐圭璋编：《全金元词》，刘著《鹧鸪天》，第29页。
⑥ ［清］陈廷焯：《词则·闲情集》卷2，上海古籍出版社（影印），1984年，第934页。

为精神家园,刘著本苏州皖城人,皖城有玉照乡,因此,自号"玉照老人"。

文士自称"老人"多因政治仕途进入"暮年",施宜生仕齐、仕金,自号"三住老人"。蔡松年自称"萧闲老人"。蔡松年在"而立之年"求田问舍,准备建筑萧闲堂。此时金朝宗室大臣为争权竟"同室操戈",踯躅在贵族门下的文士,难免惶惶然。官场上疲惫的心理表现在思想上是茫然的,行动上无可奈何,萌生隐退心理是很自然的事。

三、宋朝文士个体的态度与政治大环境

宋朝文士入仕的途径、仕金的态度与金朝具体的政治环境相际会,在大政治环境下,个人的政治态度处于附属地位,随着政治环境的变化,个人的态度也在逐渐地发生转化。文士社会地位的变化是其认同金朝的态度与政治环境相结合的产物。一般情况下,个人能顺应金初的政治环境而改变拒绝认同态度者,社会地位提高得也比较快。

个人的政治态度要附属于大的政治环境,尤其是在皇权政治未确立前,宗室大臣操持权柄,政出多门,且更迭不居时,东、西朝廷并立因宗望的故去而结束,挞懒利用刘豫控制山东、河北,为另起"山头",而举荐刘豫。宗翰为抑制挞懒而同意册立刘豫,宗翰把刘豫拉到自己的麾下,挞懒失算了。文士的态度受政治制约非常明显,杜充、折可求与刘豫一样主动出降,但他们对宗翰的政治没有太大的意义,故不得立。杜充降于宗弼,天眷二年(1139),宗弼为都元帅,杜充为行台右丞相,与挞懒并治行台。折可求降于娄室,转年,即天会八年(1130),娄室薨,折可求失去了政治靠山。折可求在金朝基本没有地位可言。刘豫因宗翰失势,猝然被废。金朝的政治可谓翻手为云覆手为雨,连拒绝仕金的洪皓,在完颜希尹被杀后,也险遭杀戮①。

主动归降者刘豫仕金的态度非常积极,为京东、西,淮南安抚使,知东平府兼诸路马步军都总管,节制河外诸军,以其子刘麟知济南府。当得知

---

① 《宋史》卷373《洪皓传》,第11559页,载:"或献取蜀策,悟室持问皓,皓力折之。悟室锐欲南侵,曰:'孰谓海大,我力可干,但不能使天地相拍尔。'皓曰:'兵犹火也,弗戢将自焚,自古无四十年用兵不止者。'又数为言所以来为两国事,既不受使,乃令深入教小儿,非古者待使之礼也。悟室或答或默,忽发怒曰:'汝作和事官,而口硬如许,谓我不能杀汝耶?'皓曰:'自分当死,顾大国无受杀行人之名,愿投之水,以坠渊为名也。'悟室义之而止。……兀术杀悟室,党类株连者数千人,独皓与异论几死,故得免。"

太宗有意"援立藩辅,以镇南服,如张邦昌者"①,便积极运作,并得到挞懒的荐举,被太宗册立为子皇帝。刘豫的积极态度适应金朝统治的需要,女真统治者"欲豫辟疆保境,我得按兵息民也"②。当金政权对汉地的统治有一定的头绪后,伪齐政权的过渡作用随之消失,它的存废就是时间问题,时间的长短则取决于其政治靠山宗翰势力的兴衰。

金朝对宋朝文士的政策基本是以笼络为主,通过高官厚禄,优宠名贤,科举考试分经义、词赋,以经义取"南人"。宋朝文士对金朝的抵触情绪也在不断地消减,渐次认同金朝政治。女真统治者不断调整对宋朝文士的态度与政策,宋朝文士也在逐渐适应金朝的政治。金兵破汴京,取宋太学生三十人,女真统治者明确地告诉他们:"金国不要汝等作大义策论,各要汝等陈乡土方略利害。"③天会五年(1127),太宗诏谕宗辅"以河北、河东初降,职员多阙,以辽、宋之制不同,诏南北各因其素所习之业取士,号为南北选"④。金初开科取士主要是因为新占领的燕云诸州县职员多阙,为此不能不笼络士人,拘籍、押赴搜索、根刷遣送也是变相地笼络。天会五年,真定榜七十二人对策,"悉放第"⑤。六年,燕京榜是一次规模较大的科举考试,试词赋、经义者总共有六千多人,仅试经义者就取五百七十一人,主考官刘彦宗的原则是:"第一番取士,须宽诱之。"⑥七年,为缓和科举试子的抵触情绪,用宋朝归降者张孝纯主文,以上一年经义状元孙九鼎为考官。十年,宗翰试举人于白水泊,《中兴小记》和《大金国志》都咬定宗翰借机大肆排挤南人,"密诫试官不取中原人,故是岁止试词赋,不试经义"⑦。并有传闻:"草地就试,举场不公,北榜既出于外,南人不与其中。"⑧怨言来自宋人是显而易见的,传言有抱怨的成分,反映出希望参与其中的心理。由被拘押参加科举考试到抱怨科场对自己不公平,文士态度的转变已经很明显了。

---

① 《金史》卷77《刘豫传》,第1760页。
② 《宋史》卷475《刘豫传》,第13800页。
③ [宋]李心传:《建炎以来系年要录》卷2,第53页。
④ 《金史》卷51《选举志》,第1134页。
⑤ 《金史》卷127《隐逸传》,第2748页。
⑥ [清]李有棠:《金史纪事本末》卷17《舍音宗干辅政》,中华书局,1980年,第357页。
⑦ [宋]宇文懋昭:《大金国志》卷7《太宗文烈皇帝》,第115页;另见[宋]熊克《中兴小记》卷12《起绍兴二年正月尽六月》,第151页。
⑧ [宋]宇文懋昭:《大金国志》卷7《太宗文烈皇帝》,第116页;另见[宋]熊克《中兴小记》卷12《起绍兴二年正月尽六月》,第151页。

宋朝文士在科举中的地位确实不如辽朝文士，张博泉先生在《论金代文化发展的特点》一文指出："天会、皇统中进士可查的八十三人，其中原属辽籍的五十七人，占三分之二强，辽籍进士官至三品的三十六人，而宋人又重河北轻河南。后来不分南北，皆是国人，但实际上造成的事实，并没有根本改变。"[1]研究者多把宋朝文士在科举中的弱势地位归咎于宗翰对宋人的鄙视，李玉年在《金代科举沿革初探》一文中认为"宗翰等人对原宋士人的鄙视，对金朝前期的科举有很大影响，造成了重北轻南，北方士人实际地位要高于南方，直到海陵王时代仍未改变"[2]。

造成"南人"（宋朝文士）与燕云文士地位上的差别的不止是宗翰个人的原因，宋朝文士本身也存在问题，前文已分析出他们在仕金的途径、态度上的不同直接影响到他们的地位。辽宋文士之间社会地位的差别是宋朝文士与金初政治互动的结果，诚如刘锋焘先生所言："由辽、宋入金的文人，由于历史原因所造成的思想观念不同，他们对女真统治者、对金政权的态度是不同的；这种不同的态度，又反过来影响了女真统治者对他们的不同态度，二者互为因果。"[3]在宗翰眼里，宋朝文士不如燕云文士驯服，反过来，宗翰在宋朝文士的眼里是"残暴"的。忽视宋朝文士对金初政治的排拒，偏执地说白水泊试举人意在打击"南人"是不客观的。首先，试举人于白水泊是金朝区域性取士的延续。金初的科举考试是区域性的，此前已有沈州榜、平州榜、真定榜、燕京榜、云中榜。沈州、平州试词赋，真定榜只有经义场，后两榜经义、词赋均有，地域性地选拔人才的目的很明显。后三榜中，经义取士数目有大于词赋的可能，白水泊试词赋可以看作经义与词赋取士比例的一次调整。其次，试举人以词赋与女真人对辽朝文化的认同有关。女真人对辽朝的了解胜于宋，沿袭辽朝制度是其建国初期发展道路的首选。辽代科举只试词赋，白水泊近西京，是辽故地，词赋有渊学，因此，宗翰亲自在白水泊试词赋有他自身的观念与金朝的社会因素。再次，金朝取士的目的是明确的，女真统治者曾告诉宋太学生："金国不要汝等作大义策论，只要汝等陈乡土方略利害。"把"大义策论"与"乡土方略"割裂、对立，这是女真统治者对治国方略认识水平的浅陋所致，在此不深论。当时金朝社

---

[1] 张博泉：《论金代文化发展的特点》，《社会科学战线》1986年第1期。
[2] 李玉年：《金代科举沿革初探》，《东南文化》1998年第1期。
[3] 刘锋焘：《宋金词论稿》，第218页。

会的现实确实需要文士治理州县,州县的治理是横在女真统治者面前难以涉渡的河,科考取士是选拔"摸石头过河"的卒子,不需要设计桥梁的大师。基于这样的认识,就能够理解为什么宗翰辱骂"举人年老者"①。宋朝人出于政治目的,或用宋朝社会发展的标准来衡量金朝的政策,按宋朝人的思维定势推论,"南人"长于经义,白水泊试词赋不试经义,结论是排斥"南人"。这样倒置因果,也就有了为不取中原人,"只试词赋,不试经义"的说法。

白水泊试举人已反映出宋朝文士的抵触情绪正在消解,非但不用拘籍、押赴搜索、根刷遣送,甚至还有为能参加科考借用籍贯者。胡砺,磁州武安人,客于韩昉门下,"以知制诰韩昉燕人也,用昉乡贯"②,举进士第一。胡砺虽是"南人",习经义,但韩昉"馆置门下,使与其子处,同教育之"③。胡砺吸收燕云文士的教育,是其科场夺魁的关键,此次科考赋题为"好生德洽民不犯上",是经义的"神"与词赋的"体"相组合,很适于胡砺的知识结构。在胡砺身上糅合了经义与词赋教育,使之成为金朝所需要的人才,同时也使之能成为为金朝培养人才的人,胡砺为定州观察判官,督办学校,"士子聚居者常以百数,砺督教不倦,经指授者悉为场屋上游,称其程文为'元化格'"④。胡砺为官既有"南人"的刚直性格,又有燕云文士的通变智慧,常以礼折服高桢等同僚,甚至潜居王邸的海陵也被其折服。"海陵拜平章政事,百官贺于庙堂,砺独不跪。海陵问其故,砺以令对,且曰:'朝服而跪,见君父礼也。'海陵深器重之"⑤。

胡砺因兵乱沦落到韩昉门下,并得到韩昉等燕云文士的教育,宋朝文士的教育与燕云文士的教育在胡砺身上合璧,使他得以立足金朝政坛,官居翰林学士,改刑部尚书。胡砺与蔡松年年龄相仿,进入金朝官场时二十多岁,他们接受金朝社会要比蔡靖、宇文虚中等人容易。蔡松年随父降金后,虽然没有径直投奔官场,但也融入了金朝的大社会,与渤海通事在燕山

---

① [宋]宇文懋昭:《大金国志》卷7《太宗文烈皇帝》,第115页,云:"尔无力老奴……安有补于国?"
② [宋]宇文懋昭:《大金国志》卷7《太宗文烈皇帝》,第115页;另见[宋]熊克《中兴小记》卷12《起绍兴二年正月尽六月》,第151页。
③ 《金史》卷125《胡砺传》,第2721页。
④ 《金史》卷125《胡砺传》,第2721页。
⑤ 《金史》卷125《胡砺传》,第2722页。

"合开酒肆"。这个酒肆显然是为契丹人、女真人开的,在这里,蔡松年受到女真社会大课堂的教育。"商场"的见识成了他斡旋官场的资本。在人际关系上,他从宗翰的元帅府,转到宗弼的行台省,政敌说他"以微巧得宗弼意"①,语言虽然有些尖刻,但还是能说明他得到了宗弼的赏识。虽遭到田珏的排挤及其余党的诋毁,终不能奈之何。海陵朝的政治氛围进一步推动了蔡松年等人政治态度的转变,刘锋焘指出:"以蔡松年为代表的老一代文士已完成了其思想及其文化人格的转变,日趋与金政权合作,不再眷恋宋室;而成长于金源的年轻一代士子,由于其不同于先辈的出身、经历,由于当时帝王的雄心大志以及由此造成的时代氛围,充盈于他们心中的完全是一种昂扬乐观、奋发向上的精神状态;这样一种心态,与金初'宋儒'们的心态是迥然不同的。"②

蔡松年、胡砺适应金朝政治的宦海经历代表了宋朝文士仕金态度转变的大方向。天会十二年(1134),朝廷以改定制度诏中外,辽、宋文士有了合作的基点,韩企先、韩昉、宇文虚中、蔡靖、吴激、高士谈等从门人客卿转为朝臣,参与朝廷议礼制度,推动金朝政治由武力征伐转向注重文治。是年,科举赋题为"天下不可以马上治",有力地说明了金朝政治也为宋朝文士态度的转向提供了现实基础,民族认同之路需要双向营造。

第二节 宇文虚中从"南冠客"到"国师"③

宇文虚中(1079—1146),字叔通,成都华阳人。登宋大观三年(1109)进士第,历官州县,入朝为参议官,资政殿大学士,除签书枢密院事。北宋末年三使金国。南宋初年,因政敌短毁,又被罪四出金国不返,入仕金朝为翰林学士。皇统六年(1146),被诬"以图书为反具",举家罹难。

宇文虚中出使的复杂动因加上金朝具体的政治环境,使这位宋朝的资政殿大学士入仕金朝后,留下诸多难以说清的问题:一是他被罪出使金营,祈请二帝还朝。金朝不可能令二帝归朝,虚中请二帝还朝立功的机会几乎

---

① 《金史》卷89《孟浩传》,第1979页。
② 刘锋焘:《宋金词论稿》,第225页。
③ 李秀莲:《试析宇文虚中羁旅金营时期的诗作及其心路历程》,《佳木斯大学社会科学学报》2012年第1期。

是没有的,他无功难以归宋,同时留在金营也是为宋朝政敌所迫,在这种情况下,入仕金朝很难说是自愿还是被迫的;二是他一方面为金朝做事,另一方面又不认同金朝的政治环境,以"矿卤"视女真贵族,并"讥讪"他们,结果是劳而无功,"积怨"至深。被迫仕金者内心无法排遣的矛盾通过与女真贵族的冲突而外显;三是他被金人称誉为"国师",却被诬"以图书为反具",身焚族灭。

一、宇文虚中四使金营

宋朝文士的忠君观念、故国情怀、忠直秉性在宇文虚中身上都有所体现,但北宋降战的局势不定,忠君的宇文虚中一面进言献策,一面为和议而奔走。宣和间,虚中为参议官。上书有言:"用兵之策,必先计强弱,策虚实,知彼知己,当图万全。今边圉无应敌之具,府库无数月之储,安危存亡,系兹一举,岂可轻议?且中国与契丹讲和,今逾百年,自遭女真侵削以来,向慕本朝,一切恭顺。今舍恭顺之契丹,不羁縻封殖,为我蕃篱,而远逾海外,引强悍之女真以为邻域。女真藉百胜之势,虚喝骄矜,不可以礼义服,不可以言说诱,持卞庄两斗之计,引兵逾境。以百年怠惰之兵,当新锐难抗之敌;以寡谋安逸之将,角逐于血肉之林。臣恐中国之祸未有宁息之期也。"①

虚中的上书并未奏效,当宗望、宗翰分道入侵时,宋帝方觉虚中所言极是。金兵再困汴京城,虚中往复三使金营。一使是辩姚平仲劫营②非朝廷

---

① 《宋史》卷 371《宇文虚中传》,第 11526—11527 页。
② [宋]徐梦莘:《三朝北盟会编》卷 33《靖康中帙》,引[宋]李纲《传信录》,第 5—6 页,总 246 页。载:靖康元年(1126)正月"二十七日,与……种师道、姚平仲、折彦质同对于福宁殿,议所以用兵者。余(李纲)奏曰:'金人兵,张大其势,然得其实数不过六万人……其精兵不过三万人。吾勤王之师集城下二十余万,固已数倍之矣。虏以孤军入重地,正犹虎豹自投栏阱中,当以计取之,不可与角一旦之力。……以重兵临贼营,坚壁勿战……俟其刍粮乏、人马疲,然后以帅檄取誓书,须还三镇,纵其归,半渡而后击之,此必胜之计也。'上意深以为然,众议亦允。即分遣兵,而期二月六日举事。盖阴阳家言是日利行师,而姚古、种师中之兵亦将至故也。其约已定。姚平仲者……上以其骁勇,召对内殿,赐与甚厚,许以成功当有节钺茅土之赏。平仲武人,志得气满,勇而寡谋,谓大功可自有之,先期于二月一日夜,亲率步骑万人以劫金人之寨,欲生擒所谓斡离不者,取康王以归。虽种师道宿城中弗知也。余时以疾,给假卧行司矣,夜半,上遣中使降亲笔曰:'平仲已举事,决成大功,卿可将行营司兵出封邱门为之应援。'余虽剡子辞以疾,且非素约,兵不预备。斯须之间,中使三至,责以军令。不得已,力疾会左右中军将士,诘旦出封邱门"。姚平仲劫营,金军派使臣到宋朝责问,钦宗、李邦彦赶忙又派使臣去金营解释劫营非朝廷意,送上三镇地图求和谢罪。

之意;二使是改以肃王赵枢为质,请康王赵构归。使回除签书枢密院事;三使是交涉太原、中山、河间三镇。金人索要三镇,虚中泣曰:"太宗殿在太原,上皇祖陵在保州,讵忍割弃。"①金军甫退,台谏言官以三镇议和之过归罪虚中,虚中上《自辩奉使事疏》申诉:"元议与金人三镇及金帛骡马,遣使送誓书,差沈晦为国信使,奉今上皇帝出城至房营,皆是正月上旬、中旬事,臣是时在畿甸收拾援兵。至二月一日,姚平仲劫寨失利,虏人复攻城,臣自拱州与李邈收集东南兵入援。至初二日,奉圣旨宣召,自陈州门钓上城入对,被命出城,面奉渊圣圣旨。明切劫寨非朝廷之意,须要奉迎今上皇帝还阙。当时所与物,止鞋带四百条,水银鹏砂十许斤,敌中王汭等所用,别无其它,自有奉使月日可考。若不分明剖析,恐身首异处,家族残灭,亦未足消弭人言。"②

尽管割让三镇与虚中无关,但他还是被一贬再贬。罢知青州,寻落职奉祠。建炎元年(天会五年,1127),窜韶州。朝廷反省因议和误国的过失,虚中成了徽、钦二帝投降政策的替罪羊。皇权至上的时代,皇帝永远是好皇帝,即使出现问题也是因奸臣、庸人的蛊惑,虚中就这样被当作"蛊惑者",被上议和误国之罪的。《三朝北盟会编》记载:"虚中既奉三镇诏书至金人军中,自以为有和戎之功。识者笑之。"③

建炎二年(1128),康王寻求出使金营者,虚中自被贬途中应诏,复资政殿大学士,祈请使。虚中第四次出使金营,目的是请回二帝,立功复官。徽、钦二帝能否请回取决于宋、金关系,更准确地说是取决于金对宋的态度,女真贵族没有存留赵氏国祚的打算,天会五年(1127)三月,立张邦昌为大楚皇帝,非赵氏傀儡政权的建立表明了女真贵族的态度,放回二帝是不可能的。祈请二帝的差事能落到被贬的虚中身上,说明南宋官员清楚地认识到请回二帝的难度。虚中把复官的赌注压在请回二帝的身上是必然要输的。

---

① 《宋史》卷371《宇文虚中传》,第11528页。
② [宋]徐梦莘:《三朝北盟会编》卷215《炎兴下帙一百十五》,引[宋]宇文虚中《行状》第1页,总1545页。
③ [宋]徐梦莘:《三朝北盟会编》卷215《炎兴下帙一百十五》,引[宋]李纲《传信录》第6页,总1547页。

二、"南冠客"滞留金营的复杂情感

虚中祈请二帝不成,金人遣其归,虚中虑无功而返,怵朝廷言者弹劾,以"奉命北来祈请二帝,二帝未还,虚中不可归"①,滞留金营。虚中滞留金营首先是被宋朝政敌所逼迫,而非金人扣留。

虚中留金的根本原因是他在宋仕途不达所致,他使金的目的是双重的,即请回二帝,改变他在官场上的困境。二帝请不回来,他的目的没有达到,所以,他说:"二帝未还,虚中不可归。"甚至"尝梦挟日以飞"②。在进退两难的情况下,留在金营,自称"南冠客",其复杂的心情已在诗文中流露出来。

宇文虚中初留金营,对生死两茫然。建炎三年(天会七年,1129)正月,与虚中一同出使的副使杨可辅归宋。金遣虚中归,他不肯归宋。但他知道,留在金营,是生是死他不能把握,物议是与非他也不能决定。《己酉岁书怀》真实地反映出他此时的心境:"去国匆匆遂来年,公私无益两茫然。当时议论不能固,今日穷愁何足怜。生死已从前世定,是非流与后人传。孤臣不为沉湘恨,怅望三韩别有天。"③

茫然不能自持的宇文虚中想到屈原"忠而被谤""不为沉湘恨",以宽慰自己的失意,希望自己留在金营能扭转形势,使二帝还朝,建功赎罪,别有一番天地。"三韩"原指古代(公元前2世纪至公元4世纪左右)朝鲜半岛南部的马韩、弁韩、辰韩三个部落,诗中借指东北,二帝当时驻地韩州,"怅望三韩"是对二帝的殷殷关切。

能否请回二帝对他回宋至关重要,是他回宋唯一的指望,"尝梦挟日以飞",也确实反映了他内心的期盼。他对请回二帝抱有一线希望,持节的信念也还坚定。

宇文虚中羁旅金营自谕为"客",客者飘忽的命运确实是别有一番天地。天会八年(1130),伪齐政权建立,元帅府密议以张孝纯相刘豫政权,便以遣归故里诳孝纯,实则曲道迫其仕齐。孝纯、虚中俱在云中,且不知内

---

① 《宋史》卷371《宇文虚中传》,第11528页。
② [宋]徐梦莘:《三朝北盟会编》卷215《炎兴下帙一百十五》,引[宋]宇文虚中《行状》第5页,总1547页。
③ [金]元好问:《中州集》卷1宇文虚中《己酉岁书怀》,第7页。

情,孝纯将行,虚中寄诗与孝纯,仅存断句曰:"有人若问南冠客,为道西山赋蕨薇。"①虚中自语"南冠客",而且有"赋蕨薇"的雅兴。看来,虚中在宋的失意已被搁置一边。《从人借琴》云:"峄阳惯听凤雏鸣,泻出冷然万籁声。已厌笙簧非雅曲,幸从炊爨脱余生。昭文不鼓缘何意,靖节无弦且寄情。乞与南冠囚絷客,为君一奏变春荣。"②

此诗中的"南冠"与断句的"南冠"不同,断句的"南冠"直接指代虚中本人,本诗的"南冠"则有典故在其中。《左传·成公九年》云:"'南冠而絷者,谁也?'有司对曰:'郑人所献楚囚也。'……公语范文子。文子曰:'楚囚,君子也。言称先职,不背本也。乐操土风,不忘旧也。称大子,抑无私也。名其二卿,尊君也。不背本,仁也。不忘旧,信也。无私,忠也。尊君,敏也。仁以接事,信以守之,忠以成之,敏以行之。事虽大,必济。君盍归之?使合晋、楚之成。'公从之,重为之礼,使归求成。"③"乞与南冠囚絷客",表达虚中希望自己与"楚囚"一样促成秦晋之盟,宋、金之盟一旦成立,因而有下文:"为君一奏变春荣。"

从虚中在其诗文中对议和所表现出的期待和乐观心情,可推测此诗当作于天会十年(1132)。时金人让虚中传话王伦、朱弁,"言和议可成"④。《宋史·王伦传》记载:"粘罕(宗翰)忽自至馆中与伦议和,纵之归报。是秋,伦至临安,入对,言金人情伪甚悉,帝优奖之。"⑤宋、金史料都记载了天会十年金遣王伦归宋告议和事,宋帝大喜。这就是虚中希望议和成功,"为君一奏变春荣"的谜底。

虚中初留金营称自己是"客","客"者的心情与亡国者的心情是不同的,不同的心境导致他们诗作的意境也不尽相同。吴激被金扣留,滞留在燕京。洪皓子洪迈记载其父初使金营,常与吴激、宇文虚中等人集会,宴饮时,出佐酒的侍儿本是宣和殿小宫姬,宇文虚中、吴激赋长短句纪之。

虚中成《念奴娇》曰:"竦眉秀目,看来依旧是,宣和妆束,飞步盈盈姿媚巧,举世知非风俗。宋室宗姬,秦王幼女,曾嫁钦慈族。干戈浩荡,事随天地

---

① [宋]徐梦莘:《三朝北盟会编》卷149《炎兴下帙四十九》,引[宋]刘一止《论时政》第12页,总1085页。"蕨"和"薇"是两种多年生的草本植物。
② [金]元好问:《中州集》卷1宇文虚中《从人借琴》,第7页。
③ [清]洪亮吉:《春秋左传诂》(下册),卷11《成公》,中华书局,1987年,第459—460页。
④ 《宋史》卷373《朱弁传》,第11551页。
⑤ 《宋史》卷371《王伦传》,第11523页。

翻覆。　一笑邂逅相逢,劝人满饮,旋旋吹横竹。流落天涯俱是客,何必平行相熟。旧日黄花,如今憔悴,付与杯中醁。兴亡休问,为伊且尽船玉。"①

吴激作《人月圆》曰:"南朝千古伤心事,犹唱《后庭花》。旧时王谢,堂前燕子,飞向谁家。　恍然一梦,仙肌胜雪,宫髻堆鸦,江洲司马,青衫泪湿,同是天涯。"②

二者词作造诣高下历史上已有定论③,无需赘言。但造成诗文高下的不同处境与感情因素尚鲜有谈及。对宋朝的灭亡,虚中据事直言:"干戈浩荡,事随天地翻覆。""兴亡休问"。显然,虚中笔触着意在叙事、在身外。吴激是燕山失陷时被俘者,是亡国的遗民,所言"南朝千古伤心事",从心底发出的呻吟是切肤的亡国之痛,与因亡国而飘零的小宫姬是同样的命运,是有"同是天涯"之句。"闻者挥涕"④,方触动虚中,使之"茫然自失"。虚中虽也有流落天涯的感觉,但他认为自己是"南冠客",是负有使命者,暂且流落天涯,"客"的身份隔断了他与吴激、小宫姬心与心的相知。

词中的"客"字是很重要的信息源,是作者写作的出发点,也是写作背景。此作品当写作于虚中羁留金营时期,而不是皇统二年(1142)。有人根据《容斋随笔》载:"先公(洪皓)在燕山,赴北人张总侍御家集。……坐客翰林直学士⑤吴激赋长短句纪之,闻者挥涕,其词云云。"⑥又载:"至于壬戌(1142),公(洪皓)在燕,赴张总侍御家宴……"⑦两则资料相综合,虚中等

---

① 唐圭璋编:《全金元词》,宇文虚中《念奴娇》,第3页。
② 唐圭璋编:《全金元词》,吴激《人月圆》,第4页。
③ [金]刘祁:《归潜志》卷8,崔文印点校,中华书局,1983年,第84页。有云:"先翰林尝谈国初宇文太学叔通主文盟时,吴深州彦高视宇文为后进,宇文止呼为小吴。因会饮,酒间有一妇人,宋宗室子,流落,诸公感叹,皆作乐章一阕。宇文作《念奴娇》……次与彦高,作《人月圆》词云……宇文览之,大惊。自是,人乞词,辄曰:'当诣彦高也。'彦高词集篇数虽不多,皆精微尽善,虽多用前人诗句,其剪裁点缀若天成,真奇作也。先人尝云,诗不宜用前人语。若夫乐章,则剪裁古人语亦无害,但要能使用尔。如彦高《人月圆》,半是古人句,其思致含蓄甚远,不露圭角,不犹胜于宇文自作者哉?"
④ [宋]洪迈:《容斋随笔》卷13《吴激小词》,鲁同群、刘宏起点校,中国世界语出版社,1995年,第107页。
⑤ 吴激为翰林直学士是在入金上京之后,初留燕京时,没有翰林直学士官衔。这是追记。
⑥ [宋]洪迈:《容斋随笔》,鲁同群、刘宏起点校,卷13《吴激小词》,中国世界语出版社,1995年,第107页。
⑦ [宋]洪迈:《容斋随笔》,鲁同群、刘宏起点校,卷3《先公诗词》,中国世界语出版社,1995年,第547页。

人的集会便发生在皇统二年(1142)①。

《容斋随笔》记载洪皓事迹多为追述，所言时间难免存在错乱，"壬戌"还需再研究。根据虚中《念奴娇》的意境，其词不会作于皇统年，皇统年虚中已入仕金朝八年，为金朝做了许多事，也是这年，金移文宋国，理索虚中等人家属，其子师瑗携家北来。这种情况下，虚中不会如此矫情地称自己是"客"。而且，距离北宋亡国已有十五年，"曾嫁钦慈族"的宋室宗姬该进入中年，不会是"竦眉秀目，看来依旧是，宣和妆束，飞步盈盈姿媚巧……"

文中提到"赴北人张总侍御家集"，"北人张总侍御"的考证有助于集会时间的考订。北人，不是女真、契丹，当是汉人。"总侍御"不是金朝正式命官的官称，金朝仅有侍御史。在燕山一带官称比较滥是在"东、西"朝廷时期及宗翰元帅府掌权时期。张总侍御在《金史》中没有记载的痕迹。从洪皓的《松漠纪闻》的记述看，张总侍御很可能是张献甫，《松漠纪闻补遗》载："北地汉儿张献甫作太原都军，都监也。其姊夫刘思与侍郎高庆裔为十友之数。张有一犀带，国初钱王所献者，号镇国宝带。是正透，中间龙形。"②

北地汉儿，即是北人，张献甫作太原都军，其家在燕山是合理的，张献甫的姊夫刘思，金初为转运使，与高庆裔友善，张献甫的得势与失势可能与其姊夫刘思有关。《金史》记载：天会十五年(1137)"六月庚戌，尚书左丞高庆裔、转运使刘思有罪伏诛。七月辛巳，太保、领三省事、晋国王宗翰薨"③。

追刘思与高庆裔伏诛，宗翰势力瓦解，张献甫、或称张总侍御在金朝也就没有地位了。《金史》没有记载，仅在洪皓的回忆中留下记载。张献甫得势的时间当在天会十五年前，宇文虚中、洪皓、吴激能在燕山相聚又在天会十二年前，虚中成《念奴娇》当在天会十年(1132)前。虚中自燕山归来，作《还舍》一诗，对赴燕山与吴激等人的集会有许多补白："燕山归来头已白，自笑客中仍作客。此生悲欢不可料，况复吾年过半百。故人惊我酒尚狂，为洗鉼罍贮春色。酒阑人散月盈庭，静听清渠流潺潺。"④

按虚中生于宋神宗元丰二年(1079)，有诗句"况复吾年过半百"可推知

---

① 王庆生：《吴激家世生平考述》，《江苏大学学报》(社会科学版)2002年第3期。另牛贵琥也主张此说。"金熙宗杀完颜希尹，吴激和宇文虚中于燕京会饮间遇故宋宫人，各为赋词。吴激之作为古今所传颂"。见牛贵琥《金代文学编年史》(上册)，安徽大学出版社，2011年，第97页。
② [宋]洪皓：《松漠纪闻》，李澍田主编《长白丛书》初集，吉林文史出版社，1986年，第52页。
③ 《金史》卷4《熙宗本纪》，第71页。
④ [金]元好问：《中州集》卷1宇文虚中《还舍作》，第4页。

此诗作于天会八年或九年的光景,洪皓建炎三年(天会七年,1129)出使金营,所以,他在燕山也是应该的。虚中到燕山是与吴激等"故人"饮宴,是有"故人惊我酒尚狂"。"自笑客中仍作客"是说他羁旅金营已是"客",再到张侍御家又为客。"此生悲欢不可料"是感慨自己的宦海经历,竟至"沦落天涯"。诗中写到"贮春色""月盈庭""静听清渠"等,可见客居金营的虚中这时的心情还不错。

宋金"和议"很快搁浅,虚中随之陷于愁苦。金遣王伦归宋,告和议可成,宋马上派潘致尧、韩肖胄、章谊等前往接洽议和事,至天会十二年(1134),宋遣魏良臣、王绘出使,王绘对和议前景已有几分担忧。王绘曰:"绘辈此行,人或以为使路通矣,无足虑者,绘独忧之,非前日之比。"①

和议搁浅的原因是双向的。宋朝方面,绍兴二年(天会十年,1132),宰相秦桧被罢免,主战派渐渐得势。三年,刘光世、韩世宗为宣抚使,岳飞为制置使;金朝方面,伪齐迁都汴京(齐阜昌三年,1131),积极准备侵宋。由于女真贵族始终没有放弃扩张疆土的欲望,而宋方收回失地的呼声随着岳飞等主战派的掌权而高涨,最终,和议搁置在疆界的划定上。和议难成,虚中顿时陷于愁苦。他在《又和九日》《中秋觅酒》二诗中表达出他的愁苦。

《又和九日》云:"老畏年光短,愁随秋色来。一持旄节出,五见菊花开。强忍玄猿泪,聊浮绿蚁杯。不堪南向望,故国又丛台。"②

《中秋觅酒》云:"今夜家家月,临筵照绮楼。那知孤馆客,独抱故乡愁。感激时难遇,讴吟意未休。应分千斛酒,来洗百年忧。"③

诗云"五见菊花开",一般认为,从天会六年(1128)出使算起,此诗当作于天会十年④。可是,天会十年八月金遣王伦回宋告议和事,此后的一段日子应该是虚中充满希望的日子,不该忧愁。忧愁应该出现在天会十一年秋,适时宋金和议无望,"愁随秋色来"。在中秋月夜,虚中讴吟孤馆客、故乡愁、千斛酒、百年忧。同年,虚中与妻书也透露出事势的严峻,并云其困苦状,"自离家五年,幽囚困苦非人理所堪……度事势决不得归,纵使

---

① [宋]徐梦莘:《三朝北盟会编》卷161《炎兴下帙六十一》,引[宋]王绘《绍兴甲寅通和录》第5页,总1165页。
② [金]元好问:《中州集》卷1宇文虚中《又和九日》,第9页。
③ [金]元好问:《中州集》卷1宇文虚中《中秋觅酒》,第9页。
④ 胡传志:《略论仕金宋人的诗歌新变》,《江西师范大学学报》(哲学社会科学版)2007年第2期。

得归,亦得在数年以后,兀然旅馆待死而已"①。离家五年整,该是天会十一年,此时虚中已经意识到宋金和议无望,自己归宋的希望越来越渺茫,近于绝望。

至此,虚中"客"的感觉发生了明显的变化,燕山集会旧友时,踌躇满志的感觉不见了,因囚禁而思归的心情更加迫切,伤心、无奈、仇恨的情感更加浓重。宇文虚中《在金日作三首》:

诗一:"满腹诗书漫古今,频年流落易伤心。南冠终日囚军府,北雁何时到上林。开口催颓空抱璞,胁肩奔走尚腰金。莫邪利剑今安在,不斩奸邪恨最深。"

诗二:"遥夜沉沉满幕霜,有时归梦到家乡。传闻已筑西河馆,自许能肥北海羊。回首两朝具草莽,心驰万里绝农桑。人生一死浑闲事,裂眦穿胸不汝忘。"

诗三:"不堪垂老尚蹉跎,有口无辞可奈何。强食小儿犹解事,学妆娇女最怜他。故衾愧见沾秋雨,短褐宁忘折海波。倚伏循环如可待,未愁来日苦无多。"②

这三首诗除了写作者伤心、愁苦、困顿外,还迸发出憎恨之情,"莫邪利剑今安在,不斩奸邪恨最深""人生一死浑闲事,裂眦穿胸不汝忘""有口无辞可奈何"。对于虚中突兀地冒出的充满仇恨的诗句,其寓意的阐释是不同的。

宋人施彦执解释说:"所谓'人生一死浑闲事'云云,岂李陵所谓欲一放(仿)范蠡、曹沫之事?……近传明年八月间,果欲行范蠡、曹沫事,欲挟渊圣以归,前五日为人告变,虚中觉有警,急发兵,直至房主帐下,房主几不得脱。遂为所擒,呜呼痛哉!实绍兴乙丑也。"③

刘克庄在《邓栝桐宇文枢密诗帖》曰:"宇文公上帖(粘)罕(宗翰)五诗,造次颠沛,不忘朝廷。其云:'人生有死浑闲事,不斩奸邪此恨深。'又云:'横磨大剑人何在,裂眦穿胸不汝忘。'岂非追原祸乱之始,恨不食京、黼、

---

① [宋]徐梦莘:《三朝北盟会编》卷215《炎兴下帙一百十五》,引[宋]宇文虚中《行状》第3页,总1546页。
② [宋]施彦执编:《北窗炙輠录》卷上,第12—13页,载[清]曹溶辑《学海类编》第六册,广陵书社(影印),2007年,第3376—3377页。
③ [宋]施彦执编:《北窗炙輠录》卷上,第13页,载[清]曹溶辑《学海类编》第六册,广陵书社(影印),2007年,第3377页。

贯、攸之月(肉)乎?"①

施彦执对三诗的误解是明显的,第一个误解是把诗的写作时间与空间定为被害前夕、金上京,第二个误解是把虚中憎恨的对象说成是女真贵族等。

刘克庄的阐释似优于施彦执,诗是呈给宗翰的,是"囚军府"的作品。当时,虚中与宗翰的关系很近,他曾对当年(天会十二年,1134)使金的杨安说,"国相(宗翰)要我入国去"②。宗翰很赏识虚中,据载:"丞相(指宗翰)得宇文相公,直是喜欢。尝说道:'得汴京时欢喜尤不如得相公时欢喜。'"③刘克庄意识到虚中苦于"频年流落",应该"追原祸乱之始"。于是,得出虚中所恨者乃蔡京、蔡攸等人的结论。刘浦江先生赞同此结论④。

蔡京、童贯固然可恨,但他们在宋钦宗时已被惩处、斩首。虚中的诗(一)中明明写到,"莫邪利剑今安在,不斩奸邪恨最深",说明他的仇敌还在。

《上乌林天使三首》之一云:"平生随楪浪推移,只为生民不为私。万里翠舆犹远播,一身幽囚敢终辞。鲁人除馆西河外,汉使驱羊北海湄。不是故人高议切,肯来军府问钟仪。"⑤

此诗也应作于军府,其中"除馆西河外""驱羊北海湄"与《在金日作三首》之二诗句相似,云"传闻已筑西河馆,自许能肥北海羊"。可见二诗的背景与作者的心境是一致的,时间当在天会十二年。"筑西河馆"和"除馆西河外"指的就是金朝"议礼制度",招徕文士之举。

关于乌林天使很难确定,有人推测是与虚中有交往的女真族外交使节⑥。虚中的《上乌林天使三首》之二提到"知君妙有经邦策,存取威怀万

---

① [宋]刘克庄:《后村先生大全集》卷105《邓椅桐宇文枢密诗帖》,第11页,《四部丛刊》本,上海书店,1989年。
② [宋]李心传:《建炎以来系年要录》卷78,第1279页。
③ [宋]徐梦莘:《三朝北盟会编》卷163《炎兴下帙六十三》,引[宋]王绘《绍兴甲寅通和录》第4页,总1177页。
④ 刘浦江:《金代的一桩文字狱——宇文虚中案发覆》,载《辽金史论》,辽宁大学出版社,1999年,第25页。写道:"我们知道此诗是虚中滞留云中时期上宗翰(粘罕)五诗之一,可见施德操显然是误解了这首诗,而刘克庄对诗意的理解才是正确的。"
⑤ 阎凤梧、康金声主编:《全辽金诗》,山西古籍出版社,1999年,第121页。
⑥ 胡传志:《略论仕金宋人的诗歌新变》,《江西师范大学学报》(哲学社会科学版)2007年第2期。

世名",可见乌林是经邦者,威望很高,而且地位稍逊于权臣宗翰(上宗翰五首,上乌林三首),此人可能是乌舍,即完颜希尹。在军府的女真贵族中,唯宗翰与希尹相近,且比较注重文治,希尹又号称"萨满",可称为"天使"。他们是金朝"议礼制度"的发起者,也是策动虚中入仕金朝的人。

此诗还说来军府是因为"故人高议切",正是故人的"高议"让他"有口无辞",让他"不汝忘"。是"故人"的构陷让他贬官,为了逃避贬官,又衔命出使,使命不完成,又难以归宋。困厄金营,虚中最恨的莫过于使其"运交华盖"的言官故人,正是他们的构陷使其处境濒危,虚中以这样的诗文向宗翰申述他自己的委屈更合乎情理。

虚中的复杂情感是洪皓、吴激等宋朝文士所没有的,虚中被罪出使,"故国"对他来说遥不可及,《和九日》云:"不堪南向望,故国又丛台。""靖节"也是虚幻、无意义的。其诗《过居庸关》①云:"花已从南发,人今又北行。节旄都落尽,奔走愧平生。"虚中既不能像吴激那样眷恋故国,又不能像洪皓那样持节不屈。正是这种经历与情感使虚中陷于矛盾中。

虚中是一个追求现实的人,在宋朝,当宋、金结盟时,他指责当局者失策;当宋、金交战时,他又忙碌着一面集结援兵,一面为和议而三使金营;当被人构陷时,为逃避贬官,再衔命出使,不念危厄。虚中被罪出使,祈请二帝,二帝不回,自己也没有归路。天会十年(1132)短暂的"和议"之风曾带来一线希望,但很快破灭。虚中在金营不是被扣留,而是委身,委身者的经历与情感是矛盾的,对南宋,虚中是想回而不能回,对金朝,不想去又不得不去。虚中委身于金朝,政治前途是暗淡的,既受金官,又非真心情愿。率真的性格无法掩饰内心的矛盾,既用事于金朝礼仪制度的改定,又屡屡讥讪女真贵族,与女真贵族之间的矛盾注定了悲剧的下场。

三、宇文虚中在金营"露才现奇"

虚中在宋朝"忠而被谤",怀才难遇,自言:"满腹诗书漫古今,频年流落易伤心。"对宋朝感情的疏离,使其放弃守节,时人夸张地说虚中"朝至上京,夕受官爵"②。贬损的言词是出于缺乏对虚中艰难处境的认识与理解。

---

① [金]元好问:《中州集》卷1宇文虚中《过居庸关》,第7页。
② 《金史》卷79《宇文虚中传》,第1795页。

在云中元帅府期间,虚中也曾以"持节"自勉。其诗文表现出他没有忘记"使命",而且还能劝勉他人。天会八年(1130),元帅府假意遣张孝纯回故里,不明真相的虚中与张孝纯有诗云:"闾里共惊新素发,儿孙重整旧斑衣。"①张孝纯坚守太原,被俘后拒绝仕金,所以虚中以同道者的身份勉励他"重整旧斑衣"。此后的诗作《从人借琴》云:"靖节无弦且寄情。"天会十年,王伦自金归宋,言:"虚中奉使日久,守节不屈。"虚中与弟书也说:"虚中困系异域,生理殆尽,困苦濒死自古所无。中遭胁迫幸全素守,惟一节一心待死而已,终期不负社稷。"②与家人书中言其生计困顿,希望家人捎寄银两接济他,足见他没有接受金朝的官禄,虚中效法伯夷、叔齐,誓不食金粟的心迹是明显的。

至天会十一年(1133)秋,作《又和九日》有云:"一持旄节出,五见菊花开。"表明虚中"持节"的信念达到了极限。转年春,"持节"的态度就发生了明显的变化。

《过居庸关》云:"奔峭从天拆,悬流赴壑清。路回穿石细,崖裂与藤争。花已从南发,人今又北行。节旄都落尽,奔走愧平生。"③

从峭壁、悬流与"人今又北行"的诗句中可推知此诗当作于去京师(后来的金上京)的途中,即天会十二年。上阕写自然景观,下阕写虚中自己的境遇,"节旄都落尽,奔走愧平生"暗示他"持节"已经没有耐心,又想到奔走劳碌实在是愧对自己。对一个追求现实的人来说,面对困顿、濒死,向金朝、向自己妥协是他人生的必然。天会十二年(1134),金朝"议礼制度",朝廷需要人才,为金所用是虚中唯一的选择和退路。

宇文虚中在云中的活动主要有三方面:一是"西山赋蕨薇"。在云中府,虚中有许多诗文传于世,仅绍兴四年(1134),托宋使杨安捎回"矾书二张、经一卷、诗一首"④;二是与洪皓等宋朝文士的往来。在云中府,与张孝纯有往来,有寄诗为证。在燕山,与吴激、洪皓等相聚,洪迈《容斋题跋》记载了此事。吴激的《人月园》与宇文虚中的《念奴娇》亦能证明他们曾相会于燕山;三是为金朝做事。

---

① [宋]徐梦莘:《三朝北盟会编》卷193《炎兴下帙九十三》,引[宋]张汇《金虏节要》第2页,总1390页。
② [宋]徐梦莘:《三朝北盟会编》卷215《炎兴下帙一百十五》,引[宋]宇文虚中《行状》第3页,总1546页。
③ [金]元好问:《中州集》卷1宇文虚中《过居庸关》,第7页。
④ [宋]李心传:《建炎以来系年要录》卷78,第1280页。

第四章　两宋仕金文士群体……民族认同道路的分歧　175

虚中为金朝做事的身份需要澄清。

《宋史·朱弁传》记载："绍兴二年（天会十年，1132），金人忽遣宇文虚中来，言和议可成，当遣一人诣元帅府受书还，虚中欲弁与正使王伦探策决去留。"①

《宋史·王伦传》记载："粘罕（宗翰）忽自至馆中与伦议和，纵之归报。"②

《金史·王伦传》也记载："天会十年，刘豫连岁出师皆无功，挞懒为元帅左监军经略南边，密主和议，乃遣伦归。"③

就《宋史》《金史》中的《王伦传》所记载的遣归之事，《宋史》的价值高于《金史》，因为王伦归宋"入对，言金人情伪甚悉"④。王伦所言当载于实录，这是《宋史·王伦传》的史源。《金史·王伦传》当是后人的追记。《宋史》中，王伦、朱弁二传记载的是发生在同一地点的同一件事，因当时王伦与朱弁作为大金通问正副使同在挞懒处。但是，《朱弁传》言"金人忽遣宇文虚中来"，《王伦传》说："粘罕（宗翰）忽至馆中与伦议和。"二传讲的是同一件事的不同角度。

《宋史·宇文虚中传》记载王伦归宋，向高宗进言："虚中奉使日久，守节不屈。"⑤王伦归宋前确实见到虚中，《朱弁传》言"宇文虚中来"不诬。前文已明确《王伦传》中，关于遣归一事的史源是可靠的。二传均是真实的，也就是说，虚中随同宗翰一起来王伦处，应该是临时传言通事译言的角色。

至虚中"北行"赴京师，涉及他如何受金朝官爵问题。关于虚中受金官爵，《金史》记载："朝廷方议礼制度，颇爱虚中有才艺，加以官爵，虚中即受之，与韩昉辈俱掌词命。"⑥虚中受金官爵是与朝廷"议礼制度"有关。

金朝"议礼制度"始于太宗朝，即天会十二年（1134），韩企先、韩昉都参

---

① 《宋史》卷373《朱弁传》，第11551页。
② 《宋史》卷371《王伦传》，第11523页。
③ 《金史》卷79《王伦传》，第1793页。
④ 《宋史》卷371《王伦传》，第11523页。
⑤ 《宋史》卷371《宇文虚中传》，第11529页。
⑥ 《金史》卷79《宇文虚中传》，第1791页。

与了这项活动①。是年,太宗以"改定制度,诏中外"。宇文虚中正适应朝廷的需要,他曾对当年使金的杨安说,"国相要我入国去"②。虚中由云中元帅府"北行"京师,是有"朝至上京,夕受官爵"之贬词。把虚中北行途中所作诗句"节旄都落尽,奔走愧平生"与贬词相联系,从中可以看出虚中至上京接受金朝官爵的必然,贬词也道出了虚中受官的真相。天会十三年(1135),"洪皓至上京,见虚中甚鄙之"③。

《金史》对虚中受金官爵的历史记载比较合理,学术界也多有认可。但是,宋朝史料记载宇文虚中向金廷举荐洪皓一事,又使虚中受金官的历史变得模糊了。民国时期的学者毛汶撰文《天会十三年宇文虚中始受金官爵辨》,提出虚中受金官爵在天眷二年(1139)④。毛氏最有力的论据就是洪皓至燕京,与虚中相见。

即《宋史·洪皓传》有云:"初,皓至燕,宇文虚中已受金官,因荐皓。金主闻其名,欲以为翰林直学士,力辞之。皓有逃归意,乃请于参政韩昉,乞于真定或大名以自养。昉怒,始易皓官为中京副留守,再降为留司判官。趣行屡矣,皓乞不就职,昉竟不能屈。金法,虽未易官而曾经任使者,永不可归,昉遂令皓校云中进士试,盖欲以计堕皓也。皓复以疾辞。未几,金主以生子大赦,许使人还乡,皓与张邵、朱弁三人在遣中。金人惧为患,犹遣人追之,七骑及淮,而皓已登舟。"⑤

推究宋朝史料所记此事的史源当是洪适《盘州文集》,其中《先君述》云:"初,宇文虚中既换金官,欲扳先君分谤,乃力荐于金廷,换先君为翰林直学士,力辞,获免。虚中为详定礼仪使,使造赦其文,复及换授。先君诉金相韩昉,乞于真定或大名养济,图逃归计,昉怒。虚中替其决,遂换中京副留守,复力辞。昉大怒,降留司判官为承德郎,趣行者屡矣。誓以死不就

---

① 《金史》卷125《韩昉传》,第2714—2715页,载:"昉自天会十二年入礼部,在职凡七年。当是时,朝廷方议礼,制度或因或革,故昉在礼部兼太常甚久云。"《金史》卷78《韩企先传》,第1777—1778页,载:"十二年,以企先为尚书右丞相,召至上京。……于是,方议礼制度,损益旧章。企先博通经史,知前代故事,或因或革,咸取折衷。"

② [宋]李心传:《建炎以来系年要录》卷78,第1279页。

③ 《金史》卷79《宇文虚中传》,第1791—1792页。

④ 毛汶:《天会十三年宇文虚中始受金官爵辨》,《国学论衡》1934年第3期,毛汶说:"或谓虚中降金,既非本愿,改官易服,系以何年。旋应之曰,是当在金熙宗建元天眷之第二年(西历1139年)。宇文虚中遇洪皓于燕京之前一岁也。"

⑤ 《宋史》卷373《洪皓传》,第11560页。

职,金法,虽未换官而曾被任使者,永不可归。遂欲以计堕先君,令校云中进士试,使者监上道,先君月损食,阳为有疾状,既至,谓院官曰:'今取士以诗赋,吾故学经耳。'曰:'岂不能出语策士乎?'考官孙九鼎者有大(太)学旧,为以疾闻,得回燕。金议遣奉使人各还其乡,因敕及之他使者,幸稍徙多占淮北,无敢言淮南者,先君实以饶州闻,张公邵、朱公弁亦自言和州、徽州人,既议和,还淮以南使者,故先君三人在遣中。"①

这段文字也被《三朝北盟会编》②转抄。仅就《盘州文集》所载金朝迫洪皓换官的时间而论,可梳理出以下环节:"初,宇文虚中既换金官……虚中为详定礼仪使……先君诉金相韩昉……令校云中进士试……既议和,还淮以南使者,故先君三人在遣中。"

"初,宇文虚中既换金官"。从洪适的记载中,无法确定具体为何时。洪适说"虚中为详定礼仪使",金朝设礼仪使,没有"详定礼仪使"官职,"礼仪使"是皇帝行大礼的引导者。《金史·礼志》记载:"侍中诣庙庭本位立,皇帝将出大次,礼仪使与太常卿赞导。"③虚中不曾为礼仪使,但洪适说"虚中为详定礼仪使"并非子虚乌有,皇统三年(1143),虚中撰写的《时立爱墓志铭》,署衔"特进翰林学士承旨知制诰兼太常卿修国史详定内外制度仪式上柱国郇国公食邑三千户实封三百户臣宇文虚中奉敕撰"④。虚中的官职确实与金朝的礼仪制度有关。四年,虚中为礼部尚书;五年,主持增谥太祖的仪式。洪适根据虚中参与"详定内外制度仪式"的具体行为,名之为"详定礼仪使"。虚中"详定内外制度仪式"的活动从其入朝就已开始,不过,熙宗巡幸燕京前后,是金朝"议礼制度"的一个重要时期,熙宗幸燕,负责法驾者有完颜希尹⑤,希尹曾依礼阻止裴满氏乘玉辂,说明他对"法驾"有一定

---

① [宋]洪适:《盘州文集》卷74《先君述》,第10页,《四库全书荟要》本,台湾:世界书局,1988年。
② [宋]徐梦莘:《三朝北盟会编》卷221《炎兴下帙百二十一》,引[宋]宇文虚中《行状》第6—7页,总1590—1591页。
③ 《金史》卷31《礼志》,第756页。
④ 河北省文化局文物工作队:《河北新城县北场村金时立爱和时丰墓发掘记》,《考古》1962年第2期。
⑤ 陈相伟校注:《完颜希尹神道碑》,李澍田主编《金碑汇释》,吉林文史出版社,1989年,第81页,载:"天眷中,车驾幸燕。帝当服衮冕、乘玉辂以入,后(裴满后)欲共载,王不可,曰:'法驾所以示四方,在礼无帝后同辂者。'"

的权力,是负责者之一。适时,虚中与希尹的关系较密切①,可能是参与法驾仪仗讨论者之一②。因而有"详定内外制度仪式"之署衔。

"先君诉金相韩昉"。韩昉是迫洪皓换官的关键人物之一,洪适称其为"金相"是不准确的,韩昉任参知政事,仅是佐宰相者。皇统元年(1141)四月,济南尹韩昉在燕京拜参知政事,五月,熙宗起驾回上京,是月,宗干薨。韩昉作为熙宗的老师,宗干定有"顾命"之托,韩昉随熙宗返上京是必然的。韩昉拜参知政事,有权迫洪皓换官的时间,仅在皇统元年四月至五月间。

"令校云中进士试"。"云中进士试"有记载的仅在天会七年(1129)举行一次,是年,洪皓出使金营至太原。云中进士试的考官确实是孙九鼎,主考官是刘彦宗,用宋朝归降者张孝纯主文。张孝纯主文是元帅府堕其志的计策③,适时,洪皓刚到金营,欲以计堕洪皓志可备一说,但当时主管科举考试者是刘彦宗,非韩昉。

对此事,《宋史·洪皓传》的记载存在问题较大。"……昉遂令皓校云中进士试,盖欲以计堕皓也。皓复以疾辞。未几,金主以生子大赦,许使人还乡,皓与张邵、朱弁三人在遣中"④。

天会七年云中进士试,韩昉在京师(后来的金上京),未曾参与过元帅府的官职,不可能在天会七年令洪皓校云中进士试。韩昉在燕京应是金熙宗巡幸燕京期间。

韩昉作为参知政事主持科举考试是可能的。至熙宗朝,科举考试分乡试、府试、会试。据记载:"金人科举之制,先于诸州分县赴试,县令为考官,号乡试。惟杂犯者黜。榜首曰乡元;次年春分,三路类试,自河以北至女真皆就燕,关西河及河东就云中,河以南就汴,皆取旨选官知举,号府试。……至秋,尽集诸路举(人)于燕,号会试。"⑤

---

① [宋]李心传:《建炎以来系年要录》卷137,第2215页,载:"先是,客星守陈,太史以告宇文虚中,虚中以告。希尹不以为怪,及是坐诛。"
② 《金史》卷78《刘筈传》,第1771页,载:"熙宗幸燕,法驾仪仗筈(刘筈)讨论者为多。"法驾仪仗讨论中,当有很多人参与,虚中应该在其中。
③ [清]毕沅:《续资治通鉴》卷106《高宗建炎三年》,第2794页,载:"是秋(天会七年,1129),金元帅府复试辽国及两河学人与蔚州……云中路察判张孝纯主文。"
④ 《宋史》卷373《洪皓传》,第11558—11559页。
⑤ [宋]李心传:《建炎以来系年要录》卷129,第2094页。

依此记载可知,云中是府试的地点,试举人而非进士,且"取旨选官知举"。皇统二年(1142),金朝曾举进士,云中府试当在此年春举行,正是洪皓居燕京,归宋前,洪皓与韩昉、宇文虚中相遇在燕京,但他们的关系需要澄清。

《先君述》是洪适根据其父的讲述再编撰的历史记录,他记录这段历史的主要目的是宣扬其父洪皓不辱使命、忠君报国的形象,至于历史的真实性对洪适来说是次要的,所以说,这段历史记载中有历史真实的成分,诸如金朝强迫宋官换授是客观存在的事实,吴激、高士谈、张孝纯、司马朴、蔡靖等都在被强迫之列,所以,《盘州文集》记载金朝一而再、再而三地强迫洪皓换官,当有其事。但是,虚中在其中的作用与角色是需要较求的。

洪皓一换为翰林直学士,《先君述》说是在虚中换官后,其力荐的结果。而且,学者多认为洪皓换官为翰林直学士是在燕京,即天眷三年(1140)至皇统元年(1141)。研究宋金关系史的赵永春先生在《洪皓使金及其对文化交流的贡献》一文说:"在燕京……宇文虚中见到洪皓以后,劝他留在金朝当官,并积极向金熙宗推荐洪皓。"[①]宋朝文士入翰林多在天会末年,蔡靖为翰林学士。高士谈入朝,为翰林直学士。马定国仕至翰林学士。吴激为翰林待制。宇文虚中,天眷间,累官翰林学士知制诰兼太常卿,封河内郡开国公。初入朝时,他也应该供职翰林。从朝廷任用宋朝文士的情势推断,迫洪皓换官翰林直学士当在天会十三年,即洪皓在金上京时,也就是洪适所言的"初"。虚中刚刚受金朝官爵,他没有权力决定洪皓换官之事,但向朝廷举荐或朝廷咨询他是可能的。此次换官,洪皓能"获免",一是他"力辞"的结果,二是希尹的作用。在云中,宗翰迫洪皓仕齐,洪浩拒绝,宗翰欲杀之[②],希尹把他救下来,打算让洪皓教其子,洪皓"获免"不能不考虑希尹的作用。希尹在燕京被杀,洪皓未被株连,是被赦免者,是有"使造赦其文,复及换授"的记载。希尹死,洪皓失去保护,他乞求到真定或大名自养,以图逃归,韩昉怒其所为。就希尹党徒而言,洪皓是戴罪之人,不宜惹怒韩

---

① 赵永春:《洪皓使金及其对文化交流的贡献》,《松辽学刊》1997年第1期。
② 《宋史》卷373《洪皓传》,第11558—11559页,云:"粘罕迫二使仕刘豫,皓曰:'万里衔命,不得奉两宫南归,恨力不能磔逆豫,忍事之邪! 留亦死,不即豫亦死,不愿偷生鼠狗间,愿就鼎镬无悔。'粘罕怒,将杀之。旁一酋唶曰:'此真忠臣也。'目止剑士,为之跪请,得流递冷山。流递,犹编窜也。惟璹至汴受豫官。"为洪皓跪请者当是完颜希尹。

昉,"虚中替其决,遂换中京副留守",无疑是帮他保命。很快韩昉随熙宗返上京,不能使洪皓屈服。

"既议和,还淮以南使者,故先君三人在遣中"。宋金和议成于皇统二年(宋绍兴十二年,1142),即"绍兴和议"。是年八月,洪皓归于宋。

在宋朝文士"第等换授"中,宇文虚中可能充当顾问的角色,顾问的工作是帮助金朝将在金的宋朝官员品秩与金朝换授的官职相匹配。洪皓奉命为大金通问使,得迁五官,擢徽猷阁待制,假礼部尚书。依"徽猷阁待制"的品秩洪皓当换翰林直学士,从四品。"替其决",换授中京副留守,诸京留守与六部尚书均为正三品,洪皓是"假礼部尚书",所以授副留守。宇文虚中的顾问角色似有"力荐于敌廷""替其决"的嫌疑,所以,洪皓认定自己被强迫换官是虚中的举荐,实则不然。

明朝人何乔新看穿了宇文虚中"丧其守"的一个关键是"露才现奇,遂为金人所用,而丧其守"①。虚中在金营"兜售"才艺使他得到宗翰的赏识,宗翰赏识虚中,金人都看在眼里,并能把宗翰赏识虚中的事告诉宋朝使臣,宋朝使臣又记下这件事。

四、宇文虚中入朝为"国师"

与宇文虚中同受金官的还有蔡靖,仕金为翰林学士②。宋人王绘出使金朝时,金朝接伴官李聿兴对他说:"本朝自今制度并依唐制,衣服、官制之类,皆是宇文相公共蔡太学并本朝十数人相与评议。"③当时参与议礼制度的辽、宋文士中,主持者有韩企先、韩昉、宇文虚中,参与者通过《大金集礼》的记载可知者有高士谈、高庆裔、蔡靖、萧庆、吴激等④。他们参与"议礼制

---

① [明]何景明:《何文肃公公集》卷12《临川洪氏族谱序》,第18页,台湾:伟文出版社,1976年,第854—855页。
② [宋]宇文懋昭:《大金国志》卷28《蔡松年传》,第399页,载:蔡靖"宋季守燕山,仕国朝为翰林学士"。
③ [宋]徐梦莘:《三朝北盟会编》卷163《炎兴下帙六十三》,引[宋]王绘《绍兴甲寅奉使录》第3页,总1177页。
④ 佚名撰:《大金集礼》卷6《追谥后》,商务印书馆,1936年,第80页,载:皇统三年(1143)八月二十二日上钦仁皇后尊谥。命待制高士谈撰册文;《大金集礼》卷3《追加谥号上》,第35页,载:(天会十三年)奉上景宣皇帝谥号,参与者有西京留守高庆裔、乾文阁直学士蔡靖摄门下侍郎读宝,礼部尚书韩昉、枢密副承旨赵轮摄中书侍郎读册,金吾萧庆等四员摄给事中举宝,乾文阁待制吴激等四员摄中书舍人举册……

度"皆不及宇文虚中显扬,金人号虚中为"国师"。

金朝"改定制度"主要有两方面的内容,即官制改定和礼制的确立。官制改革的目的是确立为皇权政治服务的官僚体制,主要由韩企先负责,"企先为相,每欲为官择人,专以培植奖励后进为己责任,推毂士类,甄别人物,一时台省多君子"①。礼制是以确立、维护皇权政治秩序为目的的,让金朝皇帝告别君民"同川而浴"的时代。熙宗时代礼制的健全比较突出,《金史·熙宗本纪》逐年记载了礼制建立和实施的过程:"(天会十三年)二月乙巳,追谥太祖后唐括氏曰圣穆皇后,裴满氏曰光懿皇后。追册太祖妃仆散氏曰德妃,乌古论氏曰贤妃。……九月壬申,追尊皇考丰王为景宣皇帝,庙号徽宗,皇妣蒲察氏为惠昭皇后。戊寅,尊太祖后纥石烈氏、太宗后唐括氏皆为太皇太后,诏中外。……十二月癸亥,始定齐、高丽、夏朝贺、赐宴、朝辞仪。"

"(天会十四年)八月丙辰,追尊九代祖以下曰皇帝、皇后,定始祖、景祖、世祖、太祖、太宗庙皆不祧。"

"(天眷元年十月)己巳,始禁亲王以下佩刀入宫。辛未,定封国制。"

"(天眷二年)三月丙辰,命百官详定仪制。四月甲戌,百官朝参,初用朝服。……六月己酉朔,初御冠服。"

"九月戊寅朔,降封太宗诸子。大司空昱罢。丙申,初居新宫。立太祖原庙于庆元宫。"

"(天眷三年八月)壬午,初定公主、郡县主及驸马官品。"

"(皇统元年正月)庚戌,群臣上尊号曰崇天体道钦明文武圣德皇帝。初御衮冕。"

"(皇统五年)十月辛卯,增谥太祖。……十二月戊申,增谥始祖以下十帝及太宗、徽宗。"②

宇文虚中在改定礼制方面贡献较多,曾羁旅金地的洪皓说:"其官制、禄格、封荫、谥讳皆出宇文虚中,参国朝及唐法制而增损之。"③金世宗也说:"熙宗尊谥太祖,宇文虚中定礼仪,以常朝服行事。"④尊谥太祖是皇统

---

① 《金史》卷78《韩企先传》,第1778页。
② 《金史》卷4《熙宗本纪》,第70—81页。
③ [宋]洪皓:《金国文具录》,李澍田主编《金史辑佚》,吉林文史出版社,1990年,第219页。
④ 《金史》卷88《石琚传》,第1960页。

五年(1145)的事,虚中定礼仪,其规模之宏大是女真社会亘古未有的。是年六月三日,熙宗诏谕礼官筹议"增上太祖尊谥"①。十九日,命礼部尚书翰林承旨宇文虚中撰册文,二十二日差应奉王竞等二员监看成造册宝。九月二十五日命太傅左丞相宗弼充大礼使,其他宗室贵戚宗敏、宗宪等充奉宝、读宝、奉册、读册等官。十月三日,皇帝亲行奉上册宝之礼。《金史》《大金集礼》都记载了行礼的经过②。

虚中主持"增谥太祖"的活动,给女真人留下很深的记忆,二十多年后,坐在皇位上的金世宗对皇统五年(1145)追加太祖谥号的事还有记忆。他对石琚说:"熙宗尊谥太祖,宇文虚中定礼仪,以常朝服行事。当时朕虽童稚,犹觉其非。"③世宗对此事的记忆说明这件事的影响很大,"犹觉其非"说明当时的人们,更准确地说是女真贵族对这件事有看法。二十多年后,金世宗把他"觉其非"的感觉篡改成虚中不该"以常朝服行事"。这是他做皇帝后,知道追赠谥号"故事",不能"以常朝服行事"。以此反推他当时的感觉,显然,此时的感觉已非彼时的感觉,甚至背离了他的原始感觉。背离原始感觉的原因是客观的、必然的。首先,从皇统五年(1145)到大定十年(1170),金朝社会经历了巨大的变化。皇统初年,韩昉等儒士是向金熙宗灌输"太平之世,当尚文物"④的思想。大定年间,女真人接受汉文化的程度与自觉已是今非昔比;其次,在隅居遐荒的金上京举行规模盛大的追谥礼仪,在不甚开化的女真人眼里,不甚理解此举的真正意义,不认为举行此追谥仪式对当时和后世有何益处,只是感觉与他们固有的生活不一样,这就是以金世宗为代表的女真人"觉其非"的共同感受;再次,世宗即皇帝位后,置身礼仪之中,当年对"赠谥太祖"仪式的异样感觉模糊了,在燕京,有举行盛大礼仪的文化氛围,在金上京"觉其非"的事就变成正常的事了,更关心"无使后世讥诮"⑤。所以,指责宇文虚中"以常朝服行事"是帝王的认

---

① 《金史》卷32《礼志》,第778页,载:太祖"尊谥曰应乾兴运昭德定功睿神庄孝仁明大圣武元皇帝"。

② 《金史》卷32《礼志》,第777—778页,载:"是日未明,翰林使、太官令丞铺设香案酒果、供具牲醴膳羞于神御……。质明……皇帝出宫开始行礼,仅皇帝行拜礼十余次;另见《大金集礼》卷3《追加谥号上》,第39—45页。

③ 《金史》卷88《石琚传》,第1960页。

④ 《金史》卷4《熙宗本纪》,第77页。

⑤ 《金史》卷88《石琚传》,第1960页。

识,已远不是当年女真贵族的感觉。还原世宗等女真贵族的原始感觉对认识、理解宇文虚中当年的处境非常重要。

世宗说他当时尚在"童稚",就其年龄来说,他已二十几岁[世宗生于天辅七年(1123),至皇统五年,是二十二岁],生理上的"童稚"期已经过去了。他的"童稚"应该是文化意义上的,是女真人认知汉文化的"童稚"期,尤其是皇统五年追谥太祖的盛大仪式,对刚刚揖别"荒蛮"的女真人无疑是"丈二和尚"。由世宗说出的"犹觉其非"是女真人的集体意识。女真人普遍认为虚中所定的"礼仪"远离了他们固有的生活轨道,有一种难以认同的感觉。世宗当时是二十多岁的年轻人,这样能够接受新事物者"犹觉其非",宗弼、宗敏等资深老贵族是什么样?史籍没有记载,但虚中"以矿卤目之"[1],已经很说明问题了。

宇文虚中把熙宗时代的礼制改定推向巅峰,按照一个宋朝文士对女真社会认同的意愿,企图用中原礼仪制度同化女真贵族,对熙宗的皇权在礼仪制度方面实施极端的推进,金人号为"国师"[2],但是,"尊谥太祖"的礼仪远远超越女真人的文化心理承受能力,女真人拒绝认同。"国师"是"福之所存,祸之所倚"。

第三节 文化认同的错位与宇文虚中之死

宇文虚中仕金后,对金朝在礼仪制度方面的贡献是客观存在的,金人称其为"国师"是无愧的。但是,"国师"猝然间成为阶下囚,接着举家灭门,甚至株连好友高士谈一家。金方史料记载虚中"以图书为反具",获罪被杀,宋人坚持旌表虚中有反金义举。文献记载的相互矛盾,使宇文虚中死因扑朔迷离,正如刘浦江先生所说,是"宋金史上沉寂八百余年的一桩疑案"[3]。

一、宇文虚中"疑案"的起因

宇文虚中疑案是由多重疑惑组成的,第一重疑惑是从"国师"到阶下

---

[1] 《金史》卷79《宇文虚中传》,第1792页。
[2] 《宋史》卷371《宇文虚中传》,第11528页。
[3] 刘浦江:《金代一桩文字狱——宇文虚中案发覆》,《辽金史论》,辽宁大学出版社,1999年,第23页。

因;第二重疑惑是"图书"居然被罗织成"反具";第三重疑惑是因图书株连高士谈及其家人;第四重疑惑是宋朝坚持旌表虚中死节。重重"疑案"的形成不是历史事件本身造成的,而是人们对它的认识存在问题。

造成宇文虚中疑案的主要原因有:一方面是对复杂历史事件本身的认识不足,虚中自身的性格、仕金的动机、礼制改定在女真人心目中的地位等问题纠缠在一起,诸事件是多因一果、一因多果、多因多果同时存在。在历史记录者不辨因果或者难辨因果的情况下,复杂的历史事件在记录中被人为地简化、误识;另一方面是不同距离、不同立场的历史记录并存,宋朝人对宇文虚中的记载带有政治目的,政治因素干扰、制约历史认识主体的能动作用。金方、宋方对宇文虚中的记载不在同一个层面上,不能等量齐观。明朝人何乔新已发现金、宋历史记载的差异,他说"由金史观之,虚中恃才而致戮;由宋史观之,是虚中以忠而受祸也。盖当时南北分裂,金史得于所见,而不能无所讳;宋史得于传,而亦未究其心也。虚中之死要不得与死节者比"①。"金史得于所见"不假,但往往是"一叶障目",只言"以图书为反具",难知所以然。为进一步认识宇文虚中案的究竟,需要回到历史事件本身梳理历史过程。

宇文虚中入仕金朝及其在金朝的地位需要重新认识。虚中仕金的原因,一是回宋"难",关键是祈请二帝完全不可能,完不成祈请使命,即使回宋,日子也不会好过;二是虚中个人的性格,"露才现奇"博得宗翰等人的赏识,况且,虚中本人对"持节"已失去信心。在这种情况下,前往金上京并受金官爵已是顺水推舟的事了。其被金朝扣留仅是表面现象。

虚中仕金的原因很复杂,有个人的性格因素,有在南宋仕宦失意的背景,有金朝笼络宋朝文士的环境。虚中与金朝仕宦关系确立的前提是虚中要表现自己的"才艺",正如何乔新所讽:"虚中虽有才艺,然将命出使,岂可自衒以求售。"②金朝需要有才艺的人,"颇爱虚中有才艺,每加官爵,虚中即受之"。累官翰林学士、知制诰兼太常卿,封河内郡开国公,书金太祖《睿德神功碑》,进阶金紫光禄大夫。皇统四年(1144),转承旨,加特进,迁礼部尚书,承旨如故。关于"转承旨,加特进"的时间当早于皇统四年,皇统三年,虚中撰写《时

---

① [明]何景明:《何文肃公文集》卷6《金杀其翰林学士宇文虚中》,第15页,总391页。
② [明]何景明:《何文肃公文集》卷6《金杀其翰林学士宇文虚中》,第15页,总392页。

立爱墓志铭》时,已署衔"特进翰林学士承旨知制诰兼太常卿……"①

虚中"自衔以求售"确实得到金朝丰厚的赏赐。皇统二年,金移文宋国,理索宇文虚中等人家属,虚中子师瑗携家北来。金人说:"如今直是通家往来,时复支赐,宅库里都满也。"②在赏识面前,虚中做事一是没有尺度。元人苏天爵说:"金初一切制度皆虚中所裁定。如册宋高宗为帝文,亦虚中在翰林时所撰。"③虚中册高宗为帝文,有悖于他曾经作为宋朝臣子的身份,仅凭此举说他是逆臣一点不过分;二是不计后果。天会十三年(1135),宗翰与宗磐争权,以"乞致仕"要挟熙宗。熙宗"批答不允,其词虚中作也"④。当时宗翰的势力尚没有明显的衰落迹象,而且,熙宗的皇权有名无实,虚中作为皇帝的代言人竟贸然参与贵族之间、贵族与皇帝之间的权力之争。虚中只管做事,不谙利害的性格与金朝政局的动荡注定他升官形同"累卵","国师"的桂冠上悬着"祸机"。

金初的政权是皇帝取其名,贵族取其实,而且"权柄"在贵族们手中飘来荡去,这是金初政治过渡时期的必然,不可改变的。入仕金朝的辽、宋文士面对的形势是共同的,但触犯"祸机"的概率是因人而异的。蔡靖、张孝纯等被迫仕金的宋朝文士,与金朝文化的距离、不兼容性与宇文虚中是一样的,但他们对金朝政治是消极退避,张孝纯在伪齐被废不久,匆匆致仕。蔡靖压根就没有合作的表示,政治陷阱也就抓不到他们;韩企先等燕云文士积极仕金,他们自愿仕金出于对金朝政治、文化的了解与适应,从而能设法使自己适应环境,躲过政治暗礁;宇文虚中既不肯放弃仕途,又没有自我保护意识。虚中"恃才轻肆,好讥讪,凡见女直人辄以矿卤目之,贵人达官往往积不能平"⑤。

金朝政局的"陷阱"是客观存在的,宇文虚中做事的性格缺陷也是由来已久,不论在宋,还是在金,他都是只管做事,不计利害。政治"陷阱"因性

---

① 河北省文化局文物工作队:《河北新城县北场村金时立爱和时丰墓发掘记》,《考古》1962年第2期。

② [宋]徐梦莘:《三朝北盟会编》卷163《炎兴下帙六十三》,引[宋]王绘《绍兴甲寅通和录》第4页,总1177页。

③ [元]苏天爵:《滋溪文稿》卷25《三史质疑》,陈高华、孟繁清点校,中华书局,1997年,第424页。

④ 《金史》卷79《宇文虚中传》,第1792页。

⑤ 《金史》卷79《宇文虚中传》,第1792页。

格缺陷而逮到虚中,"陷阱"对虚中来说是注定的,不可躲避的;虚中因性格缺陷,当面对"陷阱"时,自投罗网。因与果、果与因的关系很难理清,重重疑案就在理不清的纠缠中形成了。

二、汉文化与女真习俗的冲突

民族认同过程中,族群的互动必然出现文化冲突,文化冲突与文化认同相辅相成。宇文虚中与女真贵族的冲突实质上是民族认同之路上的两种文化的冲突,即女真贵族背后的民族文化与虚中背后的"中原"文化之间的不相容性的外显。女真文化与"中原"文化有相容的一面,也有相抵触的一面,女真文化崇尚自然,中原文化追求"礼制",崇尚自然与"克己复礼"是不相容的。虚中在金朝主要负责礼制的改定。礼仪制度在金初的社会变革中非常重要,上关皇权,下系民生。

礼制改革、移风易俗,不是容易的事。当年,宗翰要把女真人的习俗强加到被占领地域的汉人身上,就遭遇强烈的反抗。《建炎以来系年要录》记载:"金元帅府禁民汉服,又下令髡发,不如式者杀之。"[①]为抵制髡发易服,"河东、河西不随顺番贼,虽强为剃头辫发,而自保山寨者,不知几千万人"[②]。宗翰用女真文化改变汉人是这样的情形,反之,虚中用汉文化改变女真人,把女真人从无序社会推向有序社会,使之树立皇权观念,虽说以汉文化改变女真人有进步意义,不同于宗翰的倒行,这是理论上的事,对于被改变的当事人,他们的抵触情绪是一样的。由于"议礼制度"是金朝政府行为,女真人的抵触情绪在暗流中。虚中"讥讪"女真贵族,"以矿卤目之",恐怕就是在潜在的抵触上"雪上加霜"了。

虚中"讥讪"女真贵族,是他用汉文化改变女真人遭到女真人抵触而批判女真人不开化的一种方式,"以矿卤目之",是他用汉文化的标准衡量女真人的定位。虚中与女真贵族的冲突实际上是虚中持有的汉文化与女真人不肯舍弃的习俗文化相冲突的显性表现。

当然,女真人主动认同汉文化是历史发展的主流,但认同汉文化的过程中,出现排斥、抵触也是正常的事。文化冲突显性地表现出来的仅是一

---

① [宋]李心传:《建炎以来系年要录》,卷28,第560页。
② [宋]徐梦莘:《三朝北盟会编》卷115《炎兴下帙十五》,引[宋]张汇《金房节要》第12页,总844页。

部分,更多的冲突是隐性地存在着,存在于内心。女真人用"旧俗"排斥、抵触汉文化由来已久,而且是社会群体性的,连开国皇帝阿骨打也在不自觉地抵制"礼制"文化。阿骨打虽登皇位,始终不改"旧俗",甚至拒绝接受臣下行跪拜礼。对于这种事,史家多认为是原始民主制的遗风,再深入思考就不难发现,这是无意识地固守旧俗。天辅五年(1121),太祖诏谕谙班勃极烈吴乞买:"凡军事违者,阅实其罪,从宜处之。其余事无大小,一依本朝旧制。"①太祖时期,女真人用"旧俗"抵制汉文化是无意识的、不自觉的;太宗时期,两种文化的冲突已表现出不兼容性,太宗因擅用库置财物,违誓约。斜也、宗翰一面让太宗"授杖",一面行谢罪礼。作为皇帝的太宗,一面要接受女真旧俗的惩罚,一面要接受臣下给皇帝的谢罪礼。

女真社会的文化冲突与权力之争交织在一起,文化的冲突常常被权力之争掩盖起来。斜也薨,太宗有立其子宗磐为储嗣的想法,立宗磐意味着增长皇权,遏制宗室贵族的权力。宗翰等抵制太宗立宗磐,在各自争立不得的情况下,主张立太祖嫡孙完颜亶。立太祖嫡孙完颜亶是"旧俗"与汉制的混合物,先是利用女真旧制,即"兄终弟及",再传兄子,把皇位转到阿骨打家族。后是利用汉制立"嫡长"特权,把皇位继承落在完颜亶身上。在这里是宗翰等看好了完颜亶年少可控制的"优点",然后把玩"旧俗"与汉制立嫡为其服务,实质上就是以乔装打扮的"旧俗"抵制皇权。熙宗得立的依据是其父宗峻当立,宗翰利用"旧俗"迫使太宗立完颜亶为谙班勃极烈,"太宗以宗翰等皆大臣,义不可夺,乃从之"②。"旧俗"隐隐地吞噬了皇权,权力之争中包含了文化的冲突与否定。

熙宗得立谙班勃极烈本身是"旧俗"的战利品,但熙宗毕竟戴上了皇冠,成了皇权的"道具"。熙宗的皇权政治在汉文化与"旧俗"的冲突中摇摆不定,皇权的内容与形式被割裂。所谓皇帝的权力成了贵族争权的"道具",皇帝"临朝端默"③,权臣秉政。宗翰独揽三省大权,熙宗不能阻拦,宗磐、宗干要官也不能拒绝,最终是宗翰、宗磐、宗干并领三省事。皇权政治中,权臣争权是正常的事,不过有两种情形需要区别:一种是皇权强大的情况下,皇帝有能力利用权臣的争权使之互相钳制,以达到巩固、加强皇帝权

---

① 《金史》卷3《太宗本纪》,第47页。
② 《金史》卷74《宗翰传》,第1699页。
③ 《金史》卷63《后妃传》,第1503页。

力的目的;另一种是皇帝没有实权,受权臣支配,皇权常常要担负"火中取栗"的任务。熙宗的皇权就属于后一种。宗磐、宗干联合发起倒宗翰行动,治宗翰重要谋臣高庆裔死罪,宗翰"乞免官为庶人,以赎其罪"①。熙宗听从宗磐的指使"不从"②。对开国功臣、且有拥立之功的宗翰如此寡恩薄义,熙宗陷于不仁不义,这就再现了他的皇权政治是没有实际意义的空壳。

皇权的形式是通过礼乐制度的确立而得以呈现的,当时汉文化中的礼乐制度是为隆崇皇权的庄严、维护皇权秩序服务的,虚中等改定礼仪,确实使熙宗的皇权在形式上得到一定的完善。汉文化中的礼乐制度对女真习俗文化的影响是从物质层面开始的,熙宗"僭位以来,左右诸儒日进谄谀,教以宫室之壮、服御之美、妃嫔之盛、燕乐之侈、乘舆之贵、禁卫之严、礼义之尊、府库之限,以尽中国为君之道"③。礼乐制度有三个层面的内容,一是物质文化,服饰、车舆等;二是制度文化,即社会的约定,表现为皇帝的权力范围;三是观念文化,君臣大义的伦理观念,即君君、臣臣、父父、子子。礼乐制度首先在形式上树立了皇权的尊严,但它不会停止在形式层面,要继续渗透以至改变旧有的社会秩序。礼乐制度在女真人的过去与现在之间横上一条"天河",河的那边是:君臣"无尊卑之别,乐则同享,财则同用。至于舍屋、车马、衣服、饮食之类,俱无异焉"④;河的这边则是:熙宗"出则清道警跸,入则端居九重。旧大功臣非惟道不相合,仍非时莫得见,瞻望墀阶,迥分霄壤矣"⑤。

礼乐制度出现在女真社会,女真人的反应是具体的。在没有尊卑、贵贱等级的社会里,尊卑等级突然降临,出现了高高在上的君主,"入则端居九重,出则警跸清道,视旧功大臣浸疏,且非时莫得见"⑥。在突然出现的皇权等第面前,女真人表现出两种行为倾向,一是拼命争高低,宗翰、宗磐、

---

① [宋]熊克:《中兴小记》卷21《起绍兴七年正月尽六月》,第249页。
② [宋]李心传:《建炎以来系年要录》卷111,第1809页,载:"太师领三省事晋国王宗维(宗翰)乞免官书为庶人,以赎尚书左丞高庆裔之罪,金主亶不从,斩高庆裔于会宁市。"
③ [宋]徐梦莘:《三朝北盟会编》卷166《炎兴下帙六十六》,引[宋]张汇《金房节要》第6页,总1197页。
④ [宋]徐梦莘:《三朝北盟会编》卷166《炎兴下帙六十六》,引[宋]张汇《金房节要》第5页,总1197页。
⑤ [宋]徐梦莘:《三朝北盟会编》卷166《炎兴下帙六十六》,引[宋]张汇《金房节要》第6页,总1197页。
⑥ [宋]李心传:《建炎以来系年要录》卷117,第886页。

挞懒、希尹等死于非命，或"湛溺富贵"①，为居他人之上，或担心他人越居己上，巧佞构陷②。"宗戚思乱"③，相煎太急；二是拒绝、消弭等第差距。皇统二年(1142)定制，不分贤愚功业，"皇兄弟及子封一字王者为亲王，给二品俸，余宗室封一字王者以三品俸给之"④。宗室贵族至少享受三品以上官员的俸禄，三品以上俸禄不分正从，宗室贵族间不愿意差别出现在他们中间⑤。

把非礼治的社会仅凭外在的力量约束在"礼法"中，实在很难。所谓的"刑不上大夫，礼不下庶人"，在金朝一直难以兑现，终金之世，杖责大臣，贵为宰相亦不能免。对"礼法"的约束女真人主要有两种反应，一是拒绝礼的规范。翰林待制兼右谏议大夫程寀上疏言事，从太祖谥号到宫禁之制，从畋猎疏礼到宫闱疏戒，备陈帝王礼制之缺。熙宗校猎，"凡羽卫从臣无贵贱皆得执弓矢驰逐"⑥，或令皇帝奔其后，或不以皇帝安危为念。皇统六年(1146)正月壬辰，"如春水。帝从禽，导骑误入大泽中，帝马陷，因步出，亦不罪导者"⑦。日本学者外山军治认为这是俨然汉人天子的"恤民精神"⑧。如果此事发生在礼制健全的王朝，确实是天子"恤民"之举，但对于礼乐初兴的熙宗朝，只能说这是"羽卫从臣"不懂礼，熙宗也没有让他们懂礼的意识。同样，裴满皇后肆意后宫、擅权朝堂也是社会普遍"缺礼"的反映。她与武则天的情况不同，武后是礼法社会的叛逆者，是拒绝"牝鸡司晨"社会的一枝"红杏"，她专权多是因个人的野心欲望促使她逾越礼制的规范，她的行为是个人的，非社会的。裴满皇后与她所存在的社会尚未接受、或尚未完全接受礼治的规范，她的"无礼"行为说明的是金朝的社会问题，即"母仪天下"的人尚未进入礼的约束范围，可见整个社会进入礼的规范之遥远与艰难；二是以"遵礼"为非。女真人从社会的自然状态急转到礼法社会，

---

① 《金史》卷77《宗弼传·赞》，第1758页。
② [宋]徐梦莘：《三朝北盟会编》卷197，引[宋]苗曜《神麓记》第2页，总1418页，载：宗弼欲诛希尹，"泣告皇后……后具此言白东昏(熙宗)……"
③ [宋]李心传：《建炎以来系年要录》卷117，第1886页。
④ 《金史》卷58《百官志》，第1340页。
⑤ [宋]洪皓：《金国文具录》，载李澍田主编《金史辑佚》，吉林文史出版社，1990年，第221页，载"虚中既在翰林，乃诱后舅都点检，乞增正品俸，比从品增三分之一。点检既出，复仍旧制"。
⑥ 《金史》卷105《程寀传》，第2308页。
⑦ 《金史》卷4《熙宗本纪》，第82页。
⑧ [日]外山军治：《金朝史研究》，李东源译，黑龙江朝鲜人民出版社，1988年，第227页。

在对礼制的认同上存在很大差异,甚至以"遵礼"为非。熙宗巡幸燕京,"乘玉辂以入,后(裴满皇后)欲共载,王(完颜希尹)不可,曰:'法驾所以示礼四方,在礼,无帝与后共辂者。'后藏怒,未有以发"①。皇后以希尹"遵礼"为非,深忌恨之。

熙宗皇帝与皇后的礼治观念相差无几,张钧为熙宗草拟"罪己诏",其文有"惟德弗类,上干天威"及"顾兹寡昧眇予小子"等语②。"罪己诏"要"奉答天戒",坦白自己的虔诚,深刻检讨罪过,才符合礼制的规范。可是,熙宗在萧肄的挑拨下,视张钧"深自贬损"的文字为诽谤,竟然杀了草拟罪己诏的人,实在是干犯天理。直到金世宗,仍然以女真人的"礼意款曲,皆出自然"为上③,不理解臣下的"遵礼"行为。世宗曾命吕忠翰草《降海陵庶人诏》,吕忠翰"点窜再四终不能尽朕意"④。"点窜"不成有两种情况:一是吕忠翰确实不能胜任"辞命",就像世宗所说:"状元虽以词赋甲天下,至于辞命未必皆能。"⑤二是困于君臣大义,吕忠翰是海陵朝经过殿试的词赋状元,"天子"门生,让他骂海陵王,等于让他绝"天地君亲师"之礼。两种原因相比较,更为合理的是后者,吕忠翰"点窜再四"是踌躇于君君、臣臣之礼不能逾越。吕忠翰写不出贬损海陵之文,实际上是无声地鞭笞了金朝社会缺"礼"的现实,世宗竟不察。

金朝社会缺"礼",缺少秩序由来已久。金初,宋朝文士褚承亮被拘押参加真定进士试,是年经义试题为"上皇无道、少帝失信"。褚承亮批判道:"君父之罪岂臣子所得言耶?"⑥真定进士试在天会中(天会四、五、六年的光景)至大定初近四十年,金朝女真人在礼治、社会秩序方面的建树是很有限的。褚承亮、吕忠翰对女真统治者缺乏"礼治"进行了无声与有声的批判,客观地暴露了金朝社会对礼治的认识与接纳就处于这样的状态。宇文虚中就在这样的社会中大肆地宣扬礼治,把自己的礼治观念强加到女真贵族身上,让他们树立皇权观念,让他们尊礼祭祖,但这些人被熙宗视为"无

---

① 陈相伟校注:《完颜希尹神道碑》,载李澍田主编《金碑汇释》,吉林文史出版社,1989年,第81页。
② 《金史》卷129《萧肄传》,第2780页。
③ 《金史》卷7《世宗本纪》,第164页。
④ 《金史》卷125《杨伯仁传》,第2725页。
⑤ 《金史》卷125《杨伯仁传》,第2725页。
⑥ 《金史》卷127《隐逸传》,第2748页。

知夷狄",他们的礼仪观念很难在短时间内建立起来。熙宗尊谥太祖,宇文虚中制定礼仪程序浩浩荡荡,金世宗在当时就有"犹觉其非"的感觉,其他女真贵族也会有各种各样"非"的感觉,而且,宗社朝会之礼次第举行,这种"非"的感觉不断出现。"皇统间,熙宗巡幸析津,始乘金辂,导仪卫,陈鼓吹,其观听赫然一新"①。史家用"赫然一新"概述熙宗皇威的盛况,从女真贵族的视角去表述"赫然一新"就是与从前不一样,即"觉其非"。

三、宇文虚中与女真贵族间的文化认同取向

女真贵族有认同汉文化的需要,虚中接受女真人的认同,参与改定"议礼制度",但"议礼制度"多悖于女真人的传统,女真贵族不断有"觉其非"的感觉,文化认同出现反向,虚中无端地成为女真人逆反心理的靶子,成为被打击的对象。"虚中尝撰宫殿榜署,本皆嘉美之名,恶虚中者摘其字以为谤讪朝廷"②。对虚中的诽谤源于文化认同的反向,虚中增谥太祖的仪式引来更大的非议。皇统五年(1145),增谥太祖礼仪完成后,接着就"增上祖宗尊谥"③,增上祖宗尊谥的仪式与增谥太祖的礼仪完全不同。《大金集礼》记载:皇统五年闰十一月七日诏谕"增上祖宗尊谥",十七日奏准十二月八日、九日、十日行奉告礼。十二月一日命宗本左丞相、宗宪右丞相、萧仲恭充奉告。仪式的主要内容是酹酒献牲:"第一日酹酒十盏,第二日、第三日各一盏;第一日羊五猪五,第二日三日各羊一猪一。"④"增上祖宗尊谥"的仪式没有采用虚中制定的礼仪程序,说明他制定的礼仪被否定了,他本人也陷入灾难,有人在暗暗地给他罗织罪名。皇统六年(1146)二月,"唐括酬斡家奴杜天佛留告虚中谋反,诏有司鞫治无状"⑤。很明显,杜天佛留是受人指使的,指使者对虚中恨之已极,不治其死地不罢休,是有后来的"乃罗织虚中家图书为反具"。

"以图书为反具"定罪名,虚中不服,因言:"死自吾分。至于图籍,南来

---

① 《金史》卷28《礼志》,第691页。
② 《金史》卷79《宇文虚中传》,第1792页。
③ 《金史》卷32《礼志》,第779页,载:"是岁(皇统五年)闰十一月,增上祖宗尊谥。"另见《金史》卷4《熙宗本纪》,第81页,载:"十二月戊申,增谥始祖以下十帝及太宗、徽宗。"《大金集礼》卷3《追加谥号上》,第45页,载:"皇统五年闰十一月七日。"
④ 佚名撰:《大金集礼》卷3《追加谥号上》,第48页。
⑤ 《金史》卷79《宇文虚中传》,第1792页。

士大夫家家有之,高士谈图书尤多于我家,岂亦反耶。"①由此牵连高士谈一家。罗织"图书为反具",定虚中死罪,是很蹊跷的事。由于思而不得其解,舍之而接受虚中"死节"说者有之,宋朝方面的史料多主张"死节"②。当然,还有坚持追问到底者,清朝学者施国祁认为虚中"死节"不可信,《五史论答》云:"宋事无征,而《金史》之言谤讪则可据。盖宋人南渡,受侮已极,朝野冤声尤多,著录、土印、活板滥刻甚众,传本之入北者,大率叫嚣怒骂、慢侮北人之语。宇文家籍,良必有之,即谤书为反具,抑复何疑?"③刘浦江先生肯定"施说"有"高明"之处④。

"施说"的高明之处在于他意识到罗织"图书为反具",其中定有原因。施国祁推测虚中家的图书有"叫嚣怒骂、慢侮北人之语"。他的思维有受清初"明史案""南山集案"的影响倾向。如果女真人真的发现"叫嚣怒骂、慢侮北人之语"的图书,是可以直接处死虚中的,完全不必如此周折地指使人诬告,诬告不成,再罗织罪名。翰林学士张钧为熙宗草"罪己诏",其中文字被指为慢侮主上,而受酷刑。再者,高士谈只因"图书尤多"而举家罹难,根本不是慢侮主上。

不论是"以图书为反具",还是因"图书尤多"而获罪,在正常的社会是不应该发生的,但在金朝不正常的社会发生这样不正常的事倒是正常的。认识此问题要考虑金朝特殊的国情,宇文虚中在认同女真人的道路上,不是适应女真文化而作为,相反,他要求女真人适应中原文化,由此惹恼了女真贵族。治虚中死罪的人认为图书与虚中一样可恨,正因为恨书,才牵连高士谈一家。历史上恨书的人都是因为书中的内容违背了他们的意志,秦始皇"焚书坑儒"是这样,清朝的"文字狱"更是如此。

---

① 《金史》卷79《宇文虚中传》,第1792页。
② 《宋史》卷371《宇文虚中传》,第11528页,载:"然因是而知东北之士皆愤恨陷北,遂密以信义结约,金人不觉也。"《三朝北盟会编》卷215《炎兴下帙一百十五》,引[宋]宇文虚中《行状》第4页,总1546页,载:"时中原、东北豪杰之心愤为左衽,公密以信义感发之,从者如响。乃以绍兴乙丑与伪翰林学士高士谈等同谋结集,欲因房酉拜天,就劫杀之。先期以蜡书来告朝廷,欲为之外应,秦桧怀奸无状,且忌公功在己上,缴回蜡书。会事亦觉。公父子俱死,家无噍类。"
③ [清]施国祁:《史论五答》(《丛书集成续编》第21册史部),壬集补编卷28《答三》第8—9页,上海书店,1994年,第831页。
④ 刘浦江:《金代的一桩文字狱——宇文虚中案发覆》,载刘浦江《辽金史论》,辽宁大学出版社,1999年,第34页,刘浦江认为:"这个见识显然要比全谢山等人来的高明,施国祁不枉读《金史》二十年。"

虚中因书得罪,治虚中死罪的人认为虚中作了该死的事,该死的事是引经据典做出来的。看看皇统五年(1145)增谥太祖时,虚中所定礼仪,与大定三年增上睿宗尊谥的礼仪大同小异,大定二年(1162),"差礼部尚书兼翰林承旨王竞等四员,造册宝并沿册宝法物盝匣等……以岁未丰稔,物贵人难,未即行礼。三年八月一日,奏定十月一日奉上册宝。……本朝皇统五年十月增上太祖皇帝谥号于庆元宫辰居殿亲行奉上册宝之礼,有此不同。恭奉敕旨。依古礼遣使,以宰相充。皇统五年,辰居殿行礼时,为辂仪仗不在会宁府,只用腰舆甲骑旗帜靴袍教坊乐,今拟依因革礼,用黄麾仗法服,乐用登歌,敕旨……"①再看胡砺在大定十年与世宗的对话,"……琚曰:'祭祀,大事也,非故事不敢行。'"②"故事"是记载在书上的,虚中等改定礼乐制度的人必须按书中所言而行,熙宗巡幸燕京的法驾仪式、"初御衮冕"的仪式都是根据"古礼"而定的。裴满皇后要与熙宗同乘玉辂入燕京,完颜希尹就是根据古书的规定,驳回皇后的无理要求,使之藏怒而不敢言。可以肯定地说,虚中每行礼作仪都要引征古书,用古书的要求,迫使女真达官贵戚就范,甚至"讥讪"他们做得不到位,权贵虽积怨不平,但因是古书的规定,而不好发怒,不然,这些在皇帝面前能"剑出鞘"、卿相拜其前而不回礼的权贵不会甘心屡屡被"讥讪"。虚中有恃无恐地"讥讪",也是有古书为盾牌。

改定"议礼制度"照搬书本,女真贵族难以接受,所以,韩企先"议礼制度,损益旧章。……或因或革,咸取折衷"③。韩企先凡事"折衷",既讨好了女真权贵,又回避了矛盾。虚中做不来,其秉性耿直,而且,祭祀礼仪本身是"非故事不敢行",虚中增谥太祖的礼仪不为女真贵族认可,虽没有直接的文字记载,但两件事足以说明问题:一是金世宗"犹觉其非";二是接下来增谥祖宗的礼仪明显地以女真人的习俗文化为主。虚中制定的礼仪遭到拒绝,责难相伴而来,多年的积怨也随之迸发出来。

宇文虚中因参与"议礼制度",坚持用书本上的礼仪约束女真人的行为,树立金熙宗的皇权尊严,俨然汉人天子的金熙宗视旧功大臣为"无知夷狄也""君臣之道殊不合"。出自汉文化的礼仪规范直接或间接地冒犯了保

---

① 佚名撰:《大金集礼》卷4《追加谥号下》,第49—55页;卷3《追加谥号上》,第39—45页。
② 《金史》卷88《石琚传》,第1960页。
③ 《金史》卷78《韩企先传》,第1778页。

守的女真贵族。因为虚中所代表的汉文化与女真贵族的习俗文化相对立，所以虚中在精神上与陷金的"东北之士"是同盟者。他们视宇文虚中为精神领袖，"密以信义结纳，金人不知觉"①。虚中亦不知觉。宋人多以此为基础书写虚中"死节"，死节之说颇不可信，这是宋人的一厢情愿。

金朝社会变革，促使变革的汉文化与拒绝变革的女真习俗文化相冲突，进而演变为对拥有汉文化的人的排斥，"皇统五年（1145），将肆赦，议覃恩止及女直人"②。此事因女真贵族中的开明者宗宪的反对而未行。八年（1148）十一月，左丞相宗贤、左丞禀等言，"州郡长吏当并用本国人"③。汉文化与女真"旧俗"相冲突发展到一定程度表现出来的就是民族矛盾，民族认同之路上的民族矛盾。宇文虚中、高士谈、张钧就是民族认同之路上文化冲突的牺牲品。

小　结

研究华夷之辨的刘锋焘先生总结道，汉族人进入辽金政权时，几无例外地经历了"抗拒—彷徨—接受的过程"④。两宋文士多是这个过程的践行者，这就是两宋文士民族认同之路的高度概括，即使接受金政权，也是带着抗拒的矛盾心理去接受。有的无所作为，诗酒唱酬，排解郁闷，这是一种无声的抗拒；积极作为者也表现出另一种形式的抗拒，如宇文虚中，他努力地变革女真社会，极力地把中原王朝的典章制度植入女真社会，这是以变革的方式、从内部抗拒女真社会，他的期待与女真社会发生冲突，以"矿卤"批判女真贵族，不能融入女真社会，必然要被排除。

两宋文士对女真社会的抗拒也是一种批判，这是女真贵族远远不能理解的批判，忠贞义士宁死不屈是对女真强权的一种批判，女真贵族以杀戮拒绝了批判。科考策问题目"上皇无道、少帝失信"，褚承亮责问"君父之罪岂臣子所得言耶？"他的批判虽使主考官刘彦宗动容，但刘彦宗不能代表女

---

① ［明］陈邦瞻：《宋史纪事本末》卷72《秦桧主和》，第734页。
② 《金史》卷70《宗宪传》，第1616页。
③ 《金史》卷4《熙宗本纪》，第84页。
④ 刘锋焘：《艰难的抉择与融合——浅论"华夷之辨"观念对中华民族史的负面影响》，《文史哲》2001年第1期。

真社会,褚承亮之辈碌碌乡野,实际上是金朝的皇权政治放逐了批判者,也放逐了批判精神,大定年间,世宗屡屡求谏而不得,已不足为怪。张钧因为熙宗草拟"罪己诏"被杀,女真贵族及其皇权政治接受批判的空间十分有限,而两宋文士承担的是社会批判角色,批判者的鞭笞同样是社会发展的推动力,当然,这种推动力需要转化,金朝皇权政治没有转化它的能力。批判者的存在与社会接受批判的容量成正比,与社会发展的生机成正比。

第五章 "异代"文士家族势力的兴衰与民族认同之路的延伸

"异代"文士的民族认同之路反映的是认同者与被认同者互动的历史过程,"异代"文士认同、参与女真政权,女真人对认同、参与女真政权的"异代"文士也给予相应的认同,给予一定的社会地位。具有一定社会地位的"异代"文士具备了发展家族势力、发展裙带关系的基础,"异代"文士的民族认同之路在家族势力、裙带关系中延伸。当"异代"文士及其家族别无选择地认同了女真政权时,金朝政权的民族性与来自女真统治集团的民族歧视就暴露出来,女真人对"异代"文士及其家族的民族认同、政治认同乃至国家认同的回应认同是有限度的,文士、文士家族以及裙带关系命运的沉浮又反映出民族认同之路的漫长与艰难。

第一节 "名士"与"庶士"家族的兴衰

"异代"文士家族的命运与文士本人的社会地位休戚相关,他们入仕金朝所取得的社会地位有高有下,其家族地位在此基础上起伏。根据"异代"文士民族认同之路的选择及其社会地位的占有,可把其家族划分为三个层次,即"名士"家族、"庶士"家族和"亲缘"家族。本节主要讨论"名士"家族与"庶士"家族。

一、"名士"家族民族认同之路的分殊

所谓"名士"家族指的是文士在辽或宋已享有一定的社会地位和名望,金朝女真统治者因看中他们的地位与名望而崇遇文士本人及其家族。如刘彦宗、时立爱、韩企先、韩昉、蔡靖、张孝纯等。"名士"家族社会地位的起点高于庶士家族,但"名望"对于亡辽文士与宋朝文士具有不同的意义,对于积极仕进者,可成为进身之阶;对于消极退隐者,实在是累赘。

亡辽文士主要由辽东文士和燕云文士群体构成,他们多借助"名望"立

足于金朝社会。在辽朝,渤海人不受重视,辽东文士多渤海人,所以,辽东文士的名望远不如燕云文士。燕云文士左企弓、时立爱、韩企先、韩昉等均为辽朝进士,而且多官居要职。左企弓在天庆末年,拜广陵军节度使,同中书门下平章事、知枢密院事。奉表降金,"太祖俾复旧职,皆受金牌"①。天辅七年(1123),左企弓赴广宁知枢密院事,为张觉杀害,谥恭烈。天会七年(1129),赠守太师,遣使致奠。正隆二年(1157),改赠特进、济国公。左企弓子孙多受荫庇得官。

刘彦宗先祖"六世仕辽,相继为宰相"。彦宗降金,佐宗望军,知燕京枢密院事。"凡州县之事委彦宗裁决之"②。刘彦宗深得女真贵族的信任,他的名望与地位是其家族发展的重要保障,其子孙或荫庇得官,或赐进士及第,大定年间,求当时群臣勋业最卓著者图像于衍庆宫,刘彦宗以充国公居第十九位。

与亡辽文士不同,宋朝文士多不愿仕进,为"名望"所累,仕途困于金朝。蔡靖在燕山被执,金人王芮对他说:"大学南朝之贤臣,行将大用。"③张愿恭也说:"大金入燕得大贤人而不能用,岂不见笑于天下?"④金人看中蔡靖的"名望",对蔡氏父子"养济甚厚",在燕山府用一万钱买一所宅子安置蔡靖,蔡靖自己也说:"犹胜于他汴京宅子。"⑤张孝纯坚守太原,毅勇为宗翰所敬。为迫使孝纯降金,竟杀统制高子佑等三十余官威胁之⑥。司马朴使金,金人知其乃司马光之后,礼遇之⑦,甚至有立司马朴为傀儡皇帝之

---

① 《金史》卷 75《左企弓传》,第 1724 页。
② 《金史》卷 78《刘彦宗传》,第 1770 页。
③ [宋]徐梦莘:《三朝北盟会编》卷 24《政宣上帙二十四》,引[宋]沈琯《南归录》第 8 页,总 178 页。
④ [宋]徐梦莘:《三朝北盟会编》卷 24《政宣上帙二十四》,引[宋]沈琯《南归录》第 9 页,总 179 页。
⑤ [宋]徐梦莘:《三朝北盟会编》卷 163《炎兴下帙六十三》,引[宋]王绘《绍兴甲寅通和录》第 4 页,总 1177 页。
⑥ [宋]徐梦莘:《三朝北盟会编》卷 53《靖康中帙二十八》,引[宋]封有功《封氏编年》第 8 页,总 399 页,载:"粘罕曰:'你父子不畏死,先取余各官来令看。'遂将统制高子佑,统领李宗颜,运副韩总,提举单孝忠,廉访狄充,通判方笈,张叔达三十余人皆被杀,而孝纯父子颜色不变。"
⑦ [宋]徐梦莘:《三朝北盟会编》卷 78《靖康中帙五十三》,引[宋]赵甡《中兴遗史》第 12 页,总 591 页,载:司马朴使金,"问其族,曰:'先祖大丞相光。'曰:'贤者之后。'稍加礼"。

意①。吴激"将宋命至金,以知名留不遣,命为翰林待制"②。宇文虚中的才华深受宗翰赏识与金人的认可,被称为"国师"。

亡辽文士持其"名望"使其本人及家族得以立足于金朝,他们为金朝躬身尽职,又使其"名望"得以升值,左企弓为金捐躯,得到朝廷旌表,并荫庇子孙。刘彦宗、韩企先被列入衍庆宫图像功臣之列,上光宗耀祖,下荫及子孙。亡辽"名士"家族与金朝的政治走向基本是一致的。

宋朝文士虽因"名望"见留,但他们多认为仕金是损害"名节"的,贬损了他们自身及家族的"名望"。司马朴拒绝金人"册立"时说:"吾祖有大功德于前朝,朴不才,误蒙朝廷任使,安可作此以累吾祖之德,朴有死而已。"③蔡靖面对金人的劝降,"戒子松年以不屈",并准备举家殉节④。宋朝文士的"名望"对其家族的发展多是反作用、阻碍作用,因此,家族命运在他们身上难以卜知。张孝纯相齐八年多是在不情愿中度过的,伪齐政权被废,再任于行台左丞相,未授职即乞致仕,家族的发展在他身上是没指望的。宋朝大学士蔡靖在金朝的极力笼络下,虽然入仕,但仕而不进,在金朝几乎是无所作为,即使有所为也多是没有价值的事,不能被历史记载下来。蔡靖在金朝的地位是金人看重他在宋朝的名望而给予的,他的地位决定于金人对他"名望"的认可,这样的地位是虚的,虚无的地位难以支持家族势力的发展,蔡氏家族的发展是在蔡靖的儿子蔡松年的努力下才有起色。蔡氏家族渐有起色是宋朝遗民子孙对金朝政治渐渐认同的结果。蔡松年初为宗翰元帅府令史,后为宗弼行台刑部员外郎。《渡混同江》一诗流露出蔡松年起家时的艰辛与心境,诗云:"十年八唤清江渡,江水江花笑我劳。老境归心质顾月,倦游陈迹付惊涛。两都络绎波神肃,六合清明斗极高。湖海小臣尸厚禄,梦寻烟雨一鱼舫(舠)。"⑤

---

① [宋]徐梦莘:《三朝北盟会编》卷96《靖康中帙七十一》,引[宋]沈良《靖康小录》第4页,总707页,载:"金人遂欲立司马朴。"

② 《金史》卷125《吴激传》,第2718页,载:"激,米芾之婿也。工诗能文,字画俊逸得芾笔意。尤精乐府,造语清婉,哀而不伤。将宋命至金,以知名留不遣,命为翰林待制。"

③ [宋]徐梦莘:《三朝北盟会编》卷96《靖康中帙七十一》,引[宋]沈良《靖康小录》第4页,总707页。

④ [宋]徐梦莘:《三朝北盟会编》卷24《政宣上帙二十四》,引[宋]沈琯《南归录》第8页,总178页。

⑤ [清]阿桂等修:《盛京通志》卷110《历朝艺文二》,辽海出版社,1997年,第11页。

此诗当作于海陵迁都之前,更进一步地讲是在任事于行台期间,因任事于燕京行台,为禀奏事宜要往返于燕京与金上京之间,必须涉渡混同江(今第二松花江),因有"两都络绎""江水江花"之句;"老境归心""倦游陈迹"是松年天眷(1138—1140)以来归隐心境的表白。尽管松年南北穿梭令神仙肃然,因朝中无援,但见朝中"小臣"坐享厚禄,顾我自怜"一鱼舫"。

蔡氏家族在海陵朝的发迹有松年孜孜努力的成分,也有海陵打击宗室贵族、任用文士的政治因素。海陵在藩邸,已与松年相知。及登位,蔡松年极受宠遇,初擢为吏部侍郎,俄迁户部尚书。"复钞引法,皆自松年启之"①。除拜尚书右丞相,加仪同三司,封卫国公。正隆四年(1159),松年薨②。海陵一面令官方出资厚葬蔡松年,一面起用其子蔡珪为翰林修撰,蔡璋赐进士第。蔡珪在天德三年(1151)及第,蔡氏子孙延续了蔡松年在金朝的政治地位。在文学上,国朝文派"断自正甫(蔡珪)为正传之宗"③,与其父接踵称雄于金朝文坛。

宋朝文士越看重"名望",其自身及家族在金朝的发展阻力越大。褚承亮在宋时已小有"名望",曾以文谒苏轼,宣和五年(天会元年,1123)秋试第一,次年,及第。金初试进士于真定安国寺,褚承亮被拘押入科场,旋以斥责策论试题之非而出。其后,"荐知藁城县。漫应之,即弃去"④。真定"七十二贤榜"⑤,除状元许必仕为郎官外,"余皆无显者"。此榜无显者的原因

---

① 《金史》卷125《蔡松年传》,第2716页。
② 关于蔡松年之死,史籍另有两说:其一,蔡松年被海陵鸩杀。辛弃疾《美芹十论·察情第二》载:"且如逆亮始谋南侵时,刘麟、蔡松年一探其义而导之,则麟逐而松年鸩,恶露其机也。"(徐汉明校注:《辛弃疾全集校注》下册,华中科技大学出版社,2012年,第774页);其二,蔡松年死于非命。刘祁《归潜志》,崔文印点校,卷10,中华书局,1983年,第110页,载:松年涉田珏党狱,"其后,松年在相位,晨赴朝,上马,见珏召辨,左右但闻松年云:'某当便行。'"其后,松年薨;胡传志认为:"蔡松年确如稼轩(辛弃疾)所言,死于非命。"(参见胡传志《金代文学研究》,安徽大学出版社,2000年,第62页)此两说有政治谣言倾向,其一,意在短毁海陵;其二,力言田珏之冤。在此仅存两说,不做深究。
③ [金]元好问:《中州集》卷1《蔡太常珪》,第33页。
④ 《金史》卷127《隐逸传》,第2748页,载:褚承亮"与诸生对策。策问'上皇无道、少帝失信。举人承风旨,极口诋毁'。承亮诣主文刘侍中曰:'君父之罪岂臣子所得言耶?'长揖而出"。
⑤ 《金史》卷127《隐逸传》,第2748页,载:真定榜"凡七十二人";另见[宋]李心传《建炎以来系年要录》卷14,引[宋]张汇《金房节要》第304页,载:"刘彦宗劝斡喇布(指宗望)试真定儒士七十三人,授以伪命。""七十二人"与"七十三人"的问题出在褚承亮身上。又见《褚先生墓碣》载:"会皇子郎君破真定,拘境内进士七十三人赴安国寺试策。……比揭榜,先生被黜,余悉放第,状元许必辈自号七十二贤榜。"见[清]张金吾编纂《金文最》(上、下)卷86《褚承亮墓碣》,中华书局,1990年,第1254页。

可能很多，但其中最重要的一点不能忽视，就是七十二人均为宋进士，他们抱守前宋的功名不乐仕进，甚至影响其家人的仕进。迨褚承亮死后①，其子褚席珍于正隆二年(1156)及进士第，其弟子周伯禄于大定五年(1165)及第。

宋朝文士也不乏依仗"名望"仕进者，如刘豫、宇文虚中。刘豫先是积极钻营，谋求册立，金朝为利用他而承认他，册文略曰："咨尔刘豫素怀济世之才，夙擅直言之誉……"②刘豫借着金朝对他的认可，一面以宗翰为靠山，一面积极充当金朝侵宋的先锋，以求苟延傀儡政权的寿命。他的"名望"被金朝用来实现对其辖区的过渡统治，过渡使命完成后，随着宗翰势力的瓦解，刘豫的"名望"也就没有价值了，北遣临潢基本上终结了刘豫家族的政治生命。其子刘麟虽在海陵朝拜除参知政事、尚书左丞，复为兴平军节度使，也只是被海陵任用者之一，其自身已不具有复兴家族的价值与力量。刘豫持其"名望"求册封是积极、主动、有意识的行为，质言之，是利用"名望"投机政治。

宇文虚中与刘豫不同，虚中以"名望"仕进是不自觉的、无意识的行为，在宋朝时爱显露自己，到金朝也没改变，诚如明朝人何乔新所言"露才现奇，遂为金人所用"。"名望"确实让虚中在金朝得到一定实惠，官居翰林学士、礼部尚书，誉为"国师"，举家北迁，"时复支赐宅库里都满也"③。但虚中不能有意识地把握"名望"为自身、家族谋利，相反，他恃才傲物，激进地同化女真人的行为，不但不能得到女真人的认同，反而遭到抵制，其"名望"也随之被否定，竟至身死族灭。

宋朝文士的"名望"不能像燕云文士那样荫及子孙，文士本身不能顺应、适应金朝政治，民族认同的逆向性突出，与政治的互动以冲突为主，更多地表现出对金朝政治的批判与不合作，以致家族命运多舛。

---

① 关于褚承亮的生卒年史籍记载不详。《金史》卷127《隐逸传》，第2748页，说"宋苏轼自定武谪官过真定，承亮以文谒之"。苏轼定武谪官是在宋元佑九年(1094)，承亮能"以文谒之"，至少有十几岁。又说承亮"年七十终"。从这两事的记载可推知承亮的生卒年约在1080至1150年前后，至迟卒于海陵初年。

② [宋]李心传：《建炎以来系年要录》卷35，第681页。

③ 《三朝北盟会编》卷163《炎兴下帙六十三》，引[宋]王绘《绍兴甲寅通和录》第4页，总1177页。

二、"名士"家族对金朝的认同与被认同

随着金朝政权的巩固,宋金对峙局势的稳定,"异代"文士在别无选择的情况下,渐渐放弃抵制,接受、默认了金朝的统治,但是,"异代"文士对金朝民族、政治认同的完成还需要一个被女真人认同的环节,即金朝的女真统治者对"异代"文士的认同。"异代"文士被认同的程度同样影响到其家族的兴衰。"异代"文士家族的民族认同之路取决于被认同,集中表现在金朝皇权、皇权政治给予家族的认同。金朝皇权政治发展过程的曲折使文士难以始终与其保持一致,官位的升黜常常是"一朝天子一朝臣","名望"家族的社会地位随着皇权的更迭而斗转星移。

在燕云"名望"文士家族中,刘彦宗家族发展得比较突出,祖孙四代相继在朝为官,与皇权相伴近百年[天辅六年(1122),刘彦宗降金至从孙刘颁贞祐末(1217年前后)卒官],而且,有位至宰相者。刘彦宗卒于天会六年(1128),二子刘萼、刘筈[1]在朝为官。刘氏家族的两个支系有起有落的历史充分表现出是否被皇权认同对家族命运的起伏有至关重要的一面。

熙宗朝,刘筈开始官运亨通。天眷二年(1140),为左宣徽使,"熙宗幸燕,法驾仪仗筈讨论者为多"[2]。皇统五年(1145),为行台右丞相,七年,为平章政事,九年八月,为司空,九月,为平章政事。

海陵朝,刘氏家族落中有起。天德二年(1150),刘筈罢职。其兄刘萼颇得用事,历左右宣徽使,拜参知政事,进尚书左丞,为沁南军节度使,历临洮、太原尹。海陵南伐时,为汉南道行营兵马都统制。天德三年,赐其子刘仲询及第。刘筈子刘仲海也颇得海陵赏识[3],由应奉翰林文字迁翰林修撰。

大定朝,刘氏家族一衰一兴。大定初,刘萼除兴中尹,封任国公,历顺

---

[1] 《金史》卷78《刘萼传》第1770页,载:"萼,彦宗季子也。"《金史》卷78《刘筈传》,第1771页,记载:"筈,彦宗次子。"《金史》卷78《校勘记二》,第1779页,认为:"当先筈后萼。"这种调换只解决了"次子"与"季子"的排序,忽略了文中的矛盾。《刘筈传》载:"天辅七年,太祖取燕,筈从其父兄出降。"这里的"兄"当是长子,是萼与筈的兄长,他在辽应该荫补官职,入金当授官职,即使金初战殁也该有谥表,均没有。《金史》卷78《刘彦宗传》第1770页,只言"子萼、筈"。《刘萼传》不言从父兄降。这些矛盾共同的"解"是:萼,彦宗长子也。

[2] 《金史》卷78《刘筈传》,第1771页。

[3] 《金史》卷78《刘仲海传》,第1773页,载:刘仲海为应奉翰林文字时,海陵访之时政,"仲海从容敷奏,无惧色,海陵称赏之"。

天、定武军节度使,济南尹。后因廉使弹劾"淫纵无行,所至贪墨狼籍"①,被世宗罢归田里。刘荛一支从此没落。刘筈一支因其子刘仲海得到世宗的"超用"②而复兴。仲海迁翰林直学士、改棣州防御使,政绩有声。入为礼部侍郎兼左谕德,迁太子詹事兼左谏议大夫。改御史中丞。复为太子詹事,迁吏部尚书,转太子少师兼御史中丞。"仲海前后为东宫官且十五年,多进规戒,显宗特加礼敬"③。其子刘颇以大臣子孙充阁门祗候。贞祐年间,事宣宗为太子詹事,迁太子少师。

刘氏父子、弟兄接踵起起落落与熙宗、海陵、世宗三朝政治的蝉联否定有关。刘筈罢职,时人认为,由于刘筈谄事悼后(熙宗裴满后),使海陵"意颇鄙之"④。刘筈能跻身于皇统年间的宗室贵族权力之争,朝中有援引者是一定的,但海陵令其解职不只是恶其谄事悼后,另有他意。《金史》记载:刘筈皇统"九年(1149)八月,拜司空。九月,拜平章政事,封吴国公,行台右丞相如故。天德元年,封滕王。二年,拜尚书右丞相兼中书令,进封郑王。未几,以疾求解政务,授燕京留守,进封曹王。居数月,乞致仕。筈自为宣徽使,以能得悼后意,致位宰相。海陵即位,意颇鄙之。及筈求致仕,诏略曰:'不为暗于临事,不为谄于事君。未许告归,姑从解职。'"⑤

刘筈在天德初年,仍能加官进爵,说明海陵还是认可刘筈的济世之才。刘筈任事皇统年间,于政事确实多有补益。皇统二年(1142),出使南宋不辱使命,宋人惊叹:"大国有人焉。"⑥六年,阻止厘革河南官吏之事。其理由是河南"抚定未久,姑收人心"⑦,而其意义不止于此。皇统中期,朝野上下排斥非"本国人"⑧,"厘革河南官吏之滥杂者"与"州郡长吏当并用本国

---

① 《金史》卷78《刘荛传》,第1771页。
② 《金史》卷95《移剌履传》,第2100页,世宗对移剌履说:"卿不见刘仲海、张汝霖耶,朕超用二人者,以尝居谏职,屡有忠言故也。安得谓之不用,第人材难得耳。"
③ 《金史》卷78《刘仲海传》,第1774页。
④ 《金史》卷78《刘筈传》,第1773页。
⑤ 《金史》卷78《刘筈传》,第1773页。
⑥ 《金史》卷78《刘筈传》,第1771—1772页。载:"皇统二年,充江南封册使,假中书侍郎。既至临安,而宋人榜其居曰'行宫',筈曰:'未受命,而名行宫,非也。'请去榜而后行礼。宋人惊服其有识,欲厚赂之,奉金珠三十余万,而筈不之顾,皆叹曰:'大国有人焉。'"
⑦ 《金史》卷78《刘筈传》,第1772页。
⑧ 《金史》卷4《熙宗本纪》,第84页,载:皇统八年,"左丞相宗贤、左丞禀等言,州郡长吏当并用本国人"。

人"的主张是相呼应的。刘筈站在汉人官吏的立场上,阻止河南官吏的厘革。七年,又一而再地否定西北边帅筑城防守的计划,很有见地地指出筑城防守只是安逸了军人,于国于民均无补益,况且,金军"利车骑而不利城守"。依此看来,刘筈为官并非庸碌之辈,海陵令其解职的诏书说得很明白,"不为暗于临事,不为谄于事君"。是因为他参与权力之争,危害了熙宗的皇权政治,罢黜他的用意是戒除文士投机、参与权力之争,警示海陵朝不要再出现这样的人。

熙宗末年,海陵直接参与宗室大臣之间的权力混争,他切身体会到权力之争对皇权的危害,及登位,对参与权力之争的宗室大臣或罢或杀。即位当日,就杀掉曹国王宗敏、左丞相宗贤。天德二年(1150)四月,杀太傅、领三省事宗本,尚书左丞相唐括辩,判大宗正府事宗美。遣使杀领行台尚书省事秉德、东京留守宗懿、北京留守卞及太宗子孙七十余人、周宋国王宗翰子孙三十余人、诸宗室五十余人①。在这种形势下,令刘筈解职是海陵根除熙宗乱政的一部分,意在惩戒争权乱政之人,与诛杀宗室的用意是一致的。刘筈罢归是熙宗皇权混乱到海陵皇权大治的"祭品"。

刘萼在大定十二年(1172)罢归也有世宗否定海陵皇权的因素。世宗否定海陵皇权政治突出的一点是海陵重用的人,在大定朝多被排斥。大定二年(1162),完颜元宜恃弑海陵之功入朝,拜平章政事,接着劾奏萧玉、敬嗣晖、许霖等六人不可用。世宗偏信其言,将三人连同马钦、高怀贞一并放归田里。五年,世宗重新擢用敬嗣晖、许霖、萧玉、高怀贞②。他们的重新起用与完颜元宜罢相有关,四年,完颜元宜罢平章政事,出为东京留守,敬嗣晖等得以再度用事。完颜元宜罢相未见记载,不明原委,但元宜出朝,敬嗣晖等复起,说明大臣之间因权力而相排斥的斗争仍在进行、持续。

敬嗣晖等得用事后,"有榜匿名书于通衢者,称海陵旧臣不得用者有怨望心,将图不轨"③。世宗认为此谤言是针对敬嗣晖的,所以,他很认真地对敬嗣晖说:"正隆时,卿为执政,今指卿以为怨望,朕极知其不然。卿性明

---

① 《金史》卷5《海陵本纪》,第94—95页。
② 《金史》卷129《高怀贞传》,第2789页,载:大定五年,高怀贞"与许霖俱赐起复,怀贞为定国军节度使"。由此可知,敬嗣晖、萧玉也当起于此时。
③ 《金史》卷91《敬嗣晖传》,第2029页。

达能辨,但颇自炫,钓众人之誉,所以致此媒蘖,后当改之。"① 敬嗣晖作为左宣徽使已取得世宗的信任,所以,世宗以人度事地认识到敬嗣晖没有"怨望",世宗对匿名榜的认识仅此而已。但是,匿名榜所反映的社会问题远不止此,是需要深入剖析的。

首先,匿名榜的出现是权力之争的产物。熙宗末年,女真贵族已表现出排斥非"本国人"的倾向。海陵朝,宗室贵族一面遭到海陵的镇压,一面遭到海陵擢用的以汉人为主体的文士的排挤。大定初年,宗室贵族开始反击,完颜元宜虽不是宗室(完颜为赐姓,元宜本契丹人,姓耶律),但他谗言敬嗣晖等不可用,代表了宗室贵族的心愿。接着,世宗身边出现了"欲罢科举者",到诬陷"海陵旧臣"匿名榜的出现,这一系列事件是权力之争不同形式的表现,罢科举是堵塞文士仕进的渠道,匿名榜攻击的"海陵旧臣",都是出于权力的争夺而被文士排斥的异己者。

其次,匿名榜称"海陵旧臣不得用者有怨望心"的用意是"一箭双雕"。一是借世宗对海陵的憎恶,挑起世宗对海陵旧臣的排斥;二是用"不得用者有怨望心"把像敬嗣晖这样的用事者拖下来,用"怨望心"向世宗施加压力,让他对海陵旧臣少用、小用,为书匿名榜的同盟者多争得一份机会。

再次,匿名榜攻击的"海陵旧臣"是一个群体,由三部分组成:一是任职于朝中者,二是任职于地方者,三是不叙用者。任职朝中者,有张浩、王竞、石琚;先起用于地方,后入朝者有苏保衡、敬嗣晖、王蔚等。任职朝中者近于世宗,他们的干济之才可以直接得到世宗的认可,即使有谗言,仍能得到世宗的保护,所以,任职朝中者官职升迁比较快,五年内,苏保衡由刑部尚书迁参知政事,再进右丞;敬嗣晖由左宣徽使拜参知政事。任职朝中的一些人死得也比较快,到大定十年,只剩下石琚、王蔚,在这两位幸存者的身上作为"海陵旧臣"被排挤的迹象很少,他们逐渐为大定朝所接受,石琚入朝上疏六事:"大概言正纪纲,明赏罚,近忠直,远邪佞,省不急之务,罢无名之役。上嘉纳之。迁吏部尚书。"② 王蔚超授河东北路转运使后,察廉为第一,大定四年(1164),授中都路都转运使,再改吏部尚书。总的来说,海陵旧臣在朝中的势力是逐渐削弱的。

---

① 《金史》卷91《敬嗣晖传》,第2029页。
② 《金史》卷88《石琚传》,第1959页。

海陵旧臣任职于地方者基本上是处于困厄中,不调不迁或调而不迁。即使有迁转也常常遇到麻烦,萧玉转定海军节度使,改太原尹,"与少尹乌古论扫喝互讼不公事,各削一官,解职,寻卒"①。削官、解职、寻卒,三者的关系在《金史》中没有明言,但萧玉被冤是难免的,乌古论扫喝在《金史》中没有更多记载,但乌古论氏多为后族,与完颜家族"世为姻婚,娶后尚主"②。萧玉与乌古论权势家族争讼,不会有公平,即使有理也不可能胜诉,最好的结果是"各削一官"。

与萧玉一样任职于地方的刘萼,虽得迁调,也是是非责难不断。入大定朝,刘萼得封任国公,与其父刘彦宗被列为"佐命之臣"有关③,应该在大定八年(1168)。刘彦宗的功绩在大定朝得到彰表,对其子孙是有荫庇作用的,但并不能保护刘萼不受攻击。有廉使弹劾刘萼"淫纵无行,所至贪墨狼籍"。廉使的用意与其罗织的罪名的真实与否既关涉到对刘萼的评价问题,也关涉到刘萼在海陵皇权、世宗皇权中不同境遇的认识。周峰先生根据廉使的弹劾,认为"这样的人出任宰执,自然不会有什么政绩"④。如此主观断言必然陷于片面,能用事于海陵朝的一般不会是平庸者,至于廉使的弹劾要考虑世宗对海陵朝旧臣的态度与权臣的权力之争。

刘萼的"罪名"成立与否还有诸多疑问,刘萼的"淫纵无行"是其一贯堕落,还是在大定朝出现的堕落。若是一贯堕落,太宗、熙宗、海陵三朝却没有劣迹的记载,而且,能被海陵任用说明他还是有能力的。若在大定朝开始堕落,说明大定朝有使人堕落的环境,晚节不保。大定十二年(1172),刘萼在七十岁左右。弹劾刘萼的罪名是"所至贪墨狼籍",也就是说,刘萼从除兴中尹、顺天、定武军节度使到济南尹一贯"无行",到大定十二年才被揪出来。刘萼被揪出来后,朝廷派张九思鞫治,张九思是一个铁腕人物,"急于进取,一切以功利为务"⑤,不辨曲直。案子一经九思鞫治,不论真假有

---

① 《金史》卷76《萧玉传》,第1736页。
② 《金史》卷64《后妃传》,第1528页。
③ 《金史》卷31《礼志》,第762页,载:大定"八年,上命图画功臣于太祖庙,有司第祖宗佐命之臣,勋绩之大小、官资之崇卑以次上闻。……仪同三司衮国公刘彦宗……"
④ 周峰:《完颜亮评传》,第144页。
⑤ 《金史》卷90《张九思传》,第2004页,载:"九思所守清约,然急于进取,一切以功利为务,率意任情不恤百姓。"《金史》卷47《食货志》,第1048页,载:世宗对宰臣曰:"工部尚书张九思执强不通,向遣刷官田,凡犯秦、汉以来名称,如长城、燕子城之类者,皆以为官田。此田百姓为己业不知几百年矣,所见如此,何不通之甚也。"

无必成"铁案",刘萼也意识到九思鞫治的后果,是有"引刃自杀"之举。

刘萼案与萧玉案一样,都不是以弄清是非曲直结案的。刘萼自杀不死,削官一阶,罢归田里。萧玉也是削官一阶,解职。最终结果是太原尹、济南尹的位置空出来了。太原尹与济南尹是肥缺,尤其济南尹,任此职者多是重臣,韩昉任过济南尹,并由济南尹拜参知政事。世宗与一些宗室贵戚也任过济南尹,大定十四年(1174)后,梁肃任济南尹,由此职得拜参知政事。在刘萼与梁肃之间,任济南尹者难以确定是何许人,据记载,在大定年间,宗强之幼子阿琐曾为济南尹,宗室子永元迁授济南尹。不论他们是否是刘萼的接任者,他们竞相坐济南尹的位置足以说明这个位置是炙手可热的。由此看来,刘萼的"无行"是真是假,是一贯还是偶然,不是他获罪的主要原因,主要原因是济南尹的位置,他因当济南尹而被排挤,又与萧玉一样都是海陵旧臣。

刘萼与萧玉从济南尹、太原尹的位置上被排挤下来,与世宗"三心二意"地任用海陵旧臣的态度有关。大定初年,完颜元宜说敬嗣晖等六人不可用,世宗就把敬嗣晖等六人放归田里了。元宜被罢出朝廷后,世宗又起用了萧玉、许霖、敬嗣晖等,并明明白白地对萧玉说:"昔海陵欲杀太宗子孙,借汝为证,遂被进用。朕思海陵肆虐,先杀宗本诸人,然后用汝质成其事,岂得专罪汝等。"①对"匿名榜"中的谤言只因信任敬嗣晖,而置之不理,并没有认识到其根源所在,所以,他的态度常常因人而异。十多年后,在萧玉子德用升除问题上,世宗认为:"海陵假口于玉(萧玉)以快其毒,玉子岂可升除邪?"②本是父之过,不罪其父,却咎其子,于情于理都说不通。世宗对萧玉父子出尔反尔的态度只能说明他用海陵旧臣是纯粹的利用,大定初年,人才特别匮乏,舍海陵旧臣,无人可用,海陵旧臣是世宗过河的"卒子"。

世宗在思想上对海陵是全部否定的,对其旧臣的任用主要是迫于大定朝缺乏干济之才,其实,世宗在心理上并没有消除对他们的恶感,这样的思想、心理反映在任用海陵旧臣的行为上是一阵明白,一阵糊涂,他否定海陵的指导思想被大臣之间争权斗争所利用,具体化为对萧玉、刘萼等人的攻讦与排挤。

---

① 《金史》卷76《萧玉传》,第1736页。
② 《金史》卷76《萧玉传》,第1736页。

三、"庶士"家族地位的上升

"庶士"①家族指的是辽宋遗民通过参加金朝科举,开辟仕途,确立社会地位,发展起家族势力。"庶士"家族社会地位的确立需要家族成员通过科举进入仕途,扩大影响。浑源刘氏家族之所以在金朝显赫百余年,关键是刘氏子孙在科举上的斐然成就。百余年间,祖孙四世八人及第,再加上刘㧑的两个女婿张景仁、王元节,确实是"丛桂蟾窟"②。"庶士"家族发展中,家族成员的科举登第非常重要。

科举取士是皇权政治的组成部分,隋朝初创科举就是因为鲜卑或鲜卑化的贵族威胁皇权的稳固,皇帝要援引第三种力量作为皇权的支柱而出现的选士制度。唐朝发展科举达到了排除世家大族干犯皇权的目的,历朝历代实施科举制度都以服务皇权为旨归,金朝开科举也是这样。金兵破汴京,取宋太学生三十人,女真统治者对他们说:"金国不要汝等作大义策论,各要汝等陈乡土方略利害。"③金朝皇权政治轻"大义策论",重"乡土方略",反映在科举考试上就是重词赋,轻经义。以科举起家的文士必须就范这种政治圭臬。

以科举起家的庶士家族可分两种类型:一是纵向发展型,如刘㧑家族;二是横向显赫型,如孙九鼎(字国镇)兄弟三人同榜及第,俱有时名。吴激赋诗《赠国镇》云:"孙郎有重名,谈笑取公卿。清庙瑟三叹,斋房芝九茎。"④

横向显赫家族有力地推助了科举的一时繁荣,但科举的发展在横向显赫型家族身上体现得不明显。

纵向发展型"庶士"家族的起落受金朝科举的发生、发展、衰落的影响较大。从太宗天会初年到熙宗天眷年间是金朝科举制度的初创时期,也是辽宋士人借此机会起家的阶段,刘㧑就是金朝开科取士的第一位状元,他由科举进入仕途为其家族的发展奠定了基础。高衎、王安中、马柔德、敬嗣

---

① 阎步克:《士大夫政治演生史稿》,北京大学出版社,1995年,第4页,"未命之士,有时也称为'庶士'"。孙希旦《集解》曰:"庶士,谓未命之士。"本文借用"庶士",指通过金朝科举进入仕途的人,与已有功名地位入仕金朝的文士相对应。

② [金]刘祁:《归潜志》,崔文印点校,卷10,中华书局,1983年,第120页,载:刘㧑孙刘从禹求赵闲闲书八桂堂,闲闲曰:"君家岂止八桂而已耶,为书'丛桂蟾窟'四字。"

③ [宋]李心传:《建炎以来系年要录》卷2,第53页。

④ [金]元好问:《中州集》卷2《孙内翰九鼎》,第75页。

晖、贾少冲等也是在这一时期通过科第进入仕途的；海陵、世宗朝，民族间的抵触情绪日益消解，辽宋士人认同金朝的统治，积极参加科举考试，考试制度进一步完善，科举取士进入兴旺阶段，庶士家族进入社会地位确立时期。随着家族地位的上升，皇权对文士家族的笼络更为明显，达官可以荫庇子孙。大定时期，五品官可荫庇子孙补官两人，七品荫一人；章宗时期，六品官荫两人，一品官可荫六人。"荫补是复杂的官僚政府的产物，给予若干官员的后裔（不一定是一个家族）不经考试而获得官职的途径"①。荫庇子孙出现而且日益增多，科举仕途的衰势已现萌芽。

金初开科取士的目的是"得汉士以抚辑新附"，取士的实用目的使科举考试的时间、地点应需要而定，录用的进士多任职于地方州县。金初状元刘撝释褐左拾遗，转知天城、阳曲、怀仁三县。天会六年（1128）的经义状元孙九鼎曾仕为翼城县令。任才珍任洪洞令，再转尚书省令史。刘撝的仕途比较顺利，从知县一直升迁至石州刺史。其地位的上升对其家族的发展影响很大，天眷二年（1139），刘撝为有司取士时，选中落选的书生张景仁为其长婿，"三年后，翁（指刘撝）复为有司，御试，张（景仁）擢别试魁"②。张景仁累官御史大夫兼翰林学士承旨，颇得用事于世宗朝。大定初年，宋金议和，张景仁掌其文辞。往复七书，世宗称誉："今之文章，如张景仁与宋人往复书，指事达意，辨而裁，真能文之士也。"③张景仁在金朝的地位反过来又抬高了刘氏家族的地位，"世皆以翁有知人之鉴也"④。刘撝择婿成为一时士大夫嫁女的佳话。

海陵、世宗两朝是金朝科举的兴盛时期，"庶士"家族成员在这一时期能科举及第，对其家族的发展具有承上启下的作用。辽东士人王政，在金初入仕，但家族的地位并不显赫，幸赖其子王遵古于正隆五年（1160）及第，其孙王庭筠大定十六年（1176）及第，父子相继科举及第延续了王氏家族在金朝的名望。与之相同者还有临潢杨氏家族、渔阳韩氏家族等。刘撝家族在天德、大定年间有四人（二子、一孙、一婿）科举及第，刘撝父子翁婿通过

---

① Karl A. Wittfogel, 'Public Office in the Liao Dynasty and the Chinese Examination System', *Harvard Journal of Asiatic Studies*, 10(1947), 35. 转引自陶晋生《女真史论》，台湾：食货出版社，1981年，第53—54页，注（六九）。
② ［金］刘祁：《归潜志》，崔文印点校，卷8，中华书局，1983年，第81页。
③ 《金史》卷84《张景仁传》，第1892页。
④ ［金］刘祁：《归潜志》，崔文印点校，卷8，中华书局，1983年，第81页。

科举仕途,基本奠定了刘氏家族的社会地位。诚如元好问所说:"若仕进之路,则以词赋明经取士。预此选者,多至公卿达官捷径所在,人争走之。"①刘㧑的功名使子孙得到荫庇,刘㻼、刘从善、刘从契都是荫补得官。

大定后期,"庶士"家族也能像"名望"家族一样荫庇子孙。辽东王氏家族自大定十六年(1176)王庭筠中举后,再也没有及第者。刘㧑家族自刘侃后三十九年方有刘从益及第。海陵至世宗初年曾经兴旺的家族多已中衰。刘祁曾说:南渡之后,吏权大盛,致使"人争以此进,虽士大夫家有子弟读书,往往不终辄辍"②。其实,士大夫家子弟厌于读书试科举,在大定末年已有征兆,实荫庇子孙崭起滥觞。风俗之变是一个渐进的过程,往往是因果互致,荫庇子孙的出现使人们惰于读书,不愿读书的人又要跻身仕途,促使吏权大盛,掌吏权者与进士等同,又加重了厌学风习。章宗时期的词赋状元王泽、吕造闹出来的笑话很说明问题,"泽民不识枇杷子,吕造能吟喜欲狂"③。已经说明厌学之风起于大定末年,以读书及第起家的"庶士"家族也在这样的环境中趋于没落。

四、"庶士"家族裙带关系的恶性发展

辽宋遗民对金朝科举的认同与热衷程度的差异使"庶士"家族的繁荣具有区域性的特征。宋朝遗民对金朝的抵触要比辽朝遗民强烈,拒绝参与科举就是重要表现之一,所以,宋朝士人不论"名望"家族还是"庶士"家族的政治地位都不如亡辽文士显赫,仅在海陵朝稍有起色,适时及第者有蔡珪兄弟、高公振、褚席珍等。辽朝遗民对金朝几乎没有抵触情绪,他们对科举的热衷是亡辽故地"庶士"家族兴旺的内在因素。辽故地"庶士"家族的兴旺可以划分成三个区域,即辽阳、燕京、云中。"庶士"家族区域性的繁荣不同程度地滋生出裙带关系问题。

"庶士"家族社会地位的维系、上升与其攀援、缔结裙带关系有一定的联系。裙带关系主要指姻亲关系、师友关系、幕僚关系等。辽阳地域的王

---

① [金]元好问:《遗山先生文集》卷32《寿阳县学记》,王云五主编《万有文库第二集七百种遗山先生文集》(1—4册),商务印书馆,1937年,第428页。
② [金]刘祁:《归潜志》,崔文印点校,卷7,中华书局,1983年,第72页。
③ [金]刘祁:《归潜志》,崔文印点校,卷7,中华书局,1983年,第72页,记载:"章宗时,王状元泽在翰林,会宋使进枇杷子,上索诗,泽奏,小臣不识枇杷子……"吕造"在翰林,上索重阳诗,造素不学诗,遽遽诗云:'佳节近重阳,微臣喜欲狂。'"

政、高衍家族亲缘关系比较突出,王遵古娶张浩女,张浩的外孙王庭筠与高宪又是舅甥关系。云中"庶士"家族多以文学著称,师友关系比较浓重。浑源刘氏堪称文学世家,刘撝"为一代词学宗,雅好成就后进,见其文辄能断其后中第否,当时名士大夫多出其门下,学者至今皆师尊之"①。张景仁就是刘撝的门生之一,"时在布衣,以所业诣翁(指刘撝),翁嘉之"②。云中地带的文士家族,生活在相近地域环境中,文化心理相近,"诸人气味相投,往来密切,诗歌唱和,吟咏成风。他们周围还环绕一些当地文人,也相当活跃,共同形成一种独特文化圈"③。燕京地带的"庶士"家族多倾向于政治仕途,而且,常常攀援政治裙带关系。在裙带关系中,"一人得道,鸡犬升天"有之;一人失蹄,举族入狱也有之。

皇统年间的田珏狱案牵涉到马柔德、王安中、任才珍等很多家族,是一次政治裙带关系的覆没。田珏狱案的起因至今学界莫衷一是④,但有一点是不可否定的,就是以田珏为首的政治裙带关系的存在。田珏裙带关系的起点是韩企先,《金史·韩企先传》云:"企先为相,每欲为官择人,专以培植奖励后进为己责任。推毂士类,甄别人物,一时台省多君子。"⑤《金史·孟浩传》进一步说明:"韩企先为相,拔擢一时贤能,皆置机要,浩与田珏皆在尚书省,珏为吏部侍郎,浩为左司员外郎。既典选,善铨量人物,分别贤否,所引用皆君子。"⑥田珏、孟浩上有靠山,下有羽翼,所谓"党人"的存在是毋庸置疑的。田珏"党人"的行为主要表现在吏部,控制百官升黜。

当时名士王础(王寂父)"赴行台。吏部当王植、王伣辈分职铨衡,一见

---

① [金]刘祁:《归潜志》,崔文印点校,卷8,中华书局,1983年,第81页。
② [金]刘祁:《归潜志》,崔文印点校,卷8,中华书局,1983年,第81页。
③ 李正民、董国炎主编:《辽金元文学研究》序三,文化艺术出版社,1999年,第22页。
④ 关于"田珏案"的起因,传统的说法是蔡松年、许霖等毁于宗弼的结果,《金史》即持此说;都兴智先生对《金史》的说法有所推进,把此案与熙宗年间统治集团内部的政权斗争联系起来,并指出其中有金朝内部排斥汉族"异己"官员的因素,但并没有排除"小人"的作用(参见《田珏之狱略论》,《北方文物》1995年第3期);张博泉先生提出:"宗弼掌权后,蔡松年便指责田珏等结党纳朋,开始打击和排斥韩企先一派的官僚集团。"此案是金廷内部权力之争的产物(参见《金史论稿》第2卷第90页);刘浦江先生认为此案"成为'汉人'政治势力式微的一个转折点"(参见《金朝的民族政策与民族歧视》,《历史研究》1996年第3期);王庆生先生指出此案是宗弼铲除宗翰余党的行为,与蔡松年、许霖等六、七品小官无涉(参见《蔡松年生平仕历考述》,《徐州师范学院学报》1993年第1期)。
⑤ 《金史》卷78《韩企先传》,第1778页。
⑥ 《金史》卷89《孟浩传》,第1978页。

先君,甚喜,曰:'田吏部知公廉士,久欲改官,当从此着鞭矣。'先君辞以疾,授定州唐县令。先君退谓所知曰:'田侯疾恶太甚,怨隙已成,其能免乎?'未几,果起大狱"①。

刘祁在《归潜志》中也谈及其先祖拒绝附和田珏"党人"之事。"当毂(田珏)用事时,士之希进者无不附之,独吾高祖南山翁不预。及其遭祸,天下士多不免,独吾祖得全,世以拟郭林宗。张御史景仁表翁墓有云:'当时以声势为能吏巧相附会者,未尝推挽公,公亦不以此屑意。其后,皆坐朋党沦胥以败,公独不与,识者莫不多之。'盖实录也"②。

王寂、刘祁异口同声地讲述同类事,以当事人子孙的身份记载其父、其高祖的事迹,他们歌颂其前辈的优秀品质的同时,揭露出田珏等人在官场的内幕。田珏官居吏部要津,拉一伙,打一伙。王础和刘挚是田珏想拉入"党人"而遭拒绝者,蔡松年、曹望之、许霖则是被田珏党人排斥的。以此看来,田珏确实以己之好恶作为选官的标准,结党营私。王础、刘挚能看到田珏排斥异己,"怨隙已成",说明怨恨田珏的不止蔡松年、曹望之等人,他们仅是其中的一部分。

田珏"党人"的存在是其被祸的根源,"党人"控制吏部,置于权力要津,对当时执政的宗弼来说是掣肘的力量,所以宗弼对韩企先说:"此辈可诛。"对蔡松年等不能与其当中的官吏来说,是仕途的障碍,田珏赏识王础,但王础拒绝接近田珏,"授定州唐县令"。由此推知,那些被田珏拒绝的人可能境况更惨了。"党人"对皇权的危害是潜在的,"党人"的力量依附到某一权贵身边,就能控制、甚至颠覆皇权。当年,高庆裔、刘思被杀,就是因为他们党同宗翰,支持宗翰控制皇权所致。田珏"党人"于熙宗、宗弼、蔡松年等存在不同程度的危害。

田珏恃"党人"势力擅权,授人以柄而获罪。韩企先死后,田珏出横海军节度使,但他仍然发挥党魁的作用,伙同奚毅、邢具瞻、王植、高凤庭、王效、赵益兴、龚夷鉴等干预吏部覃恩,"倒用月日"③。为其"党人"龚夷鉴谋

---

① [金]王寂:《拙轩集》卷6《先君行状》,第8页。
② [金]刘祁:《归潜志》,崔文印点校,卷10,中华书局,1983年,第111页。
③ 《金史》卷89《孟浩传》,第1979页,载:"企先薨,珏出为横海军节度使。选人龚夷鉴除名,值赦,赴吏部铨,得预覃恩。珏已除横海,部吏以夷鉴白珏,珏乃倒用月日署之。许霖在省典覃恩,行台省工部员外郎张子周素与珏有怨,以事至京师,微知夷鉴覃恩事,嗾许霖发之,诋以专擅朝政。"

官,结果自陷囹圄。参与此事的奚毅、邢具瞻、王植、高凤庭、王效、赵益兴、龚夷鉴处死,其妻、子及所往来孟浩等三十四人皆徙海上,仍不以赦原。海陵朝,孟浩等三十二人遇天德赦令得还乡里。大定二年(1162),召见孟浩、田谷、王补、冯煦、王中安,复官爵①。田珏"党人"受不同程度的牵连,其因素很复杂,不排除有宗室贵族排斥非"本国人"的成分,而皇权与"党人"的不相容性是主要问题,任何皇权都容不得"党人"的肆意存在,海陵朝,高衎为吏部员外郎时,为其乡里人大奉国臣②谋贵德县令,被海陵罢为清水县主簿。皇权不能容忍裙带关系,但只能是扼制,难以杜绝。

海陵曾说:"知子莫若父,知臣莫若君,朕尝试之矣。朕询及人材,汝等若不举同类,必举其相善者。朕闻女直、契丹之仕进者,必赖刑部尚书乌带、签书枢密遥设为之先容,左司员外郎阿里骨列任其事。渤海、汉人仕进者,必赖吏部尚书李通、户部尚书许霖为之先容,左司郎中王蔚任其事。……凡在仕版,朕识者寡,不识者众,莫非人臣,岂有远近亲疏之异哉。苟奉职无愆,尚书侍郎节度使便可得,万一获罪,必罚无赦。"③

海陵对"女直、契丹"与"渤海、汉人"有裙带关系嫌疑的入仕通道看得很清楚,但他不能根除。因为皇权本身存在于天、地、君、亲、师、友的人伦关系中,裙带关系就寄生在人伦关系中,人伦关系不能摒弃,裙带关系必然存在。再有,皇权倚重家族关系,君臣关系被比附成家族中的父子关系,君臣同父子,皇权借助家族的伦常来规范社会,自身却无法跳出裙带关系的怪圈。

裙带关系恶性发展必然要威胁到皇权,遏制裙带关系发展是维护皇权的需要,所以海陵王对依裙带仕进者有一个原则:不管仕进渠道如何,只要"奉职无愆",不影响皇权,就无妨,否则,一人获罪,必株连无赦。从海陵的皇权立场反观田珏"党人"是必然获罪的,更何况熙宗皇权正处于与贵族权力僵持之中,田珏"党人"作为中间势力是没有出路的。女真贵族嫉恨田珏

---

① 《金史》卷89《孟浩传》,第1979页,载:受株连者三十四人;另见[金]元好问《遗山先生文集》卷29《忠武任君墓碣铭》,王云五主编《万有文库第二集七百种遗山先生文集》(1—4册),商务印书馆,1937年,第384页。记载受株连者二十八人,田珏"初为朝廷所倚用,慨然以分别流品,慎惜名器自任。群小积不能平。造作飞语,构成大狱,锻炼田以下随首恶者八人,以敢为朋党,诳昧上下,擅行爵赏之权,皆置极刑。自余除名为民,杖决徙远方者又二十八人。明昌初,始蒙昭雪"。

② 《金史》卷90《高衎传》,第2005页,载:"大奉国臣者,辽阳人,永宁太后族人。"因赃免官。

③ 《金史》卷129《李通传》,第2783页。

"党人",所以,宗弼以田珏起党事告熙宗,"熙宗曰:'党人何为?'辽王(宗弼)曰:'党人相结欲反耳。'上曰:'若尔,当尽诛之。'于是收珏等下狱,且远捕四方党与。每得一人,先漆其面赴讯,使不相识。榜略万状,珏、具瞻皆死狱中"①。田珏株连子孙"十八九"②。

田珏以"党魁"获罪并不冤枉,诚如松年等所言:"珏等专进退人材自利,将不利朝廷。"③海陵解党禁是因为"党人"的威胁不存在了,况且已达到敲山震虎的目的。世宗起用受牵连的孟浩等人,也是因为他们作为个体不具有"党人"的性质,而且,这些人多是金初入仕者,他们以被罪之身被起用,除了感恩戴德外,也胜于用海陵旧臣。至章宗朝,就刘仲洙为田珏申冤而言,主要出于姻娅关系④。章宗执意为田珏恢复官爵,目的是收买人心,所以,不念张汝霖劝诫⑤,曲解世宗录用孟浩、马柔德是意在"知珏等无罪"⑥。章宗恢复田珏官爵,破坏了自熙宗以来皇权对"党人"的戒律,加重了金朝末年皇权政治的危机。

无论是"名士"家族还是"庶士"家族,其政治命运的起落与是否得到皇权政治的认同休戚相关。金朝皇权政治与贵族政治既有对立的一面,又有相依存的一面。皇帝与贵族的对立表现为争权斗争,金初皇权的上升寓于与贵族的妥协之中。从太宗晚年开始,与女真贵族的争权斗争一直延续至熙宗、海陵朝,金世宗就是以女真贵族的身份与海陵争夺皇权的胜利者。《中国古代官僚政治制度研究》一书这样写道:"作为一个民族政权的统治者,金朝皇帝必须维护本民族成员在政权中的优势,这样才能从根本上保障、巩固皇权。"⑦熙宗铲除宗磐势力后,又崇遇太宗诸子;海陵王不向女真贵族妥协,最后还是让能向贵族妥协的世宗取代;世宗以代表女真贵族利

---

① [金]刘祁:《归潜志》,崔文印点校,卷10,中华书局,1983年,第110页。
② [金]赵秉文:《滏水集》卷13《种德堂记》,第10页,山东海丰吴氏石莲盦本,光绪三十年(1904),载"田侍郎毂等,以直道被诬,陷子孙与者十八九"。
③ [金]刘祁:《归潜志》,崔文印点校,卷10,中华书局,1983年,第110页。
④ [日]外山军治:《金朝史研究》,李东源译,黑龙江朝鲜民族出版社,1988年,第457页,载:《米芾虹县诗卷跋——金人田珏及周围》一文,已论证跋文的作者刘仲游称田珏为"从姑之夫",并"在会宁随先兄读书",定与刘仲渊、刘仲洙有兄弟关系,刘仲洙与田珏亦是亲戚关系。
⑤ 《金史》卷89《孟浩传》,第1981页,载:朝廷议田珏狱案,张汝霖奏曰:"珏专权树党,先朝已正罪名,莫不称当。今追赠官爵,恐无惩劝。"
⑥ 《金史》卷89《孟浩传》,第1981页。
⑦ 吴宗国主编:《中国古代官僚政治制度研究》,第296页。

益者自居,世宗与贵族的相互妥协是天下大定三十年的关键。女真进士科的创设,实质上是世宗优宠、培植女真新贵族势力的重要举措,女真进士科拓宽了女真人入仕的途径,保证了他们在政治领域中的优势地位。金朝皇权给予女真人的特权正如陶晋生先生所言:"女真人入仕和升迁的情形,似并不顾及专业的原则,而是凡生为女真人,就注定了可以作各种性质的官。"①

在皇帝与贵族既斗争又联合的政治环境中,文士群体是第三种中间力量,既是被利用者,也是被打击者。蔡氏家族在海陵朝受重用,在世宗朝受冷落;刘筈、刘萼弟兄家族在熙宗、海陵、世宗朝的起落;田珏在熙宗朝以擅权罪被杀,在章宗朝得复官爵,荫子孙。文士家族的命运不决定于他们对皇权的忠逆与贡献,完全为皇权的认同需要所"操切"②。

第二节 渤海张氏家族的民族认同之路

辽东文士以渤海大族为主,渤海人具有超出"名士""庶士"家族的政治优势,与皇权之间存在多重"亲缘"关系。首先,辽东文士多渤海人,"女直、渤海本同一家"的历史渊源,使他们在族源上与女真人是最亲密的,"可以说是天然的政治盟友"③;其次,辽东文士是最早"敦遣赴阙"者,他们先入为主,为女真贵族出谋划策,博得女真贵族的信任与倚重,使女真人与渤海人的政治联盟成为现实;再次,渤海大族大氏、李氏、张氏与完颜皇族"和亲",通过血缘上联姻,使政治联盟进一步巩固。渤海人在族源上的亲近、政治上的倚重、血缘上的加盟,使辽东文士与其家族具有了特殊的政治资本,因而,名之为"亲缘"家族。藉族源、血缘、政治上的资本,辽东文士政治地位的显赫不亚于"名士"家族,政治影响的持久不逊于"庶士"家族。

辽东文士中,张氏家族就是集族源、血缘、政治资本于一身,在金朝的

---

① 陶晋生:《女真史论》,台湾:食货出版社,1981年,第56页。
② 《金史》卷46《食货志》,第1030—1031页,载:"其弊在于急一时之利,踵久坏之法。及其中叶,鄙辽俭朴,袭宋繁缛之文;惩宋宽柔,加辽操切之政。是弃二国之所长,而并用其所短也。繁褥胜必至于伤财,操切胜必至于害民,讫金之世,国用日匮,民心易离,岂不由是欤?"
③ 刘浦江:《渤海世家与女真皇室的联姻——兼论金代渤海人的政治地位》,载祝总斌、郑家馨编《北大史学》第3辑,北京大学出版社,1995年,第170页。

地位显赫异常,他们的民族认同之路是"亲缘"家族的典型代表。

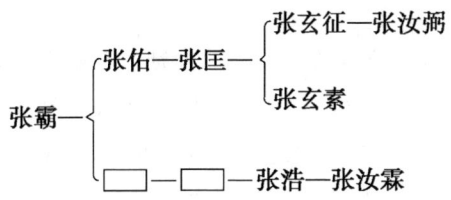

一、张氏家族的荣显与君王的眷顾

张氏父子、叔侄两代人事金朝六君(指太祖、太宗、熙宗、海陵、世宗、章宗),至世宗朝,父子、叔侄同殿称臣,其家族兴旺达到极盛。张氏本姓高,仕辽时,改姓为张(张玄素与张浩的曾祖张霸仕辽为金吾卫上将军),是渤海右姓大族之一①。张玄素、张浩自辽降金,玄素与浩为堂兄弟,玄素初为辽官,随高永昌叛辽后降金②。浩以布衣降太祖,初为御前文字③。

玄素兄玄征仕于金初,为彰信军节度使,玄征子汝弼初以父荫补官,正隆二年(1157),中进士第。张浩子汝霖,贞元二年(1154),赐吕忠翰榜下进士第。张玄素、张浩、张汝弼、张汝霖入仕世宗朝,大定初年,玄素以户部尚书致仕,张浩拜太师、尚书令,封南阳郡王,致仕。张汝弼于大定二十三年(1183),进拜尚书左丞,与其兄参知政事张汝霖俱显于世宗朝,"时人荣之"④。

张汝霖秉承其父张浩的德望,腾达于大定朝。大定八年(1168),除刑部郎中。九年,授太子左谕德兼礼部郎中,擢刑部侍郎、太子詹事,再迁太子少师兼御史中丞。改中都路都转运使、太子少师兼礼部尚书,俄转吏部,为御史大夫。二十三年,复为太子少师兼礼部尚书,拜参知政事。二十六年,拜尚书右丞。二十八年,进拜平章政事,兼修国史,封芮国公。世宗不豫,张汝霖与太尉徒单克宁、右丞相完颜襄同受顾命。章宗即位,加银青荣禄大夫,进封莘王。二十年间,张汝霖由从五品侍郎晋升从一品的平章政

---

① [清]阿桂:《满洲源流考》卷6《渤海》,第74页,载:渤海"其王以大为姓,右姓曰高、张、杨、窦、乌、李,不过数种"。
② 《金史》卷83《张玄素传》,第1868页。
③ 《金史》卷83《张浩传》,第1862页。
④ 《金史》卷83《张汝霖传》,第1866页。汝霖"为太子少师兼礼部尚书。拜参知政事,太子少师如故。是日,汝霖兄汝弼亦进拜尚书左丞,时人荣之"。

事,且为章宗朝的顾命大臣之一。在张浩的诸子中①,汝霖是最显达者,确实应验了其父的预言:"吾家千里驹也。"②

在政治风云多变的环境中,张氏家族能立于不败之地,位至宰辅,与金朝君王眷顾渤海人的关系至深。金朝初年,阿骨打对渤海人实施怀柔政策。渤海与女真完颜部同出靺鞨,《金史·世纪》有言:"'女直、渤海本同一家',盖其初皆勿吉之七部也。"③阿骨打借助渤海遗民与女真人在历史上的渊源关系,大做政治文章。宁江州大捷之后,阿骨打使渤海梁福、斡答剌伪亡去,招谕其乡人曰:"女直、渤海本同一家,我兴师伐罪,不滥及无辜也。"④收国二年(1116),对来降的渤海人同系辽籍女真等诸部官民一样,"已降或为军所俘获,逃遁而还者,勿以为罪,其酋长仍官之,且使从宜居处"⑤。高永昌据东京称帝,阻碍了渤海人归降,从这一点看,阿骨打灭掉高永昌是必然的,诏谕斡鲁:"永昌诱胁戍卒,窃据一方,直投其隙而取之耳。"⑥高永昌一灭,集居在东京州县的渤海人"及南路系辽女直皆降"。为了安抚笼络归降者,再下诏曰:"除辽法,省税赋,置猛安谋克一如本朝之制。"⑦即使是文士也被授予猛安谋克官职,适时归降的高桢"知东京留守事,授猛安",张玄素特授世袭铜州猛安,王政授卢州渤海军谋克。

阿骨打提出的"女直、渤海本同一家"的口号,在反辽及其与高永昌的斗争中,都产生了积极的政治效应,是渤海人积极主动地与女真人联手的基础。"女直、渤海本同一家"思想的进一步发展,是追求渤海人与女真人在血缘上的"一家"的基础,"天辅间,选东京士族女子有姿德者赴上京"⑧,婚配宗室诸王为侧室。中国历史上的"和亲"行为都是以政治需要为第一位的,女真人大规模地聘娶渤海士族女子的"和亲"行为,当然也不能外于巩固政治联盟的需要。

---

① [金]元好问:《中州集》卷9《张左相汝霖》,第455—456页,载:张汝霖兄汝为"河北东路转运使"。弟汝翼仕不达,皆进士也。弟汝方字仲贤,自号"丹华老人"。弟汝猷俱至宣徽使,张氏"父子兄弟各有诗传于世"。
② 《金史》卷83《张汝霖传》,第1865页。
③ 《金史》卷1《世纪》,第2页。
④ 《金史》卷2《太祖本纪》,第25页。
⑤ 《金史》卷2《太祖本纪》,第29页。
⑥ 《金史》卷71《斡鲁传》,第1631页。
⑦ 《金史》卷2《太祖本纪》,第29页。
⑧ 《金史》卷64《后妃传》,第1518页。

渤海人在政治与亲情的双重羁縻下,对金代社会的作用是积极而持久的。渤海文士参与金初政治,外在地对女真社会产生深远影响,杨朴、高桢、高庆裔、张玄素等渤海文士不同层面地贡献于女真社会的进步。渤海士族女子在血缘上的加盟,是女真贵族认同渤海人的文化素养的结果,同时,"和亲"行为又提高了女真人的内在文化素养,快速地缩短了女真人接受汉文化的距离,完颜氏子孙自幼生活在渤海文化氛围中,在成长中又直接受到渤海先进文化的教育、影响。金代帝王中比较有作为的海陵王,其母大氏是渤海皇族后裔,世宗母李氏也出身渤海大族。海陵王"英锐有大志,定官制、律令皆可观。又擢用人才,将混一天下。功虽不成,其强至矣"①。金世宗执政三十年,"议者以为有汉文景风"②。海陵王以"霸王"政治、世宗以"王道"政治在金代皇权政治中的胜出,不能排除其母族——渤海文化的孕育。血缘上的亲情又使两代帝王对渤海文士眷顾有加,渤海文士的民族认同之路有地缘、族源、亲缘的加固,得到金朝皇权政治的认同是稳定而持久的。正是这种历史背景,使张浩、张玄素及其子侄一直得宠于"龙廷"。

诚然,政治机遇给予张氏家族的荣宠也很重要。熙宗朝,宗室贵族间争权夺利、自相残杀,宗翰、宗磐、宗隽、挞懒、希尹等元勋均死于非命,宗干、宗弼又先后亡故,熙宗晚年,朝政无人辅佐。权臣间的倾轧又殃及到高庆裔、宇文虚中、田珏等文士,尤其是"田珏党事起,朝省为之一空"③。这倒给张浩一个施展才能的机会,张浩以礼部尚书行六部事,朝内政争激烈迫使张浩急流勇退,迁调地方,补除彰德军节度使,迁燕京路都转运使。俄改平阳尹。张浩任职地方,"强宗黠吏屏迹""郡中大治"④。熙宗末年的乱世,给张浩一个施展才能的际遇,为其在海陵朝的擢升打下基础。

海陵朝屠戮宗室更为惨烈⑤。迁都燕京时,海陵朝的统治核心已鲜有

---

① [金]刘祁《归潜志》,崔文印点校,卷12《辩亡》,中华书局,1983年,第136页。
② [金]刘祁《归潜志》,崔文印点校,卷12《辩亡》,中华书局,1983年,第136页。
③ 《金史》卷81《伯德特离补传》,第1826页。
④ 《金史》卷83《张浩传》,第1862页。
⑤ 《金史》卷5《海陵本纪》,第94—95页。海陵即位初,杀曹国王宗敏,左丞相宗贤。天德二年(1151),"杀太傅、领三省事宗本,尚书左丞相唐括辩,判大宗正府事宗美。遣使杀领行台尚书省事秉德,东京留守宗懿,北京留守卞及太宗子孙七十余人,周宋国王宗翰子孙三十余人,诸宗室五十余人"。

完颜宗室贵族,仅从贞元元年(1153)三月辛亥的一次官吏任免即可窥见一斑,以司徒徒单恭为太保、领三省事,平章政事萧裕为右丞相兼中书令,右丞张浩、左丞张通古为平章政事,参知政事张中孚为左丞,萧玉为右丞,平章政事李德固为司空,左宣徽使刘萼为参知政事,枢密副使昂为枢密使,工部尚书仆散师恭为枢密副使①。在任免诸官中,徒单恭,海陵皇后徒单氏父;仆散师恭,本名忽土,上京老海达葛人,本微贱,宗干尝周恤之。为海陵谋逆所用;张中孚、张通古、刘萼或仕辽或仕宋的汉人;萧玉、萧裕皆奚人;张浩,渤海人;李德固,天会年间,曾为御前管勾契丹文字,因疑其为渤海人;海陵统治集团中,昂是唯一的完颜宗室,且是远属,景祖弟孛黑之孙、斜斡之子。宗室贵族之间、宗室贵族与皇权之间的斗争以宗室贵族的政治力量内耗为代价,客观结果是为包括张浩在内的异姓、异族文士腾出参政的空间。

渤海文士的宠辱取决于当权者及其政治环境的变化,在不同的朝代有不同的政治际遇。杨朴虽有"佐太祖开基"之功②,而其人其事竟遗在金朝"汗青"之外。金朝初占辽、宋之地,民族矛盾激化,当权者喜酷刑,于是,高庆裔、高桢得以用事。高庆裔作为当权者宗翰的心腹,一度位极人臣,但在宗室贵族权力倾轧中,最终成了刀俎间的"鱼肉"。高桢用事于太祖、太宗、熙宗、海陵四朝,熙宗、海陵两朝对宗室贵族实施高压政治,高桢因"绳治"之功,得以封公封王。但在大定朝,世宗崇尚"仁政",高桢或为警勉臣下的反面教材,或被微词所谴。大定二年(1162)春,完颜元宜拜御史大夫,世宗警勉他说:"高桢为御史大夫,号为正直,颇涉烦碎,臣下衣冠不正亦被纠举。职事有大于此者,尔宜勉之。"③世宗与宰臣论法也以高桢为例,"故广宁尹高桢为政尚猛,虽小过,有杖而杀之者。即罪至于死而情或可恕,犹当念之,况其小过者乎?人之性命安可轻哉!"④高桢不畏权贵,弹劾无所避,有其忠直的一面,也有其适应时代需要的一面。世宗屡屡贬损高桢,用不同时代的为政标准要求不同时代的人,无疑是苛求,而这种苛求的情感因素,又与高桢为海陵所重有关。张浩等渤海文士受女真贵族眷顾很多,但文士在仕途上的悲哀与无助,即使渤海文士也未能幸免。高桢为号称"小

---

① 《金史》卷5《海陵本纪》,第100页。
② [清]永瑢等撰:《四库全书总目》卷46《金史》,中华书局,1965年,第414页。
③ 《金史》卷132《完颜元宜传》,第2831页。
④ 《金史》卷45《刑志》,第1018页。

尧舜"的金世宗所指责,于此可见金朝明君圣主之庸俗相。

二、张浩"无事不为,无役不从"

张氏父子、叔侄与诸多文士不同的是能随着金朝多变的政治风云扶摇直上,为皇权政治出力很多,亦能得到皇权的认可,既能推动皇权政治,又不为皇权与贵族相争的政治陷阱所羁绊,这是对文士与皇权政治互动一般模式的超越。张氏父子、叔侄与皇权形成互动时,多持主动权。阿骨打占据辽东,适时归降的辽东文士对阿骨打等女真人文治思想的启蒙并推动女真人反辽斗争的胜利是至关重要的。

天辅二年(1118)九月戊子,诏曰:"国书诏令,宜选善属文者为之。其令所在访求博学雄才之士,敦遣赴阙。"①张浩就是"敦遣赴阙"的博学雄才之士中的佼佼者。"天辅中,辽东平,浩以策干太祖,太祖以浩为承应御前文字"。天会八年(1130),赐进士及第,授秘书郎。天会八年至皇统七年的十八年间,张浩是"无事不为,无役不从"②。太宗将幸东京,张浩提点缮修大内,超迁卫尉卿,权签宣徽院事,管勾御前文字,为赵州刺史。官制行,以中大夫为大理卿。天眷二年(1139),详定内外仪式,历户、工、礼三部侍郎,迁礼部尚书。可谓"用之厚,遇之薄"③。皇统七年(1147),田珏党狱株连要职颇多,台省一空,张浩得掌六部事,"簿书丛委,决遣无留,人服其才"④。出于"木秀于林"的顾虑,张浩"以疾求外"⑤。"以疾求外"既是托辞,也是智举。

"求外"的真正用意是躲避政治"漩涡"。此时,金熙宗酗酒滥杀无辜,皇弟、皇后被杀,"群臣震恐"⑥。领三省事的宗弼卒,权力重心失衡,皇统八年(1148)十月至九年十二月海陵弑熙宗前,领三省事一职在宗室贵族间

---

① 《金史》卷2《太祖本纪》,第32页。
② 《金史》卷83《张浩传·赞》,第1875页。
③ 《金史》卷83《张浩传·赞》,第1875页。
④ 《金史》卷83《张浩传》,第1862页。
⑤ 《金史》卷83《张浩传》,第1862页,载:"以疾求外,补除彰德军节度使,迁燕京路都转运使。俄改平阳尹。平阳多盗,临汾男子夜掠人妇,浩捕得,榜杀之,盗遂衰息。近郊有淫祠,郡人颇事之。庙祝、田主争香火之利,累年不决。浩撒其祠屋,投其像水中。强宗黠吏屏迹,莫敢犯者。郡中大治。乃缮葺尧帝祠,作击壤遗风亭。"从张浩"以疾求外",为平阳尹,"郡中大治",颇有建树,看来,"以疾求外"只是托辞。
⑥ 《金史》卷4《熙宗本纪》,第87页。

争来抢去。十二月乙卯日,以右丞相萧仲恭为太傅、领三省事。乙亥日,以左丞相宗贤为太师、领三省事兼都元帅。九年正月戊戌日,太师、领三省事、都元帅宗贤罢。领行台尚书省事完颜勖为太师、领三省事。己酉日,宗贤复为太保、领三省事。三月辛丑日,左丞相完颜亮为太保、领三省事。五月戊子日,以翰林学士张钧草诏被诬,涉及完颜亮,出太保、领三省事,亮领行台尚书省事。六月己未日,以都元帅宗敏为太保、领三省事兼左副元帅,九月戊戌日,以右丞相宗本为太保、领三省事①。其他官职也似走马灯一样地换人,皇统七年(1147)十一月,兵部尚书秉德进三角羊,十二月就取代韩昉为参知政事。整个朝政一片混乱,非宗室贵族能参与其间者有:萧肄,"有宠于熙宗,复诣事悼后,累官参知政事"②;刘筈"以能得悼后意,致位宰相"③;萧仲恭是维护宗干,得意于熙宗者。"宗磐与宗干争辩于熙宗前,宗磐拔刀向宗干,仲恭呵之乃止。既而宗磐以反罪诛,仲恭卫禁有备,以功加银青光禄大夫"④。张浩适时求补州郡,避开权力之争的政治陷阱,无疑是一个政客的智举。

三、张浩与海陵"霸王"政治

海陵王统治时期是金代皇权政治发展的重要阶段。海陵王通过弑君夺位、大肆屠戮宗室贵族,实现了他"大柄在手"的理想,成为金朝历史上真正掌控皇权的第一人。

海陵王登位后,为巩固皇权,采取多种措施打击宗室贵族。迁都燕京是打击贵族势力、巩固皇权的重要手段之一。发展皇权政治,消弭贵族之间的权力之争,避免生灵涂炭,是金朝社会进步的大方向,所以"营治中都,天下乐然趋之"⑤。海陵王迁都燕京与历史上的"盘庚迁殷"、北魏迁都洛阳具有相同的意义:巩固政权,打击敌对势力。海陵王"恐上京宗室起而图之,故不问疏近,并徙之南"⑥。迁都使宗室贵族力量分散,一方面,有益于政权的稳固;另一方面,更有利于采取异于旧俗的统治措施。贞元二年

---

① 《金史》卷4《熙宗本纪》,第85—87页。
② 《金史》卷129《萧肄传》,第2779页。
③ 《金史》卷78《刘筈传》,第1773页。
④ 《金史》卷82《萧仲恭传》,第1849页。
⑤ 《金史》卷83《张浩传》,第1863页。
⑥ 《金史》卷8《世宗本纪》,第185页。

(1154),始置交钞库,以适应中原社会经济发展的需要;正隆元年(1156)颁行"正隆官制",加强了中央集权。经济、政治改革的顺利进行与迁都燕京不无关系。

张浩与燕京留守刘筈、大名尹卢彦伦等主持"广燕京城,营建宫室",直接推动了皇权政治的确立与巩固,但是,皇权与宗室贵族之间的冲突是金代皇权政治不可克服的问题,而且,随着皇权的加强,冲突更为激烈。金熙宗在宗室贵族争权的缝隙间得立为谙班勃极烈,登位之后,先有宗翰的跋扈,再有"宗磐、宗隽、挞懒湛溺富贵,人人有自为之心"①。熙宗一直向宗室贵族妥协,"临朝端默"②"厚于宗室,礼遇不衰"③。

觊觎皇位,"人人有自为之心"是完颜宗室贵族的普遍心理,海陵王的弑君夺位与金世宗的"东京自立"是把"自为之心"变成了现实。带着"自为之心"被海陵王杀掉的宗室贵族是大有人在的,只是被世宗朝修实录者说成是"翦灭宗族"而已。后世研究者多不问究竟,承袭"翦灭宗族"的说法。董克昌先生在《关于评价完颜亮的几个问题》一文中,提出海陵王"翦灭宗室"的四种原因为:忌,就是忌恨某一宗室力量强大,会造成其统治的威胁,如宗本、宗雅被杀;怕,就是怕有所作为的人对他不利,如宗敏、宗贤;疑,就是深恐掌握军政权力的人对他不利,如完颜杲;怨,就是对完颜亮的言行挑剔,遭怨恨而被杀,如,宗弼子亨④。董文所总结的忌、怕、疑、怨,可以视为海陵屠戮宗室的四种类型,仅是历史的表象。刘肃勇先生认为董文"忽略了完颜亮杀戮宗室成员的时代背景,或历史的必然原因所得出的结论"⑤。并提出,完颜亮屠戮宗室是自熙宗以来皇权与宗室贵族斗争的延续,是不可避免的。

刘肃勇先生所言诚是。皇权与贵族的冲突不但在海陵朝存在,世宗朝也存在,不同的是世宗朝的激烈程度大为减弱。大定五年(1165)四月癸卯日,西京留守寿王京谋反,狱成,特免死,杖之,除名。海陵同母弟襄之妃僧酷召日者问卜其子和尚"当为天子"。寿王京与和尚母子的行为是海陵"翦

---

① 《金史》卷77《宗弼传·赞》,第1758页。
② 《金史》卷63《后妃传》,第1503页。
③ 《金史》卷76《宗固传》,第1731页。
④ 董克昌:《关于评价完颜亮的几个问题》,《北方文物》1987年第4期。
⑤ 刘肃勇:《谈完颜亮杀人和用人二事——与董克昌先生商榷》,《北方文物》1989年第4期。

灭宗族"后的余烬。尽管世宗"尝痛海陵翦灭宗族"。但面对和尚母子,这位"仁慈"的帝王也没有稍许宽贷余地,他认为"妖妄误惑愚民者,便以为真,不可不灭"①。

皇权的稳固总是相对的。海陵迁都燕京,只能削弱宗室贵族的反叛力量,并没有消除海陵王对宗室贵族谋反的担心。事实上,潜在谋反势力的存在也确实不可能除根。《金史》对徒单阿里出虎的谋反有比较详细的记载,徒单阿里出虎因参与海陵王弑熙宗,居功跋扈不已,"尝问休咎于卜者高鼎,遂以鼎所占问张王乞。王乞以谓当有天命,阿里出虎喜,以王乞语告鼎。鼎上变,阿里出虎伏诛"②。像徒单阿里出虎这样的非宗室之贵族尚有企盼"天命"的欲望,更何况完颜宗室贵族。迁都燕京之后,海陵王以谋反罪先后杀了其弟西京留守蒲家、广宁尹韩王亨、尚书右丞相萧裕等。韩王亨,宗弼子,"材勇绝人,喜自负"③。亨闻徒单阿里出虎有贷死誓券,尚被诛死,意识到"将及我矣"。蒲家"桀骜强悍","心知海陵忌之,尝召日者问休咎"④。海陵与韩王亨、与蒲家处于彼此戒备状态,都有消灭对方的想法,对于亨、蒲家来说,只有消灭海陵王,取而代之,才能保住性命;海陵王也知道他们有自己当年杀熙宗的想法,杀掉亨、蒲家等可以减少自己被杀的隐患。

皇权与女真贵族间的冲突,把海陵王的皇权挤上极度专制、扩张的狭路。要真正压制宗室贵族可能的谋反,海陵王最后的努力是通过伐宋,建立武功,企图通过建立赫赫武功,从心理上征服包括女真人在内的"天下"。海陵王坚信"天下一家,然后可以为正统"⑤。他很钦佩前秦国王苻坚统一北方之武功,面对《晋书》大发感叹,苻坚"雄伟如此,秉史笔者不以正统帝纪归之,而以列传第之,悲夫"⑥。在海陵王眼里,统一天下者,理所当然地是"正统"之君。整个天下的"正统"之君,自然也是女真人的"正统"之君。

---

① 《金史》卷76《宗干传》,第1747页。
② 《金史》卷132《徒单阿里出虎传》,第2824页。
③ 《金史》卷77《宗弼传》,第1756页。
④ 《金史》卷76《蒲家传》,第1747—1748页。
⑤ 《金史》卷129《李通传》,第2783页。
⑥ [宋]徐梦莘:《三朝北盟会编》卷242《炎兴下帙一百四十二》,引[宋]元兴宗《采石战胜录》第9页,总1740页。

他对古书所言"夷狄虽有君,不如诸夏之亡也"①很是反感。海陵王的正统观是建立在让女真人有"正统"之君的理想之上,而非完全出于个人的野心②。

女真贵族人人有觊觎皇权的心里,甚至孤儿寡母也有企图。"人人有自为之心"的心理反映出女真人对皇权的神圣缺乏认同,海陵王想通过统一天下,为"正统"之君,迫使女真人承认他与他的权力的神圣。为做"正统"之君而"南征",与其说是个人野心膨胀、"好大喜功"的行为,不如说是海陵王在政治上的赌注。为了让女真人有"正统"之君,让女真人承认他是"正统"之君,他迫不及待地发动"南征"。正隆三年(1158)十一月,诏左丞相张浩、参知政事敬嗣晖营建南京宫室,开始为"南征"作准备。四年二月,诏谕宰臣以伐宋事,调诸路猛安谋克军年二十以上、五十以下者,皆籍之,虽亲老丁多亦不许留侍。六年六月,海陵自汝州如南京。七月,大括天下羸马。八月,以谏伐宋弑皇太后徒单氏于宁德宫。九月,发兵伐宋。在不足三年的时间里,大括天下兵马,并期以"期月"克宋。耨盌温敦思忠欲阻止海陵"南征",说克宋"以十年为期"。海陵曰:"何久也?期月耳。"③海陵王把"南征"视为紧迫政治任务的出发点是为"正统"之君。海陵认为"自古帝王混一天下,然后可为正统"④。

海陵王认为,"南征"对巩固他的统治地位十分重要,对阻止、干扰"南征"的人大肆杀戮,可以说是冒天下之大不韪而为之。先是杀死太医使祁宰,祁宰借为元妃诊疾之机,上疏谏阻南伐,"言甚激切"⑤,惹怒海陵,戮于

---

① [宋]徐梦莘:《三朝北盟会编》卷242《炎兴下帙一百四十二》,引[宋]元兴宗《采石战胜录》第9页,总1740页。载,海陵曾对翰林承旨完颜宗秀、左参知政事蔡松年说:"朕每读《鲁论》,至于夷狄虽有君,不如诸夏之亡也。朕窃恶之。"
② 刘肃勇、王晓莉:《论完颜亮南征伐宋的战争》,《求是学刊》1987年第5期,刘肃勇先生认为,海陵王的"正统观"是他个人的。
③ 《金史》卷84《耨盌温敦思忠传》,第1882页。
④ 《金史》卷84《耨盌温敦思忠传》,第1883页。
⑤ 《金史》卷83《祁宰传》,第1874页,谏言略曰:"国朝之初,祖宗以有道伐无道,曾不十年,荡辽戡宋。当此之时,上有武元、文烈英武之君,下有宗翰、宗雄谋勇之臣,然犹不能混一区宇,举江淮、巴蜀之地,以遗吾人。况今谋臣猛将,异于曩时。且宋人无罪,师出无名。加以大起徭役,营中都,建南京,缮治甲兵,调发军旅,赋役烦重,民人怨嗟,此人事之不修也。间者昼星见于牛斗,荧惑伏于翼轸。已岁自刑,害气在扬州,太白未出,进兵者败,此天时不顺也。舟师水涸,舳舻不继,而江湖岛渚之间,骑士驰射,不可驱逐,此地利不便也。"

市,又因泄伐宋事杀施宜生①。起兵前夕极力寻找支持者于朝堂,主动地向张浩、萧玉、翟永固、杨伯雄、耨盌温敦思忠等问"用兵利害"。尽管朝野上下鲜有赞同者,海陵王还是一意孤行。海陵王"南征"的政治目的是明确的,即统一天下,进而大定天下。当海陵王得知世宗自立于东京时,竟然不回师平剿,仍要渡江,他认为,"南征"的成功能达到安定内部、天下大定的目的。天下大定是海陵"南征"的出发点,当他得知世宗改元大定时,很遗憾地告诉身边的人,他"本欲灭宋后改元大定"②。

海陵王用激进的手段推进皇权政治,弑君夺位、屠戮宗室实现了他"大柄若在手"的理想,但"清风满天下"③却是这位女真帝王、诗人永远留在扇面上的文字。女真人的社会现实与海陵王的政治理想始终存在距离。他凭借"英锐大志",不断超越现实,迁都燕京、颁布正隆官制、举兵"南征"都是超越现实的举措。

这种超越现实的政治举措与社会的进步可能是顺向,也可能是悖逆。迁都燕京、颁布正隆官制在一定程度上推动了女真社会的进步,同时也顺应了历史发展的大方向。但"南征"是极大地超越金朝社会的现实,也就是说,金朝社会的综合国力不能支持这样的统一战争,最明显的是,财力不够充足,政治不够稳定,"南征"虽然有大定天下的愿望,但此举背离国情,违背人心。对海陵王来说,也是为了使自己的皇权稳固,"南征"是迫不得已的铤而走险,表现出来的是海陵王的个人意志。这种绝对的个人意志支配着海陵朝皇权政治独断专行,适应这种政治环境的需要,朝臣以揣度"圣意"为常。具体表现在张浩的身上就像海陵所言:"左丞相张浩练达事务,而颇不实。"④海陵王的个人意志是自相矛盾的,他一方面指责张浩不如"刑部尚书娄室言行端正,无所阿谀"⑤;另一方面对张浩的进言又置若罔

---

① 《金史》卷79《施宜生传》,第1787页,载:施宜生翰林侍讲学士,正隆"四年冬,为宋国正旦使。……宋命张焘馆之都亭,因间以首丘风之。宜生顾其介不在旁,为廋语曰:'今日北风甚劲。'又取几间笔扣之曰:'笔来,笔来。'于是宋始警。其副使耶律辟离剌使还019f,坐是烹死"。

② 《金史》卷5《海陵本纪》,第116页;另见[宋]李心传《建炎以来系年要录》卷193,第3254页,称:"左丞相张浩自汴京录褒赦,驰以报金主亮,亮叹曰:'朕欲侯江南平后,取一戎大定之义以纪元。'"

③ [金]刘祁:《归潜志》,崔文印点校,卷1,中华书局,1983年,第3页,海陵书人扇云:"大柄若在手,清风满天下。"

④ 《金史》卷88《纥石烈良弼》,第1950页。

⑤ 《金史》卷88《纥石烈良弼》,第1950页。

闻,甚至迫使臣下服从自己的意志。张浩适应海陵朝的政治环境,每进言都是"婉辞"。对营建南京宫室,张浩进言"今民力未复,而重劳之,恐不似前时之易成也"①。对海陵南伐诸将部署,又谏言:"诸将皆新进少年,恐误国事。宜求旧人练习兵者,以为千户谋克。"②《金史》记载张浩异时异地的两次进言,委婉的态度是相同的,"恐不似前时之易成也""恐误国事"。更为用心良苦的是当海陵问对宋用兵利害时,张浩奏曰:"臣观天意,欲绝赵氏久矣。……赵构无子,树立疏属,其势必生变,可不烦用兵而服之。"③张浩"婉辞"是在"揣度"海陵王心思的基础上,寻找海陵王能接受的进谏角度,劝说海陵王放弃出兵南宋。海陵"喜其言",但不能从。《金史》指陈张浩的"婉辞"只是"贤于不谏而已"④。其实这种"婉辞"是金代特殊帝王政治的产物,也是文士适应金代皇权、推动皇权政治的无奈之举。

　　海陵王的个人意志与皇权专制交织在一起,皇权政治体现的常常是他的个人意志,个人意志变化无常,臣下猜度"圣意"也是很无奈的,而且很艰难。贞元二年(1154),翟永固主文进士考试,出《尊祖配天赋》题,海陵以为"赋题不称朕意",且猜度己意,翟永固、张景仁皆杖二十⑤。正隆五年(1160),任熊祥被诏为会试主文,"以'事不避难臣之职'为赋题。及御试,熊祥复以'赏罚之令信如四时'为赋题,海陵大喜,以为翰林侍读学士"⑥。翟永固、任熊祥前后同样是猜度"圣意",不同的是前者猜度"圣意",大有"盖主"之嫌,"盖主"要受罚的。是年,"进士张汝霖赋第八韵有曰:'方今,将行郊祀。'海陵诘之曰:'汝安知我郊祀乎?'亦杖之三十"⑦。任熊祥揣度"君心",是为了效命君主。皇帝的需要就是赏罚的标准,赏罚以皇帝的好恶为转移,当个人的努力不能左右自己的命运时,要么寻找超越世俗的力量摆脱政治上的困境;要么表乞致仕,归隐田园。在海陵朝后期,张浩崇信佛教、表乞致仕无疑是侍奉海陵皇权没有方向的迷茫使然。在寺院,僧法宝正坐,三品朝臣竞坐其侧。朝官把僧人视为知己,贞元三年(1155)三月,

---

① 《金史》卷83《张浩传》,第1863页。
② 《金史》卷83《张浩传》,第1863页。
③ 《金史》卷83《张浩传》,第1863页。
④ 《金史》卷83《张浩传·赞》,第1875页。
⑤ 《金史》卷89《翟永固传》,第1975页。
⑥ 《金史》卷105《任熊祥传》,第2310页。
⑦ 《金史》卷89《翟永固传》,第1975页。

"会磁州僧法宝欲去,张浩、张晖欲留之不可得,朝官又有欲留之者"①。朝臣依恋佛僧已是集体的行为,是君臣分途的信号。张浩位居宰相,对海陵王的政治匡救无措,以"羸病不堪任事,宰相非养病之地也"②,求去。

在海陵朝,张浩仍然是"无事不为,无役不从"。但海陵朝在政治上的作为,决定他重视人才,"擢用人才"③,张浩的才能深得海陵王器重,先召为户部尚书,拜参知政事。因广燕京城,营建宫室。进拜平章政事,拜尚书右丞相兼侍中,封潞王,赐其子汝霖进士及第。未几,改封蜀王,进拜左丞相。再营建汴京宫室,拜太傅、尚书令,进封秦国公。

"南征"对于海陵王来说是紧迫、重要的,而且是目的明确的行动,归根结底是要巩固他的皇权。皇权巩固对天下大定是有利的,但他羸弱天下以巩固皇权,突出表现的是一己之私欲,大失天下人心。海陵被杀,"参知政事敬嗣晖欲立其太子光英于南京,左丞相张浩不可"④。张浩阻止敬嗣晖做忠臣,不是他不想做忠臣,是金朝皇权政治的血腥不能让张浩做忠臣。太子光英一旦得立,世宗与光英叔侄争位是必然的,生灵涂炭也就不可避免。张浩顺应天下大势所趋,奉世宗诏朝觐京师。

四、天下"大定"与张氏家族

在世宗朝,张氏具有国戚身份,与皇权的关系又递进一层。张玄征妻高氏与世宗母贞懿皇后李氏有"葭莩亲"⑤。世宗纳玄征女为次室,是为元妃,生郑王永中、越王永功。尚书右丞张汝弼,永中母舅。正隆六年(1161)十月,世宗即位东京,当月,兴平军节度使张玄素携其侄张汝弼拜谒世宗,继辽阳渤海李氏、世宗母舅李石居拥立之功后,张氏尽辅佐之力。张玄素、张汝弼既是海陵朝的归降者,也是姻娅亲族。玄素与李石力劝世宗早幸燕京,迁户部尚书。汝弼为应奉翰林文字。

大定二年(1162)二月,张浩奉诏入见,世宗谓之曰:"卿国之元老,当毂

---

① 《金史》卷83《张通古传》,第1861页。
② 《金史》卷83《张浩传》,第1863页。
③ [金]刘祁:《归潜志》,崔文印点校,卷12,中华书局,1983年,第136页。
④ [宋]李心传:《建炎以来系年要录》卷195,第3303页。
⑤ 《金史》卷64《后妃传》,第1522页,载"高氏,与世宗母贞懿皇后葭莩亲",意为较疏远的亲属关系;另见《金史》卷83《张汝弼传》,第1869页,称:高氏"与世宗母贞懿皇后有属",具体情况不详。

力赞治,宜令后世称扬德政,毋失委注之意也。"① 俄拜太师、尚书令,封南阳郡王。世宗朝匮乏人才,举荐人才为当务之急,张浩在新朝的贡献正是举荐人才,奖用士人。

张浩摒弃党同关系,举荐的人才多是干济、能事者。在海陵朝举荐的人才,仍为大定朝所重用。营建燕京时,举荐刘枢分治工役、苏保衡分督工役。世宗"以枢等颇干济,犹用之"②。苏保衡在大定三年(1163),拜参知政事,后进右丞,"以忠直擢居执政"③。大定二年(1162),张浩携王竞朝京师,使之复为礼部尚书。荐杨邦基为刑部郎中。荐杨伯雄,起复少詹事,日后成为世宗不可去左右之臣④。张浩举荐的人才诚如《金史》所言,"其后皆为名臣"⑤。

张浩举荐的人才以文士为主,或进士及第,或以文济世者。刘枢刻意经史,登天眷二年(1139)进士。苏保衡,天会年间,赐进士及第。杨邦基,天眷二年,登进士第。杨伯雄,皇统二年(1142)进士。施宜生、王竞以文著称。施宜生被海陵召为翰林直学士,撰《太师梁王宗弼墓铭》,进官两阶。正隆元年(1156),出知深州,召为尚书礼部侍郎,迁翰林侍讲学士,"试《一日获熊三十六赋》擢第一"⑥。王竞"博学而能文,善草隶书,工大字,两都宫殿榜题皆竞所书,士林推为第一云"⑦。

张浩为相,举荐人才,实胜韩企先一等。金初,"韩企先为相,拔擢一时贤能,皆置机要"⑧,时人大为称道。但田珏狱案,已涉韩企先有"党同"之嫌。党同援引的危害问题,金朝与历朝一样,概莫能外,但金朝辖域的民族、地域、文化的分殊,又使荐举人才的党同问题更为复杂、突出。张浩摒弃党同攀援,唯才是举,所举人才在海陵朝得以重用,在世宗朝,仍然是眷顾有加,甚至是不可稍去左右的重臣。所举人才即使坐科犯逆,也不能稍

---

① 《金史》卷83《张浩传》,第1864页。
② 《金史》卷105《刘枢传》,第2315页。
③ 《金史》卷89《苏保衡传》,第1974页。
④ 《金史》卷105《杨伯雄传》,第2319页,世宗曾谓近臣曰:"群臣有干局者众矣,如伯雄忠实,皆莫及也。"
⑤ 《金史》卷83《张浩传》,第1864页。
⑥ 《金史》卷79《施宜生传》,第1787页。
⑦ 《金史》卷125《王竞传》,第2723页。
⑧ 《金史》卷89《孟浩传》,第1978页。

涉张浩①。

张浩利用世宗欲惩海陵黩武之弊的心理，积极举荐文士，力倡文治于大定朝。大定二年（1162）二月，张浩奏请"复用进士为尚书省令史"②。尚书省令史，"始纯取进士，天下以为当"③。受尚书省令史任文士之影响，至明昌二年（1191），御史台令史以终场举人充。文士参与政治，推动皇权政治的进步是没有疑义的，但文士参政，在一定范围内，影响了女真贵族的仕进，尤其在海陵朝，海陵通过"增殿试之制""并南北选为一"，恩威并施控制科举士子，加强皇权统治。海陵任用进士，排斥女真贵族，于是有大定初年废科举之议。金世宗女真本位的观念比较强，他本身对科举的存废是没有定力的，对近侍提出废科举之议，他说："'吾见太师议之。'浩入见，上曰：'自古帝王有不用文学者乎？'浩对曰：'有。'曰：'谁欤？'浩曰：'秦始皇。'上顾左右曰：'岂可使我为始皇乎！'事遂寝。"④显然，张浩的敷陈对科举制度在金朝后期的保留是定鼎之言。元人苏天爵认为："由是科举之不废，盖世宗之明，张浩敷陈之力也。"⑤张浩的得力陈敷使文化、人才免受摧残，遏制了世宗朝历史倒退思潮的萌生，此后，金朝科举制度的发展和女真进士科的创设，对金朝社会、乃至皇权政治都起到了重要的推动作用。

五、大定朝的"无为"政治

世宗自立于东京，促使扬州兵变，海陵被杀。他"天资仁厚，善于守成"⑥，结束了海陵王过度超越社会现实而发动的战争，把金政权从海陵的战车上解救下来。以"仁厚"怀柔了统治集团内部的不安定因素，以"躬自俭约"逐渐减少了社会的动荡因素，这就是世宗朝"无为"政治的开始。"无为"政治实施的历史前提是海陵朝过度疲弊社会，当时的金朝社会确实需要"休养生息"。因此，"无为"政治也是大定初年社会的需要。

---

① 《金史》卷79《施宜生传》，第1787页，载：张浩荐举施宜生备顾问，海陵用其才。及出使南宋，泄南伐之事，"坐是烹死"，张浩并未受到任何株连。
② 《金史》卷6《世宗本纪》，第126页。
③ 《金史》卷97《李完传》，第2155页。
④ 《金史》卷83《张浩传》，第1864页。
⑤ ［元］苏天爵：《滋溪文稿》，陈高华、孟繁清点校，卷4《金进士盖公墓记》，第12页，中华书局，1997年，第56页。
⑥ ［金］刘祁：《归潜志》，崔文印点校，卷12，中华书局，1983年，第136页。

第五章 "异代"文士家族势力……认同之路的延伸

在海陵朝,皇权的拥有者与皇权的潜在觊觎者进行的殊死拼杀,使宗室力量大为削弱,从而让世宗得以用"无为"的政治手段维护皇权。在世宗朝出现的宗室谋反者,要么势单力孤,要么孤儿寡母,而且他们多是迷信巫觋卜筮的蛊惑,实际上他们没有任何实力威胁皇权,所以世宗对他们可以恩威游刃,杀是因罪不可赦,不杀是皇帝仁厚。其实,这是海陵王大肆屠戮宗室的结果,客观上是海陵王取恶名,世宗得懿誉。历史对世宗是公平的,给他一个经济凋零的社会,同时也给了他一个相对稳定的皇权。接下来便是金世宗如何治天下的问题。

金世宗能躲过海陵的屠戮,说明他的能力不被海陵所注意。至于《金史·世宗本纪》所言"胸间有七子如北斗形""善骑射,国人推为第一,每出猎,耆老皆随而观之"①,时人还有把他比作"小尧舜"②、汉文帝者③,多属溢美之辞,不足为信④。认识金世宗的真实面目,仅凭史书记载的结论是不够的,需要从具体的历史事件中分析、认识他的行为。大定二十四年(1184),世宗巡幸金上京,嘱太子守国时说:"政事无甚难,但用心公正,毋纳逸邪,久之自熟。"⑤这就是当了二十多年皇帝的世宗传给太子的"真经"。"用心公正"无可厚非,但用主观上的"公正"去应对纷繁复杂的天下事,就其治世的哲学思想而言,是客观唯心主义的。这种思想反映在世宗身上,就是用他心目中固有的标准去衡量客观世界;就其治世的行为而言,无异于"守株待兔",这是世宗"无为"政治的思想基础与行为准则。

金世宗奉行的"无为"政治出于其本心、本性,而不是黄老"无为"权术

---

① 《金史》卷6《世宗本纪》,第121页。
② 朱杰人、严佐之、刘永翔主编:《朱子全书》卷133《本朝土·夷狄》,上海古籍出版社、安徽教育出版社,2002年,第4161页,载:"葛王惩逆亮之败,一向以仁政自居。""先生喟然叹曰:某要见复中原,今老矣,不及见矣。或者说葛王在位,专行仁政,中原之人,呼他为小尧舜。曰:他能尊行尧舜之道,要做大尧舜也由他。又曰:他岂能变夷狄之风,恐只是天资高,偶和仁政耳。"姚从吾先生认为金世宗是所谓"小尧舜",是"具体而微的尧舜",并解释其含义——"自然就是近于理想的君主的意思"。见姚从吾《姚从吾先生全集——辽金元史讲义——乙·金朝史》,台湾:正中书局,1977年,第155页。
③ [元]苏天爵编:《元文类》卷5刘因《金太子允恭墨竹》,第3页,商务印书馆,1936年,第52页,诗云:"金源大定始全盛,时以汉文当世宗。"
④ 李锡厚、白滨:《辽金西夏史》,上海人民出版社,2003年,第253页。李锡厚、白滨认为:世宗"比作汉文帝、'小尧舜',这显然都是些不足为据的溢美之词。实际上,世宗不仅比不了被人们理想化了的'尧舜',而且远不及深明'载舟''覆舟'之义并且常对民众怀畏惧之心的唐太宗"。
⑤ 《金史》卷8《世宗本纪》,第186页。

的运用。黄老的"无为"思想是统治者治世的权宜之策,最终目的是要"有所为"。汉朝初年,治国之策定为"清静无为,与民休息"。其目的是积聚"大汉"的力量,与"强胡"对峙,最后打败"强胡"。金世宗的"无为"政治是停滞的,"无为"的目的仅仅是为了稳固皇权,为了稳固皇权,对内、对外奉行妥协政策。

　　世宗奉行"无为"政治,对内向宗室贵族妥协。即位之初,就打着"拨乱而反正,务在革非"①的旗号,一反海陵打击、扼制宗室贵族势力的政策,对女真贵族极力优宠,不论贤愚皆委以要职。完颜宗永是世宗的叔辈宗室,"性滞不习事"②,大定二年(1162),任工部尚书,后因极不称职,改同签大宗正事、震武军节度使,与工部尚书品阶同为正三品。世宗欲任命完颜宗尹为平章政事,就问大臣,"宗尹虽才无大过人者,而性行淳厚,且国之旧臣,昔为达官,卿等尚未仕也。朕欲以为平章政事何如?"③世宗明知宗尹才智平庸,但为了能让朝臣认可宗尹,就把"淳厚""旧臣"老资格摆在朝臣的面前,迫使宰执不得不说:"宗尹为相,甚协众望。"④很难说宰执的话不是口是心非,但面对女真贵族的特权又无可奈何。宗永、宗尹在海陵朝也曾委任官职,但海陵用他们是看重他们对皇权没有威胁,而且官职是无关紧要的位置,或为兴平军节度使,或为横海军节度使,与世宗任宗尹为平章政事不同。世宗任宗尹为宰相,是与他的"无为"政治相适应的,反过来,宗尹之类的人位居要职,又延续了"无为"政治。宗尹为相期间,《金史》记载他做四件事,其一,建议世宗罢养马钱;其二,建议世宗急输粟济北军之需;其三,世宗巡幸上京,赞同世宗取"南道","南道岁熟,刍粟贱"⑤;其四,在上京,向世宗举荐完颜按出虎和阿鲁为奉御。四件事中三件是管家的行为,所以,世宗赞誉:"宗尹治家严密,他人不及也。"⑥大定末年,君臣"无为"已达到"同心"的境界。

　　君临天下,皇权至上,有所为与无所为最终取决于居于皇位的世宗。大定二十六年(1186),边部乌底改叛亡,休养生息二十多年的大定朝,本该

---

① 《金史》卷32《礼志》,第783页。
② 《金史》卷65《斡带斡赛传》,第1547页。
③ 《金史》卷73《宗尹传》,第1674页。
④ 《金史》卷73《宗尹传》,第1674页。
⑤ 《金史》卷73《宗尹传》,第1675页。
⑥ 《金史》卷73《宗尹传》,第1675页。

在此事上有所作为。世宗"遣人讨之,又欲益以甲士,毁其船筏"①。其目的仅仅是使之不再窥视边境。乌底改在天会初就有叛亡的行为,太宗命斡论(完颜晏)督扈从诸军往讨之。至混同江,斡论"令诸军据高山,连木为栅,多张旗帜,示以持久计,声言俟大军毕集而发。乃潜以舟师浮江而下,直捣其营,遂大破之,据险之众不战而溃。月余,一境皆定"②。完颜先祖征讨四方,顺者抚之,逆者讨之,奠定大金基业。女真的遗风就在这征讨、抚顺之间。可是,世宗到金源故地感慨祖宗创业的艰难,能自度本朝曲,提倡本国语,为原王完颜璟以女真语入谢而感动。能看到女真人改易汉姓、服汉人服饰对民族文化的伤害。独不见祖宗为女真民族的崛起、独立而进行的征讨。世宗捍卫女真民族文化舍本逐末,"自然不免流于肤浅和表面化了"③。

  对乌底改的绥靖态度,世宗不是孤立的,参知政事马惠迪对乌底改的叛亡有奏曰:"得其人不可用,有其地不可居,恐不足劳圣虑。"④"息事宁人"的世宗与"恐不足劳圣虑"的马惠迪合流已非偶然。马惠迪,擢天德三年进士第。平章政事张汝霖曰:"惠迪为人虽正,于事不敏。"⑤而世宗却认为:"人之聪明多失于浮炫,若惠迪聪明而朴实,甚可喜也。朕尝与论事,五品以下朝官少有如者。"⑥世宗推崇马惠迪的"明敏",也就等于要把更多的朝臣塑造成"明敏"的马惠迪。世宗派宁昌军节度使崇肃、行军都统忠道征讨乌底改,他们"不待克敌而还"。究其原因,恐怕崇肃等人也与马惠迪有一样的想法,"得其人不可用,有其地不可居",恐不足劳圣朝兵将。大定二十七年(1187),上谓宰臣曰:"近闻乌底改有不顺服之意,若遣使责问,彼或抵捍不逊,则边境之事有不可已者。朕尝思之,招徕远人,于国家殊无所益。彼来则听之,不来则勿强其来,此前世羁縻之长策也。"⑦世宗对乌底改的叛亡听之任之,朝臣竟没有反对意见,说明朝中的马惠迪已不是一个人了。

---

① 《金史》卷95《马惠迪传》,第2117页。
② 《金史》卷73《阿离合懑传》,第1673页。
③ 陶晋生:《女真史论》,台湾:食货出版社,1981年,第91页。
④ 《金史》卷95《马惠迪传》,第2117页。
⑤ 《金史》卷97《张亨传》,第2147页。
⑥ 《金史》卷95《马惠迪传》,第2117页。
⑦ 《金史》卷8《世宗本纪》,第201页。

世宗以姑息乌底改叛亡为"羁縻之长策",与他的无为政治一脉相承。世宗推崇无为政治,诋毁海陵王,甚至唐太宗。

大定十一年(1171),世宗对太子说:"吾儿在储贰之位,朕为汝措天下,当无复有经营之事。汝惟无忘祖宗纯厚之风,以勤修道德为孝,明信赏罚为治而已。昔唐太宗谓其子高宗曰:'吾伐高丽不克终,汝可继之。'如此之事,朕不以遗汝。"①

大定十二年(1172),世宗训诫皇太子及赵王永中说:"天下大器归于有德。海陵失道,朕乃得之。但务修德,余何足虑。"②

世宗把自己置于唐太宗的对立面,进一步暴露无为政治的真面目。经营天下者"无复有经营之事",实际上就是坐失天下。唐太宗伐高丽是君临天下的帝王镇抚四方、治国安邦的举措,以伐高丽不竟之事遗高宗,是帝王传天下的内容。所谓帝王"天下"一是开疆,一是守土,帝王经营天下就是围绕开疆、守土而作为。在经营天下的过程中,才有"无忘祖宗纯厚之风""勤修道德""明信赏罚",而"无复有经营之事",既不开疆,也不守土,皮之不存,毛将安附焉?

世宗始终把自己置于海陵的对立面,他认为海陵是无道的昏君,只要他与海陵对立,他就是明君。海陵因有所作为太多而失道,自己如果无所作为,就会得道。所以他要把"无为"的思想在太子、皇子身上光大,"无为"思想的进一步发展有两途:一是"无为"仅作权宜之计,以图"有所为";二是陷于唯心,陷于玄谈。世宗就接近于后者,他的所谓治国之道多是"玄谈",没有实际内容和价值。

世宗推崇马惠迪的"明敏",超授御史中丞,拜参知政事。马惠迪认为乌底改的叛亡"恐不足劳圣虑"是世宗朝无为政治的具体化,无为政治塑造了马惠迪,马惠迪也推助了世宗朝的"无为"政治。《金史》有赞曰:"马惠迪之徒,何足算也。"③此言谬矣。三十年后,金廷南渡,"朝廷近侍以谄谀成风,每有四方灾异或民间疾苦将奏之,必相顾曰:'恐圣上心困。'"④刘祁等

---

① 《金史》卷6《世宗本纪》,第150页。
② 《金史》卷7《世宗本纪》,第157页。
③ 《金史》卷95《马惠迪传·赞》,第2120页。
④ [金]刘祁:《归潜志》,崔文印点校,卷7,中华书局,1983年,第70页。

文士曾思而不解金朝为何"士马尚强,而遽至不救"①。从乌底改的叛亡,马惠迪说"恐不足劳圣虑",到大朝兵临城下,宰执"恐圣上心困",内在的联系不可小视,大定盛世已潜生败亡的机芽。世宗沾沾自喜于"无为"政治的心情溢于自度的"本朝乐曲"中:"二十四年,兢业万几。亿兆庶姓,怀保安绥。国家闲暇,廓然无事。"②世宗"善于守成"的性格决定了"无为"政治持续三十年,几占金朝四分之一的时间,在"无为"政治中,皇权政治失去了励精图治的生机。金世宗的保守政治是过分的,把海陵末年激进的政治推向另一个极端,其危害不亚于海陵,不同的是海陵带来的破坏是显性的,世宗造成的危害是隐性的。相比较而言,隐性的危害更甚于显性的破坏,显性的破坏容易引起警觉,唤起匡救;隐性的危害使人难以察觉,甚至为其叫好。秦始皇"焚书坑儒",是明火执仗的行为,很快引起反抗,"楚人一炬",秦王朝对文化的破坏便结束了。汉武帝"罢黜百家,独尊儒术",以独尊的方式向读书人的脑子灌输一家之言,两千多年来,读书人一直充当"独尊儒术"的捍卫者。近代读书人醒悟过来,终于看清了秦始皇"坑儒",坑杀的是读书人的身躯,汉武帝"独尊儒术",坑杀的是读书人的脑子。对于读书人而言,汉武帝"独尊儒术"之害过于秦始皇明矣。

第三节　张氏兄弟"以言辅政",踯躅于民族认同之路上

张汝弼、张汝霖继其父辈,以勋戚显赫于世宗朝。张汝弼、张汝霖是皇子永中、永功的母舅,世宗曾对永功言:"侍郎张汝霖,汝外舅行也,可学为政。"③不寻常的政治背景有助于张氏兄弟的政治前途。世宗朝大定天下,既不大兴土木,也不率师伐国。张氏兄弟不能像张浩那样,"无事不为,无役不从"。基本上是无事可为,无役可从。在无事、少役的大定朝,更多的是"以言佐政"。张氏兄弟在继承父辈遇事"循顺"的传统的同时,应对世宗三十年不弃不舍的话题:一是"求谏",二是"求贤"。

---

① [金]刘祁:《归潜志》,崔文印点校,卷12《辩亡》,中华书局,1983年,第135页。
② 《金史》卷39《乐志》,第892页。
③ 《金史》卷85《世宗诸子传》,第1902页。

一、应对世宗"求谏""求贤"

世宗在位近三十年,一直渴望直谏者,期待魏徵式的人物出现在他面前,常常因得不到谏言而责让大臣。仅在初登大位的一年间,屡有求谏诏谕。见《金史·世宗本纪》①记载:

大定二年(1162)正月戊寅,世宗对左丞相晏等说:"朕常慕古之帝王,虚心受谏。卿等有言即言,毋缄默以自便。"

同月壬辰,对宰执说:"朕即位未半年,可行之事甚多,近日全无敷奏。"

同月甲午,对宰执说:"卿等当参民间利害,及时事之可否,以时敷奏。不可公余辄从自便,优游而已。"

八月癸酉,对宰臣说:"百姓上书陈时政,其言犹有所补。卿等位居机要,略无献替,可乎。夫听断狱讼,簿书期会,何人不能。"

同月丁亥,给御史台诏书曰:"卿等所劾,惟诸局行移稽缓,及缓于赴局者耳,此细事也。自三公以下,官僚善恶邪正,当审察之。若止理细务而略其大者,将治卿等罪矣。"

为了敦促臣民进言,世宗下诏书给百司官吏,"凡上书言事或为有司所抑,许进表以闻,朕将亲览,以观人材优劣"②。

一面是世宗殷殷"求谏",一面是应者寥寥。世宗对于大定朝没有犯颜直谏者很是疑惑。大定中期,石琚为相,世宗问他:"古有居下位能忧国为民直言无忌者,今何以无之?"琚回答说:"是岂无之,但未得上达耳。"③

大定十七年(1177),世宗对宰臣说:"近观上封章者,殊无大利害。且古之谏者既忠于国,亦以求名,今之谏者为利而已。如户部尚书曹望之、济南尹梁肃皆上书言事,盖觊觎执政耳,其于国政竟何所补。达官如此,况余人乎。昔海陵南伐,太医使祁宰极谏,至戮于市,此本朝以来一人而已。"④

大定二十三年(1183),世宗把右司郎中段珪与知登闻检院巨构相比较发现,段珪"甚明正,可用者也。如知登闻检院巨构,每事但委顺而已。燕人自古忠直者鲜,辽兵至则从辽,宋人至则从宋,本朝至则从本朝,其俗诡

---

① 《金史》卷6《世宗本纪》,第125—129页。
② 《金史》卷6《世宗本纪》,第128—129页。
③ 《金史》卷88《石琚传》,第1959—1960页。
④ 《金史》卷7《世宗本纪》,第168页。

随,有自来矣。虽屡经迁变而未尝残破者,凡以此也。南人劲挺,敢言直谏者多,前有一人见杀,后复一人谏之,甚可尚也"①。

从《金史·巨构传》可知,巨构,蓟州平谷人。年二十登进士第。段珪,《金史》无传。从世宗把两者进行比较的情形看,段珪应该是"南人"。世宗赏识"南人"的忠直,曾对右司员外郎贺扬庭说:"南人矿直敢为,汉人性奸,临事多避难。异时南人不习词赋,故中第者少,近年河南、山东人中第者多,殆胜汉人为官。"②《金史·贺扬庭传·赞》也附会世宗的言论,曰:"巨构觥觫,贺扬庭骨鲠,大定于二人而屡评南北士习之优劣,岂其然乎。"③在金朝辖域的"汉人"指的是曾在辽朝统治下的汉人,主要指燕云地区的汉人。"南人"指的是河南、山东等原宋地之人。

大定朝君臣对缺乏直谏者各有看法,石琚认为,"未得上达"。世宗发现"南人"忠直,"汉人"委顺。世宗比较南北文士的结论不能解决金朝的现实问题,也不能把张氏父子兄弟及大定朝的缄默者纳入他的结论中,"求谏""求才"一直困扰世宗,大定二十八年(1188)十月,已近弥留之际的金世宗还在与臣下谈论用人、直谏的话题。"乙酉,尚书省奏拟除授而拘以资格,上曰:'日月资考所以待庸常之人,若才行过人,岂可拘以常例?国家事务皆须得人,汝等不能随才委使,所以事多不治。朕固不知用人之术,汝等但务循资守格,不思进用才能,岂以才能见用,将夺己之禄位乎?不然,是无知人之明也。'群臣皆曰:'臣等岂敢蔽贤,才识不逮耳。'上顾谓右丞张汝霖曰:'前世忠言之臣何多,今日何少也?'汝霖对曰:'世乱则忠言进,承平则忠言无所施。'上曰:'何代无可言之事,但古人知无不言,今人不肯言耳!'汝霖不能对"④。

大定朝缺乏忠直者、直谏者是社会问题,其原因很复杂,有历史的、有现实的。五代以来,燕地政权频频更迭,这些政权"不过是中原地区的最大的割据者"⑤。政权交替带来的不是社会政治、经济、文化的向前推进,而是纯粹利益的占有。石敬瑭为了称皇帝,颠倒伦常,对于比自己年轻很多

---

① 《金史》卷8《世宗本纪》,第184页。
② 《金史》卷97《贺扬庭传》,第2151页,载:贺扬庭,"曹州济阴人也。登天德三年(1151)经义进士第……籍有治声"。
③ 《金史》卷97《贺扬庭传·赞》,第2152页。
④ 《金史》卷8《世宗本纪》,第201页。
⑤ 舒焚:《辽史稿》,湖北人民出版社,1984年,第229页。

的耶律德光,"请以父礼事之"①,并且强迫官民也同他一样卑躬屈膝。这样残暴的强权接踵出现,燕人面临的选择是:要么"委顺",要么死亡。辽兵至则从辽,宋人至则从宋,金朝至则从金,是生命如同草芥一样者的无奈的认同,"性奸"与"委顺"是恶劣的政治环境使然。

从辽、从宋、从金朝的燕人与宋人确实不同,辽朝平州节度使时立爱率城出降,宋朝太原守将张孝纯率官兵殊死抵抗,两者不是孰优孰劣、不是忠直与否的问题,是价值取向的不同。时立爱出降是为了保境安民,并且上疏阿骨打为民请命;张孝纯宁死不屈,追求的是君臣大义。两者同时仕于金,金朝使张孝纯、蔡靖等人屈服,也就等于为自己树立君臣大义设置了障碍。事实上,金朝需要的是"委顺"者。金朝占领燕云地区后,一批文士入仕金朝,韩企先就是其中之一,都统呆定中京时归降,参与金初"议礼制度,损益旧章。企先博通经史,知前代故事,或因或革,咸取折衷。……弥缝阙漏,密谟显谏,必咨于王。宗翰、宗干雅敬重之,世称贤相焉"②。在韩企先身上燕人的实用主义哲学非常浓重,草拟制度"或因或革,咸取折衷"。明显地委顺于两派之间;参与议事"密谟显谏,必咨于王"。"王"是复数的,至少包括宗翰、宗干等。企先在诸王之间起"弥缝"作用,受到众王赏识,被称为"贤相"。韩企先等人的政治观念对金初政治的影响是客观存在的,但人是文化的产物,可以随文化环境的改变而改变,也就是说,"燕人忠直者鲜"的影响可以削弱,也可以张大,关键要看社会环境,燕云文士给予金朝的政治认同、民族认同,以及金朝给予认同的回应是燕人忠直者多寡的外在环境。

遗憾的是"燕人忠直者鲜"的影响在金朝非但没有削弱,反而扩大了。韩企先在金朝的被褒崇就是明证。大定十一年(1171),世宗谓宰臣曰:"衍庆宫图画功臣,已命增为二十人。如丞相韩企先,自本朝兴国以来,宪章法度,多出其手。至于关决大政,但与大臣谋议,终不使外人知觉。汉人宰相,前后无比,若褒显之,亦足示劝,慎无遗之。"③世宗褒显韩企先,意味着他没有能力打开谏诤之门,改变"天下缄口"的风气。相反,他却无意识地加剧了"缄默"。从熙宗到海陵再到世宗,通过"以暴易暴"实现皇位的交替,皇权政治神圣的面纱被撕碎,皇权的工具性呈现在文士面前。不同的是

---

① [宋]叶隆礼:《契丹国志》卷2《太宗嗣圣皇帝》,第13页。
② 《金史》卷78《韩企先传》,第1778页。
③ 《金史》卷6《世宗本纪》,第150页。

海陵弑君夺位,是对熙宗朝政治危机的匡救,严厉打击宗室贵族,是主动扼制熙宗乱政的再现,打击可能乱政的女真贵族,重用利于大治、且能辅佐大治的文士。尽管海陵皇权比较专制,甚至残暴,但他心有天下,用心图治的努力仍能唤起臣下的认同与共鸣,仍然有各种各样的进谏者出现,甚至死谏者。

世宗就夺位来说,与海陵没有区别,只是世宗刻意地把自己说成正统、君子、拨乱反正者,研究者多听之任之,鲜有追问者。如果说海陵是窃国大盗,世宗就是抢劫强盗的强盗,还是强盗,而且是趁火打劫的强盗。在海陵南征的关键时刻,自立于东京,谋反篡位,置民族、国家利益于不顾,南征失败,世宗有不可推卸的责任。在继位问题上,世宗也是谋逆者,而且,在道义上,世宗没有优势。就帝王之术,更不及海陵。世宗当政,困于"求谏""求才"与世宗的皇权政治"无为"有关,与他对海陵朝旧臣的态度有关。

世宗处置海陵朝用事者不当,对"求谏""求才"产生负面影响。仕海陵朝者有被杀的,有除名的,有放归田里的,即使像张浩这样被重用者,也是因为他不曾为海陵效死命。弑杀海陵的完颜元宜劾奏萧玉、敬嗣晖、许霖等六人不可用。世宗信其言将萧玉等放归田里。世宗让海陵朝的状元吕忠翰草拟《降海陵庶人诏》,因不能达到世宗诋毁海陵的要求,而令其补外。吕忠翰是海陵御试的状元,天子的门生,让他骂海陵实在是强其所难。海陵朝的"忠臣"或驱逐或罢归,间接地、但实实在在地戳伤了朝臣对世宗的忠诚,谏者缄口、才者疏离是必然的。

重用海陵朝的叛逆者,实际上是拒绝了自己的忠臣。弑杀海陵的完颜元宜被视为功臣,初为御史大夫,再拜平章政事,封冀国公,赐玉带,甲第一区,复赐姓完颜氏。完颜元宜在大定初年的得势,等于告诉臣子不要忠君。诚如轧里海所言:"今弑海陵者以为有功,赏以高爵,非所以劝事君也。"① 这是在大定十八年(1178)幡然醒悟的第一个人,他已经道出大定朝没有忠臣直谏的一个原因。

鼓励卖主求荣者,混乱了忠奸、曲直的界限。对能诋毁海陵者,极尽优宠。贾谦益,大定十年(1170)进士,宣宗时,令其依照《海陵庶人实录》修卫绍王实录,他对朝廷诋毁卫绍王很不以为然,并由此透露出世宗朝修海陵实录的内幕。他说:"大定三十年,禁近能暴海陵蛰恶者,辄得美仕,故当时

---

① 《金史》卷132《完颜元宜传》,第2832页。

史官修实录多所附会。"①世宗的政治导向使海陵臣子难尽事君之义,反过来,再要求臣子忠于自己已经很难了。古人云:"己所不欲,勿施于人。"世宗否定臣子对海陵的忠诚,也就是拒绝臣下对自己的忠诚。不论海陵皇权,还是世宗皇权,都植根于共识的纲常礼教中,为诋毁海陵而践踏纲常礼教,拆海陵的台也是拆自己的台。大定初年,世宗召左司郎中高衍及汝弼问曰:"近日除授,外议何如?宜以实奏,毋少隐也。有不可用者当改之。""(高)衍、(张)汝弼皆无以对"②。高衍、汝弼是海陵朝过来的人,经过正隆到大定皇权嬗变的洗礼,他们体会到对皇帝多一分忠诚,就可能多一份罪过,多说一句话,就会多一重危险。在这样的环境中,对皇权政治不即不离是保险的。"上所欲为,则顺而导之,所不欲为,则微言以观其意。上责之,则婉辞以引过,终不忤之也"③。张汝弼等人不能正谏、直谏与世宗诋毁、否定海陵的政治行为不无关系。归根结底,大定朝的"无为"政治是根本原因,诚如张汝霖所言"世乱则忠言进,承平则忠言无所施"④。

二、张氏兄弟"临事多徇"

张氏父子兄弟以"临事多徇"著称于朝。张玄素在东京,曾"希海陵旨,言世宗尝取在官黄粮,及摭其数事"⑤。世宗是否有"取在官黄粮"之事不议,问题是玄素"希海陵旨"的行为,是"阿顺"皇权。张浩"无事不为,无役不从",更是"多徇"有余。海陵曾把张浩与娄室相比较,"左丞相张浩练达事务,而颇不实。刑部尚书娄室言行端正,无所阿谄"⑥。在海陵的眼里,张浩的"不实"近乎"阿谄"。对张浩的"颇不实",世宗与海陵有同感,他曾对张汝霖说:尔父"于事明敏少有及者,但临事多徇,若无此过则诚难得之贤相也"⑦。尽管,张浩"颇不实""临事多徇",但他能事君五朝,且在海

---

① 《金史》卷106《贾益谦传》,第2336页;另见[金]元好问《遗山先生文集》卷34《东平贾氏千秋录后记》,王云五主编《万有文库第二集七百种遗山先生文集》(1—4册),商务印书馆,1937年,第453页,记载:"大定三十年,禁近能暴海陵蛰恶者得美仕,史臣因诬其淫毒鸷狠,遗笑无穷,自今观之,百可一信耶?"
② 《金史》卷83《张汝弼传》,第1869页。
③ 《金史》卷83《张汝弼传》,第1871页。
④ 《金史》卷8《世宗本纪》,第201页。
⑤ 《金史》卷83《张玄素传》,第1869页。
⑥ 《金史》卷88《纥石烈良弼传》,第1950页。
⑦ 《金史》卷97《张亨传》,第2147—2148页。

陵、世宗朝一而再地被重用,说明他的"颇不实""临事多徇"是适应金朝皇权政治的。也可以说,金朝的皇权政治认同这样的人,造就了这样的人,否则,他不会位居太师、宰相。张氏兄弟"临事多徇",既是秉承家传,也是金朝皇权的需要。

"多徇""阿顺"在海陵、世宗朝已不是文士个人的行为,是引人注目的政治气候。大定初,"世宗孜孜求谏,群臣承顺旨意,无所匡正"①。大定八年(1168),世宗对宰臣说:"朕治天下,方与卿等共之,事有不可,各当面陈,以辅朕之不逮,慎毋阿顺取容。"②十一年(1171),又说:"朕已行之事,卿等以为成命不可复更,但承顺而已,一无执奏。"③群臣承顺旨意,朝廷上下弥漫"阿顺"的风气,世宗要加恩于宗室子弟,授以散官,量予廪禄,询问前代故事。左丞石琚曰:"陶唐之亲九族,周家之内睦九族,见于《诗》《书》,皆帝王美事也。"④石琚博通经史,工词章。天眷二年(1139),中进士第一。石琚的"阿顺"要引经据典,颇费心机。时人说:"琚之将顺多此类。"⑤就是这样的"将顺"者,在大定朝得用事,为相最久。

张氏兄弟仅是举朝"阿顺"的逐流随波者。张汝霖为御史大夫时,把断案的权力竟推给世宗。据载:"时将陵主簿高德温大收税户米,逮御史狱。汝霖具二法上。世宗责之曰:'朕以卿为公正,故登用之。德温有人在宫掖,故朕颇详其事。朕肯以宫掖之私挠法耶?不谓卿等顾徇如是。'汝霖跪谢。久之,上顾左谏议大夫杨伯仁曰:'台官不正如此。'伯仁奏曰:'罪疑惟轻,故具二法上请,在陛下裁断耳。且人材难得,与其材智而邪,不若用愚而正者。'上作色曰:'卿辈皆愚而不正者也。'未几,复坐失出大兴推官高公美罪,谪授棣州防御使。顷之,复为太子少师兼礼部尚书。拜参知政事,太子少师如故。"⑥

张汝霖治高德温狱,具二法上,让世宗裁断。世宗责问他不该"顾徇"。但是,当世宗把汝林"顾徇"之事告诉左谏议大夫杨伯仁时,杨非但不以之为非,还说汝霖是愚而正直者。世宗尽管不满意汝霖,还是进为太子少师

---

① 《金史》卷90《高衍传》,第2006页。
② 《金史》卷6《世宗本纪》,第141页。
③ 《金史》卷6《世宗本纪》,第149—150页。
④ 《金史》卷7《世宗本纪》,第157页。
⑤ 《金史》卷88《石琚传》,第1961页。
⑥ 《金史》卷83《张汝霖传》,第1865—1866页。

兼礼部尚书,再拜参知政事。世宗知道朝臣过于"阿顺"的危害,恶左丞张汝弼奏事阿顺,斥责他"每事依违苟避,不肯尽言,高爵厚禄何以胜任"①。从维护皇权统治这一点考虑,世宗不喜欢臣下的"阿顺",当他重新启用海陵旧臣敬嗣晖时,戒谕之曰:"卿为正隆执政,阿顺取容,朕甚鄙之。今当竭力奉职,以洗前日之咎。苟或不悛,必罚无赦。"②

"不阿顺"原本是官场的正常的行为,但在"阿顺"成风的大定朝竟变成美德,而且成了世宗选拔官吏的一个重要条件。世宗问阿鲁罕是一个怎样的人时,纥石烈良弼回答说:"有干材,持心忠正,出言不阿顺。"仅凭此评语,阿鲁罕很快得以迁官③。大定十五年(1175),世宗欲拜王蔚为参知政事,"蔚恳辞不任负荷,敕谕之曰:'卿但履正奉公,无或阿顺,何以辞为?'"④世宗认为,这些公正、直言者将有补于他皇权政治的疏漏,所以他极力地提拔"不阿顺"者。但话又说回来,"不阿顺"不能超越限度,不能忤逆圣意。参知政事唐括安礼是个直言者,大定七年(1167),安礼直言过限,"忤上意",出为横海军节度使,十年后,幸有石琚进言:"'唐括安礼忠直,久在外官'。世宗深然之,遂自南京留守召为尚书右丞。"⑤

对朝臣的"阿顺"与"不阿顺"问题,世宗没有客观的恒定标准,往往是任情用事,常常是自相矛盾。他一面斥责朝臣的"阿顺",一面又不自觉地接受"阿顺",甚至迫使臣下只能"阿顺"。世宗欲弘"亲亲之道",加恩于宗室子弟,授散官。宰相石琚只能顺其情言其事,大言"尧亲九族,周家内睦九族,皆帝王盛事也"⑥。石琚的"阿顺"用古之圣王"内睦九族"为世宗弘"亲亲之道"作了注脚,可谓高水平的"阿顺",世宗欣然接受。

三、张氏兄弟与魏徵的"差距"

张氏兄弟"临事多徇",屡为世宗责让。世宗希望他的宰臣都是魏徵,能犯颜直谏,使他成就明君圣主的事业。

世宗召史官移剌履问政曰:"朕比读《贞观政要》,见魏徵嘉谋忠节,良

---

① 《金史》卷120《乌古论元忠传》,第2625页。
② 《金史》卷91《敬嗣晖传》,第2028页。
③ 《金史》卷91《字术鲁阿鲁罕传》,第2024页。
④ 《金史》卷95《王蔚传》,第2116页。
⑤ 《金史》卷88《石琚传》,第1962页。
⑥ 《金史》卷88《石琚传》,第1961页。

可称叹。近世何故无如征者?"履曰:"忠嘉之士,何代无之,但上之人用与不用耳。"世宗曰:"卿不见刘仲海、张汝霖耶,朕超用二人者,以尝居谏职,屡有忠言故也。安得谓之不用,第人材难得耳。"履曰:"臣未闻其谏也。且海陵杜塞言路,天下缄口,习以成风。愿陛下惩艾前事,开谏诤之门,天下幸甚。"①

世宗羡慕"魏徵嘉谋忠节",感叹"近世何故无如征者?"移剌履很有针对性地指出两点:其一,"忠嘉之士,何代无之";其二,"天下缄口,习以成风"。移剌履几乎直言于世宗,"忠嘉之士"的出现需要你成为唐太宗,"惩艾前事,开谏诤之门"。其实,世上魏徵常有,而唐太宗不常在。即便张汝霖、张汝弼等作了一两回魏徵做的事,而世宗不是唐太宗,也是枉然。世宗不能成为唐太宗,外在的条件不具备,内在又缺乏自觉。虽比读《贞观政要》,徒感叹魏徵之不出现,不思自己距离唐太宗有多远。金世宗不是唐太宗,却满朝上下按图索骥地寻找魏徵。魏徵屡屡犯颜直谏固然是忠君报主的行为,也是一种生存方式。魏徵是李建成的谋臣、忠臣,李世民以敬重忠臣的名义将魏徵留下来,魏徵作为忠臣的标签就是"直谏",没有委蛇的余地,如果他一味地委顺,李世民很容易找个借口杀掉他。魏徵犯颜直谏即使触怒"天颜",反倒没有杀头的危险,反而能达到保护自己的目的。能直谏者必是忠臣,杀掉忠臣的人,必是昏君,唐太宗不想成为昏君,魏徵直谏不会被杀掉。犯颜直谏与微谏、讽谏、密谏都是臣子尽忠职守的方式,其价值的体现关键在于纳谏者能否领会、采用,能否点石成金。就荐举人才问题,张汝霖屡有真言。

大定二十六年(1186),世宗与宰臣议政,世宗说:"卿等在省未尝荐士,止限资级,安能得人?古有布衣入相者,闻宋亦多用山东、河南流寓疏远之人,皆不拘于贵近也。以本朝境土之大,岂无其人,朕难遍知,卿又不举。自古岂有终身为相者。外官三品以上,必有可用之人,但无故得进耳。"左丞张汝弼回答道:"下位虽有才能,必试之乃见。"参政程辉也说:"外官虽有声,一旦入朝,却不称任,亦在沙汰而已。"②

二十七年(1187)正月,"以襄城令赵沨为应奉翰林文字,沨入谢。上

---

① 《金史》卷95《移剌履传》,第2099—2100页。
② 《金史》卷8《世宗本纪》,第191—192页。

问宰臣曰：'此党怀英所荐耶？'对曰：'谏议黄久约亦尝荐之。'上曰：'学士院比旧殊无人材，何也？'右丞张汝霖曰：'人材须作养，若令久任练习，自可得人。'"①

同年十一月，"上谓宰臣曰：'卿等老矣，殊无可以自代者乎，必待朕知而后进乎？'顾右丞张汝霖曰：'若右丞者亦石丞相所言也。'平章政事襄及汝霖对曰：'臣等苟有所知，岂敢不言，但无人耳。'上曰：'春秋诸国分裂，土地褊小，皆称有贤。卿等不举而已。今朕自勉，庶几致治，他日子孙，谁与共治者乎。'宰臣皆有惭色"②。

世宗认为本朝境土之大，应该有人才。从世宗的口气看，大定朝缺乏人才是宰臣不举荐之咎。张汝霖反复告诉世宗，人才需要锤炼的场所，有锤炼场所"试之乃见"。学士院的人才"须作养，若令久任练习，自可得人"。张汝霖的话没错，人才不是天生的，英雄的出现需要创造英雄的时代。春秋诸国土地褊小是事实，但大小诸侯竞相改革、图谋霸业也是事实，群雄争霸蔚成、百家思潮涌动的社会，百舸竞流必有逞强者鱼跃"龙门"。春秋诸国力图有所作为的环境是人才"作养"的关键，世宗朝不具备这样的社会环境。大定朝奉行"无为"政治，"国家闲暇，廓然无事"，人才缺少作养的场所。朝野上下习于推诿任事，前文提到完颜宗尹为平章政事，所做之事不过就是"罢养马钱""输粟济军需"之类的事，这些事是恤民的举措，不是坏事，但是，一个宰相应该做的事要体现恤民的精神与思想，心中有天下，而不是具体的恤民行为。

"无为"政治与平庸的宰相已经把大定朝的作为定格在琐碎细事上，人才无法超越这样的现实，即便有超越者，竟被指为居心叵测，曹望之就是这样的受害者之一。望之，天会间，以秀民子选充女真字学生。年十四，业成，除西京教授。海陵朝因功赐进士及第，为户部郎中。世宗朝，望之屡有作为，与政事补益良多，"大定初，讨窝斡，望之主军食，给与有节，凡省粮三十万石，省刍草五十万石。帅府以捷入告，议者欲遂罢转输，望之以为元恶未诛，不可弛备。既而大军追讨，果赖以济"③。望之虽不能比肩于魏徵，但还可算作"嘉谋"之士，就是这样有谋略者，在大定朝屡屡受挫。大定七

---

① 《金史》卷8《世宗本纪》，第197页。
② 《金史》卷8《世宗本纪》，第199页。
③ 《金史》卷92《曹望之传》，第2036页。

年(1167),曹望之与纥石烈良弼、张景仁、刘仲渊同修《太宗实录》成,赏赐有差。据载:"望之叹赏薄,谓人曰:'栽花接木乃加爵命,勤劳者不迁官。'无何,张景仁迁翰林学士,望之又曰:'止与他人便遣,独不及我哉。'世宗闻之,出望之德州防御使,谓之曰:'汝为人能干而心不忠实。朕前往安州春水,人言汝无事君之义。朕敕臣下,有过即当谏争。汝但面从,退则谤议,此不忠不孝也。汝自五品起迁四品,《太宗皇帝实录》成,优赐银币,不思尽心竭力,惟官赏是觊。今出汝于外,宜改心涤虑。不然,则身亦莫保。'"①

在修《太宗实录》者中,纥石烈良弼是尚书右丞相监修国史,显然是领衔者,即使不做事,赏赐也必然居多。张景仁时值走红时期,大定初年,金朝与宋人交涉,往复凡七书,和议定:宋世为侄国,岁币二十万两。往复文牒景仁执笔,世宗称其能,尝曰:"今之文章如张景仁与宋人往复书,指事达意辨而裁,真能文之士也。"②世宗赏识张景仁由来已久,迁之翰林学士不足为怪,关键是不承认曹望之是不公平的。《太宗皇帝实录》的修撰必然要涉及大量的女真语言文字,望之自幼习女真文字,在修实录的过程中,肯定出力不少,但无法与这两人攀比,即使"谏争"也是徒劳的,只能空怀抱怨。不料"抱怨"被人告到世宗那里,世宗视之为"不忠不孝""无事君之义"。贬黜望之德州防御使。望之在德州,仍有惠政,百姓为立生祠。望之屡上书言事,切中时弊。"其一,论山东、河北猛安谋克与百姓杂处,民多失业……;其二,论荐举之法虚文无实。宰相拔擢及其所识,不及其所不识……;其三,论守边将帅及沿边州县官渔剥军民,擅兴力役,宜岁遣监察御史周行察之……"③望之所言三件事切中时弊,猛安谋克与百姓的矛盾日益尖锐,金朝末年,山东等地的民变之祸在此时已现机芽,仅以此观之,望之既是人才又能直谏,比世宗任用的平章政事宗尹所言"罢养马钱"要有深谋。可是望之因被世宗猜疑,"盖觊觎执政耳"④,不得用,悻悻卒于户部尚书。

---

① 《金史》卷92《曹望之传》,第2037页。
② 《金史》卷84《张景仁传》,第1892页。
③ 《金史》卷92《曹望之传》,第2037—2038页。
④ 《金史》卷7《世宗本纪》,第168页,载:大定十七年(1177),世宗对宰臣说:"近观上封章者,殊无大利害。且古之谏者既忠于国,亦以求名,今之谏者为利而已。如户部尚书曹望之、济南尹梁肃皆上书言事,盖觊觎执政耳,其于国政竟何所补。"

世宗在用人问题上多被称道①,但他猜疑曹望之并非偶然。曹望之不得重用,反映出世宗在用人问题上扮演的是"叶公"的角色。他叫嚷举荐人才、重用人才,待人才出现时,他又怀疑人家觊觎执政。望之死后,又"惜其未及用"②。"小尧舜"如此用人实在令人费解。刘肃勇先生在《金世宗传》中,对世宗用人问题的评价出现了二元论,他肯定世宗用人才,但又说"也不都是尽善尽美的,当海陵王留用的老臣名将仆散忠义、纥石烈志宁、纥石烈良弼等人死去后,金世宗本人却没有培养出比前者更好的能官强将"③。对金世宗研究比较深入的刘先生把世宗用人问题停止在这个不浅不深的层面,说其"不浅",是刘先生的认识已超过一味肯定世宗用人政策者很多;说其"不深",是未能探究根源。笔者认为,世宗在用人问题上,舆论宣传胜于实效,无论历史记载怎么吹捧,他毕竟没有培养出"比前者更好的能官强将"。推究其根源,是其"无为"、保守的政治起了决定性的作用。他不用曹望之的关键是"国家闲暇,廓然无事",由于他的政治不需要人才,他才有闲心想"盖觊觎执政耳"。正是"无为"政治使老朽者得久居相位。大定二十五年(1185),世宗说:"宰相年老艰于久立,可置小榻廊下,使少休息。"④章宗初年,朝中掌枢要者"大抵皆白首老人"⑤。大定后期,任用不能久立的宰相,排斥干济的曹望之、梁肃等人,与世宗"无为"、保守的政治互为因果。刘先生对世宗在用人上的疑惑已经触及世宗用人政策的偏狭,世宗不是因具体的事重用合适的人才,而是以己之好恶使用人。

　　世宗恪守"无为""没有图强大志"⑥。却常常把自己置于卓尔不群的位置上,每每把自己与唐太宗相比照,取唐太宗之短示己之长,迫使朝臣只

---

① [金]刘祁:《归潜志》,崔文印点校,卷12《辩亡》,中华书局,1983年,第136页,刘祁说:世宗"所用多淳朴谨厚之士,故石琚辈为相,不烦扰,不更张,偃息干戈,修崇学校,议者以为有汉文景风";张博泉先生认为:"金世宗在用人上,不管是拥护自己的,还是过去事过海陵的,甚至是反对过自己的人,只要有才能都要破格使用。世宗重视德才兼备,而尤以德为优。"(见张博泉《金史论稿》第2卷,第124页)另有景爱《论金世宗用人政策》,《北方文物》1987年第3期;朱耀廷《谈金世宗的用人政策》,《社会科学辑刊》1988年第6期;高寿仙《浅谈金世宗的用人思想》,《党史教学》1985年第6期,以上三篇论文都异口同声地称颂世宗在用人上有成就。
② 《金史》卷92《曹望之传》,第2040页。
③ 刘肃勇:《金世宗传》,三秦出版社,1987年,第93页。
④ 《金史》卷8《世宗本纪》,第190页。
⑤ [宋]陆游:《老学庵笔记》卷1,李健雄、刘德权点校,中华书局,1979年,第13页,谢子肃云:"虏廷群臣自徒单相以下,大抵皆白首老人。徒单年过九十矣。"
⑥ 张博泉:《金史论稿》第2卷,第136页。

能曲意"阿顺"、奉迎。

世宗对臣下说:"唐太宗有道之君,而谓其子高宗曰:'尔于李勣无恩。今以事出之,我死,宜即授以仆射,彼必致死力矣。'君人者,焉用伪为。受恩于父,安有忘报于子者乎?朕御臣下,惟以诚实耳。"①对此,群臣只能称万岁。

世宗又说:"唐太宗,明天子也,晚年亦有过举。朕虽不能比迹圣帝明王,然常思始终如一。今虽年高,敬慎之心无时或息。"张汝霖接着说:"古人有言,'靡不有初,鲜克有终',有始有卒者其惟圣人乎!魏徵所言守成难者,正谓此也。"上以为然②。

世宗已经把自己置于唐太宗之上了,臣下应对的余地只有一条了。张汝霖很微妙地把世宗推近"圣人"身边,世宗接受了汝霖的"阿顺","以为然"。"汝霖通敏习事,凡进言必揣上微意,及朋附多人为说,故言不忤而似忠也"③。"言不忤而似忠"的品格就塑造于这样的政治环境中。世宗培养了张汝霖的"阿顺",世宗朝的政治环境使张汝霖等朝臣难望魏徵之项背。诚如《中国古代官僚政治制度研究》一书所言,"没有唐宋王朝的外部环境,也无法继承唐宋王朝的既有成果"④。

四、张氏兄弟的忠臣逆境

张氏兄弟"临事多徇"、议政多"阿顺",是政治环境与家族传统"合璧"的产物,这只是他们适应环境的政治经验。就其本身而言,他们并没有放弃忠臣的职守。他们事君以忠,更渴望"君使之以礼"。

张氏兄弟朝堂应对得当,也不乏微谏与讽谏。大定二十六年(1126),世宗谓宰臣曰:"朕虽年老,闻善不厌。孔子云:'见善如不及,见不善如探汤。'大哉言乎。"⑤世宗引用孔子的话以自况,圣人所言,"微言大义",不可横言是与非,必须以微言疏其大义。右丞张汝弼认识到孔子所言不止于"知之",更重要的是"行之",而且"善"与"不善"是不贴标签的,很难辨识。因此对以"知之非艰,行之惟艰"⑥。张汝弼所对既是对圣人之言的深刻理

---

① 《金史》卷6《世宗本纪》,第150页。
② 《金史》卷83《张汝霖传》,第1866页。
③ 《金史》卷83《张汝霖传》,第1868页。
④ 吴宗国主编:《中国古代官僚政治制度研究》,第294页。
⑤ 《金史》卷8《世宗本纪》,第195页。
⑥ 《金史》卷8《世宗本纪》,第196页。

解,也包含对君王的劝勉,希望世宗在"知之"的基础上,"行之"。

世宗以刘仲洙为人才,称其是"语言拙讷而才智通达、存心向正者"①。右丞张汝霖告诉世宗:"人之若是者多矣,愿陛下深察之。"②刘仲洙,大兴宛平人。大定三年(1163),登进士第。八年,其兄刘仲渊以罪责石州③,刘仲洙为其兄上书请以莱州易石州。章宗大定二十九年,又以亲故上书为田珏陈冤④。田珏狱案株连者多是被冤枉的,但田珏本人"专权树党,先朝已正罪名,莫不称当"⑤。刘仲洙前后两案以亲干法,可见他并非如世宗所言"存心向正者"。这也是张汝霖说"若是者多矣""愿陛下深察"的缘故。张氏兄弟在朝堂上辨识人才,忠言讽谏,不为世宗体察。

张汝霖为平章政事时,世宗与朝臣评议御史中丞马惠迪与张亨,世宗认为,"惠迪聪明而朴实,甚可喜也。朕尝与论事,五品以下朝官少有如者"⑥。张亨,登皇统六年(1146)进士第,"亨在职每事存大体、略苛细","颇为众议所归"。世宗认为他"奏事多有脱略,是亦谬庸人也"⑦。张汝霖与世宗意见相左,并直言:"惠迪为人虽正,于事不敏,亨吏才极高。"⑧前文已言马惠迪对乌底改叛亡之事的庸常之见,足以说明张汝霖所言不诬且直。

君臣意见相左,不论是耶非耶,受挫的始终是臣子。大定二十一年(1181),张汝弼为尚书右丞,户部粜官仓粟,汝弼请使暖汤院得籴之。世宗奚落他:"汝欲积阴德邪?何区区如此。"⑨同年七月,汝弼年未六十怀表乞致仕,不许。汝弼冷淡仕途与世宗的奚落有很大关系,常言道:"君使臣以

---

① 《金史》卷97《刘仲洙传》,第2154页。
② 《金史》卷97《刘仲洙传》,第2154页。
③ 《金史》卷84《张景仁传》,第1892页,载:大定"八年……宋国书中有'宝邻'字……上责问六年详读官刘仲渊……仲渊时为礼部侍郎,降石州刺史"。
④ [清]吴荣光编:《辛丑消夏记》卷2《宋米元章虹县诗后》,西泠印社出版社,2007年,第145页,刘仲游撰文,称"故天官侍郎田公,乃仆□从姑之夫也"。又称天德二年(1150),"仆在会宁随先兄读书",文中提到的"田公"当为田珏;"先兄"为刘仲渊。刘仲渊、刘仲洙、刘仲游当为兄弟关系;另见[日]外山军治《金朝史研究》,李东源译,黑龙江朝鲜民族出版社,1988年,第457—460页,《米芾虹县诗卷跋——金人田珏及周围》。
⑤ 《金史》卷89《孟浩传》,第1981页。
⑥ 《金史》卷95《马惠迪传》,第2117页。
⑦ 《金史》卷97《张亨传》,第2148页。
⑧ 《金史》卷97《张亨传》,第2147页。
⑨ 《金史》卷83《张汝弼传》,第1870页。

礼,臣事君以忠。"二十五年(1185),坐擅增诸皇孙食料,与丞相守道、右丞粘割斡特剌、参政张汝霖各削官一阶。四人同犯一罪,显然是相互推诿,不负责任所至。二十六年(1186),以"用心不正",罢为广宁尹。

张汝弼为相,不能正谏。"每事依违苟避,不肯尽言"①。汝霖进言虽偶有微谏,也"必揣上微意"。他们的行为并非出于本性,在某种意义上说,是皇权政治对文士的塑造,也是臣子认同政治环境的反映。当然,政治可以熄灭、也可以燃起文士对政治的热情,张汝霖受世宗托孤之命,用事于章宗即位之初,屡屡直谏。

张汝霖的谏言主要是匡辅新皇帝,避免误失,关于用人问题最多。章宗即位诏文曰:"凡除名开落官吏并量材录用。"张汝霖匡正说:"真盗枉法不可恕。"②汝霖的谏言得到徒单克宁的赞同,他也说:"陛下初即位行非常之典,赃吏误沾恩宥其害小,国之大信不可失也。"③章宗从其议;大定二十九年(1189)十月,章宗对宰臣说:"翰林阙人。"平章政事汝霖举荐凤翔治中郝俣。郝俣赋诗颇佳,得到章宗的认可④;同年十一月,章宗对宰臣说:"今之用人,太拘资历。循资之法,起于唐代,如此何以得人?"平章政事汝霖回答:"不拘资格,所以待非常之材。"章宗抢白道:"崔祐甫为相,未逾年荐八百人,岂皆非常之材欤?"⑤章宗初登大位,"盖欲跨辽、宋而比迹于汉、唐"⑥。急于得人以图大治,甚至前朝"除名开落官吏"都想录用。章宗为笼络士人心,欲追赠田珏官爵。前文已论证田珏结党、擅权的罪名是属实的,受牵连者多是冤枉的,这些人已在海陵朝解禁,在大定朝多得叙用。章宗为田珏平反的目的已不是拨乱反正的行为,而是拨正为反、为乱,所以,张汝霖阻止说:"珏专权树党,先朝已正罪名,莫不称当。今追赠官爵,恐无惩劝。"⑦章宗顾忌汝霖先朝大臣的地位,并与顾命,"不肯辄逆其意,谓之曰:'卿既以为不可,姑置之。'"⑧汝霖死后,章宗复诏尚书省曰:"据田珏一

---

① 《金史》卷120《乌古论元忠传》,第2625页。
② 《金史》卷92《徒单克宁传》,第2051页。
③ 《金史》卷92《徒单克宁传》,第2051页。
④ 《金史》卷125《党怀英传》,第2727页,章宗认为,"郝俣赋诗颇佳,旧时刘迎能之,李晏不及也"。
⑤ 《金史》卷9《章宗本纪》,第212页。
⑥ 《金史》卷12《章宗本纪·赞》,第285—286页。
⑦ 《金史》卷89《孟浩传》,第1981页。
⑧ 《金史》卷89《孟浩传》,第1981页。

起人除已叙用外,但未经任用身死,并与复旧官爵。"①在任用官吏上,章宗对老臣的忠言视为"耳旁风",结果是,"至泰和七年(1204),在仕官四万七千余,四季部拟授者千七百,监官到部者九千二百九十余,则三倍世宗之时矣"②。平均起来,每年增加官吏二千六百人,超出崔佑甫年荐八百人很多。冗官冗员使金朝末年窘困的财政雪上加霜。

章宗对老臣有益的谏言多是阳奉之,阴违之。右丞相完颜襄乞以正月十一日或三月十五日为圣节,定宋人过界之期。平章政事张汝霖驳正说:"帝王之道当示信于天下。昔宋主构生日,亦系五月。是时,都在会宁,上国遣使赐礼,不闻有霖潦碍阻之说。今与宋构好日久,遽以暑雨为辞,示以不实。万一雨水逾常,愆期到阙,犹愈更用别日。"③张汝霖的奏议得到参知政事刘玮、御史大夫唐括贡、中丞李晏、刑部尚书兼右谏议大夫完颜守贞、修起居注完颜乌者、同知登闻检院事孙铎的赞同,"帝初从之,既而竟用襄议"④。章宗大定二十九年(1189),言事者乞许民藏"制书"。张汝霖赞成之,并说:"昔子产铸刑书,叔向讥之者,盖不欲预使民测其轻重也。今著不刊之典,使民晓然知之,犹江、河之易避而难犯,足以辅治,不禁为便。"⑤"制书"之事,《金史》记载有两种结果,《张汝霖传》说"诏从之";《刑志》说:"以众议多不欲,诏姑令仍旧禁之。"⑥据判断,可能是先"诏从之",后又以"众议"禁之。

张汝霖的谏言在情在理昭然可见,但十有八九被章宗借故否决了。大定二十九年(1189)十月,张汝霖谏阻章宗田猎,可以说是一次犯颜直谏,在九月时,监察御史焦旭弹劾太傅克宁、右丞相襄不应请车驾田猎,遭到章宗

---

① 《金史》卷89《孟浩传》,第1981页。
② 《金史》卷55《百官志·序》,第1216页,载:"大定二十八年(1188),在仕官一万九千七百员,四季赴选者千余,岁数监差者三千。明昌四年奏,周岁,官死及事故者六百七十,新入仕者五百一十,见在官万一千四百九十九,内女直四千七百五员,汉人六千七百九十四员。至泰和七年,在仕官四万七千余,四季部拟授者千七百,监官到部者九千二百九十余,则三倍世宗之时矣。"
③ 《金史》卷83《张汝霖传》,第1867页。
④ 《金史》卷38《礼志》,第869页。
⑤ 《金史》卷45《刑志》,第1021页。另见《金史》卷83《张汝霖传》,第1867—1868页,记载同一事,但结果不同。有司言民间收藏制文,恐因而滋生狱讼,请求禁止。汝霖认为:"王者之法,譬犹江、河,欲使易避而难犯。本朝法制,坦然明白,今已著为不刊之典,天下之人无不闻诵。若令私家收之,则人皆晓然不敢为非,亦助治之一端也。不禁为便。"诏从之。
⑥ 《金史》卷45《刑志》,第1021页。

的批驳:"此小事,不须治之。"①汝霖谏阻田猎可能出于两种考虑:一是年轻的皇帝初即位,若习于游猎,恐荒殆朝政;二是政局不稳,不宜远游。汝霖的苦心换来的诏答是:"卿能每事如此,朕复何忧。然时异事殊,难同古昔,如能斟酌得中,斯为当矣。"②不但拒绝了谏言,还对以后的进谏作了规定。

在张汝霖诸多谏言中,最为章宗接受的是:"有司言改造殿庭诸陈设物,日用绣工一千二百人,二年毕事。帝以多费,意辍造。汝霖曰:'此非上服用,未为过侈。将来外国朝会,殿宇壮观,亦国体也。'"③此言在章宗身上非常奏效,这兴许是"斟酌得中"的结果,"其后奢用浸广,盖汝霖有以导之云"④。

在世宗、章宗朝,汝霖、汝弼都是不可多得的人才。他们才智超人,忠心可鉴。汝霖受命"托孤",虽然没有《出师表》名世,但其谏言中已现其拳拳忠心。

小　结

在古代社会,家族势力的发展多是经济、文化、政治综合的产物,但在金朝,家族势力的发展完全是政治的产物。金朝社会经济一直在战争间歇中,处于恢复状态,刘浦江先生在《金代户口研究》一文中指出:"金朝人口负增长和零增长的年份多于人口正常增长的年份。"⑤人口是农业社会生产力的重要标志,也是经济发展的重要标志,是家族势力发展的要素之一。这一要素的缺失制约了家族势力自然增长的能力;金朝的文化主要是汉文化与女真文化冲突与融合的产物,文化的主流是接受汉文化,汉文化又以儒家文化为核心,在女真人接受汉文化比较深入的大定朝,金世宗对汉文化的认识能代表女真人的一般水平,他说:"经籍之兴,其来久矣,垂教后世,无不尽善。今之学者,既能诵之,必须行之。然知而不能行者多矣,苟

---

① 《金史》卷9《章宗本纪》,第212页。
② 《金史》卷83《张汝霖传》,第1867页,另见《金史》卷9《章宗本纪》,第212页,记载:"卿能每事如此,朕复何忧?然时异事殊,得中为当。"
③ 《金史》卷83《张汝霖传》,第1868页。
④ 《金史》卷83《张汝霖传》,第1868页。
⑤ 刘浦江:《金代户口研究》,《中国史研究》1994年第2期。

不能行，诵之何益。女直旧风最为纯直，虽不知书，然其祭天地，敬亲戚，尊耆老，接宾客，信朋友，礼意款曲，皆出自然，其善与古书所载无异。汝辈当习学之，旧风不可忘也。"①这是世宗在大定十六年(1176)与宰执论古今兴废事的言论，这段话表明两个问题：一是当时人对经籍诵而不能行；二是世宗对诵而不能行的态度。世宗虽然肯定了经籍的垂教价值，但认为学而不能行，不如不学，因噎废食的保守思想在这里又体现出来了。他的真正用意是以对"女直旧风"的倡导取代经籍垂教。

女真人对儒家文化的吸收是很肤浅的，大定二十五年(1185)，女真进士御试策论题为："契敷五教，皋陶明五刑，是以刑措不用，比屋可封。今欲兴教化，措刑罚，振纪纲，施之万世，何术可致？"②太子侍读完颜匡参加策试，告诉显宗说："臣熟观策问敷教、措刑两事，不详'振纪纲'一句，只作两事对，策必不能中。"完颜匡下第，显宗很惋惜，并对侍臣说："我只欲问教化、刑罚两事，乃添振纪纲一句，命删去，李晏固执不可，今果误人矣。"③完颜匡因不知如何"振纪纲"而下第，显宗为之惋惜，暴露出女真贵族不明白"振纪纲"在教化、刑罚中的地位，对于社会乃至政权何等重要。宣宗时期的丞相仆散七斤不知"纪纲"为何物④。没有纪纲也就是没有秩序，大定十三年(1173)，吏部尚书梁肃请禁奴婢服罗绮。世宗说："近已禁其服明金。行之以渐可也。且教化之行，当自贵近始。"⑤一叶知秋，"奴婢服罗绮"显然是缺乏等级制度约束的表现，在缺乏纲常、等级制度约束的社会里，家族的家长制度难以确立，诸如章宗时期出现的文学作品——《董西厢》，就反映出这一问题。文学评论说崔莺莺反礼教、反父母之命，实在是言过其实。崔莺莺所代表的社会对礼教的冲击完全是无意识的行为，实际上就是不愿意接受礼教约束的表现。缺乏礼教约束的社会，家族的发展也难以持久。在这样的社会环境中，金朝家族势力的发展主要是依靠政治关系的维系，在"名士"家族、"庶士"家族和"亲缘"家族的兴衰命运中都一致地揭示出：兴也政治，覆也政治。

---

① 《金史》卷7《世宗本纪》，第163—164页。
② 《金史》卷98《完颜匡传》，第2165页。
③ 《金史》卷98《完颜匡传》，第2165页。
④ 《金史》卷115《完颜奴申传》，第2526页，记载："宣宗尝责丞相仆散七斤'近来朝廷纪纲安在'？七斤不能对，退谓郎官曰：'上问纪纲安在，汝等自来何尝使纪纲见我。'"
⑤ 《金史》卷7《世宗本纪》，第160页。

结论："异代"文士民族认同的歧义与歧途

以往的学术研究更多关注的是女真人的"汉化"问题，女真人认同汉文化是不争的事实，但仅是历史的一个侧面，或者说是历史发展的结果。"汉化"问题研究存在人为地简化、甚至阉割历史过程的倾向，隐蔽了很多历史真相。"汉化"是女真人与汉文化互动的结果，在互动过程中，女真人接受汉文化与拒绝汉文化是同时存在的，这是历史认同过程，"异代"文士与女真人的互动客观地反映了"汉化"与民族认同的联系与区别。

一、"异代"文士的民族认同与女真人的"汉化"

民族认同是客观的历史过程，研究这个客观过程是顺着历史发展的脉络探索历史本身，与所谓"汉化"研究视角不同。"汉化"是从已知的结果逆推历史过程，主观地摘取符合"汉化"观点的历史记载来佐证已知的结果，其中主观因素简化历史、影响历史真相的再现是不可避免的。

民族认同的历史研究揭示的是文化互动产生新质文化的过程，而非"汉化"结果。所谓"汉化"仅仅是民族认同的结果之一，不能代替民族认同的历史过程，民族认同而产生的新质文化也不能用"汉化"概括。新质文化是文化认同的一种反映，不属于民族认同互动双方的任何一方。女真文字是在借鉴汉字、契丹字的基础上创制出来的文字，不属于汉文化，不属于契丹文化，是女真人的新质文化。金朝的官僚制度，貌似效仿中原王朝，实际是徒有虚名。女真进士科是借用汉人以文取士的方式，提拔女真新贵以充实女真统治集团。

新质文化主要产生于女真人之间、"异代"文士与女真人之间的互动过程中。女真人就民族文化的自树与接受汉文化的关系问题存在分歧，围绕分歧，女真人之间的矛盾运动直接影响到"异代"文士与女真人之间的互动，韩企先、宇文虚中等活动在积极接受汉文化与拒绝接受汉文化的女真人之间，女真贵族之间的矛盾迫使韩企先"密谟显谏"，咸取折中，迫使宇文虚中的行为发生分裂，一方面，积极"议礼制度"，一方面屡屡讥讪女真贵族（部分），以矿卤目之。韩企先处事咸取折中，暂时"弥缝缺漏"，实际上是姑息了女真贵族之间矛盾的存在。宇文虚中水火两端，拉大女真贵族之间的距离，激化了矛盾。新质文化产生于"异代"文士、女真贵族之间的斗争与妥协中，太祖时期的女真大字本是完颜希尹创制，而熙宗时期创制的女真小字者却托名熙宗创制，其中就反映出完颜希尹遭到排挤，真正创制女真小字的文士又不敢冠名，在斗争与妥协中，女真小字只得托名熙宗。不管怎样，女真文字的创制与使用毕竟推动了女真人的进步，通过女真文字翻译儒家经典，女真人渐知仁义道德，缩短了他们与汉文化的距离。

民族认同的框架下认识女真人接受汉文化复杂的过程，不难发现，女真人在接受汉文化的过程中，也有拒绝汉文化的行为，拒绝汉文化是局部的、短暂的，最终不得不接受汉文化。是否接受汉文化不以女真人的目的为转移，也不以"异代"文士的目的为转移，"异代"文士与女真人的互动改变了彼此的初衷。女真人接受汉文化是民族认同的一部分，"汉化"寓于民族认同的过程中。

二、"异代"文士民族认同的"合力"

"异代"文士除了来自辽、来自宋之差别外，还有地域、族群以及进入金朝目的、途径等方面的差异，各种差异导致文士认同女真社会用力的方向也不尽相同，作用于不同方向的力量互相影响、互相制约，各种力量从不同方向推动金朝社会，"异代"文士民族认同的"合力"很复杂。

首先，来自辽朝的文士多适应性地认同女真社会，顺应、诱导女真人接受自己，认同自己的努力。渤海文士因地域、族源与女真人相近，入仕金朝较早且持久。渤海文士一方面对金初社会的发展影响较大，如杨朴、高庆裔等，另一方面立足金朝政坛也很长久。张氏家族从阿骨打立国之始，直至章宗朝，有位及宰辅者多人；燕云文士入仕金朝的积极性比较一致，对金朝占领、立足燕云地区多有补益，也是金朝由部族统治向州县统治转型的鼎力支柱。直至熙宗朝，燕云文士先后以时立爱、刘彦宗、韩企先、韩昉等在金朝政坛唱主角。

其次，来自宋朝方面的文士民族认同的方向比较复杂，主体表现是拒绝认同,有因拒绝而死者,如何栗①;或濒于死者,如洪皓、朱弁、张邵等。有先拒绝后认同者,有表面认同而内心拒绝者。拒绝认同是对无原则地认同的批评与修正,尤其是对苟且认同的鞭笞。

《三朝北盟会编》记载:"初,金人围城……太学生皆求生,附势投状,愿归金国者百余人。元募八十人,而投状者一百人,皆过元数。其乡贯多系四川、两浙、福建,今在京师者,比至军前,金人胁而诱之曰:'金国不要汝等作大义策论。各要汝等陈乡土方略利害。'诸生有川人、闽、浙人者,各争持纸笔,陈山川险易、古今攻战据取之由以献。又妄指倡女为妻,要取诣军前。后金人觉其无能苟贱,复退者六十余人,委无材能,不足以为师法。复欲入学,司业博士集众榎楚而屏之。士之苟贱无守有如此者。"②

太学生们的苟且认同遭到女真人的鄙弃,同时也受到因拒绝认同而死者精神上的鞭笞。女真人鄙视苟且认同者,间接地、无意识地认同了拒绝认同者的操守,但女真人为了维护现实的统治,又杀戮、迫害拒绝认同者,民族认同的历史就运行在错综复杂的矛盾之中。

来自不同方向、驶向不同目的的"异代"文士的民族认同,有时是互相推动、补充,有时是互相抵制、抵消。一方面,就金朝改定制度而言,辽宋文士的认同方向基本是一致的,即使不合作者,或默认,或从侧面推助,洪皓、朱弁等是拒绝认同者,但他们教授女真贵族子弟汉族文化,间接促使他们认同汉文化,使他们成为接受改定制度的土壤;另一方面,"异代"文士同处于一个政治舞台,自身认同女真社会的层面不同,权与利的争夺又使之相互倾轧。张钧因草拟"罪己诏"而获罪,其直接原因是辽朝文士萧肄的诬陷。宇文虚中与女真贵族之间矛盾的激化也免不掉辽朝文士的挑拨,虚中所撰"本皆嘉美之名"的宫殿榜署摘字,"以为谤讪朝廷"。"以图书为反具"等罪名是女真人想不到的,虚中等文士内部的攻讦最大的嫌疑是来自辽朝文士。宋朝文士对来自辽朝文士的诋毁并没有袖手,只是等待时机反扑。韩企先死后,田珏狱案有涉宋朝文士反扑之嫌,蔡松年等"毁短之于宗弼"的记载至少说明宋朝文士是构成田珏狱案的因素之一。以辽朝文士为核

---

① 《宋史》卷353《何栗传》,第11136页,载:何栗,宋政和五年(1115)进士第一,"既陷朔庭,栗仰天大恸,不食而死,年三十九"。
② [宋]徐梦莘:《三朝北盟会编》卷81《靖康中帙五十六》,引[宋]赵甡《靖康遗史》第6页,总609页。

心的田珏党人被打击后,"台省一空",为蔡松年等人开辟仕途空间。海陵朝、世宗朝重视宋朝文士和"南人",燕云文士的"诡随"不受待见,至少在舆论上遭到诟病。至章宗朝,围绕田珏狱案的平反问题出现渤海文士家族与燕云文士家族的争夺,燕云文士及其家族在金朝初期和末期的两度得势奠定了"异代"文士民族认同的主调。

三、"异代"文士民族认同的歧途

金朝"异代"文士的民族认同主要表现为顺从和冲突,顺从者主要是辽朝方面的文士,他们凭藉仕辽的阅历,能适应金朝的政治形势,折中、迂回地推动社会向前发展。冲突式的互动主要来自宋朝文士,他们对金朝政治的态度是抵触的,这种抵触的态度呈现出三种发展趋势:一是不合作或消极应付,如司马朴、蔡靖,他们的归宿是从金朝的政治视野中自然消逝;二是压抑抵触的情绪,或者说是把外在的冲突转化成内心的矛盾,如蔡松年、吴激,他们充满苦楚的诗文就是文化冲突内化的外显和表现,其归宿是与顺从者合流;三是把抵触情绪表现出来,如宇文虚中者。

宋朝文士与金朝政治的冲突对社会同样是一种推动力量,他们的冲突主要表现为对金朝政治的批判。褚承亮在考场上责难刘彦宗无君父观念,彦宗为之动容,接着便有请立赵氏之举。当然,女真人感知来自宋士的批判是有层次的,宋士进入金营多表现出"忠节"之举,张邦昌、司马朴拒绝做"伪皇帝",张孝纯、蔡靖等拒绝仕金,女真贵族对这种"君臣大义"的感受是微弱而迟缓的,只有少数人认可它的价值。洪皓持节不仕齐,惹怒宗翰,欲杀之,希尹跪为请命。以希尹的文化素养,他对"忠义"的认识要比一般女真贵族深刻,令洪皓教其子就说明这一点。多数女真贵族对汉文化的接受程度是有限的,适应这种限度,韩企先有"折中"改定制度之举。超越这种限度,就是宇文虚中的"讥讪"。

女真人接受汉文化的有限性是普遍的,金熙宗杀张钧,表面上是萧肄的谗言所致,而真正暴露的是熙宗接受汉文化的极限。海陵杀祁宰,不是因为他谏阻南伐,而是他的谏言[①]超越了海陵的承受能力。宇文虚中、张

---

① 《金史》卷83《祁宰传》,第1874页,谏言略曰:"国朝之初,祖宗以有道伐无道……"

钧、祁宰死于不同的事件,抛开事件的具体性,他们死因的共同点是其言辞、行为超越了女真人所能承受的范围,他们的死说明金朝的皇权政治拒绝、没有能力承受激进的批判思想与行为,只能驯服文士唯唯诺诺。文士经历熙宗末年一系列杀戮与放逐事件的锤炼,到海陵朝,只剩下"微谏"和"讽谏"了。到大定朝,"微谏"与"讽谏"竟然屡求不得,文士的缄口是与政治疏离的信号。

金朝皇权政治本身的痼疾又加剧了这种疏离。金朝皇权政治除了具有专制皇权政治的共同特征——暴力、独占、排他外,还具有维护女真集团特权的民族性,以及与女真"旧俗"相杂糅的落后性,这些非理性的政治因素都将促使文士淡漠、疏离政治。

金朝政权是女真人建立的,女真人作为统治民族,在政治、经济、文化等方面都享有特权,他们的特权是建立在牺牲其他民族利益基础上的,民族矛盾直接影响到文士与皇权政治互动的取向。金朝皇权政治虽然经历了与女真贵族的斗争,但最终是与贵族相互妥协,进而联合。熙宗翦除宗翰、宗磐势力后,依然"礼遇宗室"。海陵屠戮威胁他皇权的宗室家族,确立了"防近族而用疏属"的政治策略①。世宗直接享用了这一策略,并通过创设女真进士科加以巩固,世宗创设女真进士科的主观用意就是培植女真新贵,也确实达到了这一目的。大定十三年(1173),首开女真科举及第的二十七人中,在章宗朝有三人进入宰执集团,徒单镒于明昌元年(1190)入朝为参知政事,承安五年(1200)晋升平章政事;夹谷衡于明昌二年(1191)拜参知政事,明昌六年(1195)为尚书左丞,承安四年(1199),拜平章政事;尼厖古鉴于明昌五年(1194)拜参知政事。金朝皇权与女真贵族的联合,使文士处于第三种政治势力的位置上,当皇权打击贵族时,文士又充当替补角色,当皇权与贵族联合时,文士又是被排挤的角色。诚如元好问概括金朝末年尚书省宰执大臣的任用情况所言:"凡在此位者,内属、外戚与国人有战伐之功,预腹心之谋者为多。潢裔之人以门阀见推者次之。参用进士则又次之。其所谓进士者,特以示公道、系人望焉而。轩轾之权既分,疏密之情亦异,孤立之迹,处乎危疑之间。"②要指明的是,文士在皇权政治中处于

---

① 吴宗国主编:《中国古代官僚政治制度研究》,第296页。
② [金]元好问:《遗山先生文集》卷16《平章政事寿国张文贞公神道碑》,王云五主编《万有文库第二集七百种遗山先生文集》(1—4册),商务印书馆,1937年,第221页。

替补的位置不仅仅是在金朝末年,这是金朝皇权政治确立过程的一种必然,是由来已久的。

金朝皇权政治的确立是低起点向高层次的跨越,旧制度的残余杂糅在皇权政治中是必然的,诸如廷杖制度,它使朝臣身心受侮。据金世宗时使金的南宋使者楼钥记载:"金法,士夫无免捶挞者,太守至挞同知。又闻宰相亦不免,惟以紫褥藉地,少异庶僚耳。"①"刑不上大夫,礼不下庶人"规则在这里被倒置,楼钥曾与金朝马姓校尉交谈,校尉抱怨:"若以宋朝法度,未说别事,且得俸禄养家,又得寸进以自别吏民,今此间与奴隶一等,官虽甚高,未免捶楚,成甚活路。"②旧制度的残留并不是孤立、静止的,常常与新制度纠缠在一起,促成制度"变异",非理性的政治因素在"任情用事"的帝王手里更是变本加厉。文士与皇权政治的互动无法处于"君使臣以礼,臣事君以忠"的良性氛围中。在宋朝有"皇帝与士大夫共治天下"的政治模式,金朝难以望其项背。

经历金朝亡国之痛的有识之士都意识到金朝统治缺乏文士的参与,是"此所以不能长久"的根源所在③。忽必烈以王位居潜邸时,与金末名士张德辉论前朝兴亡事。王曰:"'或云辽以释废,金以儒亡,有诸?'对曰:'辽事臣未周知,金季乃所亲见,宰执中虽用一二儒臣,余则武弁世爵,若论军国大计,又皆不预,其内外杂职,以儒进者三十之一,不过阅簿书、听讼理财而已。国之存亡,自有任其责者,儒何咎焉!'"④张德辉、元好问、刘祁从亲身经历指陈金朝末年的弊政,是问题表面化、恶化阶段,它的根源在"异代"文士与皇权政治互动的过程中已开始了。而且,女真统治者在用人行政上,亲本族、讲武功、重吏才的倾向是先天的⑤,这种先天的不足又影响到皇权政治的运行,造成了文士民族认同的隔阂,政治认同的疏离。

---

① [宋]楼钥:《北行日录》卷上,中华书局,1991年,第8页。
② [宋]楼钥:《北行日录》卷上,第16页。
③ [金]刘祁:《归潜志》卷12《辩亡》,崔文印点校,中华书局,1983年,第137页,金末士人刘祁在《辩亡》中说:"大抵金国之政,杂辽宋非金用本国法,所以支持百年。然其分别蕃汉,且不变家政,不得士大夫心,此所以必不能长久。"
④ [元]苏天爵:《元朝名臣事略》卷10《宣慰张公》,中华书局,1996年,第206页。
⑤ 杨果:《金代翰林与政治》,《北方文物》1994年第4期。

附表二：辽末文士家族科第、仕宦一览表

姓　氏	籍　贯	科　第	仕　宦	参考文献	备　注
1 张玄征	辽阳渤海		彰信军节度使	《金史》卷83	渤海大族，先祖仕辽。玄征女为世宗元妃，生永中、永济。
2 张汝弼	同	正隆二年进士	大定末尚书左丞	《金史》卷83	
2 张汝素		天会八年赐及第	大定初户部尚书	《金史》卷83	
1 张浩			大定初尚书令、太师	《金史》卷83	浩女嫁王遵古生王庭筠
2 张汝为			河北东路转运使	《中州集》卷9	
2 张汝霖		天眷二年进士	平章政事	《中州集》卷9	
2 张汝能		贞元二年赐及第		《中州集》卷9	
2 张汝方			宣徽使	《中州集》卷9	
2 张汝猷			东上阁门使	《金史》卷9	
1 王政	熊岳人		保靖军节度使	《金史》卷128	其先仕渤海及辽，皆有显者。
2 王遵仁	同				
2 王遵义					
2 王遵古		正隆五年进士	翰林直学士 同知辽州军州事	《金史》卷10 《中州集》卷8	娶张浩女。
3 王庭玉					
3 王庭坚					
3 王庭筠		大定十六年进士	翰林修撰	《金史》卷126	外祖父张浩。姊妹嫁高守信生高宪。
4 王禧伯			行尚书省左右司郎中	《增补中州集》卷16	与赵秉文、冯璧、李纯甫友。
4 王明伯					王万庆字禧伯。
3 王庭揆					

续表

姓氏	籍贯	科第	仕官	参考文献	备注
1 李石 2 李献可 3 李道安	辽阳人 同	辽进士 大定十年及第 荫补官	太尉,尚书令,太保 山东提刑使 特官提符宝郎	《金史》卷86	先世仕辽,为宰相。石姊妹嫁宗峻生世宗。女为世宗元妃,生永蹈,永济。
1 刘彦宗 2 刘筈 3 刘仲洵 3 刘仲海 4 刘元矩	宛平人 同	辽进士 荫补官 天德三年赐及第 皇统九年赐及第 荫补官	同中书门下平章事 定武军节度使,丞相 天德右少师 太子中丞 太子詹事(贞祐)	《金史》卷78 《金史》卷78 《金史》卷78 《金史》卷78	彦宗祖六世仕辽,相继为宰相。父霄,至中京留守。
1 韩昉 2 韩汝嘉	燕京人 宛平人	辽进士 皇统二年进士	熙宗朝参政 翰林侍读学士	《金史》卷125 《中州集》卷8	祖仕辽,累世通显。天会十年状元胡砺的恩师。
1 韩企先 2 韩铎	燕京人 同	辽乾统进士 皇统赐及第	熙宗朝右丞相 顺天军节度使	《金史》卷78 《金史》卷78	九世祖,韩知古仕辽为中书令。
1 左企弓 2 左泌 2 左瀛 2 左渊 3 左贻庆 3 左光庆	蓟州人 同 同	辽进士 荫补官 荫补官 世宗赐及第 荫补官	太傅,中书令 陕西路转运使 沁南军节度使 从仕郎 右宣徽使	《金史》卷75 《金史》卷75	辽同中书门下平章事,知枢密院事。

续表

姓氏	籍贯	科第	仕宦	参考文献	备注
1 时立爱 3 时重国 4 时播	涿州新城 同 同	辽进士 进士 大定后期进士	知板密院事侍中 迁直奉 易州判官	《金史》卷78 同治《畿辅通志》168《金石志》	时立爱仕辽为辽兴军节度使兼汉军都统。
1 张通古 2 张沆	易州人 同	辽天庆进士 天德三年赐进士及第	平章政事,以司徒致仕	《金史》卷83	
1 高衎 2 高守义 3 高守信 2 高宪 2 高守礼	辽阳渤海 同	国初进士 大定十六年进士 以荫补官 泰和三年进士	吏部尚书 博州防御使判官 宣徽使	《金史》卷90	
1 田谷 1 田珏	广宁人 同	天眷二年进士	工部员外郎 吏部侍郎	《中州集》卷5 《中州集》卷5	王庭筠外甥。
1 敬嗣晖 2 敬子渊 3 敬鉴 3 敬铉	易州人 同	天眷二年进士 兴定五年进士	参知政事 乐陵县令 高陵同知 白水令	《金史》卷89 《金史》卷89 《元史》卷175	坐田珏党狱以罪下狱。内任刘仲洙为之翻案。 以海陵旧臣仕世宗。
1 魏—— 2 魏元真 2 魏道明 2 魏上达 2 魏元化	易县人 同 同 同	辽天庆二年进士 皇统二年进士 进士 进士	兵部郎中 安国军节度使	《中州集》卷8	

续表

姓氏	籍贯	科第	仕官	参考文献	备注
1 王中安	蓟州人	金初进士	沂州防御使	《金史》卷96	坐田珏党事。
2 王贲	宛平人	大定年进士	南京路按察使		
2 王质	宛平人	大定末年进士	礼部尚书		
1 王础	蓟州人	金初名士	归德府判官	《中州集》卷2	
2 王寂		天德三年进士	礼部尚书		
3 王钦哉		承安年进士			
3 王直哉		承安年进士			
3 王邻哉		承安年进士			
1 任侗	燕人	天眷二年进士	除都水使	《三朝北盟会编》卷245	
1 任佝	同	天德三年进士	除秘书少监		
1 马柔德	通州三河县	天会初年进士	翰林修撰	《金史》卷97	坐田珏党事。
2 马百禄	同	大定三年进士	南京路提刑使		
1 贾少冲	通州人	天眷二年进士	顺天军节度使	《金史》卷90	拒绝刘笤联姻。
2 贾益	同	大定十九年进士	太常卿		
1 张孝纯	徐州人	宋登进士	仕金行台左丞相	《金史》卷4	曾相伪齐。
2 张公药	滕阳人	荫补官	昌武军节度副使		
3 张观			世为文章家		
4 张厚之		承安进士		《中州集》卷9	

续表

姓氏	籍贯	科第	仕官	参考文献	备注
1 蔡靖 2 蔡松年 3 蔡珪 3 蔡璋	真定人 同	宋进士 天德三年进士 正隆赐郎中	翰林学士 尚书右丞相 礼部郎中	《金史》卷125	
1 宇文虚中 2 宇文师瑗	蜀人	宋进士	礼部尚书	《金史》卷79	宋资政殿大学士。 弟子周伯禄大定五年及第。 在宋荫补官。
1 褚承亮 2 褚席珍	真定人 同	天会五年进士 正隆二年进士	知蓐城县 官州县	《金史》卷127	
1 高士谈 2 高公振	亳州阜城	宋进士 正隆初进士	翰林直学士 密州刺史	《金史》卷79 《中州集》卷8	与宇文虚中友,同披祸。
1 刘豫 2 刘麟 3 刘通 4 刘瑛	景州阜城 同	宋进士	伪齐皇帝 尚书左丞(金) 北京留守(齐)	《金史》卷77	
1 刘益					
1 孙九鼎 1 孙九畴 1 孙九亿	定襄人 同 同	天会六年进士 同 同	秘书少监	《中州集》卷2	天会年同状元。

续表

姓氏	籍贯	科第	仕官	参考文献	备注
1 王尚智	东平人	金初进士	朝散大夫	[元]胡祗遹《紫山大全集》卷16《王忠武墓碑铭》	
2 王瑀	同	正隆五年进士	奉训大夫		
1 史良臣	大名人	宋宣和进士	潞州观察副使	《中州集》卷5	
2 史公奕	同	大定末年进士	翰林院直学士		
3 史应祖					
4 史颜宗					
1 刘㧑	浑源人	天会二年进士	官中大夫，刺史	[元]王恽《秋涧集》卷58《浑源刘氏世德碑铭并序》	金初状元。刘㧑娶北京转运使雷思女。长女适张景仁，进士，翰林待制。次女适王元节，弘州人，进士，密州节度判官。
2 刘汲	同	天德三年进士	应奉翰林文字		
3 刘㴶	同	大定十年进士	资奉直大夫丰王府文学等		
2 刘渭		天德三年进士	朝散大夫		
3 刘㴶		荫补官	真定府军资库使		
4 刘从善		荫补官	德定府酒监		
4 刘从綦		荫补官	克胜军副都统		
4 刘从契		恩赐及第	授承事郎		
3 刘祁		大定元年进士			
4 刘郁		大学生	翰林应奉		
3 刘㲄		大学生	秘书少监		
4 刘从禹		承安二年进士	朝散大夫		
3 刘侯		正大七年进士	遂州酒监		
4 刘从周		荫补官			

结论:"异代"文士民族认同的歧义与歧途

续表

姓 氏	籍 贯	科 第	仕 官	参考文献	备 注
1 沈宜中 2 沈璋	圣州永兴	在辽学进士业 天德三年赐及第	镇西军节度使	《金史》卷75	
1 王玘 1 王珣 4 王仲泽	太原人 同	天眷二年进士 南渡后擢第 皇统九年进士第 皇统九年进士	汾阳军节度使 尚书省左右司郎中	《中州集》卷8	
1 边元勋 1 边元鼎 1 边元恕	丰州 辽云中 同	天会十年进士 天德三年进士	河间路转运使 供奉翰林邢州幕官	《中州集》卷8 《中州集》卷2	先祖仕辽。 元鼎大定间坐逓累,不复仕进。
1 王山甫 2 王汭 3 王元节 3 王元德	弘州人 同	天德年进士 等进士	辽户部侍郎 海陵朝左司员外郎 密州观察判官 南京路提刑使	《中州集》卷7	元节不乐仕进。娶刘㧑次女。
1 韩贻命 2 韩秉休 3 韩赐 6 韩玉 7 韩不疑	渔阳人	天德元年赐第 明昌两科进士	辽宣徽北院使 领忠正军节度使 济南尹 知陕西东路转运使	《金史》卷97 《中州集》卷8 《金史》卷109	先祖仕辽,金初入仕。 以父死非罪,誓不禄仕。

续表

姓氏	籍贯	科第	仕官	参考文献	备注
1 杨丘行	临潢		在海陵中京幕府	《金史》卷105	
2 杨伯雄		皇统二年进士	定武军节度使		
2 杨伯仁		皇统九年进士	太常卿修起居注	《金史》卷125	
2 杨伯杰					
1 杨伯文		辽中书舍人		《金史》卷105	
2 杨伯渊		天会十四年赐及第	山东东路转运使		

说明：1. 表中家族的代表除辽、宋入仕者外，还有辽、宋遗民在金以科举起家者，科举起家者止于天眷。

2. 家族排序例：

1（兄）刘豫（父）

    2 刘麟（子）

    2 刘祀（子）

        3 刘通（孙）

            4 刘珙（从孙）

1（弟）刘益

附表三：海陵朝实权者在大定朝的任职情况

	海陵朝	大定朝	致仕或卒年	备 注
张 浩	尚书令	二年太师、尚书令	大定三年致仕	
苏保衡	工部尚书、浙东道水军都统制	二年刑部尚书	大定七年卒	后拜参知政事，进右丞。
刘 萼	太原尹、汉南道行营兵马都统制	二年除兴中尹	大定十二年降官归田	封任国公、济南尹。
萧 玉	左丞相	五年起孟州防御使	不详	解职。
敬嗣晖	参知政事	五年起丹州刺史	大定十年卒	后拜参知政事。
高怀贞	礼部侍郎	五年定国军节度使	不详	
许 霖	左宣徽使海陵军左都监	五年与高怀贞一同起用，官职不详	不详	
刘 枢	工部侍郎从海陵军	二年山东路转运使改中都路转运使	大定四年卒官	御史台奏，正隆时以巧进。
王 全	右司员外郎	二年大兴少尹	大定四年解职	坐事。
王 竞	礼部尚书	二年礼部尚书	大定四年卒官	张浩荐于朝。
王 蔚	左司郎中	二年超授河东北路转运使	明昌后致仕	明昌元年，召拜尚书右丞。
石 琚	吏部侍郎	左谏议大夫吏部侍郎	大定二十二年卒	大定后期拜平章政事。

参考文献

一

[清]阿桂:《满洲源流考》,孙文良、陆玉华点校,辽宁民族出版社,1988年。
[清]阿桂等修:《盛京通志》,辽海出版社,1997年。
[汉]班固:《汉书》,中华书局,1962年。
[清]毕沅:《续资治通鉴》,中华书局,1957年。
[金]蔡松年:《明秀集》,山东海丰吴氏石莲盦本,光绪三十年(1904)。
[清]曹溶辑:《学海类编》,广陵书社(影印),2007年。
[明]陈邦瞻:《宋史纪事本末》,中华书局,1977年。
[清]陈廷焯:《词则·闲情集》,上海古籍出版社(影印),1984年。
[宋]陈准:《北风扬沙录》,李澍田主编《东北史料荟萃·金史辑佚》,吉林文史出版社,1986年。
[宋]范成大:《范成大笔记六种》,《唐宋史料笔记丛刊》本,孔凡礼点校,中华书局,2002年。
[明]何景明:《何文肃公文集》,台湾:伟文出版社,1976年。
[宋]洪皓:《松漠纪闻》,李澍田主编《长白丛书》初集,吉林文史出版社,1986年。
[宋]洪皓:《金国文具录》,李澍田主编《金史辑佚》,吉林文史出版社,1990年。
[清]洪亮吉:《春秋左传诂》(下册),中华书局,1987年。
[宋]洪迈:《容斋随笔》,鲁同群、刘宏起点校,中国世界语出版社,1995年。
[宋]洪迈:《容斋随笔》三笔,《四部丛刊续编》(五一—五二),上海书店,1984年。
[宋]洪适:《盘州文集》,《四库全书荟要》本,台湾:世界书局,1988年。
[清]景方昶:《东北舆地释略》,载《东北丛刊》1930年第3期。
[宋]李焘:《续资治通鉴长编》,中华书局,1980年。

［明］李贤等:《大明一统志》(下卷),三秦出版社,1990年。
［宋］李心传:《建炎以来朝野杂记》,商务印书馆,1936年。
［宋］李心传:《建炎以来系年要录》,上海古籍出版社,1992年。
［清］李有棠:《金史纪事本末》,中华书局,1980年。
［清］厉鹗:《辽史拾遗》,商务印书馆,1936年。
［宋］刘克庄:《后村先生大全集》,《四部丛刊》本,上海书店,1989年。
［金］刘祁:《归潜志》,崔文印点校,中华书局,1983年。
［宋］楼钥:《北行日录》,中华书局,1991年。
［宋］陆游:《老学庵笔记》,李健雄、刘德权点校,中华书局,1979年。
［元］马端临:《文献通考》,中华书局,1986年。
［宋］欧阳修:《新五代史》,中华书局,1974年。
［宋］欧阳修、宋祁:《新唐书》,中华书局,1975年。
［清］施国祁:《史论五答》(《丛书集成续编》第21册史部),壬集补编,上海书店,1994年。
［元］苏天爵:《元朝名臣事略》,中华书局,1996年。
［元］苏天爵:《滋溪文稿》,陈高华、孟繁清点校,中华书局,1997年。
［元］苏天爵编:《元文类》,商务印书馆,1936年。
［元］脱脱等:《宋史》,中华书局,1977年。
［元］脱脱等:《辽史》,中华书局,1975年。
［元］脱脱等:《金史》,中华书局,1975年。
［宋］王偁:《东都事略》,齐鲁书社,2000年。
［五代］王定保:《唐摭言》,上海古籍出版社,1978年。
［金］王寂:《拙轩集》,中华书局,1985年。
［宋］王溥:《五代会要》(一至四册),中华书局,1985年。
［清］吴荣光编:《辛丑消夏记》,西泠印社出版社,2007年。
［宋］熊克:《中兴小记》,商务印书馆,1936年。
［宋］徐梦莘:《三朝北盟会编》,上海古籍出版社,2008年。
［清］徐松辑:《宋会要辑稿》,中华书局,1957年。
［宋］薛居正等:《旧五代史》,中华书局,1976年。
［宋］叶隆礼:《契丹国志》,齐鲁书社,2000年。
［清］永瑢等撰:《四库全书总目》,中华书局,1965年。

[宋]岳珂:《桯史》[《四部丛刊续编(五六)本》],上海书店,1985年。
[宋]宇文懋昭:《大金国志校证》,崔文印校,中华书局,1986年。
[金]元好问:《遗山先生文集》,王云五主编《万有文库第二集七百种遗山先生文集》(1—4册),商务印书馆,1937年。
[金]元好问:《中州集》,中华书局,1959年。
[清]张金吾编纂:《金文最》(上、下),中华书局,1990年。
[宋]张汇:《金节要》三卷,傅朗云辑注,载傅朗云编注《金史辑佚》,吉林文史出版社,1990年。
[清]张思岩辑:《词林纪事》,成都古籍书店,1982年。
[金]赵秉文:《滏水集》,山东海丰吴氏石莲盦本,光绪三十年(1904)。
[清]赵翼:《廿二史札记》,中华书局,1963年。
[明]魏焕、郑晓撰:《皇明九边考 皇明四夷考》(合订本),台湾:华文书局,1968年。
[清]庄仲方编:《金文雅》,江苏书局,1891年。
[金]佚名撰:《大金集礼》,商务印书馆,1936年。
[宋]佚名撰:《中兴御侮录》(卷上),商务印书馆,1939年。

二

《马克思恩格斯全集》,人民出版社,1972年。
白乐天主编:《中国全史·中国通史》(1—3卷),光明日报出版社,2000年。
陈佳华、蔡家艺等:《宋辽金时期民族史》,四川民族出版社,1996年。
陈述主编:《辽金史论集》第三辑,书目文献出版社,1987年。
陈述主编:《辽金史论集》第四辑,书目文献出版社,1989年。
董万仑:《东北史纲要》,黑龙江人民出版社,1987年。
都兴智:《辽金史研究》,人民出版社,2004年。
范文澜、蔡美彪:《中国通史》第6册,人民出版社,2008年。
费孝通:《文化的生与死》,上海人民出版社,2013年。
冯家升:《辽史证误三种》,中华书局,1959年。
傅朗云辑注:《金史辑佚》,吉林文史出版社,1990年。
干志耿、孙秀仁:《黑龙江古代民族史纲》,黑龙江人民出版社,1987年。
郝时远主编:《解读民族问题的理论思考》(下),社会科学文献出版社,

2009年。

郝维民、齐木德道尔吉主编:《内蒙古通史纲要》,人民出版社,2006年。

何俊哲、张达昌、于国石:《金朝史》,中国社会科学出版社,1992年。

黑龙江省档案馆编:《黑龙江沿革史讲稿》,内部发行,1981年。

黑龙江省社会科学院历史所编:《渤海史译文集》,李东源译、刘凤翥校,黑龙江省社会科学院历史所,1986年。

胡传志:《金代文学研究》,安徽大学出版社,2000年。

吉林省文物考古研究所、俄罗斯科学院远东分院民族历史·考古·民族研究所编著:《俄罗斯滨海边疆区女真文物集粹》,文物出版社,2013年。

江应梁:《中国民族史》(中),民族出版社,1990年。

蒋秀松:《东北亚研究:东北民族史研究》(三),中州古籍出版社,1997年。

金毓黼:《渤海国志长编》(1—3),台湾:华文书局,1968年。

金毓黼:《东北通史》,社会科学战线杂志社,1980年。

景爱编:《金代官印集》,文物出版社,1991年。

金启孮:《女真文辞典》,文物出版社,1984年。

李大龙:《汉唐藩属体制研究》,中国社会科学出版社,2006年。

李大龙:《都护制度研究》,黑龙江教育出版社,2012年。

李大龙:《唐代边疆史》,中国社会科学出版社,2013年。

李东源译、刘凤翥校:《渤海史译文集》,黑龙江省社会科学院历史所,1986年。

李渡:《明代皇权政治研究》,中国社会科学出版社,2004年。

李桂芝:《辽金简史》,福建人民出版社,2000年。

李澍田主编:《金碑汇释》,陈相伟校注,吉林文史出版社,1989年。

李彦新、孙泓等编:《东北古史资料丛编》(三)(唐卷),辽沈书社,1990年。

李锡厚、白滨:《辽金西夏史》,上海人民出版社,2003年。

李正民、董国炎主编:《辽金元文学研究》,文化艺术出版社,1999年。

李治亭主编:《东北通史》,中州古籍出版社,2003年。

廖杨:《民族关系与宗教问题的多维透视:以广西为考察中心》,民族出版社,2009年。

刘锋焘:《宋金词论稿》,中国社会科学出版社,2002年。

刘明今:《辽金元文学史案》,上海古籍出版社,2004年。

刘宁主编:《辽金历史与考古》第1辑,辽宁教育出版社,2009年。

刘浦江:《松漠之间——辽金契丹女真史研究》,中华书局,2008年。

刘肃勇:《金世宗传》,三秦出版社,1987年。

刘义棠:《中国边疆民族史》,台湾:中华书局,1982年。

罗新:《中古北族名号研究》,北京大学出版社,2009年。

牛贵琥:《金代文学编年史》,安徽大学出版社,2011年。

《清史论丛》编委会编:《清史论丛1996》,辽宁古籍出版社,1996年。

申友良:《中国北族王朝初探》,中央民族大学出版社,1997年。

申友良:《中国北方民族及其政权研究》,中央民族大学出版社,1998年。

舒焚:《辽史稿》,湖北人民出版社,1984年。

孙伯君:《金代女真语》,辽宁民族出版社,2004年。

孙进己、孙海主编:《高句丽、渤海研究集成》,哈尔滨出版社,1994年。

孙进己:《东北亚研究:东北民族史研究》(一),中州古籍出版社,1994年。

孙进己:《东北各民族文化交流史》,春风文艺出版社,1992年。

孙进己、干志耿:《文明论:人类文明的形成发展与前景》,黑龙江人民出版社,2007年。

孙进己等:《女真史》,吉林文史出版社,1987年。

孙乃民主编:《吉林通史》,吉林人民出版社,2008年。

孙玉良编著:《渤海史料全编》,吉林文史出版社,1992年。

唐圭璋编:《全金元词》(上),中华书局,1979年。

陶晋生:《女真史论》,台湾:食货出版社,1981年。

田余庆:《东晋门阀政治》,北京大学出版社,1996年。

田余庆:《拓跋史探》,生活·读书·新知三联书店,2003年。

田余庆:《秦汉魏晋史探微》,中华书局,2004年。

王德朋:《金代汉族士人研究》,中国社会科学出版社,2006年。

王可宾:《女真国俗》,吉林大学出版社,1988年。

王久宇、金宝丽:《金源文化史稿》,黑龙江美术出版社,2008年。

王钟翰主编:《中国民族史》,中国社会科学出版社,2001年。

魏国忠、朱国忱、郝庆云:《渤海国史》,中国社会科学出版社,2006年。

王承礼主编:《辽金契丹女真史译文集》第1集,吉林文史出版社,1990年。

吴宗国主编:《中国古代官僚政治制度研究》,北京大学出版社,2004年。

郝时远主编:《解读民族问题的理论思考》(下),社会科学文献出版社,2009年。

徐汉明校注:《辛弃疾全集校注》(下册),华中科技大学出版社,2012年。

徐杰舜主编:《族群与族群文化》,黑龙江人民出版社,2006年。

薛瑞兆:《金代科举》,中国社会科学出版社,2004年。

阎步克:《士大夫政治演生史稿》,北京大学出版社,1995年。

阎凤梧、康金声主编:《全辽金诗》,山西古籍出版社,1999年。

杨树森、穆鸿利编著:《辽宋夏金元史》,辽宁教育出版社,1986年。

姚从吾:《姚从吾先生全集——辽金元史讲义——乙·金朝史》,台湾:正中书局,1977年。

姚大力:《中国历代王朝兴衰启示录:漠北来去》,长春出版社,1997年。

于宝林:《女真文字研究论文集》,中国民族古文字研究会,1983年。

虞云国:《两宋历史文化丛稿》,上海人民出版社,2011年。

张博泉:《金史简编》,辽宁人民出版社,1984年。

张博泉等:《金史论稿》第1卷,吉林文史出版社,1986年。

张博泉等:《金史论稿》第2卷,吉林文史出版社,1991年。

张博泉:《中华一体的历史轨迹》,辽宁人民出版社,1995年。

张博泉、魏存成主编:《东北古代民族·考古与疆域》,吉林大学出版社,1998年。

张泰湘:《东北亚研究:东北考古研究》(三),中州古籍出版社,1994年。

张泰湘:《东北亚研究:东北考古研究》(四),中州古籍出版社,1994年。

赵汀阳、贺照田主编:《学术思想评论》第1辑,辽宁大学出版社,1997年。

赵琦:《金元之际的儒士与汉文化》,人民出版社,2004年。

中国科学院近代史研究所资料编译组编译:《外国资产阶级是怎样看待中国历史的》(资本主义国家反动学者研究中国近代历史的论著选译)第一卷,商务印书馆,1961年。

中国社会科学院历史研究所宋辽金元史研究室编:《宋辽金史论丛》第2辑,中华书局,1991年。

周峰:《完颜亮评传》,民族出版社,2002年。

朱杰人、严佐之、刘永翔主编:《朱子全书》,上海古籍出版社、安徽教育出版社,2002年。

三

[日]爱宕松男:《契丹古代史研究》,邢复礼译,内蒙古人民出版社,1987年。

[日]外山军治:《金朝史研究》,李东源译,黑龙江朝鲜民族出版社,1988年。

[朝鲜]郑麟趾:《高丽史》,[日]市岛谦吉编辑,武术信贤印刷,国书刊行会活字版,明治四十一年(1908)。

[美]芮乐伟·韩森(Valerie Han Sen):《开放的帝国:1600年前的中国历史》,梁侃、邹劲风译,江苏人民出版社,2007年。

[美]John King Fair bank(费正清):《费正清论中国:中国新史》,薛绚译,台湾:正中书局,1994年。

[英]R.G.科林武德:《历史的观念》,何兆武、张文杰译,中国社会科学出版社,1986年。

[苏]Е.И.杰烈维扬科:《黑龙江沿岸的部落》,林树山、姚凤译,吉林文史出版社,1987年。

[苏]А.И.克鲁沙诺夫主编:《苏联远东史——从远古到17世纪》,成于众等译,哈尔滨出版社,1993年。

四

伯颜:《金朝之汉人与南人》,《社会科学辑刊》1985年第1期。

陈述:《汉儿汉子说》,《社会科学战线》1986年第1期。

程妮娜:《金初勃堇初探》,《史学集刊》1986年第2期。

程妮娜:《论金世宗、章宗时期宰执的任用政策》,《史学集刊》1998年第1期。

邓小南:《北宋文官磨勘制度初探》,《历史研究》1986年第6期。

董迪:《论金代政治文化的勃兴》,《江海学刊》2005年第3期。

董克昌、董宇军:《知识分子在大金王朝中的地位》,《黑龙江民族丛刊》1998年第1期。

董克昌、雨君:《金代知识分子政策浅析》,《社会科学战线》1996年第6期。

董克昌:《关于评价完颜亮的几个问题》,《北方文物》1987年第4期。

董克昌:《谁是"小尧舜"》,《民族研究》1990年第2期。

董克昌:《怎样评价完颜亮的功过——兼与刘肃勇同志商榷》,《北方文物》1989年第4期。

董四礼:《试论金天会十年的皇储之争》,《求是学刊》1989年第3期。

董四礼:《也谈金初建国及国号年号》,《史学集刊》2008年第6期。

都兴智:《金初女真人与辽宋儒士》,《辽宁师范大学学报》1991年第6期。

都兴智:《田珏之狱略论》,《北方文物》1995年第3期。

葛洪源:《金朝女真文化研究》,博士学位论文,山东大学,2002年。

高寿仙:《浅谈金世宗的用人思想》,《党史教学》1985年第6期。

郝时远:《Ethnos(民族)和Ethnic group(族群)》,《民族研究》2002年第4期。

和希格:《从皇统党狱始末看金朝政治》,《内蒙古大学学报》1996年第2期。

河北省文化局文物工作队:《河北新城县北场村金时立爱和时丰墓发掘记》,《考古》1962年第2期。

胡传志:《论金初作家蔡松年》,《社会科学战线》1996年第6期。

胡传志:《略论仕金宋人的诗歌新变》,《江西师范大学学报》(哲学社会科学版)2007年第2期。

季芳桐:《论元代儒家郝经夷夏观》,《南京社会科学》2004年第10期。

贾敬颜:《"汉人"考》,《中国社会科学》1985年第6期。

贾敬颜:《女真及其相关的民族》,《历史教学》1985年第10期。

焦慧:《杨璞金初活动考辨》,《辽宁大学学报》1990年第6期。

景爱:《论金世宗用人政策》,《北方文物》1987年第3期。

李锡厚:《改弦易辙终究要胜过抱残守缺——金朝统治集团内部汉化与反汉化之争》,《华夏文化》1994年第4期。

李秀莲:《阿骨打称都勃极烈与金朝开国史之真伪研究》,《史学月刊》2008年第6期。

李秀莲:《试论金初宰相韩企先与隐者政治》,《辽宁工程技术大学学报》(社会科学版)2009年第1期。

李秀莲:《杨朴在〈金史〉中的隐遁与金初政治》,《黑龙江民族丛刊》2010年第4期。

李秀莲:《杨朴劝阿骨打称帝及其历史意义》,《满族研究》2010年第4期。

李秀莲:《试析宇文虚中羁旅金营时期的诗作及其心路历程》,《佳木斯大学社会科学学报》2012年第1期。

李秀莲:《渤海文士高庆裔与金初贵族政治》,《佳木斯大学社会科学学报》2013年第6期。

李秀莲:《女真完颜部"国相"考》,《北方文物》2014年第2期。

李旭:《略论辽金礼制汉化问题》,《史学月刊》1992年第1期。

李艺:《金代词人群体研究》,博士学位论文,中国社会科学院研究生院,2002年。

李玉年:《金代科举沿革初探》,《东南文化》1998年第1期。

刘锋焘:《从守节彷徨走向消释超脱:论蔡松年文化人格的转变》,《兰州大学学报》2000年第1期。

刘锋焘:《艰难的抉择与融合——浅论"华夷之辨"观念对中华民族史的负面影响》,《文史哲》2001年第1期。

刘光永:《吴晗对封建皇权的剖析》,《求索》2005年第12期。

刘美琴:《宇文虚中的悲剧情怀及其诗歌创作》,《忻州师范学院学报》2003年第1期。

刘浦江:《再论〈大金国志〉的真伪——兼评〈大金国志校证〉》,《文献》1990年第3期。

刘浦江:《渤海世家与女真皇室的联姻——兼论金代渤海人的政治地位》,祝总斌、郑家馨主编《北大史学》第3辑,北京大学出版社,1996年。

刘浦江:《金代户口研究》,《中国史研究》1994年第2期。

刘浦江:《金朝的民族政策与民族歧视》,《历史研究》1996年第3期。

刘浦江:《关于金朝开国史的真实性质疑》,《历史研究》1998年第6期。

刘浦江:《说"汉人"——辽金时期民族融合的一个侧面》,《民族研究》1998年第6期。

刘浦江:《金代的一桩文字狱——宇文虚中案发覆》,《辽金史论》,辽宁大学出版社,1999年。

刘浦江:《德运之争与辽金王朝的正统性问题》,《中国社会科学》2004年第2期。

刘肃勇:《论完颜亮》,《中国史研究》1985年第4期。

刘肃勇、王晓莉:《论完颜亮南征伐宋的战争》,《求是学刊》1987 年第 5 期。
刘肃勇:《谈完颜亮杀人和用人二事——与董克昌先生商榷》,《北方文物》1989 年第 4 期。
高寿仙:《浅谈金世宗的用人思想》,《党史教学》1985 年第 6 期。
罗炳良:《历史文化认同趋势中的"夷夏观"》,《学习与探索》2007 年第 4 期。
[美]M.G.史密斯:《美国的民族集团和民族性——哈佛观点》,何宁译,《民族译丛》1983 年第 6 期。
麻铃:《金朝"夷可变华"及"华夷同风"的治边思想》,《社会科学战线》2008 年第 11 期。
毛汶:《天会十三年宇文虚中始受金官爵辨》,《国学论衡》1934 年第 3 期。
孟东风:《金代女真人的汉化与民族融合》,《东北师大学报》1994 年第 6 期。
缪钺:《论金初词人吴激》,《四川大学学报》1989 年第 4 期。
齐春风:《论金朝华夷观的演化》,《社会科学辑刊》2002 年第 6 期。
齐心:《略论韩昉》,《辽金史论集》第三辑,书目文献出版社,1987 年。
庆春:《阿骨打是女真族的民族英雄》,《四平师院学报》1981 年第 2 期。
曲英杰:《论金海陵王》,《中国社会科学院研究生院学报》1981 年第 3 期。
宋德金:《金代女真的汉化、封建化与汉族士人的历史作用》,中国社会科学院历史研究所宋辽金元研究室编《宋辽金史论丛》第 2 辑,中华书局,1991 年。
苏金源:《论完颜阿骨打的政治、经济改革》,《史学集刊》1982 年第 2 期。
隋喜文:《金世宗的人才思想》,《北京社会科学》1994 年第 2 期。
孙进己:《海龙女真摩崖石刻考释》,《社会科学战线》1979 年第 2 期。
[日]田村实造:《大金得胜陀颂碑の研究》(下),《东洋史研究》第二卷第五号,昭和十二年(1937)六月发行。
[日]田村实造:《关于中国征服王朝》,王承礼《辽金契丹女真史译文集》第 1 集,吉林文史出版社,1990 年。
王德厚:《金世宗与女真人的"汉化"》,《黑龙江民族丛刊》1991 年第 4 期。
王德忠:《金朝社会人口流动及其评价》,《东北师大学报》2000 年第 6 期。
王德忠:《也论金世宗的历史地位》,《牡丹江师范学院学报》1992 年第

2期。

王弘力:《契丹小字墓志研究》,《民族语文》1986年第4期。

王宏北:《辽灭金兴与阿骨打建国》,《黑龙江民族丛刊》2003年第4期。

王景义:《略论金代的勃极烈制度》,《社会科学辑刊》1997年第3期。

王庆生:《蔡松年生平仕历考述》,《徐州师范学院学报》1993年第1期。

王庆生:《吴激家世生平考述》,《江苏大学学报》(社会科学版)2002年第3期。

王盛恩:《"华夷之辨"对民族融合的影响——兼与刘锋焘先生商榷》,《南都学坛》2003年第5期。

王世莲:《渤海遗民与金之勃兴》,《求是学刊》1983年第4期。

王世莲:《孛堇、勃极烈考释》,《吉林大学社会科学学报》1987年第4期。

魏崇武:《金代儒学发展略谈》,《赣南师范学院学报》1995年第5期。

吴晗:《论皇权》,《北京文学》1999年第3期。

肖民:《也论完颜亮——兼与〈完颜亮论〉作者商榷》,《北方文物》1989年第4期。

徐松巍:《对完颜亮研究的回顾与反思——兼及历史人物评价问题》,《北方文物》1992年第2期。

杨保隆:《试谈金代废除勃极烈制度的最初动因》,《社会科学战线》1994年第1期。

杨果:《金代翰林与政治》,《北方文物》1994年第4期。

杨军:《女真文字、女真科举与女真汉化》,《长春大学学报》2006年第1期。

杨启:《略论金世宗》,《湘潭大学社会科学学报》1982年第1期。

姚从吾:《辽金元时期通事考》,《台大文史哲学报》1967年第16期。

张博泉:《论金代文化发展的特点》,《社会科学战线》1986年第1期。

张帆:《元朝的特性——蒙元史若干问题的思考》,赵汀阳、贺照田主编《学术思想评论》第一辑,辽宁大学出版社,1997年。

张静:《漂泊念平生 难忘去国情——金初诗人高士谈诗歌简论》,《忻州师范学院学报》2003年第1期。

张其凡、惠冬:《金朝"南人"胡化考略》,《史学集刊》2009年第4期。

张新艳:《金统治下汉人的历史来源——金统治下汉人研究之一》,《黑龙江民族丛刊》1998年第1期。

张新艳:《金统治下汉人的人口数量与身份地位——金统治下汉人研究之二》,《黑龙江民族丛刊》1998年第2期。

张新艳:《金统治下汉人与女真人的关系——金统治下汉人研究之三》,《黑龙江民族丛刊》1998年第3期。

赵鸣岐:《试论洪皓使金》,《北方论丛》1982年第1期。

赵永春:《洪皓使金及其对文化交流的贡献》,《松辽学刊》1997年第1期。

周惠泉:《金代三文学家评传》(宇文虚中、蔡松年、吴激),《山西师范大学学报》1993年第2期。

周少川:《元代汉儒民族思想的发展进步》,《云南民族大学学报》(哲学社会科学版)2004年第2期。

朱伦:《西方的"族体"概念系统——从"族群"概念在中国的应用错位说起》,《中国社会科学》2005年第4期。

朱耀廷:《谈金世宗的用人政策》,《社会科学辑刊》1988年第6期。

中国文化经典导读

名家讲宋词

《文史知识》编辑部 编

图书在版编目(CIP)数据

名家讲宋词/《文史知识》编辑部编. —北京:中华书局,2016.3
(2016.7重印)
(中国文化经典导读)
ISBN 978-7-101-11504-8

Ⅰ.名… Ⅱ.①唐…②缪… Ⅲ.宋词-诗词研究 Ⅳ.I207.23

中国版本图书馆CIP数据核字(2016)第014084号

书　名	名家讲宋词
编　者	《文史知识》编辑部
丛书名	中国文化经典导读
责任编辑	刘淑丽
出版发行	中华书局 (北京市丰台区太平桥西里38号　100073) http://www.zhbc.com.cn E-mail:zhbc@zhbc.com.cn
印　刷	北京瑞古冠中印刷厂
版　次	2016年3月北京第1版 2016年7月北京第2次印刷
规　格	开本/710×1000毫米　1/16 印张13　字数110千字
印　数	4001-6000册
国际书号	ISBN 978-7-101-11504-8
定　价	70.00元

目 录

苍凉悲壮的边塞号角 /马茂元　王从仁 ············ 1
——范仲淹《渔家傲》

素雅幽丽、态浓意远的女性美 /蔡义江 ············ 7
——读张先的两首词

多情自古伤离别 /杨海明 ························ 14
——柳永《雨霖铃》

曲阑小阁闲情多 /钟　陵 ························ 28
——晏殊《浣溪沙》

晏几道《鹧鸪天》名句别解 /臧克家 ·············· 35

不惜歌者苦　但伤知音稀 /缪　钺 ················ 39
——从更深广的角度看小山《临江仙》

说晏几道《虞美人》词 /张　鸣 ·················· 47

惺惺相惜"野狐精"/张伯伟 ———— 55

——王安石《桂枝香·金陵怀古》

情往似赠　兴来如答/赵齐平 ———— 64

——欧阳修《生查子》

彩笔佳句　幽意浓情/郑　敏　葛培岭 ———— 76

——贺铸《青玉案》

千古绝唱/袁行霈 ———— 82

——苏轼《念奴娇·赤壁怀古》

词家射雕手/李元洛 ———— 92

——张孝祥《六州歌头》

升华的人格与艺术美/杨海明 ———— 98

——张孝祥《念奴娇·过洞庭》

以灵巧之笔抒写眷眷之情 /郑孟彤 ———————— 108
——李清照《一剪梅》

说岳飞《小重山》/吴小如 ———————————— 117

拂水飘绵送行色 /袁行霈 ———————————— 127
——周邦彦《兰陵王·柳》

炼字琢句 运化无痕 /唐圭璋 ————————— 133
——周邦彦《满庭芳》

千言万语锁住舌尖头 /周先慎 ————————— 138
——陆游《钗头凤》

读辛稼轩的几首词 /聂石樵 —————————— 145

说辛弃疾的《清平乐》/吴小如 ———————— 152

别开生面的饯行词 /霍松林 —————————— 158
——辛弃疾《满江红》

乐景中的苦闷之情 /杨牧之 ———————————— 163

——辛弃疾《鹧鸪天》

姜白石的《齐天乐》 /臧克家 ———————————— 168

姜夔《齐天乐》(并序)试析 /顾易生 ———————— 174

不无危苦之辞　唯以悲哀为主 /缪　钺 ——————— 187

——李清照、刘辰翁、汪元量"元夕"词

悲歌一曲了此生 /臧克家 ———————————————— 194

——徐君宝妻《满庭芳》

苍凉悲壮的边塞号角
——范仲淹《渔家傲》

马茂元　王从仁

塞下秋来风景异,衡阳雁去无留意。四面边声连角起。千嶂里,长烟落日孤城闭。　　浊酒一杯家万里,燕然未勒归无计。羌管悠悠霜满地,人不寐,将军白发征夫泪!

范仲淹(989—1052)是北宋著名的政治家、散文家,也是一位优秀的词人。他的词只有六首传世,其中以《渔家傲》最为脍炙人口。

宋仁宗康定元年(1040),范仲淹任陕西经略副使兼知延州(治所在今陕西延安),守边四年,这首词就是范仲淹在西北军中的感怀之作。

词的上片写塞外秋光。首句的"异"字很有分量，它包含着两个方面的内容：一是说边塞的风光与内地不同；二是讲秋天来临，边地景物也发生了变异。上片的写景，就是从"异"字生发开去的。

衡阳雁去，是雁去衡阳的倒文，是为了符合词的格律而颠倒词序的。衡阳即今湖南省衡阳市，旧城的南面有座回雁峰，相传大雁飞到这儿便不再南飞。"西风紧，北雁南飞"，出于动物的本能，无所谓留恋不留恋，作者却说雁"无留意"，实际上是写人的感受，雁犹如此，人何以堪！

后三句，作者着意描写边塞的苍凉景色。边声是指边地特有的声音，具有一种凄凉的情调。传为李陵作的《答苏武书》中有这样几句——"侧耳远听，胡笳互动，牧马悲鸣，吟啸成群，边声四起"，是

范仲淹像

极好的注脚。"四面边声连角起",边声加上军营的号角声,凄凉以外,又渲染了悲壮的气氛。"千嶂"二句,极写边塞荒凉而又壮阔的景象。数不清的山峰犹如屏障一般耸立着。斜阳西沉,烟雾弥漫,在千山万壑之中,一座孤城紧闭。这三句叠用了许多名词,只用了三个动词。"连""起"一开一阖,"闭"字则显出戒备森严,透出局势的紧张,而这座"孤城",则是处于战争的前线,遣辞造句是丝丝入扣的。

下片转入抒情。"家万里"与"酒一杯"对举,形成强烈对比,一杯浊酒怎能浇万里思归之愁呢?其结果必然是"举杯消愁愁更愁"。然而,将士们之所以不得归去,其原因是"燕然未勒"。燕然,即今蒙古境内的杭爱山。勒,刻石记功。公元89年,东汉窦宪追击北匈奴,出塞三千余里,至燕然山勒石记功而回。燕然未勒是说没有建立破敌的大功。

"燕然"一句,说尽了作者矛盾、复杂的心情。他兼知延州,完全出于一腔报国热情。事情是这样的:宝元元年(1038)十二月,夏州地方割据势力头子赵元昊反叛宋朝,第二年正月,赵元昊上表请称帝改元。接着,大兴干戈,于康定元年(1040)正月带领西夏叛乱部队向延州进攻,包围延州整整七天,俘虏了北宋部队主要将领,鄜延、环庆两路副都总管刘平和鄜延副都总管石元孙,"城中忧沮,不知所为"。还好赶上一场大雪,西夏才撤兵。延州城总算侥幸保住了。但一些贪生怕死的官吏却吓破了胆。新任延州知州张存久不到任,刚上任,就向新任陕西经略安抚副使的范仲淹提出两条理由:一是"素不知兵",二是"亲年八十",要求调到内地当官。在这种情况下,范仲淹不得不挺身而出,上表自请代张存知延州,主动挑起了这副保民卫国的重担。他希望能干出一番旋乾转坤的事业,永熄边烽。但是在积贫积弱的北宋时代,

燕然山

　　他根本不可能成为"勒燕然"的窦宪。主观愿望与客观现实的矛盾冲突达到高潮,因而在浓霜遍地的夜晚,随着悠悠羌笛之声,将军(作者自指)和征夫陷入了深沉的悲慨之中,久久未能入眠,流下了忧国思乡的热泪。

　　《渔家傲》的基调是低沉的,它给读者具体的感受,是悲愤而又惆怅不甘的低徊情绪,这是由作者所处的时代与政治环境所决定的。宋仁宗统治时期,表面上国内似乎处于相对的稳定状态,但北方辽和西夏的威胁日甚,形势十分紧张,然而敌国外患丝毫没有改变这个王朝从开国以来就苟且偷安的基本国策。时代环境是不景气的,它不同于封建社会处于蓬勃发展、国力充沛的盛唐时期,也不像民族矛盾暴露得特别尖锐、民族意识普遍高涨的南北宋之际,而是一个沉闷得令人窒息的时代。范仲淹到延州后,选将练卒,增设城堡,抚恤流亡,联络诸羌少数民族,深为西夏贵族集团

苍凉悲壮的边塞号角
——范仲淹《渔家傲》

所畏惮,称之为"小范老子(即范仲淹)腹中有数万甲兵"。然而,他也只能做到消极防御而已,不可能追奔逐北,收复国土。在词里,隐约可以看到这阴暗时代的投影。

作者出身孤寒,登朝以后,就和统治集团的腐朽势力展开了激烈的斗争。《宋史》说他"每感激天下事,奋不顾身",政治上是进步的。然而,北宋时期,王安石变法以前,政权完全掌握在大官僚、大地主手中,出身中下层的官吏在斗争中处于劣势。范仲淹等人的力量是单薄的,他们的斗争也是脆弱的。这一切也必然反映到他的词作中,使之带上感伤的色彩。

作为一个有理想的封建士大夫,具有"匈奴未灭,何以家为"的豪迈精神,但在事与愿违、侘傺坎坷之际,又不免消沉。这样,就构成了他内心矛盾的复杂性和特殊性。这些在词里表现为两个

江苏盐城范公堤遗址

方面：由于他关怀现实，对社会现实充满了愤懑与不平，所以排奡，所以沉郁；由于时代和阶级的局限，所以哽咽，所以悲凉，所以情调低沉。两种互相排斥的因素对立统一，形成了范词的独特风格。

这首词的情调与盛唐昂扬奋发的边塞诗迥不相同。如王昌龄《从军行》其四："青海长云暗雪山，孤城遥望玉门关。黄沙百战穿金甲，不斩楼兰终不还。"将两者比较一下，便会发现它们都描绘了苍凉暗淡的边塞风光，都写到了这一背景下的孤城，都抒发了戍边将士的爱国情怀。所不同的是，范词用窦宪"勒燕然"的故事，王诗用的是傅介子"斩楼兰"的典故。典故的内容是这样：汉武帝时，使者出使大宛国，中途经常受到楼兰国的阻挡和袭击。昭帝元凤四年（前77），大将军霍光派平乐监傅介子前往楼兰，巧妙地用计斩杀楼兰国王，打通了汉朝通往西域的道路。这个典故和"勒燕然"一样，都是表现保卫祖国、净扫边尘的壮志。就主题思想来说，两者完全是一致的。然而范词却不能像王诗那样，用高昂激越的情调，唱出必然胜利的信心，这是由于所处时代不同的缘故。

尽管如此，这首词仍不失为一篇优秀的爱国主义作品，词中所表达的抵御外患、报国立功的壮烈情怀，是应该给予充分肯定的。

我国古代，诗和词两种文学样式有着很大的区别。"诗言志"，是文人抒写怀抱、反映社会的重要工具；而"词为艳科"，是士大夫娱宾宴客的消遣品，尤其是文人词，本身就是在灯红酒绿、浅斟低唱中生长起来的，题材往往局限于男女相悦之中。北宋初年的词坛，还是这种状况。范仲淹这篇作品却脱颖而出，在词史上开了边塞词的先声，是个很大的突破。以后，苏轼、辛弃疾等人广泛地开拓词的题材，与之是一脉相承的。所以，从词的发展历史看，这首《渔家傲》也有重要的地位。

素雅幽丽、态浓意远的女性美

——读张先的两首词

蔡义江

张先（990—1078），字子野，乌程（今浙江吴兴）人。北宋前期词家，其词与柳永齐名，曾以"云破月来花弄影"、"帘压卷花影"、"柳径无人，堕风絮无影"，被称作"三影郎中"，有《安陆词》传世。下面就请看他的两首词。

双蝶绣罗裙。东池宴，初相见。朱粉不深匀，闲花淡淡春。细看诸处好，人人道，柳腰身。昨日乱山昏，来时衣上云。

（《醉垂鞭》）

　　她穿着一条绣着双飞蝴蝶的罗裙。在东池的一次宴会上,我初次见到了她。她脸上只轻敷着一层薄薄的胭脂花粉,就像春天里随处开放的野花,有着一种清淡素雅的风韵。细细看去,她全身无处不可爱,大家都称道她细柔的腰身好比弱柳临风。昨天傍晚,当乱山已暮色苍茫的时候,她忽然来了,好像仙女身上披着一层轻盈的云霞。

　　这首词有点像一幅肖像画。画的是谁呢?从作者在宴会上见到她和众人对她评头品足来看,应是一位年轻美貌的教坊艺妓。只不过画是静止的,而词的描写却是动态的。

　　词的结构,层次分明。从描绘人物形态看,先穿着("绣罗裙":以"双蝶"点缀,象征性,与说"双鸳鸯"同),再妆饰("朱粉":以"闲花"作比,形容她淡妆轻抹的素雅风韵,恰到好处),然后是身段(先统说"诸处",后突出"腰身",以"柳"状其纤细柔软),最后是她风姿气质(谓如云间仙子),步步深入。从时间上说,先写"初见",后说"昨日"。写初见情景,又分一眼看去的印象和"细看"时的感受。从"诸处好"到借众人之口夸赞其"柳腰身",是从一般、总体到重点、特点。由此推测,这位女子很可能还是一名舞姬。写到"昨日"她来时的情景,感受又完全不同。但仅用了十个字,语言特简省,且一半是用作写环境气氛、背景烘托的。周济评曰:"横绝。"(《宋四家词选》)意谓在连接上文势突兀,出人意表。"衣上云"三字,给人以诸多的联想:屈原《九歌》写过"青云衣兮白霓裳"的神灵,宋玉《高唐赋》中有能行云作雨(此词"乱山昏"若作写雨前景象看,也恰极)的巫山神女,李白《梦游天姥吟留别》有"霓为衣兮风为马,云之君兮纷纷而来下"的幻境,总之,是将其比作了仙女。李白又有《清平乐》"云想衣裳花想容",此句恰像是此词构思

8

的纲:"闲花淡淡春","花想容"也;"来时衣上云","云想衣裳"也。所以是把这位女子的形象,借传统意象大大升华了。

《醉垂鞭》不是常用的词调,在押韵方法上有自己的特点。它句句有韵,只是以平声一韵为主,间押仄声他韵。词中为主的平韵是"裙""匀""春""身""昏""云"。但上阕的"宴"和"见"也押韵,是间押的仄声韵;下阕的"好"和"道"又是另一组间押的仄声韵,值得注意。

哀筝一弄《湘江曲》,声声写尽湘波绿。纤指十三弦,细将幽恨传。　　当筵秋水慢,玉柱斜飞雁。弹到断肠时,春山眉黛低。

(《菩萨蛮》)

弹起音色哀怨的筝,奏一首《湘江曲》,一声声,把湘水绿波荡漾的情景表现得淋漓尽致。纤细的手指在十三根弦上来回拨动,用心传达出内心的怨恨。面对筵席间的宾客,她眼波缓缓流动,筝柱斜列着,如飞雁成行。弹到最伤心的时候,她那像春山似的两道黛眉,就低垂下去了。

这首词写一个弹筝女子的一次演奏,并通过对演奏的描述来表现她的幽怨情怀。

《菩萨蛮》词调不长,才八句,上下阕各四句,两句一换韵,自成一小节,全词四小节,词就据此结构内容。先说弹什么曲和曲写什么。"一弄"就是"一弹奏"的意思,如王维《秋夜曲》:"银筝夜久殷勤弄。"《湘江曲》,顾名思义,曲子是描写湘江和湘江故事的。所以从湘江之景("湘波绿")说起。对景,用"写"字,是描画的意思。鸣筝声声,能令人立即联想起湘水绿波荡漾的情景,仿佛把境界全画

张先《十咏图》

素雅幽丽、态浓意远的女性美
——读张先的两首词

出来了。以"写尽"二字，见筝曲之妙。这还是浅一层。再两句就深一层，由景而情了。写弹筝也必定要写弹筝的人，是文士、僧人还是女子在弹，这是不一样的。写人写什么？从听众的视角看去，无非是手指和面目表情，因为是弹奏者。拨弦的手指是浅一层的，先写；反映内心的面目表情是深一层的，下阕专写。"纤指"，其为年轻秀媚的女子，可以想见。"十三弦"，是其所弄之筝，也可以揣测到她大概是教坊中的乐伎，因为当时教坊所用的筝，都是十三弦的。以湘江为题的乐曲，总涉及湘妃故事，而湘妃正是泪染斑竹、怀抱"幽恨"的怨女形象。写恨用"传"，又着"细"字，使人体会到那种难以用语言表达的细微感情变化，她都能凭借筝声一一传出。这"幽恨"既是乐曲中所包含的情绪，也是弹奏者自己身世遭遇的心声，两者已完全融合在一起了。

　　下阕的重点转到写女子的演奏神情，"当筵"，交待清这次弹筝是席间对宾客的表演。以"秋水"一词代目，恰好有传神的效果。双眸明澈如秋水，其人之聪慧灵巧不言而知。而"慢"字，既写出从容专注的神态，又画出其人柔和而能自重的性情。接一句"玉柱斜飞雁"，写筝的形状，有点像运用电影镜头的剪接技巧，让我们因此看出弹者的目光眼神缓缓地在筝面上左右移动。写筝，上阕提到弦，这里就说柱。一弦一柱，十三根玉柱在筝面上斜着排列得很整齐。以"飞雁"为喻，犹言"雁行""雁序"，故筝柱又称"雁柱"。作者另有一首《生查子》词曰："雁柱十三弦，一一春莺语。"亦是佳作。末尾，镜头转为特写，乐声越来越悲，凄婉得令人不忍再听。随之，弹者的眉眼也越垂越低，不再仰视宾客。"断肠"与前面的"幽恨"照应，又是感情的高潮。曲与心通，寄托在焉。起用"湘波"，结用"春山"，却是不同的虚象。而弹者"弹到断肠时"难以

十三弦古筝

自遏的感情波澜,也必然冲击着全神贯注的读者的心胸。虽然因其低垂黛眉,我们看不见她那两泓秋水般的目光,但不难想象,当此时刻,她的眼眶中已滚动着晶莹的泪水了。沈际飞评曰:"'断肠'二句俊极,与'一一春莺语'比美。"(《草堂诗余正集》)黄蓼园则曰:"写筝耶?寄托耶?意致却极凄婉。末句意浓而韵远,妙在能蕴藉。"(《蓼园词选》)都赞这结尾两句,是说得不错的。

多情自古伤离别
——柳永《雨霖铃》

杨海明

  寒蝉凄切，对长亭晚，骤雨初歇。都门帐饮无绪，留恋处，兰舟催发。执手相看泪眼，竟无语凝咽。念去去、千里烟波，暮霭沉沉楚天阔。　多情自古伤离别，更那堪、冷落清秋节！今宵酒醒何处？杨柳岸、晓风残月。此去经年，应是良辰好景虚设。便纵有千种风情，更与何人说？

  "多情自古伤离别"，人间"生离死别"真是一个永远写不完的题目！

六朝的江淹，有感于人生很难幸免的这种悲剧性体验，写下了千秋传诵的《别赋》。他一口气描摹了许许多多种令人"意夺神骇，心折骨惊"的离别情状，最后却仍不免长叹："金闺之诸彦，兰台之群英，赋有凌云之称，辩有雕龙之声，谁能摹暂离之状，写永诀之情者乎？"

确实如此，人类这颗小小的"方寸"之中，所能容纳的感情之深广、复杂，实在是惊人的。而这当中，"离情"又是最为难以言状的一种。"离别"所将引起的空间上的阻隔，像利刃一样，绞裂着告别双方的心；在此刻，团聚的"过去"与分离的"未来"，又在进行着心理上的剧烈交战，生出最为复杂纷纭、五内无主的情绪，由此也会产生出"悲剧型"的艺术美感。"剪不断，理还乱"，这"别是一番"的"滋味"，正是古往今来无数名手最难措手、却又最乐于抒写的题材！

唐代是抒情诗的黄金时代，它在咏写离情别绪方面的成就足够令人叹为观止，但"时运交移，质文代变"（《文心雕龙·时序》），生活之道既然生生不息，"诗之为道"亦"未有一日不相续、相禅而或息者也"（叶燮《原诗》）。只要是能写"真景物""真感情"者，便会生新"境界"，便会出新名篇。因而同是写离情，宋词也自有别具一番情味的杰作。柳永的这首《雨霖铃》就是出现在宋词（而且是慢词）中的又一篇"《别赋》"。它的诞生，标志着宋代"婉约"词的高度成熟。

《雨霖铃》描绘的是一幅11世纪古汴河畔的离别图画：繁华的东京城外，酒旗低亚，衰柳斜曳，于薄暮的寒蝉声中，一对青年男女正在依依话别。两情正浓处，暮鼓咚咚，行舟催发。眼看此去，便将天南地北、人各一方，因此才松开的双手，又情不自禁地重新携

古汴河 宋·张择端《清明上河图》(局部)

多情自古伤离别
——柳永《雨霖铃》

紧……这真是"黯然销魂者,唯别而已矣"!

我们注意到,这里的送别者有着自己的"身份"特点。他们不是"楚臣去境",也不是"汉妾辞宫";既没有荆轲易水送别的传奇色彩,也没有苏、李河梁送别的政治情味。他们只是两位极普通的人物之间的话别:一位是多才而失意的下层文人,另一位是美貌又多情的歌妓。这就为我们透露出了一种新的信息:在前代诗歌中不大敢正面和大胆抒写的男女恋情,现在却被当作了最为突出的主题来咏写;"普通人"之间的正常感情和人类普遍的"人性",随着宋代市民阶层力量的壮大,开始跃居到文学创作的重要位置上。这种对于"凡夫俗子"间的真挚感情的描写,一方面为自己的抒情增添了难度(正如俗语所云,"画鬼容易画犬难",描写日常生活中平凡无奇的事件最易见作者的功力);另一方面,又为自己的抒情增添了无穷的"人情味"——随着封建社会的逐渐走向后期,这种深契市民阶层审美嗜好的"人情味",必将越来越深地受到广大读者的欢迎。这或许也就是《雨霖铃》之所以受到后代人们普遍欣赏的原因之一吧。下面就对它作些具体分析。

深秋,傍晚,这是何等浓重的伤感氛围。"寒蝉凄切",既写出了秋气之摇落、时序之惊心,又使欣赏者马上联想起"燕翩翩其辞归兮,蝉寂寞而无声。雁廱廱而南游兮,鹍鸡啁哳而悲鸣"(宋玉《九辩》)一类"悲秋"之句。好诗词的语言往往如此:一方面,它以自己的写景作为触媒,以外界物候之变化撩拨起读者的层层感情涟漪;另一方面,它又向读者"释放"出经过漫长历史过程长期"积淀"在词语中的"能量",以此来感召他们的生活经验和艺术联想。短短的"寒蝉凄切"四字,使那凄楚哽咽的声声蝉嘶,形成整首别曲、整幅离图的悲哀"基调"和黯淡"底色"。

多情自古伤离别
——柳永《雨霖铃》

武夷山柳永纪念馆

分别地是在都门外的长亭。都门内，是多么热闹繁华："举目则青楼画阁，绮户珠帘。雕车竞驻于天街，宝马争驰于御路，金翠耀目，罗绮飘香……"（《东京梦华录》）在这里，有多少对幸运的恋人们正度着团聚的日子，但是我们的词人却偏偏被凄凉地摒除在外，被迫离去。而"长亭"，这又是多么令人心寒以致"谈虎色变"！"何处是归程？长亭更短亭"（李白《菩萨蛮》），这里，词语本身的象征意义（长亭象征送别）和它的"历史积淀"又在双倍地发生着作用，不能不使读者产生出难以压抑的离愁别绪。何况，这里的送别，又是在"慢节奏"中行进的，这越发使人有度日如年的焦灼感和难熬感。现代社会中，离别虽然同样难分难舍，但是信旗一挥，汽笛长鸣，挥手之间，斯人远去，虽则痛苦，却也干脆。唯有这种慢悠悠的中世纪的送别，却是最揪人肝肠的。设帐，饯行，慢慢地饮酒，细细地话别，从下午挨到傍晚；一场骤雨，又延长了相偎的时间……但这别前的逗留本是一杯混和着甜味的苦酒，体味的时间越长，苦涩的滋味也就越浓。果然，雨过天昏，舟子不耐烦地来催促词人了，断人心弦的一刻终于来临。面对此景，离人的心情推向了"高潮"。"执手相看泪眼，竟无语凝咽"，这是一个"特写"式的镜头，酣畅而淋漓。我们发现，前人诗中在写到男女恩爱时常用的躲躲闪闪的含蓄笔法（"勇敢"如李商隐，也只能躲在《无题》后边写他的刻骨相思），这儿压根儿不见了：词人和"她"手挽着手，相对凝望，尽管哽咽得发不出一语，但这却是心的交流、心的对话。这正是多少世间小儿女惜别时的绵绵情意和神态的真实写照。在其中，词人倾注了自己饱谙"羁旅行役"的生活经验，融入了自己的满腔真心实意，所以才能写得如此传神、如此感人。

女子倚柳远思 明·尤求《人物山水图》

爱情，这个在封建时代"正统"文体中常被"遗忘"或"轻视"的内容，现在却被柳永当作最令人注目的东西来大写而特写，这不能不说是文学风气的一大转移。所以，适合着这种生活理想和艺术情趣的转变，柳永在抒写男女恋情时，不讲求"含蓄"，也不讲"温柔敦厚"；相反，他要求"发露"，他要求"痛快淋漓"。原先小令中"窈深幽约"的写法和风格，此时也显得有些"不够用"了。因此他就另求着一种"尽情展衍"的写法和风格：如果说，词情从"寒蝉凄切"到"竟无语凝噎"，还是比较"哀迫"的话，那么从"念去去、千里烟波，暮霭沉沉楚天阔"以下，便是"惨舒"（亦即"展衍"）的写法了。感情蓄积既久，自此便如闸门大开，汹涌流出而不可收拾也。唐圭璋先生说："以上文字，皆郁结蟠屈，至此乃凌空飞舞。"（《唐宋词简释》）所见极是。

换头"多情自古伤离别，更那堪冷落清秋节"两句，以伤别和悲秋重笔倍写，使人在活生生的惨别之上又加上了传统的"悲秋"心理因袭的阴影，更显出了它双重的悲剧性。然而，最妙和最成功的还在下面："今宵酒醒何处？杨柳岸、晓风残月。"这是柳永的创造。它的成功奥秘在于何处？是刘熙载所讲的"点染"法（前二句是"点"，下三句是"染"）？是一般常称的"情景交融"？当然是的，但又不尽然。它的好处，在于柳永能以一个久经羁旅别况的"切身肤受"者的身份，依仗着词的特殊声情，优美、细腻而又新鲜地创造出一个新的艺术境界来，成为久久留传的名句隽语。

首先，它写的乃是"真景物"。汴河堤畔，本多垂柳（隋炀帝开运河，夹岸栽柳）。"杨柳岸"三字随手拈出本地风光，令人感到亲切、自然。一夜行舟，醒来时早已置身于辽远开阔的山驿水程中，所以唯觉晓风清冷，唯见残月凄楚，"晓风残月"四字便写

尽了此种扁舟晓行的真切风光。

其次，它写出了"真性情"。"杨柳岸、晓风残月"，不仅仅是一般的"景语"，而且是"物皆着我之色彩"的"情语"。这可从它的意象组成看出。周邦彦《兰陵王》词云："柳阴直，烟里丝丝弄碧。隋堤上，曾见几番，拂水飘绵送行色。"柳既是送别的象征物，又是送别的见证人，如今独在旅舟之上见柳，怎不惹起满怀离思？"晓风残月"四字，则更写出了离人深一层的感情境界。试想，昨夜还在"都门帐饮""执手相看"，可今朝醒来，一阵冷风驱散了酒意所带来的半麻木状态，唯有一钩残月斜挂天边。这时的内心痛楚，真有点像麻醉药失效后的伤口所发出的阵痛那样，分外的钻心，分外的锐利——这种"新鲜"的心理感受是只有"肤受者"才能身领心受到的，绝非局外者所能悬想而得的，所以我们说它写出了"真性情"。

其三，在抒写"真景物"和"真感情"的基础上，词人进一步造成了一个幽美深约的新境界。这种境界之"新"表现在何处？主要就表现在那种既凄又丽、凄绝丽绝的特殊的风格色彩上。常人在离别时，往往仅能深切地感受到它的悲哀的一面，而唯有优秀的诗（词）人，才能在此同时写出它的"美"（美感）来。试欣赏这样一幅画面：夹岸残柳，参差拂动于秋风之中；孤舟离人，黯然独对天边之残月。诗人不但写出了离况的寂寞难受，更在"悲剧性"中开掘出了更为丰富的内蕴。"悲剧性"加上了"美感"，"凄情"加上了"丽景"。词人在舒缓而又哀恻的声调中传递出一种抑郁惝怳的凄情和烟水迷离的凄美来。此种"绮怨"的风味，正是最典型的"婉约"词的风味，难怪后人常以它们作为柳词乃至整个婉约词的代表句子来看。

词情发展到此，已经进入十分窈深婉曲的境地。忽而，笔锋一

清·龚贤《江村枯柳图》

多情自古伤离别
——柳永《雨霖铃》

转,它又回到了现实的离别之中——原来,上面这几句是送者"设身处地"地悬想行者明朝孤舟子行的情景的,这种以"虚"写"实"的手法就为词的抒情增添了多层次的丰满感。"此去经年,应是良辰好景虚设。便纵有千种风情,更与何人说?"这是送行者此时此地满怀的恋情。平心而论,这几句未免有着"太露"的毛病,但是非此不足以表达一位歌妓的特殊心情("风情"一词,再恰切不过地显现了她的特殊身份);再从风格而言,前面婉曲,此处放露,前面寓情于景,此处放笔直赋,疏密相间,使人不太注意它的不足之处,反倒觉得有"老笔纷披,尽情倾吐"(《宋词举》)之妙了。

总之,这首《雨霖铃》极力描摹了一对恋人之间难分难舍的离情,肯定着一种极"世俗"却又多少有些"出俗"(相对于封建文人追逐功名利禄的庸俗思想而言)的生活理想,多少体现出了一种新的人物心理和时代信息。艺术上,它充分利用了慢词在抒写人类复杂感情方面的优势,显出铺叙、综织的能事,读来畅快淋漓、婉约细腻。

"晓风残月仙掌路,何人为吊柳屯田",王士禛的这两句诗,正道出了后人对这首别离名篇及其作者的无限仰慕之情。甚至,在元代《西厢记》长亭送别中,我们还可以从中感受到它的影响。

大运河 清·王翚《康熙南巡图》(局部)

多情自古伤离别
——柳永《雨霖铃》

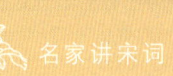

曲阑小阁闲情多
——晏殊《浣溪沙》

钟 陵

小阁重帘有燕过,晚花红片落题莎,曲阑干影入凉波。

一霎好风生翠幕,几回疏雨滴圆荷。酒醒人散得愁多。

晏殊词以抒写闲情雅致著称,晁无咎曾称其词"风调闲雅"(《苕溪渔隐丛话·后集》卷三十三),上面这首词就是他的代表作之一。

清王士俊纂修的《河南通志·河南府·陈州》"西园"条记载:西园"在州城西,宋知州张咏创。中有七亭,曰:流芳、中燕、流杯、香阴、环翠、洗心、望京。有阁曰吟风,堂曰清思。又筑台曰望湖。

曲阑小阁闲情多
——晏殊《浣溪沙》

宋晏殊以故相居此,于隙地有莎丛生,作《庭莎记》。据晏殊《庭莎记》记述:"介清思堂、中燕亭之间隙地,其纵七八步,其横南八步,北十步,以人迹罕践,有莎生焉。"他命人移植莎草,建为莎场,于是"光风四泛,纤尘不惊",环境甚为幽美。词人"偃藉吟讽,无施不谐",悠然自得。这首词写于宋仁宗庆历八年(1048)的春末夏初之际,晏殊于这年春天自颍州移知陈州。

词的上片写闲静中所见。"小阁重帘",从空间上的高仄和分隔所形成的孤寂深静之境,写出居处的闲适。梁上燕子,来往穿飞,本是常见景象,这里却说是"有燕过",似是在这以前,未曾有燕子飞过。仔细体味,其意实是说酒酣人喧之时,即使有燕子飞过,但因心绪纷繁,无暇顾及,虽有若无;酒醒人散之后,环境寂静,心情闲适,外界事物的细小变化,都能引起注意,自然地感觉"有燕过"。杜牧《阿房宫赋》中写道:"歌台暖响,春光融融;舞殿冷袖,风雨凄凄。"歌台舞殿的冷暖,和这首词里的燕子有无一样,都是因

晏殊像

为物境的变化，而引起的心境变化。刘禹锡《乌衣巷》诗中也写到燕子，"旧时王谢堂前燕，飞入寻常百姓家"，借燕子的一飞而串连今古，感怀今昔。这里也因"有燕过"，而使"小阁重帘"孤寂深静的气氛动荡起来，暗示了词人心绪的流漾，带动词人眼光的移转，引出下面一系列画面的出现。"晚花红片落庭莎"，晚花，意即迟花、残花。"红"是色彩，"片"是形态。落红片片，而又偏偏飘坠于绿色的庭莎之上，红衰绿盛，对比鲜明，显然是一幅春事将尽的阑珊景象。"曲阑干影入凉波"，曲阑本以供人凭倚眺望，而此时却是曲阑有影人不见，空见投影映清波，是人去客散后的气氛，同时也暗示出正是日光偏斜、迫近黄昏之际。

上片所写的小阁燕过，花落庭莎，阑影入波，不仅是几幅客去人散后的图像的展现，而且从中可以看出词人视线由内至外、自上而下、从空中到水面的不同角度的变化，更主要的是词人的内心活动也随之得到充分反映。空中燕子的穿飞，地上落花的飘坠，水里阑影的投映，这一系列画面的推移、叠现，需要多少时间去注视、凝望？更需要何等闲静的心情！而这些物象所显示出来的逐步缓慢的状态，也反映了词人的心境越来越趋于轻灵、幽微、深沉。

词的下片写闲静中的所闻所感。"一霎好风生翠幕"，好风，是使人感觉舒适的轻风，而此风之来又只是短促的"一霎"，既无隐约可闻的声响，又无吹动物体的明显形迹，它是那样令人难以察觉，只是从那翠绿帘幕中沁溢出来的丝丝凉意，才意识到是好风的轻吹。"几回疏雨滴圆荷"，疏雨，稀稀疏疏，轻轻飘洒。圆荷，这不仅是形状上的描绘，而是指初夏出水如钱的新荷。这一句与李商隐的"留得枯荷听雨声"（《宿骆氏亭怀崔雍崔衮》），写的都是雨打荷叶之声，但一写秋雨洒打枯荷，一写春雨飘滴新荷，季节

上有春秋之别，雨有疏密、轻重之异，荷有嫩枯之分，给人带来的感觉也有苍凉萧瑟与轻圆柔细之殊。疏雨之声极为细碎，而疏雨飘滴新荷之声更为轻细，难以听清，但词人这里不仅能偶尔听到，而且是"几回"都能听到，既表明聆听时间之久，周围环境之静，更反映出词人心境之闲。

结拍以"酒醒人散得愁多"一句叫醒全篇，点清全词主旨。"酒醒人散"四字叙事，表明前五句所写都是筵散客去后的岑寂闲静景象。欧阳修曾说："萧条澹泊，此难画之意，画者得之，览者未必识也。故飞走迟速，意浅之物易见；而闲和严静，趣远之心难形。"(《欧阳文忠公文集》卷一六〇《鉴画》)画如此，诗词亦如此。以静写静，不一定能写得出闲静之境；以动写静，倒可能更见其静。这首词的前五句，就纯以动态描写衬出"酒醒人散"后的岑寂气氛和闲静的心情。燕过、花落、阑影投映的画面之外，衬现着一双神闲气定的目光；疏雨飘洒新荷的细声之中，显露出词人凝神聆听的神态，写出了"动中有静，寂处有音"(吴雷发《说诗菅蒯》)的境界，更写出了词人在这闲静境界中特有的心理状态和情趣。

结拍一句中的"得愁多"三字点情，表明在声色景象的描绘之中蕴含有词人的闲情、闲愁。小阁燕过，是人去歌舞散，空有燕双飞，充满了空虚惆怅之感。阑影入波，既暗含着黄昏所带来的黯淡色调和清冷气氛，也流露了词人内心荡漾的淡淡愁绪。翠幕风生添暮寒，疏雨荷声增寂寥，虽然难以言传，但却可以意会。特别是"晚花红片落庭莎"的景象更加令人难忘：残花片片坠红，莎草丛丛摇绿，一边是凋零、殒落、消逝，一边是生长、茁壮、旺盛。在这细小的花草之间，同样隐含着人生的存在、消亡的哲理，它能触引人们联想到人世的盛衰。晏殊从庆历四年(1044)罢相出知外郡，离京

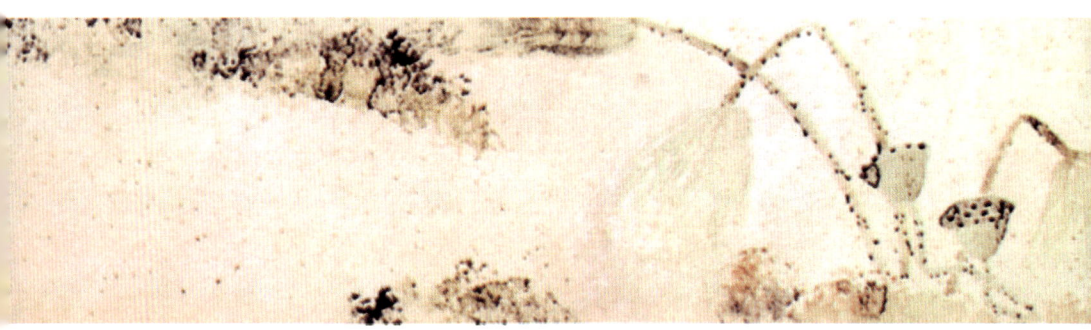

明·王问《荷花图》(局部)

曲阑小阁闲情多
——晏殊《浣溪沙》

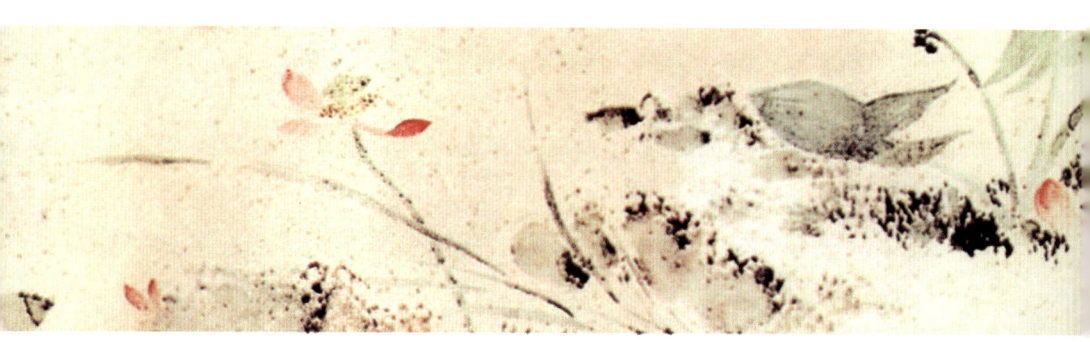

明·周之冕《花鸟图》

已近四年之久,不能不在内心产生年华迟暮、宦海浮沉的感慨。这就使词人在抒写闲情雅致时,往往拌和着朦胧的轻愁。

  晏殊身处真宗、仁宗两朝,是所谓的承平之世,一生富贵优游,仕途顺达。他满足于稳定安宁的环境,追求闲适的境界。在他看来,"万汇之多,万情之广,大含元气,细入无间,罔不禀和,罔不期适"(《庭莎记》),世间万物都是如此,他的词也就着意表现闲适境界中的细腻深婉的意绪。然而,朝廷内部的倾轧斗争,政治上的风雨阴晴,个人仕途的波折起伏,不能不给词人的思想带来深刻的影响,也就自然在他抒写闲情的词中,常常浮漾着一种盛年难再的感伤气氛。

晏几道《鹧鸪天》名句别解

臧克家

彩袖殷勤捧玉钟,当年拼却醉颜红。舞低杨柳楼心月,歌尽桃花扇底风。　　从别后,忆相逢,几回魂梦与君同。今宵剩把银釭照,犹恐相逢是梦中。

晏几道是宋代著名词人,他的不少作品,为历代所传诵,其中最杰出的要数这首《鹧鸪天》了。这首词,写爱情,炽热灼人;写心理,深切动人。字句美妙,音调铿锵,令人爱不停口,百读常新。其中"舞低杨柳楼心月,歌尽桃花扇底风",又是名篇里的名句,它把

《小山词》书影

我们带进了一个诗意葱茏的灵境，色彩缤纷的画苑。女主角的曼舞狂歌，充满了热情的浪漫情调；她那袅娜神态，她那撩人歌声，即使没喝酒，男主人公也会为之"醉颜红"了。心相印，情交通。天下有情人，怎能不与这一双情侣共鸣而心倾？

　　这传神的两句，吟诵起来，便情不自禁地陶醉于它浓艳的气氛中，不论视觉还是听觉上，都得到了十分酣畅的美感享受。可是，在具体赏析它的时候，却难免会发生似懂非懂的感觉了。也许，它的妙处就在此。我们对一种美好的事物，直觉地感到它妙不可言，到了要你说出个所以然来时，就难于出口了。

　　关于这两个名句，我看到过好几种不同的欣赏。第一句，有的照字面作了解释：在楼上中心，一直舞到杨柳梢头的月亮看看偏西了。还有的说：杨柳，带有舞人柔曼腰肢的含意。关于后一句，也是众说纷纭。有的释为扇子上画着桃花；有的则说，扇面上写着各种曲调的名字。把"扇子"作为歌唱时的道具，看法大致是一致的。而"风"呢，当然是从扇子底下来的了。

我，好几年来，在孤灯照人、僻巷独步之时，便情不自禁地以饱满诗情，扯起特别腔调，吟诵起这两句来。一遍又一遍，一次又一次。为了体会其中意，品味其中情，我一想又想，再思三思。我不敢说别人的说法对还是不对，但个人独辟了一个欣赏境界。这，我也不敢说，是否符合当时的情与景，只是，别立一格罢了。

歌舞场所，我想象不在楼上，而是在楼下庭院中。小山（晏几道号小山）之父叔同，在宋仁宗时代做过宰相，虽然后来家道中落了，我想，他的楼台座座，会仍在的。我们的词人与他热恋中的、打扮得花枝招展的那位歌女，一同欢饮，她殷勤劝酒，酒入情肠成为兴奋剂，于是，这一双情侣在月明之夜，乘兴来到绿柳红花的庭院之中，她用舞姿表达狂欢之情，跳呀，跳呀，兴酣无尽，直跳到身旁柳梢头的月亮渐渐西沉了，仍兴犹未足。又在旁边的桃花树下，搧动着彩扇，把无声的情思酣畅淋漓地唱了出来。所谓的"扇底风"，也是来自桃花树间的。从字句的对仗上看，"舞低杨柳"是对"歌尽桃花"的，这应是实景。"楼心月"是对"扇底风"的。我的这个设想，是不是诗意更浓一些？浪漫气氛更重一些？眼前景物与情人们的心境更谐合一些？

如果把"楼心"看作歌舞的场所，与情人们心胸旷阔的精神世界对照之下，是否太狭窄了一点？更何况，在楼上如何看到楼下或楼外的杨柳、知道月亮渐渐西沉了呢？

诗无达诂，词无达诂。读者，各自凭个人的心境、欣赏情趣与能力，拥有个人的想法与看法。这里边，没有谁是谁非的问题。即使起作者于地下，直接向他发问，他也不会说得清清楚楚的。我的这种设想，是酝酿已久，从再三琢磨中得出来的。

清·王武《春柳桃花图》扇面

不惜歌者苦 但伤知音稀
——从更深广的角度看小山《临江仙》

缪 钺

北宋晏几道的《临江仙》（梦后楼台高锁）词，是千古传诵的名作。历代的词选本中多已选录，而词评家亦推崇备至。近来俞平伯先生的《唐宋词选释》，选择标准甚严，但亦录取此词，并且对于其中的义蕴以及灵活运化古人诗句的"错杂融会"之妙，都做了详细的阐说，对读者领会此词，很有助益。我这里要说的，是从另一个更深广的角度来谈读此词时所产生的一些感发与联想。

晏几道（字叔原，号小山）的性情品格，在中国两千余年的士人中，应当算是很特殊的。他是北宋宰相兼文学宗匠晏殊的第

晏几道《乐府补亡》书影

七子,"平生潜心六艺,玩思百家"(黄庭坚《小山词序》,以后简称黄《序》),有深厚的文化修养。以晏几道的门第与学养,如果想出来做官,以至于飞黄腾达,无疑将是很容易的。但是他恬淡自守,轻视禄位,既不去应进士举,也"不能一傍贵人之门"(黄《序》)。古代士人之求官者可分为两种层次:上焉者有济世安民之志,想取得政治地位以施展其抱负;下焉者则想猎取官职以享受富贵。晏几道大概自揣没有经邦济世之才能,而又安于淡泊,不慕荣利;同时,因为他是宰相之子,少长京华,从家人亲友中熟闻官场之溷浊、倾轧之剧烈,故对官场怀有一种厌恶之心情,避之惟恐不及。他的《观画目送飞雁手提白鱼》诗中有句云:"仰羡知几避矰缴,俯嗟贪饵失江湖。"就透露了他对官场险恶的鄙视与恐惧。但是一位宰相的贵公子总不能终身为"大梁布衣"吧,所以他还是曾以门荫入仕,做过几任小官的,如监颖昌许田镇、通判乾宁军、开封府推官等。因为他对做官并无兴趣,所以"年未至乞身,退居京城赐第,不践诸贵之门"(王灼《碧鸡漫志》卷二)。"乞身"谓致仕。古制,为官者七十岁致仕。"年未至乞身",即是不到七十岁就致仕了。

晏几道在官场中是持孤介态度的,在文坛中亦复如是。晏殊既然是当时的文坛领袖,晏几道承其余荫,又卓有才华,按说,他在文坛上可以广通声气,交接名流。但其实不然。因为晏几道"文章

不惜歌者苦　但伤知音稀
——从更深广的角度看小山《临江仙》

明·吴伟《琵琶美人图》

翰墨,自立规摹,常欲轩轾人,而不受世之轻重"(黄《序》),所以他也不轻易与文士来往。在当时的著名文士中,唯一与晏几道深相契合者就是黄庭坚。黄庭坚是一位在仕宦上沉沦下僚而在文学艺术见解上有特操的人。他论书法时曾说:"随人作计终后人,自成一家始逼真。"(《题乐毅论后》)他在文学创作上也是这个态度,所以与晏几道很合得来。他为晏几道的《小山词》作序,序中称赞晏词是"嬉弄于乐府之余,而寓以诗人之句法,清壮顿挫,能动摇人心"。同时,又对晏几道为人的特操作了具体的描述。序文说:

  余尝论叔原,固人英也,其痴亦自绝人。爱叔原者,皆愠而问其目。曰:"仕宦连蹇,而不能一傍贵人之门,是一痴也。论文自有体,不肯一作新进士语,此又一痴也。费资千百万,家人寒饥,而面有孺子之色,此又一痴也。人百负之而不恨,己信人,终不疑其欺己,此又一痴也。"乃共以为然。

这一段话鲜明具体地刻画出晏几道真淳、狷介、拔出流俗的性情品格,不愧为知音之言。除黄庭坚之外,当时的著名文士如苏轼、苏辙、秦观、晁补之、张耒、陈师道等,与晏几道都无往来。晏几道的狷介有时甚至于达到偏激的程度。夏承焘《二晏年谱》引《砚北杂志》载邵泽民云:"元祐中,叔原以长短句行。苏子瞻因黄鲁直欲见之,则谢曰:'今日政事堂中半吾家旧客,亦未暇见也。'"苏轼当时为翰林学士,晏几道大概因为他也是贵官而不愿相见。其实,以苏轼之高情远识,他一定能欣赏晏几道的特操与高才,如同九方皋相千里马之赏识于"牝牡骊黄之外",可惜晏几道放弃了这样一个机缘。

不惜歌者苦　但伤知音稀
——从更深广的角度看小山《临江仙》

如上文所述，晏几道在官场中、文坛中，都是孤独而寂寞的，但是他又必须住在浩攘繁华的汴京之中，而不能像陶渊明那样归隐田园。那么，他将向何处去呢？向哪里追寻一片净土以避尘嚣呢？他终于找到了。他有两位友人——沈廉叔、陈君龙。二人事迹不详，大概都是家境宽裕而又不乐仕宦、居住汴京、"大隐隐于朝市"者。沈、陈二人家中有几位歌女，名曰莲、鸿、蘋、云。晏几道常在沈、陈家中饮酒听歌。莲、鸿、蘋、云这几名妙龄歌女，聪明有才艺，能弹、能歌、能舞，又都是天真淳朴，没有沾染上流俗的名利思想。晏几道觉得与她们在一起盘桓，心情清静悠闲，胜于在官场中敷衍贵人。这大概也如《红楼梦》中的主人公贾宝玉厌恶去应酬庸俗官僚贾雨村，而乐意在大观园中与晴雯、芳官诸人相处。晏几道的许多词就是在这种环境中作出来并付诸歌女歌唱的。他自撰的《小山词序》中说得很清楚。序中说，他的这些词，是"期以自娱，不独叙其所怀，兼写一时杯酒间闻见，所同游者意中事"。又说："每得一解，即以草授诸儿（指诸歌女），吾三人持酒听之，为一笑乐而（同"尔"）。"小蘋是晏几道很欣赏的一位歌女，本文所要阐释的《临江仙》词，就是怀念小蘋之作：

　　梦后楼台高锁，酒醒帘幕低垂。去年春恨却来时。落花人独立，微雨燕双飞。　　记得小蘋初见，两重心字罗衣。琵琶弦上说相思。当时明月在，曾照彩云归。

此词运思用笔，回环往复，或实或虚，腾挪顿挫，甚为高妙。起二句是写作者当前的寂寥情况。楼台帘幕是以前与小蘋一起饮酒听歌之地，现在人去楼空，是酒醒梦后了。这两句造境甚高，康有为评

43

清·刘彦冲《桃柳双燕图》

为"华严境界"(《艺蘅馆词选》)。下面写回忆,又分两层。"去年春恨"三句是"较近的一层回忆";"记得"以下直至篇末,"是更远的回忆"(俞平伯先生语)。这两层都是追想,并非当前实境,却都写得形象鲜明幽美,这叫做"虚者实之"。写去年春天怀念小蘋(所谓"春恨却来时"),独立花前,闲看双燕飞翔,非常凄凉寂寞,但"落花人独立,微雨燕双飞"两句却造境极美。这两句是借用五代时人翁宏的诗句,浑成自然。下片写初见小蘋时,不直接写其容貌与才艺,而是用"两重心字罗衣"的服饰以衬托其妍美,由"琵琶弦上说相思"的动作以衬托其才艺与聪慧。末二句怀念小蘋,但也不直说,而是用借喻之法,将小蘋比作天上的"彩云"。当时明月曾照过彩云,现在明月仍存,而彩云不见了,表现出无限怅惘之情。这首词造境幽美,用笔空灵,"楼台""帘幕""落花""微雨""罗衣""琵琶""明月""彩云"等一系列幽美事物的景象,错综配合,或实或虚,如同闪光的五色琉璃,眩人眼目,将小蘋衬托得如在仙境。

然而,小蘋本人是否真像晏词中所叙写的有那么高的品格?假若这首词传

不惜歌者苦　但伤知音稀
——从更深广的角度看小山《临江仙》

到小蘋那里,她是否能体会出晏词中的义蕴与境界?

关于第一个问题,我的答复是:晏词是把小蘋理想化了。小晏是将本人胸中的意境融化于词中,就像《红楼梦》中所载贾宝玉哀悼晴雯的《芙蓉诔》一样,是把晴雯理想化了。这是不足为奇的。

关于第二个问题,很值得讨论一下。我认为,两千年来,中国士人中有两个情结:一是行道,一是求知。士人是掌握学术文化的,即所谓"道",而君主则是掌握政权的,即所谓"势"。自春秋战国以来,士就希望以"道"控制或辅助"势",所谓"为王者师""为王者佐"。但是这种理想在战国时偶或实现,如魏文侯以卜子夏为师,齐宣王稷下养士,待以宾客之礼。秦汉以后就几乎绝响了。在道与势的较量中,士人总是处在下风,甚至遭到迫害、杀戮。至于"求知",不仅是政治上的求遇明君信任自己,得以行道;而在思想品格、学问艺术上,也常想遇到知己。但也是很困难的,所以庄周与惠施在哲学上的相知,俞伯牙与钟子期在琴艺上的相知,千古传为美谈。而扬雄感到世无知己,不得不期待"后世有扬子云",这也是可悲的。对晏几道来说,"行道"的情结,他大概是没有的,因为他并无澄清天下之志,也不想得君行道;但是"求知"的情结,他不能没有。在他一生中,真能欣赏其品格与才学的,在文士中只有黄庭坚。当晏几道在沈、陈二人家中与莲、鸿、蘋、云诸歌女周旋时,虽然避开了官场的庸俗,但是这些歌女也很难成为晏几道的知己,因为她们缺乏那么高的文化修养。所以即便是晏几道很欣赏的小蘋,如果她读到这首晏几道为她精心结撰的《临江仙》词时,她大概也难以体会出其中高超的意境。《古诗十九首》中"西北有高楼"篇有两句诗:"不惜歌者苦,但伤知音稀。"真是千古同慨了。

晴雯 清·改琦《红楼梦图咏》

说晏几道《虞美人》词

张 鸣

　　疏梅月下歌金缕。忆共文君语。更谁情浅似春风。一夜满枝新绿、替残红。　　蘋香已有莲开信。两桨佳期近。采莲时节定来无？醉后满身花影、倩人扶。

　　在小晏词中，本篇可能算不上最上乘的作品，初读之下，很可能会觉得抒情比较浅显，语言比较浅直。但是，我相信任何一个读过它的人，对最后一句"醉后满身花影、倩人扶"的优雅场景，一定会留下深刻印象。而且，一旦领会了最后这一句的意境，回头再审读前面，可能就会有不同于初读时的体会，你会发现本来觉得泛泛无奇的一些描写，原来还包含着许多的妙趣。而且，你可能还会发现，这个结尾之所以会给人留下深刻印象，完全是词人苦心经营的结果。这种情形，在词的阅读中经常会碰到。因此小晏的这首《虞美人》，值得认真说一说。

　　小晏词抒写相思，大多有确定的抒情对象，或者是向一位让他刻骨思念的歌女倾诉，或者是在对一位曾经相爱的女子的回忆和期待中，自言自语地表白心曲，这首词的情景和写法，正是后一种类型。词中对象虽未确指，但从开头两句可以知道是一位歌女，而且是一位和卓文君一样深情而有才华、聪慧而有才干的女子。特别要注意的是，这两句不仅指明了思念的对象，而且把她和"疏梅月下"

卓文君 清·陆昶《历朝名媛诗词》

的画面连在一起,既写了场景的幽雅,又写了人的幽雅。我相信这应是在小晏心中留下长远印象的一个场景。这个开头把所思之人与具体的场景关联起来,为相思提供了十分具体的联想参照物。一旦置身相似的场景,便会不由自主地想起对方,"满身花影"的结尾于是有了结构上的照应。但更为重要的是,站在结尾的立场上来反观这个开头,会发现正是由于有了开头这一笔与人相关联的场景描写,结尾这个看似洒脱疏放的行为才带上了既复杂又明确的感情内容。

  下片所写,是在怀念和期待中的疑疑惑惑,这种犹疑正是处于相思之中的典型心态。古乐府《莫愁乐》说:"莫愁在何处?莫愁在城西。艇子打两桨,催送莫愁来。"这就是"两桨佳期近"这一句背后的意思。小晏词化用古人诗句,总是十分高明,这一句也不例外。这是以背后的意思暗示盼望、期待,可是接下去却又是一个疑问——

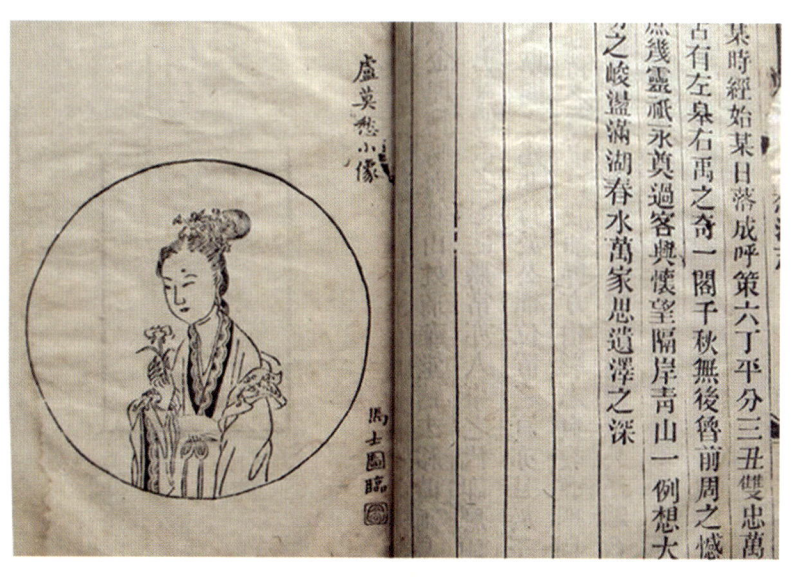

莫愁小像

49

"采莲时节定来无"?一方面解消了"两桨佳期近"的期待之感,可是另一方面,却强化了相思的表达。结构的妙趣就在解消和强化之间显示出来,最后沉醉的场景也就因此自然而然地给人留下了深刻的印象。有趣的是,这最后的场景和行为,其实是小晏借用了晚唐陆龟蒙《和袭美春夕酒醒》"满身花影倩人扶"的诗句,可是用得如此贴切自然,这其中的味道,同样值得说上一说。

先看陆龟蒙《和袭美春夕酒醒》诗:

几年无事傍江湖,醉倒黄公旧酒垆。
觉后不知明月上,满身花影倩人扶。

这首诗写陆龟蒙自己和友人会饮,从酒醉到酒醒的一段感觉,妙处在最后两句,优雅洒脱,鲜明如画。不过要注意"醉倒黄公旧酒垆"一句,交代醉酒的场景。"黄公酒垆"相传是魏晋时"竹林七贤"会饮的地方,见《世说新语·伤逝》,后人经常用以泛指朋友聚饮的场所,如唐李顾《别梁》诗有云:"朝朝饮酒黄公垆,脱帽露顶争叫呼。"陆龟蒙诗用这个典故,表明了诗中所写是一位文人雅士的疏狂和洒脱。正是在这一点上,陆诗的抒情风格和小晏词完全不同,因此两篇作品结尾处看上去相同的描写,也就有了完全不同的抒情内涵。我们不妨对照陆龟蒙诗,看看小晏这首词的特点。

小晏词的抒情内容指向一位确定的女性,"忆共文君语","两桨佳期近",用典就与陆诗不同。"采莲时节定来无"这样的猜疑,表现的是对意中人的期待,对约会佳期的期待。与女性有关的抒情内容,正是词的本色。这些内容对这首词的风格特色有制约的作用。相比之下,陆诗只是表现自己一次醉酒的感受,诗是写给朋

友看的(诗题的"袭美"是皮日休的字)。诗中表现的疏狂洒脱,是一位隐士的风范。诗的抒情内容与女性无关,风格也完全不同于小晏词。

这是其一。

小晏词表现的内容,时间跨度比较大。从"疏梅"到"新绿替残红",到"采莲时节"。而眼下的情形则是"满身花影",在"满身花影"的情景中思前想后,有回忆,有期待,有失望,有犹疑。自然时空的跨度大,而且心理活动涉及的时间跨度也比较大。相比之下,陆诗受绝句体制的限制,写的只是一次醉倒到酒醒后的过程,时间短,内容也单纯得多。对照起来看,小晏词的心理内容就丰富复杂得多,也委婉细腻得多。

这是其二。

小晏词的感情色彩比较强烈。这从"更谁情浅似春风"的埋怨、"一夜满枝新绿、替残红"的夸张、"采莲时节定来无"的期盼等主观情绪强烈的句子可以看出来。而对过去的追忆,对约会的期待,都是在反反复复、疑疑惑惑的强烈情绪中表达的。因此最后一句,写的就是在期待之中的醉和醉后的感觉,以醉后的疏狂表现内心的强烈的情绪。陆诗最后一句的"满身花影倩人扶",是在"觉后",小晏词"满身花影、倩人扶",是在"醉后",相比之下,陆诗轻松洒脱,小晏词则比较执著强烈。

这是其三。

小晏词的结构和语言表现,也在与陆诗的对照之中更加显出鲜明的特点。陆诗只是正面写一次醉酒到酒醒,先交代几年来的处境:"无事傍江湖"的隐居生活,定下一个洒脱的基调,然后就在这个大背景下写一次醉倒,借以表现江湖隐居生活的潇洒疏狂,结构上直

截了当,并无大的转折跳跃。对照之下,小晏词则比较复杂,从一次赏梅饮酒听歌写起,次句才交代"追忆",于是"疏梅月下歌金缕"就涵盖了当下和过去两个时段,既是眼下的活动,也是追忆中的场景。"更谁情浅似春风"暗示了与情人的离别。下片便转入离别之后的期待,最后才回到眼下的期待,写期待之中的心理和行为,定格为"醉后满身花影、倩人扶"的画面。结构上,小晏词要曲折复杂得多,词句之间的跳跃性也比较大,陆诗是自然而然地顺接下来,诗句之间没有留下结构的空间;小晏词则有较大的跳跃,比如"忆共文君语",之后是"更谁情浅似春风",其间发生的事情都隐掉了。下片从"两桨佳期近"到"醉后满身花影、倩人扶",中间也有很大的空间,只用了"采莲时节定来无"的疑问句,表示疑惑,表示思念,而从疑问到"醉后",中间发生的事情也都省略了。句子组接的跳跃性很明显,这正体现了歌词作为一种音乐文学的重要特点。

这是其四。

小晏词这最后的一个场面,还不仅是一个孤立的场面描写,须置入全词的语境中才能理解它的意义。上面已经说到,开头"疏梅月下歌金缕"的场景,与他思念的那位特定的对象相联系,在这个前提下,"醉后满身花影"的情景让他自然而然地想起对方,想起当时的那些活动,但现在,"倩人扶"的"人"却不是所思念的那个特定的人,当时和眼下的区别立刻凸现出来,相思的深意也就自然而然地凸显出来。相比之下,陆诗的原句在全诗的语境中就没有这么复杂的蕴含。这是其五。

有了以上五点,再来看小晏化用陆龟蒙诗句的问题,就比较容易说明了。小晏虽采用了陆龟蒙诗句,但具体的语境完全不同,心情不同,处境不同,音律节奏不同(加了"醉后"二字,并在"花影"

说晏几道《虞美人》词

宋·马远《邀月赏梅图》

后稍作停顿），最重要的是表现力不同了。陆诗的"满身花影倩人扶"，是在"觉后"；而小晏是"醉后"，这一改动，不仅是为了写眼前的实情，而且从语言表现上看，更为合理，也更有表现力。陆诗虽然也是很优美洒脱的形象，但既然已是"觉后"，却又要"倩人扶"，就多少有作态之嫌，难免有点装疯卖傻的味道（当然，陆诗多少还值得一读的原因也在于这种在洒脱中体现的装疯卖傻，这一点应该肯定）。小晏改成"醉后"，一切便顺理成章，从前面的铺垫照应中一步一步地向最后这个目标逼过来，自然而然地逼出了早在开篇说"疏梅月下"时就构想好的这个结尾，用的是前人成句，但其神理犹如己出，其艺术蕴含和表现力比在陆龟蒙原诗中还要胜出许多。

金人刘祁《归潜志》卷八说："先人尝云，诗不宜用前人语，若夫乐章，则剪截古人语亦无害，但要能使用尔。"把前人诗词的成句借过来，为己所用，这是歌词写作中十分普遍的现象，小晏便是个中高手。这首《虞美人》，借用陆龟蒙诗句，改变了语境和修辞限定，便产生了完全不同的风格和效果。

可以说，诗词的语言，其含义和表现力，不仅由语言本身决定，更重要的是还会受到文本语境的制约。相同的句子，在不同的语境中，受各种综合因素的勾连，其含义的重心会发生偏移，表现力也会因此而不同。所以，分析诗词语言艺术的优劣高下，不能只着眼于词藻和句子本身。这是小晏这首词给我们的一点启发。

惺惺相惜"野狐精"
——王安石《桂枝香·金陵怀古》

张伯伟

　　登临送目，正故国晚秋，天气初肃。千里澄江似练，翠峰如簇。征帆去棹残阳里，背西风、酒旗斜矗。彩舟云淡，星河鹭起，画图难足。　念往昔豪华竞逐，叹门外楼头，悲恨相续。千古凭高对此，漫嗟荣辱。六朝旧事随流水，但寒烟、衰草凝绿。至今商女，时时犹唱，《后庭》遗曲。

这首词是王安石写于南京的一篇名作。
杨湜《古今词话》云："金陵怀古，诸公寄词于《桂枝香》，凡三十余首，独介甫最为绝唱。东坡见之，不觉叹息曰：'此老乃野狐精也！'东坡羡服之语，非引用刘玺遇狐故事。"（《词话丛编》本，末后两句据沈雄《古今词话·词评》上卷引补）"野狐精"一语出于禅宗，原指不识正法的旁门歪道，但也可以用来赞叹不拘常规的机灵敏悟。东坡曾不止一次用此语形容王安石的作品。蔡絛《西清诗话》卷中载："元祐间，东坡奉祠西太乙，见公（指王安石）旧题：'杨柳鸣蜩绿暗，荷花落日红酣，三十六陂春水，白头想见江南。'注目久之曰：'此老野狐精也。'"蔡氏以此为例，说明苏、王二人在文学方面"胜处未尝不相倾慕"。可知，苏轼见到王安石的《桂枝香》后，发出"此老乃野狐精也"的慨叹，也是由衷的赞美之词、"羡服之语"。和王安石作于同时的三十余家同题之作已经亡佚，我们无从比较其优劣。苏轼唯独称赞此篇，却没有陈述其理由，这给我们留下了一个问题。众所周知，在文学上，王安石的散文、诗歌皆可与苏轼颉颃，词体则难相抗衡。苏轼是何等眼光，绝不轻许。何以此篇一出，竟令东坡心折如此？这是我们在欣赏这篇作品的时候，需要同时思考的一个问题。

　　词分上下两片，词牌下"金陵怀古"的题目，可能是后人所加，但颇能概括其内容。上片写景，乃金陵之景；下片抒情，乃怀古之情。

　　金陵是六朝故都，昔日为江南繁胜之地。秋天是四季中肃杀之时，文学上自古就有"悲秋"的传统。在秋季的故都登临咏怀，王安石会写出什么样的"绝唱"呢？上片以"登临送目"四字领起，"正故国晚秋，天气初肃"则继续点明时间地点。因为是六朝故都，乃称"故国"，"晚秋"与下句"初肃"相对，可知是傍晚之秋。"初肃"非肃杀萧瑟，而是清寒高爽。这不仅是写天气，也透露了作者的心情。

惺惺相惜"野狐精"
——王安石《桂枝香·金陵怀古》

登高送目,放眼四望,南朝谢朓曾在金陵作《晚登三山还望京邑》诗,其中有"余霞散成绮,澄江静如练"的名句,王安石此刻触景生情,必然联想及此,于是写道"千里澄江似练",把长江比作铺开的白练,如果这句还有所依傍,下一句的"翠峰如簇"则别出心裁,把远山比作聚拥的箭镞。两句既有平面的铺展,又有立体的呈现,但都是远景,属静态描写。下两句则是中景和近景,属动态描写。"征帆去棹残阳里,背西风、酒旗斜矗"。江面有来来往往的船只,江岸有酒家的旗帘招展。而此时的秦淮河上,彩船在水天相映之中,灯火如华星倒落,流光溢彩,一派繁华景象,真所谓"彩舟云淡,星河鹭起,画图难足"。"彩舟""星河",色彩对比鲜明;"云淡""鹭起",动静相生相成。以上皆"登临送目"所见,而"残阳""西风","画图难足",又引起下片的感慨之词。

由眼前的繁华自然联想到昔日的"豪华竞逐",南朝统治者凭藉江南富庶之地,穷奢极欲,纸醉金迷,遂导致国家败亡,覆辙相循,作者用"叹门外楼头,悲恨相续"予以概括。唐代杜牧《台城曲》中有"门外韩擒虎,楼头张丽华"两句,韩为隋朝大将,张是陈后主的宠妃,当韩擒虎率军兵临城下时,陈后主还在宫中寻欢作乐。而"悲恨相续"更兼指江南各朝(三国吴、东晋,南朝宋、齐、梁、陈和五代的南唐)亡国悲剧的相继。这种寄慨方式在唐人诗歌中是屡见不鲜的。以李商隐为例,如《齐宫词》的"永寿兵来夜不扃,金莲无复印中庭。梁台歌管三更罢,犹自风摇九子铃",纪昀评为"妙从小物寄慨,倍觉唱叹有情",既讽东昏侯之荒淫误国,又感后代之不鉴前车。又如《咏史》之"三百年间同晓梦,钟山何处有龙盘",写六朝之相继沦亡,犹如晓梦,形胜难凭,败亡荐至。又如《北齐》之"小怜玉体横陈夜,已报周师入晋阳",以冯小怜一

宋·王诜《溪山秋霁图》(局部)

笑倾国与北周军队攻陷晋阳并写,对比鲜明,议论警切。所以,王安石用"门外楼头,悲恨相续"写来,表面上不着一字,但暗含的意思十分丰富,这种以诗入词的手法,在此前的词人是很少使用的。"后人哀之而不鉴之,亦使后人而复哀后人也"(《阿房宫赋》)。杜牧的感慨实为千古警句。王安石抚今追昔,于是有"千古凭高对此,漫嗟荣辱"之叹。"荣"字照应"豪华","辱"字照应"悲恨",但这里更偏在后者。"漫"有徒然之意。自古以来,文人面对此情此景,无非是空叹兴亡而已。与王安石同时所作的三十余家作品,可能也不出传统的窠臼。如果不能鉴往知来,改革现状,那么任何的感叹伤吊也都是徒然的。这是王安石的见解高出于普通文人之处,其立意之新颖深邃,是此篇作品成为"绝唱"的关键。

但词体并不适宜于议论,故作者写至此便戛然而止,回到眼前。"六朝旧事随流水,但寒烟、衰草凝绿"。历史陈迹皆随流水而去,眼前只有寒烟笼罩下的衰草,凝结成一片伤心的绿色。照理说,衰草的颜色应是枯黄的,但绿色在古典诗词中往往被赋予一种伤心惨目的象征意义,如李白的"寒山一带伤心碧"(《菩萨蛮》),杜甫的"细柳新蒲为谁绿"(《哀江头》),杜牧的"多少绿荷相倚恨"(《齐安郡中偶题二首》),陆游的"伤心桥下春波绿"(《沈园二首》),以至郁达夫的"红似相思绿似愁"(《春闺二首》)。所以,"凝绿"在这里实际上是要突出其象征意义。最后,作者化用杜牧《泊秦淮》中"商女不知亡国恨,隔江犹唱《后庭花》"来结束全篇。《后庭花》全称《玉树后庭花》,是陈后主所创的曲调,宫体诗的代表,前人都将它看作亡国之音。王安石在化用时,加上"至今""时时"等词予以强调,更有惊心动魄之效。《古今词话》说苏轼见到这篇作品后,叹为"野狐精",大为"羡服"。东坡何以"羡服"此作,

《吕圣求词序》曾有一解释："世谓少游诗似曲,子瞻曲似诗,其然乎?至荆公《桂枝香》词,子瞻称之此老真野狐精也。诗词各一家,惟荆公备众作,艳体虽乐府柔丽之语,亦必工致。"这是泛称王安石在文学上各体皆工,即使是小词,"亦必工致",所以能得到苏轼的称道。但王安石的词在整体上不堪与苏轼匹敌,苏轼唯独称赞此作的原因,恐怕不只是因为其"工致"。因此,有必要对这一现象作出更有说服力的解释。

　　词兴起于晚唐五代,其作用无非是在歌筵酒席之上"娱宾遣兴""聊佐清欢",故其内容也多为"侧艳之词",风格多为纤丽靡弱。宋初词人,亦多偎红倚翠、滴粉搓酥之作。这种情况,至苏轼而有彻底改观。胡寅《酒边词序》指出:"眉山苏氏一洗绮罗香泽之态,摆脱绸缪宛转之度,使人登高望远,而逸怀浩气,超然乎尘垢之外。"《碧鸡漫志》卷二也说,苏轼词"指出向上一路,新天下耳目,弄笔者始知自振"。这些评论都说明了一个问题,即词到东坡打破了《花间词》的垄断地位,使晚唐五代以来属于"艳科"的词境得到了升华。苏轼的"以诗为词",在本人是认为"虽无柳七郎风味,亦自是一家"(《与鲜于子骏三首之二》),在他人则认为"以诗为词,如教坊雷大使之舞,虽极天下之工,要非本色"(《后山诗话》)。可见,其在词史上是属于别转一路的,是打破常规的,"真有'一洗万古凡马空'气象"(元好问《新轩乐府引》)。以东坡的《念奴娇·赤壁怀古》为例,其豪迈超旷的气概,把江山、历史、人物融于一篇的格局,在词史上是崭新的和空前的,胡仔评为"语意高妙,真古今绝唱"(《苕溪渔隐丛话》前集卷五十九)。其《定风波》"莫听穿林打叶声"词,在冷静的描写中寄寓了人生感慨。郑文焯评为"坦荡之怀,任天而动,琢句亦瘦逸。能道眼前景,以曲笔直写胸臆"(《大鹤山人词话》)。

惺惺相惜"野狐精"
——王安石《桂枝香·金陵怀古》

而苏轼评论作品,也往往从自己的审美理想出发,不以传统标准衡量。如他赞叹柳永《八声甘州》中"渐霜风凄紧,关河冷落,残照当楼"等句云:"此语于诗句不减唐人高处。"(《侯鲭录》卷七)注重的是其开阔恢阔的笔力,是以"诗句"为标准,也就是从"以诗为词"的眼光出发的。所以,当东坡读到王安石的《桂枝香》"金陵怀古"的时候,必然能够在心中产生"戚戚焉"的感动,必然会有惺惺相惜的共鸣,因为,王安石的这篇作品,是当时词坛上极少数的符合东坡词学理想的典范之一。刘熙载《艺概·词概》指出:"王半山词瘦削雅素,一洗五代旧习。"其《桂枝香》一篇实可当得此评。这里的"一洗五代旧习",与东坡的"一洗绮罗香泽之态",在词史上皆为打破陈规的出格之举;而其"瘦削雅素",与东坡的"瘦逸"之词也有异曲同工之妙。无怪乎东坡要叹为"野狐精",誉人实为誉己。

词是音乐文学,故以声为主。李清照在《词论》中谓词"别是一家",主要也是从音律上着眼的。但"以诗为词",就要变"以声为主"为"以意为主"。虽然后来词家在声和意两方面或偏重或并重,但在当时,"以意为主"就是对"以声为主"的革命。晁补之说:"苏东坡词,人谓多不谐声律,自然。居士词横放杰出,自是曲子中缚不住者。"(《能改斋漫录》卷十六引)李清照《词论》说苏轼词是"句读不葺之诗",又说王安石"文章似西汉,若作一小歌词,则人必绝倒,不可读也"(《苕溪渔隐丛话》后集卷三十三引)。如此看来,其词在声律上也必然不符合李清照"别是一家"的标准。但在"以意为主"方面,苏、王两人皆有独到之处。上文已指出,《桂枝香》成为"绝唱"的关键在于其立意之新警,苏轼词也有同样特点。张炎《词源》卷下"意趣"条指出:"词以意趣为主,要不蹈袭前人

明·张路《苏轼回翰林院图》(局部)

语意。"并举出苏轼的《水调歌头》《洞仙歌》,王安石的《桂枝香》,姜夔的《暗香》《疏影》,认为"此数词皆清空中有意趣,无笔力者未易到"。这里的"清空",指的是描写手段上的"笔不周而意周"。"清"是摒弃铅华秾丽,"空"则笔力瘦劲超拔。

  无论是抒情还是咏物,总能摄其神理,少作面面俱到的铺叙。看似用笔不周,其实寥寥数笔,已精神全出,在"不周"处更显其"周"。这既需要"意周",也需要"凌云健笔"。所以,苏轼赞美王安石的《桂枝香》,是有充分理由的。

  从词史上看王安石的这篇作品,它与苏轼词一样,为打破"词为艳科"的观念提供了创作实绩。而苏、王的"文章知己",也由这篇作品提供了有力的证明。

名家讲宋词

情往似赠 兴来如答
——欧阳修《生查子》

赵齐平

南宋时越州有个"轻俊标致的秀士"张舜美,一次在杭州"逢着上元佳节"外出观灯,"遥见灯影中一丫鬟,肩上斜挑一盏彩鸾灯,后面一女子冉冉而来"。女子约他次日在十官子巷相会,两情既洽,共拟潜奔,谁知"出得第二重门,被人一涌,各不相顾"。张舜美误以为女子溺水而死,悲悼成疾。"瞬息又是上元灯夕",他追思往事,仍去十官子巷,"可怜景物依然,只是少个人在目前",闷闷回到房里,"因诵秦少游学士所作《生查子》词"。这首词就是:

情往似赠　兴来如答
——欧阳修《生查子》

明·佚名《上元灯彩图》

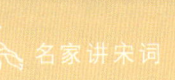

去年元夜时,花市灯如昼。月上柳梢头,人约黄昏后。

今年元夜时,月与灯依旧,不见去年人,泪满春衫袖。

经过一些曲折,张舜美后来还是与那个女子团聚了。

这个故事见于明熊龙峰所刻宋元话本《张生彩鸾灯传》,冯梦龙又编入《古今小说》,改名《张舜美元宵得丽女》。从故事中,我们可以了解到描写上元男女约会的《生查子》词流传广、影响大。

元夕观灯与清明、寒食踏青挑菜一样,是青年男女欢会定情的机会,自唐以来便已相沿成俗。《旧唐书·睿宗纪》载:"上元日夜,上皇御安福门观灯,出内人连袂踏歌,纵百僚观之,一夜方罢。"刘禹锡的《踏歌词》有"唱尽新词欢不见"之句。《东京梦华录》卷六记北宋都城汴京元宵之夜:"别有深坊小巷,……酒兴融洽,雅会幽欢,寸阴可惜,景色浩闹,不觉更阑。"南宋都城临安亦复如此。《梦粱录》卷一载,当时"家家灯火,处处管弦","公子王孙,五陵年少,更以纱笼喝道,将带佳人美女,遍地游赏"。可见《张生彩鸾灯传》描写的由元夕观灯引起的爱情故事是有现实生活依据的,而其中所引用的《生查子》词同样是当时社会习俗的真实写照。

不过,小说把《生查子》词说成"秦少游学士所作",却是弄错了作者。秦少游,即苏门四学士之一的秦观。他的词集,无论三卷本的《淮海居士长短句》或一卷本的《淮海词》,都没有这首词。清初毛晋刻《六一词》于此词下注:"或刻秦少游。"其实,明沈际飞评本《草堂诗余》卷上已谓此词"刻少游误",而依杨慎《词品》卷二署作者为南宋的女词人朱淑真。近人况周颐《蕙风词话》卷四引魏端礼《断肠集序》谓朱淑真"蚤岁父

情往似赠 兴来如答
——欧阳修《生查子》

欧阳修像

母失审,嫁为市井民妻,一生抑郁不得志"语,认为"升庵(杨慎)之说实原于此"。大约杨慎觉得行为不甚合乎封建道德规范的妇女才会写下这样的词,所以他说:"词则佳矣,岂良人家妇所宜耶?"沈际飞完全承袭此说,亦谓"调甚佳,非良家妇所宜有"。直到毛晋合刻《漱玉词》与《断肠词》,跋语中还以《生查子》词评朱淑真为"白璧微瑕"。用道学家眼光来看这首《生查子》词,而将作者定为所谓"行止失检"的某女词人,元初方回已开其端了。他在《瀛奎律髓》卷十六评白居易《正月十五夜月》诗时说:"三四(春风来海上,明月在江头)佳句也,如李易安'月上柳梢头',则词意邪僻矣。"李易安即李清照。南宋道学之风日炽,王灼《碧鸡漫志》卷二即联系李清照改嫁事,

谓其"晚节流荡无依,作长短句……闾巷荒淫之语,肆意落笔"。所以,方回因《生查子》"词意邪僻",便想当然地嫁名于李清照。看来,《生查子》词作者之所以出现歧异,是与对作品本身的认识、评价有关的。说是秦观所作,也因为秦观"疏荡之风不除"(《碧鸡漫志》卷二),写了"销魂,当此际"的句子,曾被指为"却学柳七作词"(《历代诗余》卷一百十五引《高斋诗话》),还有"怎得花香深处,作个蜂儿抱"之类,"亦近似柳七"(彭孙遹《金粟词话》)。柳七即柳永,而柳永是"好为淫冶讴歌之曲"(吴曾《能改斋漫录》卷十六)的。

实际上,这首词是欧阳修的作品。欧阳修虽被称为"一代儒宗",但他的词,包括一些诗篇,却不乏爱情的描写。他并不像从前正统文人所颂扬的那样道貌岸然,也不像今天有些研究者所批评的那样在词中暴露了封建士大夫生活腐朽的一面。他的词表现青年男女的爱情生活,虽不能说具有何等鲜明的反封建意义,但在排斥爱情的礼教统治时代,还不免使得头脑冬烘的卫道者们感到有碍于风化,而尽力为他洗刷,说是"亦有鄙亵之语一二厕其中,当是仇人无名子所为"(吴师道《吴礼部诗话》)。实则这些词正反映了作为文坛领袖的欧阳修思想上颇为通达,创作上颇重情致。《生查子》词便是如此。

宋人元夕词多描写节日游乐,但往往停留于"帝里风光"的繁华,借以粉饰现实,点缀升平。至于青年男女在元夕的爱情活动,则只是侧面地有所反映,作为节日景象的陪衬。在宋人元夕词中,正面集中地描写男女爱情的作品为数甚微,而像欧阳修的《生查子》词就更是吉光片羽了。

《生查子》词反映的是一种民间习俗,同时体现着一些民歌

情往似赠　兴来如答
——欧阳修《生查子》

情调。"人约黄昏后"有似乎"月出皎兮，佼人僚兮"（《诗经·陈风·月出》），"不见去年人"有似乎"爱而不见，搔首踟蹰"（《诗经·邶风·静女》），而"去年"与"今年"的映照，则手法又同于"昔我往矣，杨柳依依；今我来思，雨雪霏霏"（《诗经·小雅·采薇》）与"昔别春草绿，今还墀雪盈"（《子夜四时歌》）。至于以聚会与离别的今昔对比来描绘刻骨的相思，那更是民歌中较为习见的表现方式，文人多有仿效，如刘禹锡的《杨柳枝》：

　　春江一曲柳千条，二十年前旧板桥。
　　曾与美人桥上别，恨无消息到今朝。

再如施肩吾的《杨柳枝》：

　　伤见路傍杨柳春，一枝折尽一重新。
　　今年还折去年处，不送去年离别人。

从唐代敦煌曲子词"清明节近千山绿，轻盈士女腰如束。九陌正花芳，少年骑马郎"（《菩萨蛮》），与"去年春日长相对，今年春日千山外。落花流水东西路，难期会"（《山花子》），尤其可以明显地看到《生查子》词所由嬗变蜕化的原型。以往评论欧阳修的词，只注意到他把词从五代花间体的浮艳浅俗引向清丽高雅的一路，而忽视了他的词跟民歌、民间词的一些联系。

正因为或多或少受到民间作品的影响，欧阳修的词善于描绘天真烂漫、对青春幸福充满美好憧憬的少女，表现她们的多情，表现她们内心深处因爱情追求而引起的欢愉与忧伤。而且《生查

子》词运用词调的整齐字句，以及上下片字句的相同，又有意使字与句重叠，造成回还往复的韵律美。上下片的第一句"去年元夜时"与"今年元夜时"，第二句"花市灯如昼"与"月与灯依旧"，两两相对，把"元夜""灯"作了强调，表明风光宛然，景色如故；而"人约黄昏后"与"不见去年人"，则是上片第四句与下片第三句交叉相对，虽是重叠了"人"字，却从参差错落中显示了"人"的有无、留去的天差地别，和感情上由欢愉转入忧伤的大起大落，从而使抒情主人公丰富深沉而起伏变化的内心，在少量的字句中得到了充分的表现，清新而自然，婉曲而流丽。从这种内容、格调、手法和句式中，我们都不难看出民歌的特色。

但不管《生查子》词在字句上如何讲求匀称一致，又如何有意错综穿插，它总的还是用上片写过去，下片写现在，上四句与下四句分别提供不同的意象以造成鲜明强烈的对比。它先写"去年"，是对于过去的追忆；后写"今年"，是对于现在的描述。而追忆过去与描述现在，又都有实际的场景，最后落在截然不同的感情的抒发上。如果没有这后者，"去年""今年"云云就仅仅是时间的依次排列，好比杜甫的"昔闻洞庭水，今上岳阳楼"（《登岳阳楼》），只是事件的顺叙，而无所谓对比了。

李石和辛弃疾各有一首《生查子》词：

今年花发时，燕子双双语。谁与卷珠帘，人在花间住。
明年花发时，燕语人何处。且与寄书来，人往江南去。

去年燕子来，帘幕深深处。香径得泥归，却把琴书污。
今年燕子来，谁听呢喃语。不见卷帘人，一阵黄昏雨。

情往似赠　兴来如答
——欧阳修《生查子》

清·姚文瀚《岁朝欢庆图》（局部）

　　李石词从现在推想未来，辛弃疾词从过去述及现在，都是上下片对比，以燕子来时之人留与人去对比，各占四句二十字，仿佛两首并列的五言绝句诗。它们都是从欧阳修的《生查子》词因袭下来的，不只格式上套用，那上下片的首句就分明是直接摹拟欧词的"去年元夜时"与"今年元夜时"。李石、辛弃疾词当然远不及欧阳修词。因为李石、辛弃疾更多着眼于人与燕子即人与物的关系，而不像欧阳修侧重在人与人的关系。这人与人的关系，在欧阳修笔下非常明确，就是爱情。

　　不过，李石、辛弃疾词与欧阳修词也还有别的共通之处，这就是以相同的景物作对比。李石、辛弃疾都描写了燕子随春归来，飞入珠帘绣幕，只是在先"谁与卷珠帘，人在花间住"、"香径得泥归，却把琴书污"，其后则是"燕语人何处"、"不见卷帘人"，从翡翠堂开、春闺梦好到画屏幽冷、人去楼空。欧阳修描写的是元宵佳节的月影灯辉、柳烟花露，从空间上说，地同、物同、风习同、境象同，但从时间上说，则因"不见去年人"而无复当初"人约黄昏后"的温情软语了。这是以相同景物的对比，写出人事的变迁。诗词中也有以不同景物作对比的，如唐张纮《怨诗》"去年离别雁初归，今夜裁缝萤已飞"，五代皇甫松《梦江南》词的"屏上暗红蕉"与"画船吹笛雨潇潇"。但这种不同景物的对比，一般侧重在点明时令，景物与情意的联系并不十分紧密。而相同景物的对比，则以物是来突出人非，更能抒发作者的不胜今昔之感，或主人公的不堪回首之痛。

　　这里又牵涉到情与景的关系问题。自然的客观景物引起人们的主观感情，情不能已，因之发而为歌诗，甚至不禁手之舞之、足之蹈之。对此，古人已经注意到了。《诗品序》说："气之动物，物

情往似赠　兴来如答
——欧阳修《生查子》

清·乾隆《元宵乐图》（局部）

之感人,故摇荡性情,形诸舞咏。"那么,景物转换了,感情自然随之变化,诗歌内容也就有所不同。对此,古人也已经注意到了。《文心雕龙·物色篇》说:"岁有其物,物有其容;情以物迁,辞以情发。"但人对于自然并不是处在消极被动状态,人常常在感受自然时联系或运用了自己的社会生活体验,这就是人对自然的情绪的对象化,诗词创作当中叫做以情写景。以我观物,物中固有我在。

欧阳修《生查子》词中的抒情主人公,从语气看,当是青年女子。她在"去年元夜时",与心上人相会。这时,"花市灯如昼",花灯相映,熠熠生辉,一切都向她展现出充满希望和幸福的霓虹般的色彩。"花市"的"花",是实指,不是有的注家所谓的借喻繁华。李汉老《女冠子》词:"帝城三五,灯光花市盈路。"周密《月边桥·元夕怀旧》词:"九街月淡,千门夜暖,十里宝光花影。"可以为证。你看,灯火万千,花影缭乱,一天风露,十里笙歌,真是如此良夜!待到银汉无声,冰轮乍涌,似水的清光辉耀着苍茫夜色,于是柳边花下,"见许多才子艳质,携手并肩低语"(李汉老《女冠子》)。这就是"月上柳梢头,人约黄昏后"。月上,《张生彩鸾灯传》误作"月在",别本或作"月到"。还是"月上"好。"上"字具有冉冉升起的情状,而且由空间移动表示了一个时间过程,见出约会者的殷切期待。月升而上至柳梢头,又以柳暗写新春,因为"柳眼春相续"(李煜《虞美人》)。这月,"素光行处随人";这柳,"柳边照见青春"(毛滂《清平乐·元夕》)。心共柳争春,人与月同圆。因"人约黄昏后"的两情欢洽,无论花、灯、月、柳,仿佛都成了爱的温馨,美的甘醇,未来幸福的图景。然而,好事多磨,相约而无法相守,元夕情引出年来的离愁别恨。是彼方变心或以他事拘牵而造成云天阻隔,还是因自由相爱招来粗暴干涉

情往似赠　兴来如答
——欧阳修《生查子》

而终致蓬山万重，词中并未明言。不管怎样，这抒情主人公仍是那么"之死矢靡他"地执著苦恋、一往情深。不觉又是"今年元夜时"，风香阵阵，队逐纷纷，她于是也步入那花衢柳陌，希图在月光灯影之中再续旧欢、重寻好梦。然而，终是"不见去年人"了。及至"两两人初散，厌厌夜向阑"（曾觌《南柯子·元夜书事》），她旧欢难续，好梦无寻，所得到的唯有"泪满春衫袖"而已。"泪满"，别本多作"泪湿"，似乎"泪满"更能表现伤心之极，"衫儿袖儿，都揾做重重叠叠的泪"。因"不见去年人"的失望愁苦，无论花、灯、月、柳，又仿佛都变得黯淡无光，只是凄凉哀怨的化身。词的上下两片不同的触景生情的对比，就在以昔日的欢愉反衬今日的忧伤，因为词人采用的是倒叙的方式，抚今追昔；但同时又以今日的忧伤表现执著追求昔日的欢愉，因为词人描写了同一元夕场景，不忘所自。同一场景而有欢愉与忧伤的不同情绪表现，就在于"人约黄昏后"与"不见去年人"带来了不同的主观感受。这种触景生情、以情写景又借景抒情，大概就是《文心雕龙·物色篇》所说的"情往似赠，兴来如答"吧。于是，《生查子》词感人至深。虽然它受到过"词意邪僻"一类的指责，但它依然流传广、影响大，甚至被引用到歌颂自由爱情的小说里去了。

彩笔佳句 幽意浓情
——贺铸《青玉案》

郑　敏　葛培岭

《青玉案》是北宋著名词家贺铸的代表作。它一问世,就被人誉为"绝唱",不胫而走,广为流传。玩赏原词,的确妙丽:

凌波不过横塘路,但目送,芳尘去。锦瑟华年谁与度?月桥花院,琐窗朱户,只有春知处。　碧云冉冉蘅皋暮,彩笔新题断肠句。试问闲愁都几许?一川烟草,满城风絮,梅子黄时雨。

这似是一首恋词,但却写于词人的晚年,其中想必另有寄托。

彩笔佳句　幽意浓情
——贺铸《青玉案》

贺铸，字方回，卫州（今河南汲县）人，出身贵族。《宋史·文苑传》说他"喜谈当世事，可否不少假借。虽贵要权倾一时，少不中意，极口诋之无遗辞。人以为近侠。……竟以尚气使酒，不得美官，悒悒不得志"。他早年曾任武职，四十岁后才转文职，做过泗州通判等，晚年退居苏州。一生沉沦下僚，胸中颇多块垒，故而寓之于香草美人。

"凌波"，本于曹植《洛神赋》"凌波微步，罗袜生尘"，此处用指女子的轻盈步履。"横塘"，贺铸的住处。龚明之《中吴纪闻》说："铸有小筑在姑苏盘门外十余里，地名横塘，方回往来于其间。"词人眼望着一位女子从住所那面的路上姗姗远去，而没有过来，感到十分怅惘。

"锦瑟华年"，语出李商隐《锦瑟》诗，指青春时代。李诗首联是"锦瑟无端五十弦，一弦一柱思华年"；中间两联以多种比喻反复咏叹自己一生的道路坎坷，壮志难酬；尾联是"此情可待成追忆，只是当时已惘然"。本词不仅撷取了《锦瑟》的字句，而且也隐括了《锦瑟》的含义，从而增强了词的伤感气氛。"华年"一句，一般注家认为是指那位女子。揣摩词意，似有未当。如指女子，则显然自己是知道她的住处的，而且很详细——"月桥花院，琐窗朱户"，何以说"只有春知处"呢？根据本词描述的主体，参之李商隐《锦瑟》原诗，"华年"也应该是指自己，而不是指别人。"只有春知"，即无有人知，这是一层曲折；"锦瑟华年谁与度"，又无人与度，又是一层曲折。回环蕴蓄，把主人公幽居独处的失望、寂寞之状刻画得维妙维肖。联系作者的身世，可以看出这些话中是深有感慨的。作者在晚年的另一首词《六州歌头》中曾经写道："少年侠气，交结五都雄。……不请长缨，系取天骄种，剑吼西风。恨登山临水，

瑟

手寄七弦桐,目送归鸿。"这和本词虽然风格不同,但所表现的思想感情却是一脉相通的。

"彩笔新题断肠句"的"彩笔"之典,出自《南史·江淹传》,其中说:江淹少时很有才华,后来梦中将所用的五色笔归还了原主郭璞,"尔后为诗,绝无美句,时人谓之才尽"。而这里,词人却是富有才华的,他刚刚写好了抒发相思之苦的佳词美句。由此,又令人联想起江淹《休上人怨别》中"日暮碧云合,佳人殊未来"诗句的意境。从这里可以看出作者怀才不遇思想的流露,也可以看出他对自己才华和能力的信心。

以上各层,通过直接叙写来表达自己的愁苦之情,是委婉而动人的。但是词人并不满足,他要设法把这种感情更为有力地突出出来。最后的一问一答圆满地实现了这一意图。"试问"一句以"闲愁"单独提问,然后接连推出三个比喻作答:"一川烟草,满城风絮,梅子黄时雨。"三个喻体本身都是人们熟悉的事物,一旦被高手加工提炼,采入词中,却又变得十分新鲜。如果作者仅只把闲愁比作春草、柳絮、梅雨,那就还不够味;这里所说的春草乃是烟雾笼罩的春草,而且有一川之多(川:平野);柳絮是春风卷扬的柳絮,而且满城都是;梅雨又具体化为梅子黄时的那种

彩笔佳句　幽意浓情
——贺铸《青玉案》

缠绵淅沥、烟雾迷濛的淫雨。三者包括了初、仲、晚春，风雨阴晴，城内野外，天上地下各种情况，叫你觉得愁情无处不在，无时不有，遮天漫地，茫茫无边，辨不清，拂不去，躲不开。这些景物不仅各自都非常典型，而且在这里又以团体的力量来共同形容主人公的闲愁，所以极为感人。据载，当时的人们读了都很佩服，并因此给作者送了一个"贺梅子"的外号。

通过分析，可以看出这首词其实乃是借怀恋美人以抒发自己幽居穷处的苦闷。这种寄托深厚自然而不露痕迹，词对那种怅惘迷茫的愁闷心境的描写又十分出色，所以特别受到人们的激赏。

这首词语言典丽，风格华美。全词字句洗练，掷地有声，其中暗用了《洛神赋》《锦瑟》《江淹传》等不少典故，而又十分自然妥帖，犹如己出。词人还巧妙地用美好的景色来衬托自己的心情。良辰美景而无赏心乐事，更显出愁苦之重。词的形象鲜明，意境优美。当时的著名诗人黄庭坚曾经寄诗给作者，热情称赞："解道江南断肠句，只今唯有贺方回。"这是一个很高的评价。

设问，是本词的一个重要方法。词的上下两片，前半部都是叙述，后半部各设一个问句，使人明显地感到了词人那像江水一样不能平静的情绪。两个问句后面的两个回答，是全词的两个最精彩的地方，给人造成了非常深刻的印象。

本词比喻的新巧贴切而又丰富多姿更是传为佳话。把抽象的感情化为形象的景物以增加感染力，这并不是贺铸的发明；而学习前人的手法，把比喻设置得如此新颖奇妙，却是贺铸的创造。罗大经《鹤林玉露》说得好："诗家有以山喻愁者，杜少陵云：'忧端如山来，㳽洞不可掇。'赵嘏云：'夕阳楼上山重叠，未抵闲愁一倍多'是也。有以水喻愁者，李颀云：'请量东海水，看取浅深愁。'

79

明·孙克弘《雨景山水图》

李后主云:'问君能有几多愁？恰似一江春水向东流。'秦少游云:'落红万点愁如海'是也。贺方回云：'试问闲愁都几许？一川烟草，满城风絮，梅子黄时雨。'盖以三者比愁之多也，尤为新奇；兼兴中有比，意味更长。"

千古绝唱

——苏轼《念奴娇·赤壁怀古》

袁行霈

大江东去,浪淘尽、千古风流人物。故垒西边,人道是、三国周郎赤壁。乱石穿空,惊涛拍岸,卷起千堆雪。江山如画,一时多少豪杰! 遥想公瑾当年,小乔初嫁了,雄姿英发。羽扇纶巾,谈笑间、樯橹灰飞烟灭。故国神游,多情应笑我,早生华发。人间如梦,一尊还酹江月。

这首词虽然用了许多篇幅去写赤壁的景色和周瑜的气概,但主旨并不在于追述赤壁之战的历史,而是借古人古事抒发自己的

千古绝唱
——苏轼《念奴娇·赤壁怀古》

感情。正如《蓼园词选》所说:"题是怀古,意是谓自己消磨壮心殆尽也。……题是赤壁,心实为己而发。周郎是宾,自己是主,借宾定主,寓主于宾,是主是宾,离奇变幻,细思方得其主意处。"

词从赤壁之下的长江写起:"大江东去,浪淘尽、千古风流人物。"这几句怎么讲?难道江浪真的像淘沙一样,淘洗着风流人物,而且把他们都淘净洗尽吗?我们当然不能照字面呆板地理解。这东去的大江和滚滚的江浪,既是眼前的景色,又是一种暗喻,喻指时光的流逝。逝者如斯,不舍昼夜,孔子早已有这样的感慨。苏轼登赤壁临长江,自然会由滚滚东去的江水想到不断流逝的时光。无情的逝水流光,淹没了古代多少显赫一时的风流人物。在历史的长河里,他们渐渐销声匿迹,不复有当年的光彩。真正能经得起历史考验的又有几个呢?但是这样的人还是有的,周瑜就是一个,这几句为下文赞美周瑜作了准备。词一开始就不同凡响:一派江水,千古风流,无穷感慨,和那种模山范水的诗句迥然不同。让人感到词人是站在历史的制高点上,看得远,想得深。"浪淘尽",据《容斋随笔》所记黄山谷书写的《念奴娇》墨迹,作"浪声沉"。文字虽不同,意思却是一样的。

苏轼像

"故垒西边,人道是、三国周郎赤壁"。这几句由大江引出赤壁,由千古风流人物引出周郎。据考证,赤壁之战的战

金·武元直《赤壁图》(局部)

场在今湖北蒲圻县西北三十六公里,长江南岸。苏轼写这首词时正谪居黄州,他所游的赤壁在今湖北黄冈县城西门外,原名赤鼻,亦称赤鼻矶,断崖临江,截然如壁,色呈赭赤,形如悬鼻。词人用了"人道是"三字,可见他知道这并不是赤壁之战的那个赤壁,但当地既然传说是周郎赤壁,写词的时候也就不妨把它当成真的赤壁,用以寄托自己的怀古之情。"人道是"三字既有存疑的意味,又有确信的意味,前人说值得反复体会,确实如此。但我看"周郎赤壁"四字更耐人寻味。"周郎"指周瑜,字公瑾,二十四岁就当了建威中郎将,"吴中皆呼为周郎"。这是一个带有亲切意味的美称。赤壁就是赤壁,原不属哪一个人所有,而在词里却让它归了周郎,称之曰"周郎赤壁"。赤壁因周郎而著称,周郎亦借赤壁而扬名,一场确立了三分局面的大战,把周郎与赤壁密不可分地联在一起。有的版本作"孙吴赤壁",便显得呆板。因为"孙吴赤壁"不过是说出了赤壁的地理位置而已,远不如"周郎赤壁"之活脱、含蓄。

接下来描写赤壁景色:"乱石穿空,惊涛拍岸,卷起千堆雪。"前一句把视线引向天空,后两句把视线引向脚下,这三句简直是一幅具有立体感的图画。"江山如画,一时多少豪杰。"一句承上概括风景,一句启下引出周瑜,这两句很有力地收束了上阕。词的开头说"千古风流人物",着眼于广阔的历史背景。这里说"一时多少豪杰",缩小范围单就赤壁而言,在这个舞台上有多少豪杰共同演出了雄壮的戏剧,而周瑜就是其中的一个主角。

下阕着重写赤壁之战中作为主帅的周瑜。"遥想公瑾当年,小乔初嫁了,雄姿英发"。"当年"是正当年的意思,这里是指周瑜指挥赤壁之战的时候正青春年少、意气风发。紧跟着又补

充一句,说那时他刚刚结婚,娶了一个绝代的美人。但据《三国志·吴志·周瑜传》记载:周瑜纳小乔是在建安三年或四年,周瑜二十四、五岁。而赤壁之战在建安十三年,周瑜三十四岁,这时距纳小乔已有十年之久。那么词里说"小乔初嫁了",不是违背了历史的真实吗?我想,艺术的真实并不完全等同于生活的真实,尤其是这类带有浪漫主义色彩的抒情诗,原来就不以再现细节真实为目标,我们当然也就不必处处以生活的细节去衡量它。苏轼写词的时候,兴之所至挥笔立就,不一定去考证周瑜和小乔结婚的时间,读者当然也就不必过于拘泥,周瑜结婚早几年晚几年在词里关系并不大。其实这几句的意味全在"小乔初嫁了"的穿插,本来写的是赤壁之战这样的大事,周瑜作为战争一方的主帅,有许多事可写。词人偏偏要花费笔墨去渲染他的婚姻,说有一个国色天香的美人刚刚嫁给了他。这一句看似闲笔,其实不闲。词人有意用小乔这位美人去衬托周瑜这位英雄,使下面那句"雄姿英发"成为有血有肉的丰富饱满的艺术形象。

"羽扇纶巾,谈笑间、樯橹灰飞烟灭"。"羽扇"是用鸟羽所制的扇,汉末盛行于江东。"纶巾"是用青丝带编的头巾,汉末名士多服此。"羽扇纶巾"并不是诸葛亮专用的,这里当然也就不一定要讲成是指诸葛亮。从"遥想公瑾当年"到"樯橹灰飞烟灭",一气呵成,只写了一个人,就是周瑜,写他风雅闲散,谈笑自若,运筹于帷幄之中,很容易地就挫败了敌人。"樯橹灰飞烟灭"是指曹军的战船被焚毁。"樯橹"一作"强虏",即强敌。我觉得"樯橹"更形象,也更能扣紧赤壁之战的特点,远比"强虏"为好。

"故国神游,多情应笑我,早生华发"。这几句的主语是谁?

千古绝唱
——苏轼《念奴娇·赤壁怀古》

谁在"神游"？谁在"笑我"？这是个疑点。不少注本说主语是苏轼，大概是考虑到词的题目叫《赤壁怀古》，怀古的既然是苏轼，遂以为神游故国的人也是苏轼。"神游"的主语既是苏轼，"笑我"的主语当然也是苏轼，"多情应笑我"便被解释为苏轼自己应笑自己多情。还有进而把"多情"讲成"自作多情"或"多情善感"的。这样讲虽然不能说不通，但毕竟显得勉强。我以为这几句的主语仍然是上文所写的周瑜。"神游"的意思是身未往游，而精神魂魄往游。苏轼既已身在赤壁，怎么能说是"神游"呢？如果硬要说是神游三国当时的赤壁，那也未免太迂曲了。还有"故国"，它的意思是古国、祖国或故乡。赤壁是谁的故国呢？当然讲成是周瑜的故国才顺畅。赤壁是周瑜当年建立功勋的地方，又是东吴的故土。词人想象，周瑜身已殒亡而心恋故地，神游故国，和自己相遇，将会笑我事业未就华发早生。周瑜那么年轻就完成了一番惊天动地的事业，显示了非凡的才能。自己虽然也有抱负和才能，却未能施展。岁月蹉跎，华发早生，如今又被贬谪到黄州，在英雄们叱咤风云的古战场上空自凭吊，多情的周瑜真该笑我了！这个"笑"字意味丰富，这是善意的笑，同情的笑；不是嘲弄，也不是揶揄。首先是苏轼自己觉得自己的处境可笑，进而想象周瑜也会笑自己。这"笑"里饱含着词人对自己身世的深沉感慨，也带有一种自我解嘲的意味。苏轼是把周瑜当成知己的朋友看待的，他对周瑜的赞美使人感到是对朋友的亲切的赞美，而周瑜笑他也是一种朋友之间的亲切的体贴的笑。这就是"多情"二字的含义。

词的开头写"千古风流人物"，上阕末尾缩小到"一时多少豪杰"，下阕又专写周瑜这一位英雄，层次脉络十分清楚，都属

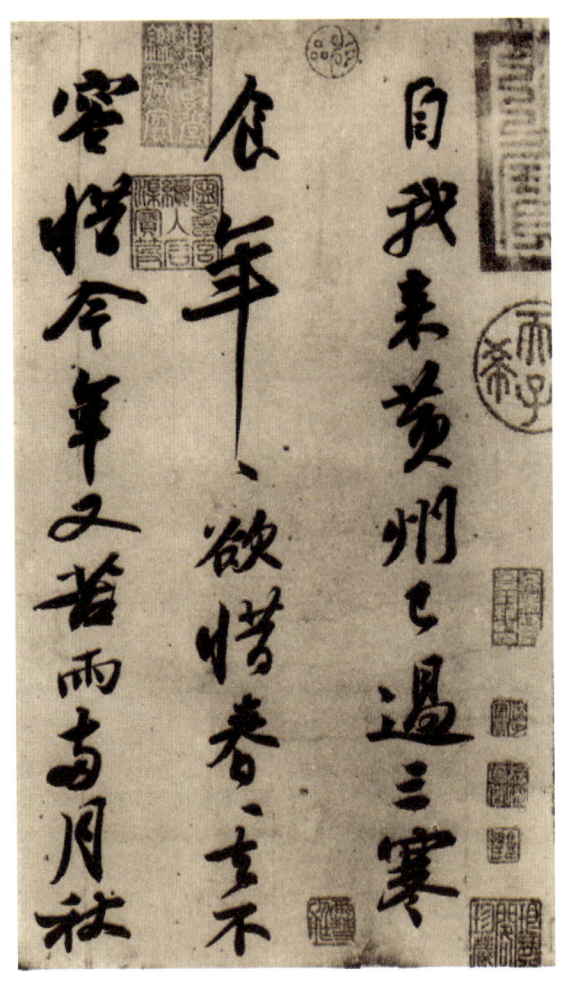

苏轼《黄州寒食诗帖》(局部)

于怀古的范围。出人意料的是,在写周瑜的时候突然把笔锋一转,引出词人自己,也就是那个早生华发的"我"。于是,千古风流,一时豪杰,以及小乔初嫁的周瑜一下子都退居于陪衬的地位,而"我"则被突出了。赞美周瑜的"雄姿英发",原来是为了对比自己的"早生华发",大开大阖,大起大伏,显示了苏轼雄奇的气魄和笔力。

词的末尾是两句无可奈何的排遣之辞:"人间如梦,一尊还酹江月。"这两句又回到了开头的意思,并加深了开头的意思。"人间如梦"一作"人生如梦",意思相近,都是感叹人生短促、虚幻。和江水、江月相比,和永恒的大自然相比,尤其会有这种感喟。正如苏轼在《前赤壁赋》中所说:"哀吾生之须臾,羡长江之无穷。"多少风流人物尚且经不住流光的淘洗,何况自己呢?人生本来就很短促,自己又虚度了年华,等待着自己的将会是什么?苏轼之所以发出"人间如梦"的感慨,恰恰是因为他想抓紧时间,把握现实,有所作为,以期不朽,但客观的条件不允许他这样。一个才情奔放而壮志消磨殆尽的人发出这样的感慨,是完全可以理解的。"一尊还酹江月",是向江月洒酒表示祭奠。其中既有哀悼千古风流人物的意思,也有引江月为知己、向江月寻求安慰的意思。苏轼在《水调歌头》里说想要乘风飞向明月。在《前赤壁赋》里说"唯江上之清风,与山间之明月,耳得之而为声,目遇之而成色,取之无禁,用之不竭,是造物者之无尽藏也,而吾与子之所共适",可以和"一尊还酹江月"互相参看。

登山临水,探幽访胜,客观的景物触动诗人的情怀,往往能酿成醇美的诗篇。如果诗人足之所至是一处古迹,则能在优游山水之际,发思古之幽情,抚今追昔,纵论千古,写出容量更大、感

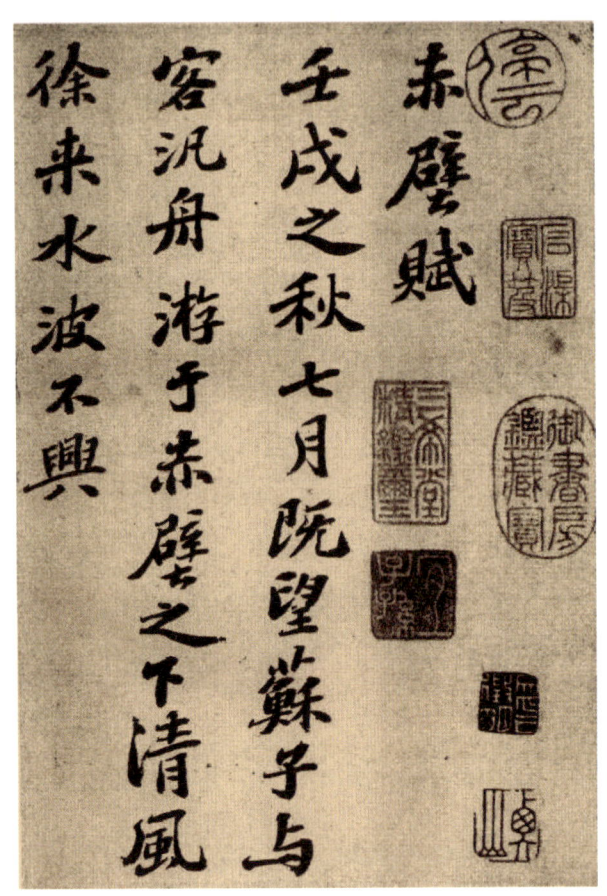

苏轼《前赤壁赋》手迹

千古绝唱
——苏轼《念奴娇·赤壁怀古》

慨更深的作品,这就是怀古诗。怀古,是从唐代才兴盛起来的一种新的诗歌题材。唐代以前多的是咏史诗,《文选》中就只有咏史而没有怀古。咏史诗大多是读史书有感而发,运用史家的笔法,将叙事、议论和寄托三者融为一体。怀古诗则是作者亲临古迹,由此触发而引起对古人古事的怀念并发为吟咏,偏重于山川景物的描写、环境气氛的烘托,和抚今追昔的感叹。在怀古诗里,景物与感情相融合,历史感与现实感相融合,更能施展诗人的艺术才能。在晚唐五代,一种新的诗歌体裁即词兴盛起来,词人们向尊前花间、小楼深院寻找灵感,那种深邃阔大的怀古之情装不进词的形式之中。到北宋后期,苏轼以其不羁之才情步入词坛,打破传统,以诗为词,把诗的题材和感情引入词中,才写出了《念奴娇·赤壁怀古》这样的不朽之作。此词一出,在当时的词坛上会引起怎样的震动是不难想象的。宋俞文豹《吹剑续录》说:"东坡在玉堂,有幕士善讴,因问:'我词比柳词何如?'对曰:'柳郎中词,只好十七八女孩儿,执红牙拍板,唱"杨柳岸,晓风残月";学士词须关西大汉,执铁板,唱"大江东去"。'公为之绝倒。"这段故事常被人用来论说苏、柳词风的不同。但是除此以外,不也说明了世俗对东坡怀古词的陌生与惊讶吗?

词家射雕手
——张孝祥《六州歌头》

李元洛

在宋代词的国土上，苏轼和辛弃疾是豪放派的代表人物，他们就像拔地而起的两座奇峰，时隔百年而南北相望。在两峰之间，还有广阔的原野，赵鼎、胡铨、岳飞、张元幹、张孝祥等人，继承了苏轼壮词的传统，胸中激荡着南渡以后的时代风云，曾在其间弯弓盘马，往来驰骋，而张孝祥更可以说是他们之中的词家射雕手。

在词史上，张孝祥是上承苏轼、下启辛弃疾的重要桥梁。他十分推崇苏轼，曾经问门下的宾客："我比东坡何如？"谢尧仁回

词家射雕手
——张孝祥《六州歌头》

答说:"若在他人,纵读书百年,不易比东坡,以公才气纵横,再读十年,当可推倒此老。"可惜在内忧外患、身心交瘁之中,张孝祥只活了三十九岁,现存词二百多首,还来不及有本来应该有的更大的建树。说他以后可以压倒苏轼,我们已经无法得知,但"才气纵横"四字,他的确是可以当之无愧的。试看他的《六州歌头》:

长淮望断,关塞莽然平。征尘暗,霜风劲,悄边声。黯销凝。追想当年事,殆天数,非人力。洙泗上,弦歌地,亦膻腥。隔水毡乡,落日牛羊下,区脱纵横。看名王宵猎,骑火一川明。笳鼓悲鸣。遣人惊。 念腰间箭,匣中剑,空埃蠹,竟何成!时易失,心徒壮,岁将零,渺神京。干羽方怀远,静烽燧,且休兵;冠盖使,纷驰骛,若为情。闻道中原遗老,常南望,翠葆霓旌。使行人到此,忠愤气填膺,有泪如倾!

这首词大约写于宋孝宗隆兴二年(1164)。1161年冬,虞允文在采石矶击败金主完颜亮率领的南侵大军,不久,完颜亮本人也被部下杀死。当时,镇守在江西抚州的张孝祥听说这次南渡后罕有的大捷,十分振奋,在《水调歌头·闻采石战胜》一词里,他曾抒发满怀喜悦之情:"喜燃犀处,骇浪与天浮!"但是,他同时也对权奸当道、国事难以收拾表示了他的隐忧:"赤壁矶头落照,肥水桥边衰草,渺渺唤人愁!"诗人真是不幸而言中了。隆兴元年(1163),主战派张浚出师江淮,先收复宿州,但后来由于种种原因在符离(今安徽宿县符离集)溃败,主和派因此又重新得势,次年冬达成和议,宋、金以淮河为界。据《历代诗余》所引《朝野遗记》的记载,张浚此时都督江淮

《张孝祥词校笺》书影

军马,开府建康,张孝祥为都督府参赞军事,并领建康留守。张浚召集山东、河北抗金志士于建康上书反对和议,张孝祥即席赋《六州歌头》一词,张浚为之"罢席而入"。八百年后我们来读此词,仍可想见当时诗人"笔酣兴健,顷刻即成"的豪壮风采和不凡身手。

"长淮望断,关塞莽然平",词的起句即大气包举,笼罩全阕。从全篇的词意看,其中的"望"字,不仅说明诗人在登高眺远,而且是竟夕凝眸,苍茫景物奔来眼底,万千感慨齐上心头;从全词的章法而言,这个"望"字高踞题顶,是上阕的词眼,直贯下面的十余句,此之谓"笔所未到气已吞",实非高手不办。极目长淮,淮河岸边的茂林荒草已长得和关塞一样高了,可见戍守无人,战备不修。在如此大写一笔之后,诗人又以节

词家射雕手
——张孝祥《六州歌头》

短音强的三字短句予以补足，征尘之"暗"，有色，霜风之"劲"，有声，它们和无声之"悄"动静互映，相反相成，渲染了昔日风物繁华而今竟成边地的淮河两岸肃杀的环境和气氛，也隐隐透露出诗人心中的凄凉和悲慨。"黯销凝"是词中顿笔，跌宕生情，魂消意夺的诗人在略作顿挫之后，又以"追想"领起下文，由眼前的实景转入对往昔和更辽阔的空间的描绘：1127年靖康之难，中原易手，这大约是天意而非人力吧？北中国文化昌明之地早已弥漫着一片膻腥之气了。正言若反，虚笼实写，诗人对卖国求和的当道者的愤激之情，曲曲传出。凭高伫望，诗人的思绪不禁从遥远的时空回到眼前的现实，他一笔兜回，以"看"字点明和贯串上下几句：夕阳残照里，淮河北岸遍布敌人的毡帐和哨所，夜幕降临后，金人的将帅在领兵行军。这里，"笳鼓悲鸣""骑火通明"与"悄边声"构成了鲜明强烈的对照，敌人的活动如此频繁与猖獗，南宋一方却边备废弛，这是多么令人触目而惊心呵！这首词，上阕以写景为主，景中见情。在写景的技法上，有三点值得称道：一是有鸟瞰式的角度。"望"是观察的定点和视角，诗人正是从这一视点出发展开描绘；二是有鲜明的线索。从"关塞莽然平"到"落日牛羊下"，再到"看名王宵猎"，一条时间线索连贯其间，细针密线，一丝不苟；三是有错综变化。近景与远景，概括之景与特写之景，白天之景与夜晚之景，纷然杂呈而又井然有序，这样，上阕的景物描写就构成了一幅有层次有深度而又饱含情韵的图画。

下阕以写情为主，情中有景。与上阕的"望"遥相呼应，诗人在这里用一个"念"字统领下文，直贯结句。在下阕中，又可见诗人化平直为矫健、于奔注中见从容的词笔之妙。"腰间箭"

岳飞像 宋·刘松年 《中兴四将图》（局部）

与"匣中剑"本是效武于沙场的利器，在两个直述式的短句之后，诗人特笔顿住："空埃蠹，竟何成！"百感交集，见于言外，笔势奔涌而又波澜横生。接笔仍是如风雨骤至的三字句，由外部器物的刻画而转入内心世界的直接抒写："时易失，心徒壮，岁将零，渺神京。"诗人匡时报国、恢复中原的壮心不已，可是时机空逝，岁月将尽，这是多么无法解决的矛盾和多么深重的悲哀！造成这种时代悲剧的原因何在呢？诗人接着宕开一笔，由近及远：北方沦陷区的父老是"遗民泪尽胡尘里，南望王师又一年"，可是朝廷的君臣权要们施行的却是投降路线，他们对金妥协，以求苟安，奉命求和的使臣往来不绝，奔走于途。两种情境一

经集中对照，便显得婉而多讽，句法的繁音促节，更令人荡气回肠。全词纵笔直书，激越奔放，结尾以转折作收，神完气足："使行人到此，忠愤气填膺。有泪如倾！""到此"与"长淮"遥相挽合，"忠愤"二字点明和突出了全词的主旋律，"有泪如倾"如同诗人几年后在荆州写的"一尊浊酒戍楼东，酒阑挥泪向悲风"一样，在这里完成了这一阕"悲怆奏鸣曲"的最后的乐章。

　　张孝祥的词，有苏轼的清超豪放，也有辛弃疾的雄奇悲壮。陈廷焯《白雨斋词话》评论《六州歌头》一词时说："淋漓痛快，笔饱墨酣，读之令人起舞。"的确，这首词的那种如鹰隼临空飞旋而下的境界，在宋词中是并不多见的。在宋代的词坛上，张孝祥确实是一位天不假年而远远未尽其才的射雕手！

升华的人格与艺术美

——张孝祥《念奴娇·过洞庭》

杨海明

洞庭青草，近中秋、更无一点风色。玉鉴琼田三万顷，着我扁舟一叶。素月分辉，明河共影，表里俱澄澈。悠然心会，妙处难与君说。　　应念岭表经年，孤光自照，肝胆皆冰雪。短发萧疏襟袖冷，稳泛沧溟空阔。尽吸西江，细斟北斗，万象为宾客。扣舷独啸，不知今夕何夕！

1166年秋，张孝祥因"被谗言落职"后由广西桂林北归，途经湖南洞庭湖（词中的"洞庭""青草"二湖相通，总称洞庭湖）。

时近中秋的平湖秋月之夜,诱发了词人深邃的"宇宙意识"和勃然诗兴,使他援笔写下了这首《念奴娇·过洞庭》。自东坡《水调歌头》(明月几时有)之后,我们又喜获了一首不可多得的"中秋"佳篇。

说到诗歌表现"宇宙意识",我们便会想到唐人诗中的《春江花月夜》和《登幽州台歌》。不过,宋词所表现的"宇宙意识"和唐诗比较起来,毕竟有所不同。具体来讲,张若虚的诗中,流泻着的是一片如梦似幻、哀怨迷惘的意绪。你看:"江天一色无纤尘,皎皎空中孤月轮。江畔何人初见月?江月何年初照人?人生代代无穷已,江月年年只相似。不知江月待何人,但见长江送流水。"在这种水月无尽的"永恒"面前,作者流露出无限的怅惘;而在这怅惘之中,又夹杂着某种憧憬、留恋和对"人生无常"的轻微叹息。它是痴情而纯真的,却又带有着"涉世未深"的稚嫩。陈子昂的诗则更多地表现出一种深广的忧患意识:"前不见古人,后不见来者。念天地之悠悠,独怆然而涕下。"诗人的心灵中,积聚着自《诗经》和楚辞以来无数敏感的骚人墨客所深深感知着的人生、政治、历史的"沉重感"。比起前诗来,它的"思考"显得深刻和成熟多了;但是同时却又显现出了很浓厚的"孤独性"——茫茫的宇宙似乎是与诗人"对立"着的,因此他感到"孤立无援",而只能独自怆然泪下。然而随着社会历史的演进和人类思想的发展,出现在几百年后宋人作品中的"宇宙意识",就表现出"天人合一"的品格了。请读《前赤壁赋》:"客亦知夫水与月乎?……盖将自其变者而观之,则天地曾不能以一瞬;自其不变者而观之,则物与我皆无尽也。"这种徜徉在清风明月的怀抱之中而感到无所不适的快

金·武元直《赤壁图》（局部）

乐，这种打通了人与宇宙界限的意识观念，其获得并不容易，它标志着以苏轼为典型的一部分宋代士人，已逐步从前代人的困惑、苦恼中摆脱出来，到达了一种更为"高级"的"超旷"的思想境地。这个"进步"，反映了封建社会的走向"成年化"，同时也反映出这一代身受多种社会矛盾折磨的文人经历了艰苦曲折的心路历程之后，在思想领域里已经找到了一种自我解脱、自我超化的"武器"。

张孝祥其人，无论人品、胸襟、才学、词风，都与苏轼有着很多相似之处。因此，他作于贬谪之后月夜过洞庭湖的这首《念奴娇》词中，就糅和着苏赋和苏词的某些意境，依稀可辨东坡居士的某种身影；不过，凡是优秀的作家（特别像张孝祥这样一位有个性、有才华的作家），除了向前人学习之外，更会有着自己的独创。对于生活，他有自己的经历；对于宇宙，他有自己的领悟；而对于如何在文学作品中"提炼"自己生活的经验和如何在文学形象中"翻译"出宇宙的"着我扁舟一叶"的"密码"，他也有着自己特殊的艺术才能。张孝祥的这首词，在继轨苏轼的道路上，就以他高洁的人格和高昂的生命活力作为基础，以星月皎洁的夜空和寥阔浩荡的湖面为背景，创造出了一个光风霁月、坦荡无涯的艺术意境和精神境界，为宋代词坛乃至整个古典诗坛提供了一件不可多见的杰作。

词的开头三句即在我们面前展现了一个静谧、开阔的画面。"气蒸云梦泽，波撼岳阳城"，现实中的八月洞庭湖，可以说是极少会风平浪静的。因此词人所写的"更无一点风色"，与其说是实写湖面的平静，还不如说是有意识地要展现其内心世界的恬宁，它的真实用意乃在展开下面"天人合一"的"澄澈"境界。

果然,"玉鉴琼田三万顷,着我扁舟一叶"二句就隐约地暗示了这种物我"和谐"的快感。在别人的作品中,一叶扁舟与汪洋大湖的形象对比中,往往带有"小""大"之间悬差、对比的意念,而张词却用了一个"着"字,表达了他如鱼归水般的无比欣喜,其精神境界就显然与人不同。试想,扁舟之附着于万顷碧波,不是很像"心"之附着于"体"吗?心与体本是相互依附、相互一致的。照古人看来,"人"实在即是"天地之心""五行之秀"(《文心雕龙·原道》),宇宙的"道心"即体现在"人"的身上。因此"着我扁舟"之句中,就充溢着一种皈依自然、天人合一的"宇宙意识",而这种意识又在下文的"素月分辉,明河共影,表里俱澄澈"中表露得更加充分。月亮、银河,把它们的光辉倾泻入湖中,碧粼粼的细浪中照映着星河的倒影,此时的天穹地壤之间,一片空明澄澈——就连人的"表里"都被洞照得通体透亮。这是多么纯净的世界,又是多么晶莹的境界!词人的心,已被宇宙的空明净化了,而宇宙的景,也被词人的纯洁净化了。人格化了的宇宙,宇宙化了的人格,打成一片,浑成一体,使我们的词人全然陶醉了。他兴高采烈,他神情飞扬,禁不住要发出自得其乐的喁喁独白:"悠然心会,妙处难与君说!"在如此广袤浩淼的湖泊上,在如此神秘冷寞的月光下,词人非但没有常人此时此地极易产生的陌生感、恐惧感,反而产生了无比的亲切感、快意感,这不是一种物我相惬、天人合一的"宇宙意识"又是什么?这里当然包含着"众人皆浊我独清,众人皆醉我独醒"的自负,却没有了屈子那种"颜色憔悴,形容枯槁"的苦闷;这里当然也有着仰月映湖"对影成三人"的清高,却没有了李白那种"行乐当及时"的烦躁。词人感到了前所未有的恬淡和安宁。在月光的爱抚下,在湖波的摇篮里,他

升华的人格与艺术美
——张孝祥《念奴娇·过洞庭》

那原先躁动不安的心灵,找到了最好的休憩和归宿之处。人之回归到大自然母亲的怀抱中,人的开阔而洁净的心灵与"无私"的宇宙精神的"合二而一",岂不就是最大的快慰与欢愉?此种"妙处",又岂是"外人"所能得知的!所以,张孝祥的这几句"绝妙好词"(周密选《绝妙好词》,就以这首张词冠集),真是道出了千古难道的"道心",泄漏了千古未泄的"天机",向我们展示了宇宙"永恒的微笑"。诗词之寓哲理,至此可谓达到了"化境"。

那么,为什么这种"天人合一"的"妙处"只能由词人一人所独得?词人真是一个"冷然、洒然"、不食"烟火食"的人(陈应行《于湖先生雅词序》)吗?非也。张孝祥此行,刚离谗言罗织的是非场不久,因而说他是一个生来的"遗世独立"之士并不符合事实。事实是,他有高洁的人格,有超旷的胸怀,有"迈往凌云之气"和"自在如神之笔"(同上),所以才能跳出"小我"的圈子而悠然心会此间的妙处和出此潇洒超尘的词篇。其实他心境的"悠然"并非天生:"世路如今已惯,此心到处悠然。"(《西江月·丹阳湖》)这就可证,他的"悠然"是在经历了"世路"的坎坷艰险后才达到的一种"圆通"和"超脱"的精神境界,而并非是一种天生的冷漠或自我麻醉。所以他在上面两句词后接着写道:"寒光亭下水连天,飞起沙鸥一片。"天光水影,白鸥翔飞,这和"素月分辉,明河共影,表里俱澄澈",就是同样的超尘拔俗、物我交游的"无差别境界"。这种通过矛盾而达到了矛盾的暂时解决、通过对于人生世路的"入乎其中"而达到的"出乎其外"的过程,很容易使我们联想到苏轼的《六月二十七日望湖楼醉书》:"黑云翻墨未遮山,白雨跳珠乱入船。卷地风来忽吹散,望湖楼下水如天。"这是在写望湖楼上所见之实景,但也未尝不

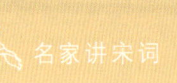

是在写他所经历的心路历程：在人生路途中，风风雨雨随处都有；然而只要保持人格的纯洁和思想的达观，一切风雨终会过去，一个澄澈空明的"心境"必将复现。

不过，苏诗所写的心路历程是"顺叙"，而张词所写却用"倒叙"。因而我们接着就来读《念奴娇》的下阕："应念岭表经年，孤光自照，肝胆皆冰雪。"这就触着了词人的"立足点"。词人刚从"岭表"（指两广地区）一年左右的官场生活中摆脱出来，回想自己在这一段仕途生涯中，人格及品行是极为高洁的，高洁到连肝胆都如冰雪般晶莹而无杂滓；但此种心迹却不易被人所晓（反而蒙冤），故而只能让寒月之孤光来洞鉴自己的纯洁肺腑。"中秋谁与共孤光，把盏凄然北望"（苏轼《西江月》），张孝祥尽管没有像苏东坡那样明说，但言外之意，也不无凄然和怨愤。所以这里出现的词人形象，就是一位有着愤世情绪的现实生活中的人了；而前面那种"表里澄澈"的形象，却是他"肝胆冰雪"的人格经过"宇宙意识"的升华而生成的结晶体。写到这里，作者的慨世之情正欲勃起，却又立即转入了新的感情境界："短发萧疏襟袖冷，稳泛沧溟空阔。"这里正是作者旷达高远的襟怀在起着作用："任凭风浪起，稳坐钓鱼台。"何必去理睬那些小人们的飞短流长，我且泛舟稳游于洞庭湖上——非但如此，我还要进而"精骛八极、心游万仞"地作天人之游呢！因此尽管头发稀疏，两袖清风，词人的兴会却格外高涨，词人的想象更加浪漫了。于是便出现了下面的奇句："尽吸西江，细斟北斗，万象为宾客。"这是何等大的气派，何等开阔的胸襟！词人要吸尽长江（长江西来，故曰"西江"）的浩荡江水，把天上的北斗七星当作勺器，而邀天地万物作为陪客，高朋满座地细斟剧饮

升华的人格与艺术美
——张孝祥《念奴娇·过洞庭》

清·汤禄名《明月种树图》

起来。这种睥傲世人而"物我交欢"的神态,是诗人自我意识的"扩张",是词人人格的"充溢",表现出了以我为"主"(主体)的新的"宇宙意识"。至此,词情顿时达到了"高潮":"扣舷独啸,不知今夕何夕!"今夕何夕?回答本来是明确的:今夕是"近中秋"的一夕。但是作者此时似乎已经达到了"忘形"的兴奋地步,而把人世间的一切(连"日子")都遗忘得干干净净了;因此,那些富贵功名、宠辱得失,更已一股脑儿地抛到九霄云外去了。在这一瞬间,"时间"似乎已经凝止了,"空间"也已缩小了,幕天席地之间,上下古今之中,只有一个"扣舷独啸"的词人形象充塞于画面的中心而又响起了虎啸龙吟、风起浪涌的"画外音"。先前那个"更无一点风色"、安谧恬静的洞庭湖霎时间似乎变成了万象沓至、群宾杂乱的热闹酒庄,而那位"肝胆冰雪"的主人也变成了酒入热肠、壮气凌云的豪士了。

历史上的张孝祥,是一位有才华、有抱负、有器识的爱国之士。他曾在建康留守席上悲歌《六州歌头》词,使得主战派将领张浚为之动容罢席,足证其气节之高。他在过黄陵庙时曾赋《西江月》词云:"波神留我看斜阳,唤起鳞鳞细浪。"足证其文辞之奇。而在这首作于特定环境(洞庭月夜)的《念奴娇》中,上述两方面的质素却采取了一种特殊的方式折射出来。作者的高洁人格、高尚气节以及高远襟怀,都"融化"在一片皎洁莹白的月光湖影中,变得"透明""澄澈";经过了"宇宙意识"的升华,它越发带有肃穆性、深邃性和丰厚性。作者奇特的想象、奇高的兴会以及奇富的文才,又"融解"在一个寥阔高远的艺术意境中,显得"超尘""出俗";经过了"宇宙意识"的升华,它越发带有了朦胧性、神秘性和优美性。词中最令人回味的句子是:

升华的人格与艺术美
——张孝祥《念奴娇·过洞庭》

"悠然心会，妙处难与君说。""妙处"在何？妙处在于物我交游、天人合一；妙处在于"言不尽意"却又"意在言中"。试想，一个从尘世中来的活生生的"凡人"，能够跳出"遍人间烦恼填胸臆"的困境，而达到如此物我两忘（即使是暂时的）的精神境界，岂非快极妙极！而前人常说"言不尽意"，作者却能借助于此种物我交融、情景交浃的意境，把"无私""忘我"的快感表达得如此淋漓尽致，这又岂非文学的无上"妙境"！苏轼曾说："求物之妙，如系风捕影；能使是物了然于心者，盖千万人而不一遇也，而况能使了然于口与手者乎！"（《答谢民师书》）张孝祥的这首词，就是能够直探"天人合一"之"妙"且能把它"翻译"成文学形象而使千万人得以共观的佳作。胡仔曾经赞叹，"中秋词，自东坡《水调歌头》一出，余词尽废"（《苕溪渔隐丛话》后集卷十三），此话其实过分。眼前的这首《念奴娇》词，就是一篇"废"不得的佳作。如果说，苏词借着月光倾吐了他对"人类之爱"的挚情歌颂的话，那么张词就借着月光抒发了他对"高风亮节"的尽情赞美。不但是在"中秋"诗词的长廊中、而且是在整个古典文学的长廊中，它都是一块杰出的丰碑。而载负着它的深厚伟力，就在于那经过"宇宙意识"升华过的人格美和艺术美，它将具有着"澡雪精神"和提高审美能力的永久的魅力。

以灵巧之笔抒写眷眷之情
——李清照《一剪梅》

郑孟彤

红藕香残玉簟秋。轻解罗裳,独上兰舟。云中谁寄锦书来?雁字回时,月满西楼。　花自飘零水自流,一种相思,两处闲愁。此情无计可消除,才下眉头,却上心头。

这首词在黄昇《花庵词选》中题作"别愁",是赵明诚出外求学后,李清照抒写她思念丈夫的心情的。伊世珍《琅嬛记》说:"易安结褵未久,明诚即负笈远游。易安殊不忍别,觅锦帕书《一剪梅》词以送之。"最近,电影《李清照》沿袭了伊世珍之说,当

以灵巧之笔抒写眷眷之情
——李清照《一剪梅》

赵明诚踏上征船出行时,歌曲就唱出《一剪梅》的"轻解罗裳,独上兰舟"。我认为把这首词理解为送别之作,于词意不尽相符,就是"轻解罗裳"两句,也难解释得通。"罗裳",不会是指男子的"罗衣",因为不管是从平仄或用字看,没有必要改"衣"为"裳"。"罗裳"无疑是指绸罗裙子,而宋代男子是不穿裙子的。要是把上句解为写李清照,下句写赵明诚,那么,下句哪来主语?两者文意又是怎样联系的呢?看来,应该以《花庵词选》题作"别愁"为宜。

李清照和赵明诚结婚后,夫妻感情甚好,家庭生活充满了学术和艺术的气氛,十分美满。所以,两人一经离别,两地相思是不难理解的。特别是李清照对赵明诚,更为仰慕钟情。这在她的许多词作中都有所流露。这首词就是作者以灵巧之笔抒写她如胶似漆的思夫之情的,反映出初婚少妇沉溺在情海之中的纯洁心灵。词的开头是:

红藕香残玉簟秋。

写出时间是在一个荷花凋谢、竹席嫌凉的秋天。"红藕",即红色荷花。"玉簟",是精美的竹席。这一句涵义极其丰富。它不仅点明了时节,指出就是这样一个萧疏秋意引起了作者的离情别绪,显示出全词的倾向性;而且渲染了环境气氛,对作者的孤独闲愁起了衬托作用。如"红藕香残",虽然是表示秋来了,荷花凋谢,其实,也含有青春易逝、红颜易老之意;"玉簟秋",显然是暑退秋来,所以竹席也凉了。其实,也含有"人去席冷"之意。

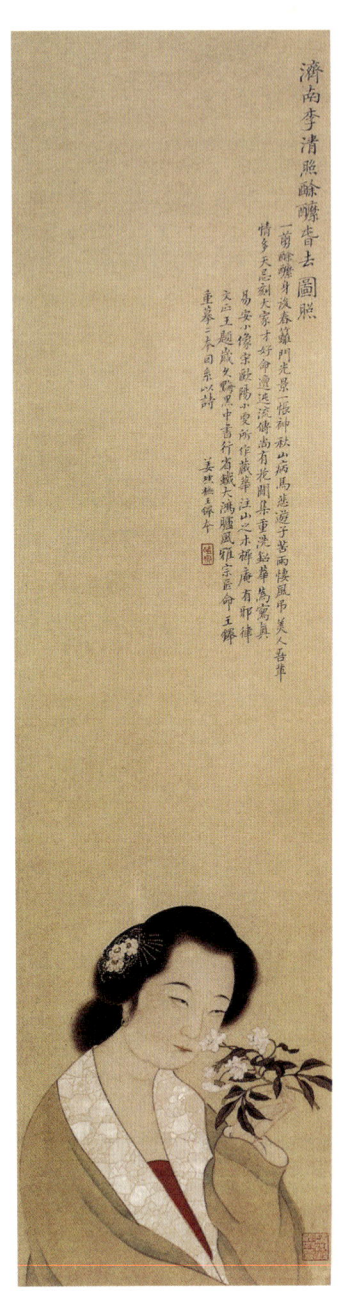

清·姜埂《李清照小像》

就表现手法及其含义来看，这一句和南唐李璟《浣溪沙》的首句"菡萏香销翠叶残"相类似。同样是说荷花凋残，秋天来了，但后者不如前者那么富有诗意："菡萏香销"无疑是不及"红藕香残"那样既通俗又色泽鲜明；"翠叶残"意思仍然和"菡萏香销"一样，是指秋来荷叶落。但"玉簟秋"却不同了，又有一层新的意思。如果说，"红藕香残"是从客观景物来表现秋的到来，那么，"玉簟秋"就是通过作者的主观感受——竹席生凉来表达秋的到来。一句话里把客观和主观、景和情都融化在一起了。显然，同是七个字，但它的涵义就比李璟之句丰富得多。怪不得清朝陈廷焯赞赏说："易安佳句，如《一剪梅》起七字云：'红藕香残玉簟秋'，精秀特绝，真不食人间烟火者。"（《白雨斋词话》）李清照并非不食人间烟火的人，但这一句"精秀特绝"，却是事实，并非过誉。

李清照本来已因丈夫外出而有所牵挂，如今面对这样一个荷残席

以灵巧之笔抒写眷眷之情
——李清照《一剪梅》

冷、万物萧疏的景象，免不了触景生情，其思夫之情必然更加萦绕胸怀，内心之苦是不言而喻的。凡人受愁苦的煎熬，总是要想办法排愁遣闷的，这是人之常情。李清照也不例外。她究竟想如何来消除这愁闷呢？此刻，她不是借酒消愁，也不是悲歌当泣，而是借游览以遣闷，下两句就是这样引出来的：

轻解罗裳，独上兰舟。

就是说，我轻轻地解开了绸罗的裙子，换上便装，独自划着小船去游玩吧！上句"轻"字，很有分量，"轻"，是轻手轻脚的意思。它真实地表现了少妇生怕惊动别人，小心而又有几分害羞的心情。正因为是"轻"，所以谁也不知道，连侍女也没让跟随就独自上小船了。下句"独"字就是回应上句的"轻"字的。"罗裳"，是丝绸制的裙子。"兰舟"，即木兰舟，船的美称。这里用"罗裳"和"兰舟"，很切合李清照的身份。因为这是富贵人家之所独有。这两句的涵义，既不同于《九歌·湘君》中"沛吾乘兮桂舟，令沅湘兮无波，使江水兮安流"之湘夫人乘桂舟会湘君，也不同于张孝祥《念奴娇》"玉鉴琼田三万顷，着我扁舟一叶"泛舟洞庭的兴奋心情，而是极写李清照思夫之苦。她之所以要"独上兰舟"，正是想借泛舟以消愁，并非闲情逸致的游玩。这是李清照遣愁的方法之一。其实，"独上兰舟"以消愁，若非愁之极何以出此？然而，它不过是像"举杯消愁愁更愁'一样，过去也许双双泛舟，今天独自击楫，眼前的情景，只能勾引起往事，怎能排遣得了呢？不过，李清照毕竟跟一般的女性不同，她不把自己的这种愁苦归咎于对方的离别，反而设想对方也会思念着自己的。所以，她宕开一笔，写道：

> 云中谁寄锦书来？雁字回时，月满西楼。

清·费丹旭《仕女图》

前两句是倒装句。这几句意思是说，当空中大雁飞回来时，谁托它捎来书信？我正在明月照满的西楼上盼望着呢！"谁"，这里实际上是暗指赵明诚。"锦书"，即锦字回文书，这里指情书。作者这么写，看似淡，实则含蓄有韵味：一，它体现了李清照夫妻感情的极其深厚真挚，以及李清照对丈夫的充分信任。因为如果她对赵明诚感情淡薄，或有所怀疑，就不会想象"云中谁寄锦书来"，而是必然发出"浮云蔽白日，游子不顾反"（《古诗十九首·行行重行行》）或"荡子行不归，空床难独守"（《古诗十九首·青青河畔草》）的怨言。所以，作者这样写，不言情而情已自见。这种借写事来抒情，正是在艺术创作上最富有感染力的。二，寓抽象于形象之中，因而更觉具体生动。单说"谁寄锦书来"，未免

以灵巧之笔抒写春春之情
——李清照《一剪梅》

显得抽象。作者借助于雁能传书的传说,写道:"云中谁寄锦书来,雁字回时。"这就通过大雁翔空,形象地表达了书信的到来,使人可看得到,摸得着。虽然这种写法并非自她始,但她的云中雁回比之一般的飞雁传书,显然画面更为清晰,形象更为鲜明,这种点化仍然是值得肯定的。三,它渲染了一个月光照满楼头的美好夜景。在这夜景里,即使收到情书,无疑是高兴的。但光是这样理解,还不可能发掘"月满西楼"句的真正含义。雁传书信,固可暂得宽慰,但不可能消除她的相思。其实,在喜悦的背后,蕴藏着相思的泪水,这才是真实的感情。"月满西楼"句和白居易《长相思》的"月明人倚楼"含义相似,都是写月夜思妇凭栏望远的。但李作较之白作似乎进了一步,关键在于"西"字,月已西斜,足见她站立楼头已久,这就表明了她思夫之情更深,愁更极。

由于李清照既然思念着自己的丈夫,又相信丈夫也会思念着自己,所以,下片也就顺此思路展开了:

花自飘零水自流。

有人说,这是写李清照慨叹自己"青春易老,时光易逝"。要是这样,那么,下面"一种相思,两处闲愁"两句,就成为无源之水、无本之木了。其实,这一句含有两个意思:"花自飘零",是说她的青春像花那样空自凋残;"水自流",是说丈夫远行了,像悠悠江水空自流。"自"字,是"空自"或"自然"的意思。它体现了李清照的感叹语气。这句话看似平淡,实际上含义很深。只要我们仔细玩味,就不难发觉,李清照既为自己的红颜易老而感慨,更为丈夫不能和自己共享青春而让它白白地消逝而伤

怀。这种复杂而微妙的感情，正是从两个"自"字中表现出来的。这就是她之所以感叹"花自飘零水自流"的关键所在，也是她与丈夫真挚爱情的具体表现。唯其如此，所以就自然地引出来了底下两句：

一种相思，两处闲愁。

如果说，上面没有任何一句提到李清照和她丈夫的两相恩爱；那么，这两句就说得再明白也没有了。他俩是同样互相思念着，也同样因离别而苦恼着。这种独特的构思体现了李清照对赵明诚的无限钟情和充分信任，体现了她开朗的性格，善于为对方着想，与一般妇女的狭隘心胸不同。在古典诗词中，写思夫之作的不少，但大多是"过尽千帆皆不是。斜辉脉脉水悠悠，肠断白蘋洲"（温庭筠《忆江南》），或是"红豆不堪看，满眼相思泪"（牛希济《生查子》）一类文字。像李清照这样从两方面来写出相思之苦的，极为鲜见。

那么，李清照的"闲愁"究竟达到了什么程度呢？下面三句就作了回答：

此情无计可消除，才下眉头，却上心头。

就是说，这种相思之情是没法排遣的，皱着的眉头方才舒展，而思绪又涌上心头。一句话，就是时刻在相思着。这里，作者对"愁"的描写，极其形象。人在愁苦时总是皱着眉头，愁眉苦脸的。作者正是抓住这一点才写出"才下眉头，却上心头"

以灵巧之笔抒写春春之情
——李清照《一剪梅》

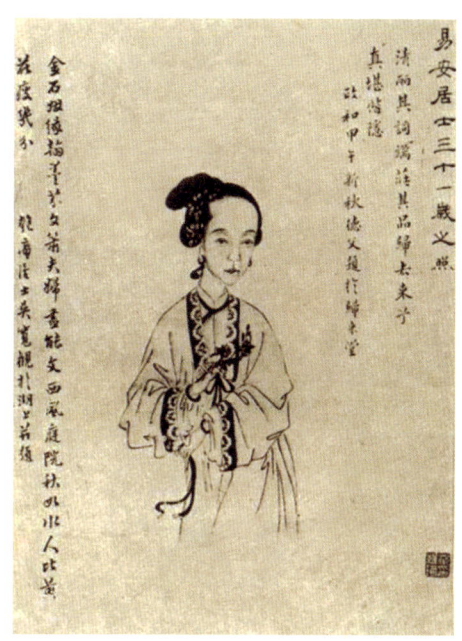

赵明诚《易安居士三十一岁之照》

两句,使人若见其眉头刚舒展又紧蹙的样子,从而领会到她内心的绵绵痛苦。"才下""却上"两个词用得很好,两者之间有着连接的关系。所以,它能把相思之苦在短暂中的变化起伏表现得极其真实形象。这几句和李煜《乌夜啼》的"剪不断,理还乱,是离愁,别是一般滋味在心头",意境相似,有异曲同工之妙。

王士禛在《花草蒙拾》中说:"然易安亦从范希文'都来此事,眉间心上,无计相回避'语胎出,李特工耳。"诚然,李作比之范作已胜一筹。"眉间心上,无计相回避",总不及"才下眉头,却上心头"那么形象地反映李清照愁眉变化的情景,怪不得成为千古绝唱。

由上看来,李清照这首词主要是抒写她的思夫之情。这种题

115

卷帘梅妆 北宋·苏汉臣《妆靓仕女图》

材,在宋词中为数不少。若处理不好,必落俗套。然而,李清照这首词在艺术构思和表现手法上都有自己的特色,因而富有艺术感染力,仍不失为一篇杰作。其特点是:一,词中所表现的爱情是旖旎、纯洁、心心相印的,它和一般的单纯思夫或怨其不返,大异其趣。二,作者大胆地讴歌自己的爱情,毫不扭捏,更无病态成分,既像蜜一样的甜,也像水一样的清,磊落大方,和那些卿卿我我、扭捏作态的爱情,泾渭分明。三,李词的语言大都浅俗、清新,明白如话,这首词也不例外。但它又有自己的特点,那就是在通俗中多用偶句,如"轻解罗裳,独上兰舟","一种相思,两处闲愁","才下眉头,却上心头"等等,既是对偶句,又浅白易懂,读之朗朗上口,声韵和谐。若非铸词高手,难能做到。

说岳飞《小重山》

吴小如

一 今传岳飞词

唐圭璋先生辑《全宋词》，录岳飞词三首：《小重山》一首，《满江红》二首。最为世所传诵的是《满江红·写怀》。此词不见于岳珂辑录的《金陀粹编》，但后人编辑的《岳忠武王集》已收入。至近人余嘉锡先生在其所著《四库提要辨正》中提出怀疑，于是这首词的著作权便出了问题。我以为这首词有一处确实可疑，即"驾长车，踏破贺兰山缺"一句，显与抗金

史实不相吻合。贺兰山在今宁夏境内。如果说宋与西夏两个王朝有了民族纠纷,作者有志荡平西夏,还说得过去;如指反对金兵南侵,而思收复失地,那么岳飞只能说"直捣黄龙,与诸君痛饮",而不会把话头扯到西北的贺兰山去。所以我对此词究系谁作的态度,是宁信其为后人拟作而不敢遽以为真的。当然,这首词的政治影响和艺术感染力是无可非议的,不得以其可能为后人拟作而轻之。

另一首《满江红》题为《登黄鹤楼有感》,《全宋词》是根据相传为岳飞的墨迹影印件收录的。这一首比较罕见,现转录在此供参考:

> 遥望中原,荒烟外,许多城郭。想当年,花遮柳护,凤楼龙阁。万岁山前珠翠绕,蓬壶殿里笙歌作。到而今,铁骑满郊畿,风尘恶。　兵安在?膏锋锷;民安在?填沟壑。叹江山如故,千村寥落。何日请缨提锐旅,一鞭直渡清河洛。却归来,再续汉阳游,骑黄鹤。

这首词的可靠性如何,同样不易判定。从上片看,作者敢于对宋徽宗赵佶荒淫腐朽的宫禁生活公然指斥,颇不似南渡初期人的口吻。过片"兵安在"四句,提出战争的残酷和人民的涂炭,也近于旧民主主义革命时期的思潮。这帧墨迹影印件见于近人徐用仪所编《五千年来中华民族爱国魂》一书的卷端,对它的流传渊源尚有待于稽考,目前只能存疑。不过就词论词,这首词的思想和艺术都还是不错的。

剩下来只有一首《小重山》了。先把原词抄在下面:

说岳飞《小重山》

杭州岳王庙内之岳飞墓

昨夜寒蛩不住鸣。惊回千里梦,已三更。起来独自绕阶行。人悄悄,帘外月胧明。　　白首为功名。旧山松竹老,阻归程。欲将心事付瑶琴("琴",一本作"筝"),知音少,弦断有谁听?

此词见于《金陀粹编》卷十九,人们都确认它是岳飞的作品。但此词的表现手法却与那两首《满江红》迥然异趣,篇幅虽短而委婉含蓄,得吞吐顿挫之妙。不像那两首《满江红》痛快淋漓,更能体现出像岳飞这样以忠勇著称的大将的口吻。其实这并不奇怪。宋朝人写词,往往与作诗文异趣。写诗作文章可以慷慨陈辞,漫无拘束;而一到写词,就立即变得缠绵悱恻,曲折萦回。不但范仲淹、欧阳修如此,即使柳永、周邦彦也不例外。柳永的《煮海歌》,周邦彦的《薛侯马》《天赐白》等,都是大气磅礴的七言古诗,极尽雄浑跌宕之妙。比起他们写的那些哀怨缠绵、如泣如诉的长短句来,根本不像出自同一个人的手笔。这就是李清照所总结的"词别是一家"的道理。然则岳飞以委婉顿挫的词笔来抒写他抑郁难伸的苦闷,也是很自然的了。反过来再看那两首《满江红》,奋笔直书,豪情满纸,使人读了固然有不胜悲凉慷慨之感,但它们究竟是否出自岳飞本人之手,倒真值得考虑了。

二 《小重山》的写作背景

在唐圭璋先生笺注的《宋词三百首》和龙榆生先生编选的《唐宋名家词选》中,都选了岳飞的《小重山》,并且也都引述了南宋陈郁《藏一话腴》里的一段话。现据龙本转录如下:

> 武穆《贺讲和赦表》云:"莫守金石之约,难充溪壑之求。"故作词云:"欲将心事付瑶筝,知音少,弦断有谁听?"盖指和议之非也。又作《满江红》,忠愤可见。其不欲"等闲白了少年头",足以明其心事。(据龙本转录《历代诗余》卷一百十七引陈郁《藏一话腴》,唐本引文与此有出入,文字亦略繁。)

考南宋赵构与金王朝议和,其事始于绍兴八年(1138),而告成于绍兴九年(1139)。陈郁所引的岳飞表文,正是绍兴九年所写。然则《小重山》词当作于和议告成以后。但上面所录龙本引文并非陈郁《话腴》原文。检《适园丛书》本《藏一话腴》,分为甲乙二集,每集又分上下卷。书前有岳珂序言,而岳珂正是《金陀粹编》的编纂人。在《话腴》甲集卷下确实引述了岳飞的表文,题作《收复河南赦及罢兵表》,然而却没有"故作词云"以下的一段话。可见这段话是清初编纂《历代

说岳飞《小重山》

明·安正文《江汉揽胜图》(局部)

诗余》的人加上去的，否则陈郁既能见到岳飞的《满江红》词，为什么给《话腴》写序的岳珂却没有把它收到《金陀粹编》里去呢？

但《历代诗余》加上去的那一段关于《小重山》的话还是有些道理的。这一次宋、金两朝拟定和议，金王朝曾允许把河南、陕西诸州郡交还给南宋，其中包括北宋帝王陵寝所在地洛阳。绍兴九年三月，岳飞上书给宋高宗赵构，请求准许他酌带官兵亲到洛阳"恭谒、洒扫"。其真实目的，乃是希望借此窥察敌方军情。最初赵构和秦桧是同意了的，后来知道岳飞此行另有目的，便收回成命，下诏阻止岳飞"更不须亲往"。联系这一史实，则知《小重山》词不仅在篇末对主张议和的投降派表示反对，并慨叹自己的一贯主张得不到"知音"的同情和支持；而"旧山松竹老，阻归程"的话也就有了确切依据。所以我们推断这首词可能是岳飞在绍兴九年所写，是有一定根据的。

三　《小重山》讲析

这首词上片写作者外在行动及客观景色，下片专写内心活动，深得吞吐顿挫之妙。所谓"吐"，即直言倾诉；而作者却在倾诉过程中有所保留，没有一泻无遗，此即所谓"吞"。一吐一吞，于是形成了"顿挫"。这一方面当然由于词律的限制，不能像写散文那样畅所欲言；另一方面，作者用这样的艺术手法来抒写内心的一腔幽愤，也显得更沉痛有力。而所谓有所"保留"，即有些话并未直截了当地说破。譬如上面提到的"旧山松竹老，阻归程"两句，便说得十分含蓄。"旧山"既指故乡

（岳飞是河南汤阴人），又指中原沦陷地区，当然也包括北宋的汴京、洛阳这些大都名城在内。"松竹老"，一则用来说明自己离乡历时已久；二则也寄托了故国乔木之思；三则松与竹都是经冬不凋的象征忠贞劲节的植物，作者突出地提到它们，正说明北方的故老遗民中不乏志士仁人，可是他们复国兴邦的心愿却无从实现。表面上说来含混，实则其所蕴涵的内容反更丰富。"阻归程"三字，看似明白，却没有主语。谁"阻"了我的"归程"？是敌人？还是朝廷内部的投降派？实际上两者都有，更主要的却是后者。这其中就包括了皇帝赵构和权臣秦桧。当然，这样的话不能不说，却又不能明说，于是便用无主语句写了出来，给读者留下自己去补充的余地。这种手法，在词的一开头便已使用了。

作者一开头就说："昨夜寒蛩不住鸣。惊回千里梦，已三更。"蛩即蟋蟀。从字面看，仿佛蛩鸣惊回了千里梦。其实，一个人的梦如果让寒蛩惊醒，那么做梦的人睡得也太不沉稳了。可见"惊回千里梦"的主语并非蛩鸣。相反，倒是人在梦醒之后才有可能听到不住的蛩声，这里作者是把梦醒后的新的感受提前写了出来。可见"惊回"句依然是无主语句。"千里梦"的内容也有多种可能。它可以是自己转战千里，也可以是指梦中返回故乡。从下片来看，这儿的"千里梦"似以指返回"旧山"为更贴切。作者不仅"归梦难成"，而且这梦是被一种什么意外的刺激或打击给"惊回"的，可见作者当时所处的政治环境十分复杂，斗争也十分尖锐，因此日有所思，夜有所梦，且促使自己的思想反复零乱，甚至一醒之后便不能再睡。这里用无主语句的手法是同下片"阻归程"的路数完全一致的。接下去作者用了"已三更"三字,表面上说一觉醒来,已是半夜;实则暗示给读者,下半夜作者是整个失眠了。"起来独自绕阶行",写尽作者内心的焦灼和忧伤。可是这时夜色已深,万籁俱寂,一切人都已"悄悄"入睡,自己也只好再从户外进入室中(这从"帘外"两字可以悟出,如果作者继续留在户外,是不会用"帘外"二字的)。这句"人悄悄"是写实,但也兼有寓意,即为下片"弦断有谁听"句埋下了伏笔。盖"人悄悄"者,亦含有"众人皆醉我独醒"之意,所以下文作者情不自禁地慨叹"知音少"了。

　　这里需要略费笔墨讲一下"月胧明"三字。近来人们讲这三字,大都解释为"月色微明"。这是由于"胧"字极少独用,而常见的"朦胧"一词又正是模糊暗淡之意,于是便把这三字译作"月微明"了。但温庭筠《菩萨蛮》词已有"灯在月胧明,觉来闻晓莺"之句。既然室内有灯,外面的月色如果并不很明,那么室中人是不会一下子察觉的。我意这三字应解成"月色由暗而转明"。正由于自暗转明,其光线之强度才能超过室内的灯光,从而使室中人感到月光的射入。岳飞这首词的"月胧明"似也应这样讲。当作者在"独自绕阶行"时,月色是昏暗的;等到进屋之后,从帘外透入了由暗转明的月光,这才察觉天已很晚,到了下半夜了。这样讲似乎意境更深些,只是能否站得住脚,还有待进一步研究。晋潘岳诗:"朗月何胧胧。"胧胧为朗月之形容词,则非独朦胧一义可知。

　　上片似直说,却有四层顿挫,即蛩鸣、梦醒、绕阶行和从帘中看到月色是也。如前所说,第一、二层并非顺序写下;而三、四层之间的描写又被作者所省略,这就使人读起来有

说岳飞《小重山》

清·余集《梅下赏月图》

起伏回荡之感，而作者心情的不宁静，既睡不着又坐不住的神态也跃然纸上了。

下片转入内心活动的刻画，也分三层。"白首为功名"是一层，"旧山"二句是一层，"欲将心事"三句是一层。但第二、三两层几乎每一句都构成一个停顿，实际是一句一折。"功名"一词，本是建功立名之谓，即做一番事业的意思，与今人所说"功名富贵"一语之含贬义者并不全同。这里作者说，我为了建功立业，不惜白了少年头；但至今乡园多事，归程有阻，分明壮志难酬。其所以难酬，则由于当朝权臣与己志多不合之故。"知音"二句，化用《吕氏春秋·本味》"钟子期死，伯牙破琴绝弦，终身不复鼓琴"的典故，意思说自己虽有雄才大略，而一筹莫展，即使把琴弦弹断了也无人赏识。一腔忧愤积郁于中而迸发于词，沉雄有力而感慨无穷。这就使读者感到上片所写不是无源之水，正由于内心有如此难平之事，才使他中宵无寐，绕阶独行。这宛如常山蛇，依然是首尾照应的。

拂水飘绵送行色

——周邦彦《兰陵王·柳》

袁行霈

  柳阴直,烟里丝丝弄碧。隋堤上、曾见几番,拂水飘绵送行色。登临望故国,谁识京华倦客?长亭路,年去岁来,应折柔条过千尺。　　闲寻旧踪迹,又酒趁哀弦,灯照离席。梨花榆火催寒食。愁一箭风快,半篙波暖,回头迢递便数驿,望人在天北。　　凄恻,恨堆积!渐别浦萦回,津堠岑寂,斜阳冉冉春无极。念月榭携手,露桥闻笛。沉思前事,似梦里,泪暗滴。

  自从清代周济《宋四家词选》说这首词是"客中送客"以来,

注家多采其说,认为是一首送别词。胡云翼先生《宋词选》更进而认为是"借送别来表达自己'京华倦客'的抑郁心情"。把它解释为送别词固然不是讲不通,但毕竟不算十分贴切。在我看来,这首词是周邦彦写自己离开京华时的心情。此时他已倦游京华,却还留恋着那里的情人,回想和她来往的旧事,恋恋不舍地乘船离去。宋张端义《贵耳集》说周邦彦和名妓李师师相好,得罪了宋徽宗,被押出都门。李师师置酒送别时,周邦彦写了这首词。王国维在《清真先生遗事》中已辨明其妄。但是这个传说至少可以说明,在宋代,人们是把它理解为周邦彦离开京华时所作。那段风流故事当然不可信,但这样的理解恐怕是不差的。

这首词的题目是"柳",内容却不是咏柳,而是伤别。古代有折柳送别的习俗,所以诗词里常用柳来渲染别情。隋无名氏的《送别》:"杨柳青青著地垂,杨花漫漫搅天飞。柳条折尽花飞尽,借问行人归不归。"便是人们熟悉的一个例子。周邦彦这首词也是这样,它一上来就写柳阴、写柳丝、写柳絮、写柳条,先将离愁别绪借着柳树渲染了一番。

"柳阴直,烟里丝丝弄碧。"这个"直"字不妨从两方面体会。时当正午,日悬中天,柳树的阴影不偏不倚直铺在地上,此其一。长堤之上,柳树成行,柳阴沿长堤伸展开来,划出一道直线,此其二。"柳阴直"三字有一种类似绘画中透视的效果。"烟里丝丝弄碧"转而写柳丝。新生的柳枝细长柔嫩,像丝一样。它们仿佛也知道自己碧色可人,就故意飘拂着以显示它们的美。柳丝的碧色透过春天的烟霭看去,更有一种朦胧的美。

以上写的是自己这次离开京华时在隋堤上所见的柳色。但这样的柳色已不止见了一次,那是为别人送行时看到的:"隋堤

拂水飘绵送行色
——周邦彦《兰陵王·柳》

清·任熊《柳鸭图》

上，曾见几番，拂水飘绵送行色。""隋堤"，指汴京附近汴河的堤，因为汴河是隋朝开的，所以称隋堤。"行色"，行人出发前的景象。谁送行色呢？柳。怎样送行色呢？"拂水飘绵"。这四个字锤炼得十分精工，生动地摹画出柳树依依惜别的情态。那时词人登上高堤眺望故乡，别人的回归触动了自己的乡情。这个厌倦了京华生活的客子的怅惘与忧愁有谁能理解呢："登临望故国，谁识京华倦客？"隋堤柳只管向行人拂水飘绵表示惜别之情，并没有顾及到送行的京华倦客。其实，那欲归不得的倦客，他的心情才更悲凄呢！

接着，词人撒开自己，将思绪又引回到柳树上面："长亭路，年去岁来，应折柔条过千尺。"古时驿路上十里一长亭，五里一短亭。亭是供人休息的地方，也是送别的地方。词人设想，在长亭路上，年复一年，送别时折断的柳条恐怕要超过千尺了。这几句表面看来是爱惜柳树，而深层的含义却是感叹人间离别的频繁。情深意挚，耐人寻味。

第一叠借隋堤柳烘托了离别的气氛，第二叠便抒写自己的别情。"闲寻旧踪迹"这一句读时容易忽略。那"寻"字，我看并不是在隋堤上走来走去地寻找。"踪迹"，也不是自己到过的地方。"寻"是寻思、追忆、回想的意思。"踪迹"指往事而言。"闲寻旧踪迹"，就是追忆往事的意思。为什么说"闲"呢？当船将开未开之际，词人忙着和人告别，不得闲静。这时船已启程，周围静了下来，自己的心也闲下来了，就很自然地要回忆京华的往事。这就是"闲寻"二字的意味。我们也会有类似的经验，亲友到月台上送别，火车开动之前免不了有一番激动和热闹。等车开动以后，坐在车上静下心来，便去回想亲友的音容

乃至别前的一些生活细节。这就是"闲寻旧踪迹"。那么，此时周邦彦想起了什么呢？"又酒趁哀弦，灯照离席。梨花榆火催寒食"。有的注释说这是写眼前的送别，恐不妥。眼前如是"灯照离席"，已到夜晚，后面又说"斜阳冉冉"，时间如何接得上？所以我认为这是船开以后寻思旧事。在寒食节前的一个晚上，情人为他送别。在送别的宴席上灯烛闪烁，伴着哀伤的乐曲饮酒。此情此景真是难以忘怀啊！这里的"又"字告诉我们，从那次的离别宴会以后，词人已不止一次地回忆，如今坐在船上又一次回想起那番情景。"梨花榆火催寒食"写明那次饯别的时间。寒食节在清明前一天，旧时风俗，寒食这天禁火，节后另取新火。唐制，清明取榆、柳之火以赐近臣。"催寒食"的"催"字有岁月匆匆之感。岁月匆匆，别期已至了。

"愁一箭风快，半篙波暖，回头迢递便数驿，望人在天北"。周济《宋四家词选》曰："一愁字代行者设想。"他认定作者是送行的人，所以只好作这样曲折的解释。但细细体会，这四句很有实感，不像设想之辞，应当是作者自己从船上回望岸边的所见所感。"愁一箭风快，半篙波暖，回头迢递便数驿"，风顺船疾，行人本应高兴，词里却用一"愁"字，这是因为有人让他留恋着。回头望去，那人已若远在天边，只见一个难辨的身影。"望人在天北"五字，包含着无限的怅惘与凄惋。

第二叠写乍别之际，第三叠写渐远以后。这两叠的时间是接续的，感情却又有波澜。"凄恻，恨堆积！""恨"在这里是遗憾的意思。船行愈远，遗憾愈重，一层一层堆积在心上难以排遣，也不想排遣。"渐别浦萦回，津堠岑寂。斜阳冉冉春无极"。从词开头的"柳阴直"看来，启程在中午，而这时已到傍晚。"渐"

字也表明已经过了一段时间，不是刚刚分别时的情形了。这时，望中之人早已不见，所见只有沿途风光。大水有小口旁通叫浦，别浦也就是水流分支的地方，那里水波回旋。"津堠"是渡口附近的守望所。因为已是傍晚，所以渡口冷冷清清的，只有守望所孤零零地立在那里。景物与词人的心情正相吻合。再加上斜阳冉冉西下，春色一望无边，空阔的背景越发衬出自身的孤单。他不禁又想起往事："念月榭携手，露桥闻笛。沉思前事，似梦里，泪暗滴。"月榭之中，露桥之上，度过的那些夜晚，都留下了难忘的印象，宛如梦境似的，一一浮现在眼前。想到这里，不知不觉滴下了泪水。"暗滴"是背着人独自滴泪，自己的心事和感情无法使旁人理解，也不愿让旁人知道，只好暗自悲伤。

　　统观全词，萦回曲折，似浅实深，有吐不尽的心事流荡其中。无论景语、情语，都很耐人寻味。

　　周邦彦字美成，自号清真居士。关于他在词史上的地位，刘永济先生所论颇中肯綮："北宋词至东坡以后，渐与音乐相远，清照所谓'句读不葺之诗耳，又往往不协音律'。至滑稽派作家，复不讲词采，流于俚俗。邦彦既知音，又长于文学，其所作词，音律流美，词采和雅，故一时词体，复归于正，影响南宋词学甚大……"（《唐五代两宋词简析》）这首《兰陵王》一向被认为是周邦彦的代表作之一，它的特点也恰恰是"音律流美，词采和雅"。宋沈义父《乐府指迷》说他"无一点市井气"，如果拿这首词和柳永同样内容的慢词《夜半乐》（冻云黯淡天气）、《雨霖铃》（寒蝉凄切）相比较，便会感到确实是这样。周邦彦的词诗味很浓，或者说是文人气很浓。这首词虽不像他的其他许多词那样化用前人诗句，但是那种情调、气氛还是接近于诗的。

炼字琢句　运化无痕
——周邦彦《满庭芳》

唐圭璋

周邦彦为北宋末期词学大家。由于他深通音律，创制慢词很多，无论写景抒情，都能刻画入微，形容尽致。章法变化多端，疏密相间，笔力奇横。王国维推尊周邦彦为词中老杜，确非溢美之词。兹分析他的《满庭芳》一首词，以见一斑：

风老莺雏，雨肥梅子，午荫嘉树清圆。地卑山近，衣润费炉烟。人静乌鸢自乐，小桥外、新绿溅溅。凭栏久，黄芦苦竹，疑泛九江船。　　年年。如社燕，飘流瀚海，来寄修椽。且莫思身外，长近尊前。憔悴江南倦客,不堪听、急管繁弦。歌筵畔,先安簟枕,容我醉时眠。

周邦彦于哲宗元祐八年(1093)任溧水(今江苏溧水县)令,时年三十九岁。无想山在溧水县南十八里,山上无想寺(一名禅寂院)中有韩熙载读书堂。韩曾有赠寺僧诗云:"无想景幽远,山屏四面开。凭师领鹤去,待我挂冠来。药为依时采,松宜绕舍栽。林泉自多兴,不是效刘雷。"由此可见无想山之幽僻。郑文焯以为无想山乃邦彦所名,非是。

上片写足江南初夏景色,极其细密;下片即景抒情,曲折回环,章法完全从柳词化出。"风老"三句,是说莺雏已经长成,梅子亦均结实。杜牧有"风蒲燕雏老"之句,杜甫有"红绽雨肥梅"之句,皆含风雨滋长万物之意。两句对仗工整,"老"字、"肥"字皆以形容词作动词用,极其生动。时值中午,阳光直射,树荫亭亭如幄,正如刘禹锡所云:"日午树荫正,独吟池上亭。""圆"字绘出绿树葱茏的形象。本词正是作者在无想山写所见所闻的景物之美。

"地卑"两句承上而来,写溧水地低而近山的特殊环境,雨多树密,此时又正值黄梅季节,所谓"梅子黄时雨",使得处处湿重而衣物潮润,炉香熏衣,需时较久,"费"字道出衣服之润湿,则地卑久雨的景象不言自明,湿越重,衣越润,费炉烟愈多,一"费"字既具体又概括,形象袅袅,精炼异常。

"人静"句据陈元龙注云:"杜甫诗'人静乌鸢乐'。"今本杜集无此语。正因为空山人寂,所以才能领略乌鸢的逍遥情态。"自"字极灵动传神,画出鸟儿之无拘无束,令人生羡,但也反

炼字琢句　运化无痕
——周邦彦《满庭芳》

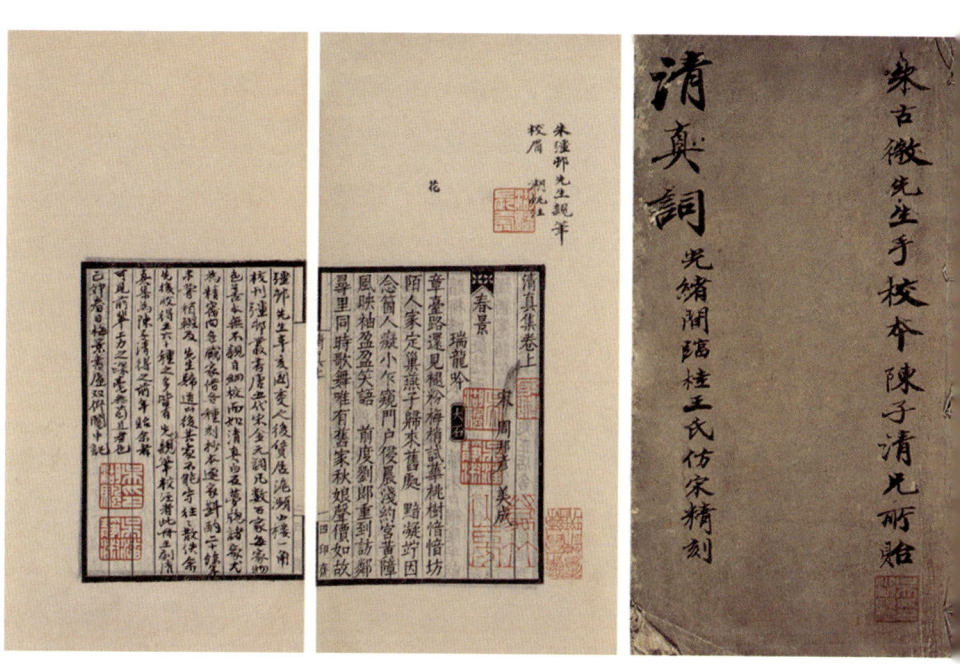

周邦彦《清真词》书影（光绪间临桂王氏仿宋精刻）

映出自己的心情苦闷。周词《琐窗寒》有"想东园桃李自春",用"自"字同样有无穷韵味。"小桥"句仍写静境,水色澄清,水声溅溅,说明雨多,这又与上文"地卑""衣润"等相互关联。周邦彦治溧水时有新绿池、姑射亭、待月轩、萧闲堂诸名胜。

"凭栏久"承上,意谓上述景物,均是凭栏眺望时所见。词意至此,进一步联系到自身。"黄芦苦竹",用白居易《琵琶行》中"住近湓江地低湿,黄芦苦竹绕宅生"之句,点出自己的处境与贬谪的白居易相类。"疑"字别本作"拟",当以"疑"字为胜。

换头"年年",为句中韵。《乐府指迷》云:"词中多有句中韵,人多不晓,不惟读之可听,而歌时最要叶韵应拍,不可以为闲字而不押,……又如《满庭芳》过处'年年如社燕','年'字是韵,不可不察也。"三句自叹身世,曲折道来。作者在此以社燕自比,社燕每年春社时来,秋社时去,从漠北瀚海飘流来此,于人家屋椽之间暂时栖身,这里暗示出他宦情如逆旅的心情。

"且莫思"两句,劝人一齐放下,开怀行乐,词意从杜甫诗"莫思身外无穷事,且尽尊前有限杯"中化出。"憔悴"两句,又作一转,飘泊不定的江南倦客,虽然强抑悲怀,不思种种烦恼的身外事,但盛宴当前,丝竹纷陈,又令人难以为情而徒增伤感,这种深刻而沉痛的拙笔、重笔、大笔,正是周词的特色。

"歌筵畔"句再转作收。"容我醉时眠",用陶潜语:"潜若先醉,便语客:'我醉欲眠卿可去。'"(《南史·陶潜传》)李白亦有"我醉欲眠卿且去"之句,这里用其意而有所不同,歌筵弦管,客之所乐,而醉眠忘忧,为己之所欲,两者尽可各择所好。"容我"两字,极其宛转,暗示作者愁思无已,唯有借醉眠以了之。

周邦彦自元祐二年离开汴京,先后流宦于庐州、荆南、溧水

炼字琢句 运化无痕
——周邦彦《满庭芳》

等僻远之地,故多自伤身世之叹,这种思想在本词中也有所反映。但本词的特色是含蓄蕴藉,词人的内心活动亦多隐约不露。例如上片细写静景,说明作者对四周景物的感受细微,又似极其客观,纯属欣赏;但"凭栏久"三句,以贬居江州的白居易自比,则其内心之矛盾苦痛,亦可概见。不过其表现方式却是与《琵琶行》不同。陈廷焯《白雨斋词话》说:"但说得虽哀怨,却不激烈,沉郁顿挫中别饶蕴藉。"说明两者风格之不同。下片笔锋一转再转,曲折传出作者流宦他乡的苦况,他自比暂寄修椽的社燕,又想借酒忘愁而苦于不能,但终于只能以醉眠求得内心短暂的宁静。《蓼园词选》指出:"'且莫思'至句末,写其心之难遣也,末句妙于语言。"这"妙于语言"亦指含蓄而言。

宋陈振孙《直斋书录解题》云:"清真词多用唐人诗语隐括入律,浑然天成,长调尤善铺叙,富艳精工。"这话是对的。如这首词就用了杜甫、白居易、刘禹锡、杜牧诸人的诗,而结合真景真情,炼字琢句,运化无痕,气脉不断,实为难能可贵的佳作。

千言万语锁住舌尖头

——陆游《钗头凤》

周先慎

红酥手,黄縢酒,满城春色宫墙柳。东风恶,欢情薄,一怀愁绪,几年离索。错!错!错! 春如旧,人空瘦,泪痕红浥鲛绡透。桃花落,闲池阁。山盟虽在,锦书难托。莫!莫!莫!

《钗头凤》是陆游描写自己爱情婚姻悲剧的一首名作,全词写得真挚沉痛,一字一泪,在后世产生了很大的影响,不仅有诗词吟咏,还被改编为戏剧,甚至被搬上银幕。

陆游年轻时跟一个姓唐的姑娘结婚,婚后夫妻感情甚笃,唐氏侍奉公婆亦很孝顺，但陆游的母亲却很不喜欢她，以致强迫他们离婚。后来唐氏改嫁，陆游也另娶，但两人深挚的感情无法割断，彼此都思念难舍。陆游一次春日出游，在绍兴禹迹寺南的沈园与唐氏相遇。唐氏送酒给陆游以致情意，陆游深为感动，回忆起昔日，十分伤感，便在沈园的墙壁上写下了这首《钗头凤》词。据说在两人相会后不久，唐氏即因爱情的不幸郁闷而死（本事载宋人陈鹄《耆旧续闻》卷十和周密《齐东野语》卷一，内容大同小异）。

陆游对唐氏的感情十分真挚，对于他们的不幸离异以及唐氏亡故，一直十分悲痛，难以忘怀。在1192年诗人六十八岁时，还写了一首诗来追忆这件事。诗序云："禹迹寺南，有沈氏园。四十年前，尝题小词一阕（按即这首《钗头凤》）壁间。偶复一到，而园已三易主，读之怅然。"1199年，七十五岁的诗人还写了两首著名的《沈园》来追悼唐氏，其中有两句云："此身行作稽山土，犹吊遗踪一泫然。"1205年诗人八十一岁，梦游沈氏园，又写了两首绝句，其中两句云："玉骨久成泉下土，墨痕犹锁壁间尘。"对唐氏，对由封建礼教造成的他们的爱情婚姻悲剧，对描写这悲剧和两人真挚爱情的这首《钗头凤》词，陆游是终生不能忘怀的。

这首词作于何年，历来众说不一。按前引诗序"四十年前"的说法，该是写于诗人二十八岁时；据周密《齐东野语》卷一的记载，则是绍兴乙亥，即1155年，诗人三十一岁时。虽然不能确指某一年，但写于年轻时期则是可以肯定的。

上片由追忆昔日的生活，再联想到当前，对两人的被迫离散表示出深沉含蓄的怨恨。开头三句是回忆离异以前夫妻二人

陆游西安石刻像

春日相携宴游的欢乐情景:"红酥手,黄縢酒,满城春色宫墙柳。""红酥手"指皮肤的红润细腻,是以局部代全体,写唐氏的美貌。这是从词人的主观感受写出的,自然地表达出词人对唐氏的爱悦之情。"黄縢酒"指一种用黄纸封口的官酒,这里不只点明是出游宴饮,而且"红"与"黄"对举相映,从色彩上也显示出令人欢愉的气氛。"满城春色宫墙柳",短短一句包含了宴游的时令(春天)、地点(绍兴某名园,不一定是沈园)、

140

环境（花红柳绿的明媚春色）几个方面，从大处着笔，点染出一种明丽爽朗的色调和欢快愉悦的气氛，正足以传达出两人热烈相爱的心情。

　　下面笔墨一转，由远及近，从过去说到眼前："东风恶，欢情薄，一怀愁绪，几年离索。""东风"隐指一种拆散他们夫妻的粗暴力量，按本事当指陆游的母亲。"恶"这个词用在这里的分量是很重的，鲜明地传达出词人的感情倾向，可以见出他母亲的无情和残忍给陆游所造成的心灵创伤。明人毛晋说这首词是"孝义兼挚"（《词林记事》），这并不符合词的思想内容，单是这一句就无孝可言。联系到陆游诗集中有好几首夜闻姑恶（姑恶是一种水鸟名，据传说是由被婆婆虐待而死的妇女变成，因而鸣叫声如"姑恶"）而作的诗，对于虐待媳妇的恶婆婆表现出鲜明的憎恶感情，不可能跟他自身痛切的生活体验无关。这首词虽然没有公开大胆地对封建礼教和宗法制度的罪恶提出抗议，但内心的怨恨还是十分含蓄深沉的。从语气和语意的发展看，"东风恶"三个字统领了下面三句，一气流转而下：由于这"东风恶"，才造成"欢情薄"，以至于"一怀愁绪"，以至于"几年离索"。接下去，在感情已经表达得十分强烈的基础上，用叠字"错！错！错！"收束上片，这三个叠字所包含的思想感情是非常复杂的：有对无情东风的怨恨，有对自己软弱屈从的痛悔，也有对夫妻间被迫离散的共同的深情惋惜，等等。重叠的形式，将内心沉痛怨愤的感情表现得十分鲜明强烈。

　　下片着重抒发分离的怨苦。在对唐氏深切的爱怜同情中，进一步表现了内心的怨恨。"春如旧，人空瘦，泪痕红浥鲛绡透"。这三句是写这次相遇，从陆游的眼里写出唐氏的憔悴悲苦

情态。"春如旧"跟上片"满城春色宫墙柳"相呼应，形成比照，是说春天一如过去那样美丽，而人却因欢情淡薄和几年离索而面貌全非了。"人空瘦"的"空"字，含寓着词人丰富深厚的感情。因离别而痛苦，因相思而愁闷，人是明显地瘦了。但为了失去的爱情而折磨自己，又有什么用呢？所以说是"空瘦"，在无可奈何中表现了对唐氏无限的爱怜和慰藉，同时也透露出自己无力改变这种现实、甚至连内心的悲苦也无处可以倾诉的深沉的悲哀与怨恨。"泪痕红浥鲛绡透"，是说流不尽的眼泪把一块块手绢都湿透了。这是以有形之物来写无形的感情，由此我们可以想象出这位无辜女子在封建礼教的迫害下，与丈夫分离后那种以泪洗面的日子是何等的悲苦！

接下来四句进一步申说物是人非和离别的惆怅与痛苦："桃花落，闲池阁。山盟虽在，锦书难托。""桃花落"，从眼前所见景象看，可能是写实；但联系上片"东风恶"的句意，则具有明显的象征意味，是说艳丽可爱的桃花在无情的东风的摧残下已经凋落了，其中既包含着对东风的怨恨，又包含着对桃花的同情。"闲池阁"，也是跟昔日宴饮的欢愉形成鲜明的对照，意思是说，眼前池阁依旧，却显得冷落凄清，两人都无心再去欣赏了。着一个"闲"字，便以池阁的冷落映衬出内心的孤寂悲哀。"山盟"两句，是说两人对爱情都是忠贞不渝的，但又有什么用呢？相亲相爱而不得不分离，分离之后不但难于见面，就连互通音讯也是十分困难的啊！这反映了在封建礼教和宗法制度的压迫下，缺乏反抗精神的青年男女艰难的处境和无可奈何的痛苦心情。

末了，又用叠字"莫！莫！莫！"收束全词。这三个字跟上片结尾的"错！错！错！"相呼应，所传达的思想感情也是非常丰富、

千言万语锁住舌尖头
——陆游《钗头凤》

绍兴沈园

强烈而又深永的。"莫！莫！莫！"就是"罢！罢！罢！"的意思，它强化了前面所表现的无可奈何的痛苦心情，而包含的内容却又是十分复杂的。重复三次"算了吧"指的是什么呢？难道是词人向唐氏提出，一切都就此了结了吗？双方爱情专一，情意难舍，要从此一刀两断显然是不可能的。那么，是劝慰对方、也劝慰自己从此不要再怨恨，不要再痛悔吗？这些意思，可以说都是，又都不全是。包含在这三个字中的思想感情充满了矛盾，恐怕连作者自己也是很难说得清的。

这首词，感情真挚，写得情辞凄恻，深婉缠绵；语言明畅精炼而意蕴丰厚，要反复吟咏才能体会出文字之外的种种感情。它的强烈的艺术感染力不在于尽意发挥，酣畅淋漓，而在于欲说还休、不能尽吐的哽咽难言，所以吴梅《霜崖三剧》评论这首词是"有千言万语锁住舌尖头"。

宋人陈鹄《耆旧续闻》卷十记载，唐氏读了这首词以后曾有一首和作，其中有"世情薄，人情恶"之句，可惜全词未能流传下来。清《御选历代诗余》卷一一八《词话》引夸娥主人说，录载了全词，但多数人认为是后人依据唐氏的断句补拟的，姑录以供参考：

　　世情薄，人情恶，雨送黄昏花易落。晚风干，泪痕残。欲笺心事，独语斜阑。难！难！难！　人成各，今非昨，病魂常似秋千索。角声寒，夜阑珊。怕人寻问，咽泪妆欢。瞒！瞒！瞒！

读辛稼轩的几首词

聂石樵

　　辛稼轩的词有它的特色。这些特色不仅表现在风格的豪放上，而且在内容上除了抒发爱国思想之外，还描写了不少有关农村的生活、风俗和习尚。而这些，正是他以前的词人很少写到的，是他对词的领域的开拓。在采取和描写这些题材时，辛稼轩又有其独到之处，往往高于他以前和与他同时代的作家。我们就从辛稼轩的几首词来分析他描写农村生活词的一些特点。

　　首先，在辛稼轩笔下，对农村生活的描写总比其他作家所写的要生动、细腻，观察得深刻、入微，极像一幅农村的风俗画。

如有名的《清平乐·村居》：

> 茅檐低小，溪上青青草。醉里吴音相媚好，白发谁家翁媪。 大儿锄豆溪东。中儿正织鸡笼。最喜小儿无赖，溪头卧剥莲蓬。

写农村矮小的茅屋，清清的溪水，老翁、老妇的音容、笑貌，以及三个儿子的不同劳动操作，各具特点，声态并作，情景生动逼真！刘后邨有一首诗，题为《赵信庵初夏》，和辛稼轩这首《清平乐》写的是相似的题材，如："梅子留酸溅齿牙，芭蕉分绿上窗纱。日高睡起无情思，闲看儿童捉柳花。"不但在生动、逼真上不如辛稼轩的词，而且纯客观地欣赏"儿童捉柳花"的情趣，与辛稼轩之真实地描写农村生活，并对农村生活充满了喜悦和热爱，是完全不同的。

其次，辛稼轩这一类词，在内容上比其他作家更突出地表现出自己的个性，浓重地渗透着自己的生活感受和理想。如关于醉翁这种题材的描写，便具有这一特征。我们把它和其他诗人的创作相比，这一特征就更鲜明了。唐人卢仝有一首《村醉》诗云："昨夜村饮归，健倒三四五。摩挲青莓苔，莫嗔惊著汝。"写自己既醉之后，以手抚摩莓苔，怕莓苔惊惧而嗔怒。他所着重表现的不是醉后之倔强，而是惧怕，完全是一个醉汉的形象。辛稼轩则不同，他的《西江月·遣兴》云：

> 昨夜松边醉倒，问松我醉何如。只疑松动要来扶，以手推松曰去！

他虽然醉倒了,但仍旧很坚强,沉缅之中好像松树要来扶他,他却用手把松树推开。松柏有坚贞之节,辛稼轩却加以解嘲,表明自己的思想性格比松柏还高、还坚贞。又韩愈有一首《秋树》诗,写他的遭遇和抱负:"几岁生成为大树,一朝缠绕困长藤。谁人与脱青罗帔,看吐高花万万层。"他把自己目前的困境和希望有朝一日再施展怀抱的精神表现得很充分,气象很高。同样,辛稼轩在他的《乌夜啼·廓之见和,复用前韵》下片说:

千尺蔓,云叶乱,系长松。却笑一身缠绕似衰翁。

他以松树自喻,对自己被藤蔓缠绕不但不悲伤,反而以笑置之,表现了一种乐观态度。虽然气象没有韩愈的诗那样高,但那种终身被世俗所羁绊,而且想摆脱这种羁绊的精神与韩愈的诗却是相同的。

其三,辛稼轩的词经常采用一个故事或一件事敷衍而成。其特点在于有很强的概括性,寥寥几句就能概括出这一故事或事件的全部丰富内容。像儿女婚嫁这一题材,历代不少诗、词作家写过,但在辛

辛弃疾像

稼轩笔下却与他们不同。试以白居易的诗作比较。白居易的《朱陈村》云："徐州古丰县，县有朱陈村。去县百余里，桑麻青氤氲。一村唯两姓，世世为婚姻。生者不远别，嫁娶先近邻。死者不远葬，坟墓多绕村。既安生与死，不苦形与神。所以多寿考，往往见玄孙。"白居易的着眼点在于一个村舍的古朴生活，写村中两姓人家世世结为婚姻的情况。他采取的是铺述的方法，从各方面描写这两家的姻戚关系。而辛稼轩对村舍却是另一种写法。他的词《鹧鸪天·戏题村舍》云：

鸡鸭成群晚未收，桑麻长过屋山头。有何不可吾方羡，要底都无饱便休。　　新柳树，旧沙洲，去年溪打那边流。自言此地生儿女，不嫁余家即聘周。

虽然同样再现了农村的淳朴生活，但对这一生活面的重心，即儿女婚嫁的事，却只用最后两句概括出来。这之前全部笔墨的挥洒，都是为了表现"自言此地生儿女，不嫁余家即聘周"这一重心。这就比白居易所写的更集中、更概括。

最后，辛稼轩的农村词很少纯自然景物的描写。他在描写自然景物时，往往增加一些社会风俗的画面。对文学作品来说，社会风俗景物的描写比自然景物的描写更重要，因为风俗景物能给人以更真实的感觉。应该说辛稼轩是特别重视风俗景物的描绘的。这，我们也可以作个比较。如关于春天的歌咏，唐王驾《晴景》诗云："雨前初见花间叶，雨后全无叶底花。蛱蝶飞来过墙去，却疑春色在邻家。"纯粹是对春天自然景物的描写，绝无社会风俗的影迹。和王驾所写的相反，辛稼轩笔下的春天则

元·王蒙《溪山风雨图》(局部)

另是一番景色。他的《鹧鸪天·代人赋》云：

　　陌上柔桑破嫩芽，东邻蚕种已生些。平冈细草鸣黄犊，斜日寒林点暮鸦。　　山远近，路横斜，青旗沽酒有人家。城中桃李愁风雨，春在溪头荠菜花。

其中除了"城中桃李愁风雨，春在溪头荠菜花"两句与"蛱蝶飞来过墙去，却疑春色在邻家"所写的景物相近之外，其他描写都含有风俗画面的内容。如柔桑吐芽、春蚕生长、黄犊鸣、暮鸦飞、远山、斜路、酒旗等，是自然景物，我们却可以从中想象到养蚕、春播、沽酒等社会活动，因此比王驾的诗更富有生活气息。

列宁曾经指出："判断历史的功绩，不是根据历史活动家没有提供现代所要求的东西，而是根据他们比他们的前辈提供了新的东西。"（《列宁全集》第二卷，150页）在这里，列宁提出了评价历史人物的历史唯物主义原则，我们研究我国古代作家，也必须坚持这一原则。从这个基本原则出发，我们把辛稼轩描写农村生活的词和他以前的诗人采用同样题材的诗歌相比较，就能更鲜明更具体地显示出他这部分词的特色。这些特色是他对词的创作提供的新因素，是他对他以前诗歌的继承和发展，因此在诗词的发展史上是进步的。

读辛稼轩的几首词

清·袁耀《农户小桥》

说辛弃疾的《清平乐》

吴小如

茅檐低小,溪上青青草。醉里吴音相媚好,白发谁家翁媪?

大儿锄豆溪东,中儿正织鸡笼;最喜小儿亡(无)赖,溪头卧(一本作"看")剥莲蓬。(《稼轩词编年笺注》卷二)

这首小词近年来各种选本多已入选,有的选本还有简单说明。如胡云翼先生《宋词选》云:

> 这首词环境和人物的搭配是一幅极匀称自然的画图。老和

小写得最生动。"卧剥莲蓬"正是"无赖"的形象化。

中华书局1979年出版的《辛弃疾词选》云:

　　这首词可以说是一幅农村素描。它写得清新活泼,寥寥几笔,就勾画出清溪茅舍一家老小的生动情景,使人仿佛身临其境。

俞平伯先生《唐宋词选释》云:

　　本篇客观地写农村景象,老人们有点醉了,大的小孩在工作,小的小孩在玩耍,笔意清新,似不费力。

上引诸家之说有一共同特点,即认为这首词对农村景象是在进行客观描述。我却以为词中也反映出作者的主观感情,并非只在纯客观地作素描。基于这个出发点,对词的文句就产生了不同的理解。比如上片第三四两句,我就认为"醉里"是作者自己带有醉意而不是指农村中的"翁媪"。现将拙作《读词散札》第十二则转引如下:

　　辛弃疾《清平乐·村居》上片云:……胡《选》及俞平伯师《唐宋词选释》本皆以"醉"属诸翁媪,疑非是。此"醉里"乃作者自醉,犹之"醉里挑灯看剑"之"醉里",皆作者自醉也。若谓翁媪俱醉,作者何由知之?且醉而作吴音,使不醉,即不作吴音乎?"相媚好"者,谓吴音使作者生媚好之感觉,非翁媪自相媚好也。盖作者醉中闻吴语而悦之,然后细视谛听,始知为农家翁媪对话也。此唯夏承焘先生《唐宋词选》初版本注文得其解。(《学林漫录》初集,187页)

我以为,从含醉意的作者眼中来看农村的一个生活侧面,比清醒的旁观者在听醉人说吴语要更富有诗意。退一步说,即使读者不同意夏先生和我的关于"醉里"的讲法,则此词下片"最喜"二字的主语也该指作者,总不会是指白发翁媪。可见这首词中作者的心情是开朗喜悦的。

除此之外,还想谈两点不同意见。一,此词在四卷本《稼轩词》及广信书院本中均无题,只有《花庵词选》题作"村居",各本多从之。我以为这值得研究。如果讲成作者眼中所见到的村居农民,还勉强说得过去;如把它讲成作者本人村居生活的一部分,则不敢苟同。我以为此当是作者在旅行途中所见到的

《稼轩词编年笺注》书影

一幅农村场景,或者说是农村的一个侧面。因为"茅檐低小"的房屋绝非作者自己所居,只能是望中所见。二,关于"亡赖"即"无赖"的解释。邓广铭先生《稼轩词编年笺注》引《汉书·高帝纪》注:"江淮之间,谓小儿多诈狡狯为亡赖。"俞先生《选释》说:"这里却只作小孩子顽皮讲。"中华书局选本解作"调皮",皆无可非议。但《选释》于注释秦观词时屡引杜甫《绝句漫兴》"无赖春色到江亭",释为"不可人意"或"不得人心",则疑未确。窃谓"无赖"实应解为"无聊",现代汉语中尚有"百无聊赖"的成语,足以证成鄙说(杜诗"无赖"屡见,似皆应解作"无聊")。此词下片写这户人家较大一点的孩子都在户外参加劳动,唯有最小的一个却闲得无聊,只躺在溪边自己剥莲蓬吃着玩。当然这也包含有顽皮、调皮的意思,不过这毕竟算作引申义了。《选释》有一段很精辟的讲解,现照录如下:

(下片)虽似用口语写实,但大儿、中儿、小儿云云,盖从汉乐府《相逢行》"大妇织绮罗,中妇织流黄,小妇无所为,挟瑟上高堂"化出,只易三女为三男耳。

这里的"小儿"也正如汉乐府里的"小妇",是由于"无所为"才在"溪头卧剥莲蓬"的。"无所为"即"无赖",也就是"闲得无聊"。不过俞先生对原词这一句选了一本的"看"字,意思说有些人正在参加剥莲蓬的劳动,这个"小儿"却在袖手旁观,正如黄庭坚《新喻道中寄元明》一诗中所描写的"看人获稻午风凉"。所以俞老下结论说:"末句于剥莲蓬着一'看'字,得乐府'无所为'的神理。"其实剥莲蓬本身已足以说明这个孩子的

辛弃疾雕像

无所事事,而且还躺在那里边吃边玩,一副惬意而怠懒的神情跃然纸上。故我以为用"卧"字并不比"看"字逊色,倒是胡《选》的解释更贴切些。此正如"挟瑟上高堂"本身已足以说明"小妇"的"无所为",并不一定非让她听人鼓瑟才算是无所事事也。

照我的理解,作者这首词是从农村的一个非劳动环境中看到一些非劳动成员的生活剪影,反映出春日农村有生机、有情趣的一面。上片第一二句是作者望中所见,镜头稍远。"茅檐低小",邓《笺》引杜甫《绝句漫兴》:"熟知茅斋绝低小,江上燕子故来频。"此正写南宋当时农村生活条件并不很好。如果不走近这低小的茅檐下,是看不到这户人家的活动,也听不到人们讲话的声音的。第二句点明茅屋距小溪不远,而溪上草已返青,实暗用谢灵运《登池上楼》"池塘生春草"语意,说明春到农村,生机无限,又是农忙季节了。作者略含醉意,迤逦行来,及至走近村舍茅檐,却听到一阵用吴音对话的声音,使自己感到亲切悦耳(即所谓"相媚好"),这才发现这一家的成年人都已下田劳动,只有一对老夫妇留在家里,娓娓地叙家常。所以用了一个反问句:"这是谁家的老人呢？"然后转入对这一家其他少年人的描绘。这样讲，主客观层次较为分明，比把"醉"的主语指翁媪似更合情理。

下片写大儿锄豆，中儿编织鸡笼，都是写非正式劳动成员在搞一些副业性质的劳动。这说明农村中绝大多数并非坐以待食、不劳而获的闲人，即使是未成丁的孩子也要干点力所能及的活儿，则成年人的辛苦勤奋可想而知。只有老人和尚无劳动力的年龄最小的孩子，才悠然自得其乐。这实际上是从《庄子·马蹄篇》"含哺而熙（嬉），鼓腹而游"的描写化出，却比《庄子》写得更为生动，更为含蓄，也更形象化。特别是作者用了侧笔反衬手法，反映农村生活中一个恬静闲适的侧面，却给读者留下了大幅度的想象补充余地。这与作者的一首《鹧鸪天》的结尾，所谓"城中桃李愁风雨，春在溪头荠菜花"正是同一机杼；从艺术效果看，也正有异曲同工之妙。

名家讲宋词

别开生面的饯行词
——辛弃疾《满江红》

霍松林

莫折荼蘼，且留取一分春色。还记得：青梅如豆，共伊同摘。少日对花浑醉梦，而今醒眼看风月。恨牡丹笑我倚东风，头如雪。

榆荚阵、菖蒲叶。时节换，繁华歇。算怎禁风雨，怎禁鹈鴂。老冉冉兮花共柳，是栖栖者蜂和蝶。也不因春去有闲愁，因离别。

辛弃疾先作了一首《水调歌头·送厚卿赴衡州》，又作了这首《满江红》，所以题目是《饯郑衡州席上再赋》。

郑厚卿将赴衡州做官，在饯行的酒席上连作两首词送他，

158

要做到各有特点，是相当困难的。辛弃疾却似乎毫不费力地克服了这些困难，因而两首词都经得起时间考验，流传至今。

先看《水调歌头》：

> 寒食不小住，千骑拥春衫。衡阳石鼓城下，记我旧停骖。襟以潇湘桂岭，带以洞庭春草，紫盖屹西南。文字起骚雅，刀剑化耕蚕。　看使君，于此事，定不凡。奋髯抵几堂上，尊俎自高谈。莫信君门万里，但使民歌五袴，归诏凤凰衔。君去我谁饮，明月影成三。

这首词从写衡州形胜入手，期望郑厚卿到达衡州之后振兴文化，发展农桑，富民益国，大展经纶；直至结尾，才稍露惜别之意。雄词健句，络绎笔端，一气舒卷，波澜壮阔，不失辛词豪放风格的本色。

有这么一首好词送行，已经够朋友了。还要"再赋"一首《满江红》，又有什么必要呢？

读这首《满江红》，看得出作者与郑厚卿交情颇深，饯别的场面拖得很久。先作《水调歌头》，从"仁者赠人以言"的角度加以勉励，这自然是必要的；但伤心人别有怀抱，送别之际，仍须一吐，因而又作了这首词。

送别的作品太多，在平庸作家的笔下，很容易落入陈套。辛弃疾的这首《满江红》，却角度新颖，构想奇特。试读全词，除结句而外，压根儿不提饯行，自然也未写离绪，而是着重写暮春之景，并因景抒情，吐露惜春、送春、伤春的深沉慨叹。及至与结句拍合，则以前所写的一切皆与离别相关，而寓意深广，又远

远超出送别的范围。

开头以劝阻的口气写道："莫折荼蘼!"好像有谁要折,而且一折就引起严重后果。这真是惊人之笔。"荼蘼"又作"酴醾",春末夏初开花,故苏轼《酴醾花菩萨泉》诗有"酴醾不争春,寂寞开最晚"之句;而珍惜春天的人,也感叹"开到荼蘼春事了"。辛弃疾一开口劝人"莫折荼蘼",其目的正是要"留住"最后"一分春色"。企图以"莫折荼蘼"留住"春色",这当然是痴心梦想。然而心愈痴而情愈真,也愈有感人至深的艺术魅力,这正是文学艺术区别于自然科学乃至其他社会科学的特点。

开端未明写送人,实则点出送人的季节已是暮春,因而接着以"还记得"领起,追溯"青梅如豆,共伊同摘"的往事。冯延巳《醉桃源》云:"南园春半踏青时,……青梅如豆柳如眉。"可见,"青梅如豆"乃是春半之时的景物。而同摘青梅之后,又见牡丹盛开、榆英纷落、菖蒲吐叶,时节不断变换,如今已繁华都歇,只剩几朵荼蘼了!即使"莫折",但风雨阵阵,鹈鸪声声,那"一分春色",看来也是留不住的。"鹈鸪"以初夏鸣。《离骚》云:"恐鹈之先鸣兮,使夫百草为之不芳。"张先《千秋岁》云:"数声鹈鸪,又报芳菲歇。"姜夔《琵琶仙》云:"春渐远汀洲自绿,更添了几声啼鴂。"这里于"时节换,繁华歇"之后继之以"算怎禁风雨,怎禁鹈鸪",表现了对那仅存的"一分春色"的无限担忧。在章法上,与开端遥相呼应。

上片写看花,以"少日"的"醉梦"对比"而今"的"醒眼"。"而今"以"醒眼"看花,花却"笑我头如雪",这是可"恨"的。下片写物换星移,"花"与"柳"也都"老"了,自然不再"笑我",但"我"不用说更加老了,又该"恨"谁呢?"老冉冉兮花共柳,

别开生面的饯行词
——辛弃疾《满江红》

清·弘仁《雨余柳色图》

是栖栖者蜂和蝶"两句,属对精工,命意新警。"花"败"柳"老,"蜂"与"蝶"还忙忙碌碌,不肯安闲,有什么用处呢?春秋末期,孔丘为兴复周室奔走忙碌,有个叫微生亩的很不理解,问他道:"丘何为是栖栖者与?"辛弃疾在这里把描述孔子的词儿用到蜂蝶上,是寓有深意的。

以上所写,全未涉及饯别。结尾却突然调转笔锋,写了这样两句:"也不因春去有闲愁,因离别。"即戛然而止,给读者留下一系列悬念和疑问。

全词从着意留春写到风吹雨打,留春不住。跟着时节的交换,花残柳老,人亦头白似雪。洋溢于字里行间的似海深愁,分明是"春去"引起的,却偏偏说与"春去"无关,而只是"因离别";又偏偏在"愁"前着一"闲"字,显得无关紧要。这就不能不引人深思。辛弃疾力主抗金,提出过一整套抗金的战略方针和具体措施,但由于投降派把持朝政,他遭到百般打击。淳熙八年(1181)末,自江南西路安抚使任被罢官,闲居带湖(在今江西上饶)达十年之久,虽蒿目时艰,却一筹莫展。他先作《水调歌头》,鼓励郑厚卿有所作为,又深感朝政败坏,权奸误国,金兵侵略日益猖獗,而自己又报国无门,蹉跎白首,收复中原、统一祖国的宏愿如何能够实现!于是在百感丛生之时又写了这首《满江红》,把"春去"与"离别"挽合起来,比兴并用,寄慨遥深,国家的现状与前途,个人的希望与失望,俱见于言外。"闲愁"云云,实际是说此"愁"无人理解,虽"愁"亦是徒然。愤激之情,出以平淡,而内涵愈益深广。他的那首脍炙人口的《摸鱼儿》,以"更能消几番风雨,匆匆春又归去"开头,以"闲愁最苦,休去倚危栏,斜阳正在烟柳断肠处"结尾,正可与此词并读。

乐景中的苦闷之情
——辛弃疾《鹧鸪天》

杨牧之

　　春入平原荠菜花,新耕雨后落群鸦。多情白发春无奈,晚日青帘酒易赊。　　闲意态,细生涯,牛栏西畔有桑麻。青裙缟袂谁家女,去趁蚕生看外家。

　　这是一首借景抒情的小词。借的什么样的景?词人的描写很具体、很生动;抒的什么样的情?却并非字面所表示的那样简单。

　　"春入平原荠菜花,新耕雨后落群鸦"两句词,把农村写得恬静而又生机勃勃。白色的荠菜花开满田野,土地耕好了,又适逢春雨,群鸦在新翻的土地上觅食。很简单的几笔,却像画一样,把乡野春色摆在了读者面前。前一句还属自然之景,后一句则写了人,勤劳的农民已经春耕完毕,春雨一过,春播不是即将开始了吗?一年复始,万象更新。这便是这首词开头两句的潜台词。然而,接下来的两句,作者情绪却急转直下。"多情白发春无奈,晚日青帘酒易赊",万种愁绪染白了的头发,这样生机勃勃的春天也拿它没有办法。表面上说的是"白发",实际上讲的是"愁绪"。"多情白发春无奈",只好到小酒店去饮酒解愁了。"多情"二字写得诙谐,但却是一种带有苦味的诙谐。在

荠菜花图

这诙谐中，让读者深切地感受到了作者无可奈何的情绪。

词人的愁绪何在呢？这首词有一小序："游鹅湖，醉书酒家壁。"这两句话透露了端倪。这时期，词人被罢官落职，不得不退隐田园。当时他仅仅四十二岁。以一个中年人的精力，以"季子正年少，匹马黑貂裘"（《水调歌头·落日塞尘起》）的气概，他怎能耐得了清闲无为的生活？词人游鹅湖，面对生机勃勃的春天，联想到自己的遭遇，事业无成而年齿徒增的惆怅勃然而生。春天没有自己的份，而白发却偏偏多情！

词人写得很巧妙，"以乐景写哀，以哀景写乐，倍增其哀乐"（王夫之《姜斋诗话》）。词人的心境、遭遇颇令人同情。这就是上阕的艺术手法和艺术效果。

酒能消愁吗？作者没有明写，却紧接着在下阕写了又一番农村景致：村民悠闲自在，生活过得井井有条，牛栏左右的边角空地种满了桑麻。春耕刚完，春播未始，新蚕即将出生……大忙季节就要到来了，不知谁家的年轻媳妇，穿着白衣青裙，趁着大忙前的闲暇赶着去走娘家。看，写得多么好！如果说开篇两句词写景是大处着眼，那么，这里的几句写景则是近处落笔了。一个"闲"字，一个"细"字，一个"有"字，一个"趁"字，尽写出了农村的闲适与古朴，然而词人越是写得闲适、古朴，越让读者在联想到"多情白发春无奈，晚日青帘酒易赊"所含蕴的焦躁和烦闷的情绪。看起来作者并没有写自己，而是着力描绘了一个"无我之境"，实际上我"尽在其中"。词人烦乱复杂的失意之情，被这闲适之景衬托得更加突出了。

谈到这里，读者必然会提出又一个问题：词人既然喜欢农村，喜欢农村风光，为什么还要借酒浇愁呢？应该说，词人的这

明·龚贤《云山结楼图》

乐景中的苦闷之情
——辛弃疾《鹧鸪天》

种喜爱也是真情实感，但更重要的原因恐怕还是同城里相对比而言的。词人在另外一首《鹧鸪天》词中说出了他喜爱农村的原因。他说："城中桃李愁风雨，春在溪头荠菜花。"城里的官场中有的是尔虞我诈、争权夺利，有的是夸夸其谈、食言而肥，词人看透了，厌烦了，所以，他认为美好的春天在田野、在溪头、在那满山遍野雪白的荠菜花中。他认为农村纯洁、清新。如今，他已经置身于纯洁、清新的农村中，却还要愁苦，那是另有原因。在写本词的前后，辛弃疾"独宿博山王氏庵"，曾写了一首《清平乐》，有句云："布被秋宵梦觉，眼前万里江山。"这梦寐不忘的祖国万里江山，才是词人真正关心的大事业，而如今，他却被排挤到农村，过起"闲意态"的生活来，他怎能不愁苦呢？所以，他不是不喜爱农村，但农村太恬静、安闲，远离抗金第一线；他不是不喜爱春天，但春天却不能给他带来勃勃生机、带来新的希望。

写到这里，我们可以这样说，这首词写了作者的苦闷。透过这苦闷，表现了作者的追求，这就是景中所抒之情。

名家讲宋词

姜白石的《齐天乐》

臧克家

丙辰岁,与张功甫会饮张达可之堂,闻屋壁间蟋蟀有声,功甫约予同赋,以授歌者。功甫先成,辞甚美。予徘徊茉莉花间,仰见秋月,顿起幽思,寻亦得此。蟋蟀,中都呼为促织,善斗。好事者或以三二十万钱致一枚,镂象齿为楼观以贮之:

庾郎先自吟愁赋,凄凄更闻私语。露湿铜铺,苔侵石井,都是曾听伊处。哀音似诉。正思妇无眠,起寻机杼。曲曲屏山,夜凉独自甚情绪! 西窗又吹暗雨,为谁频断续,相和砧杵?候

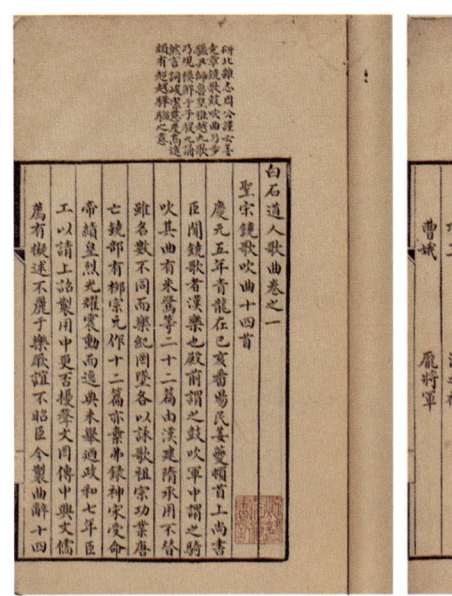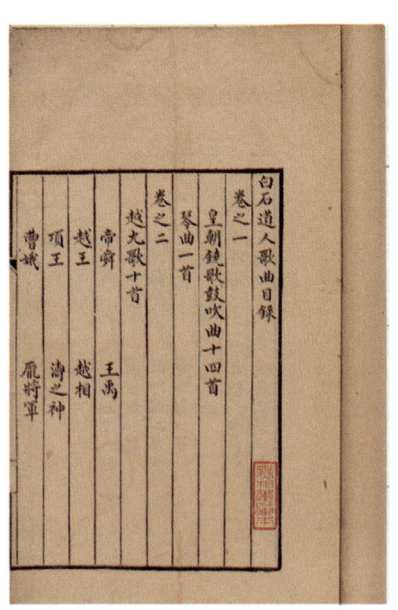

姜夔《白石道人歌曲》书影

馆迎秋,离宫吊月,别有伤心无数。《豳》诗漫与。笑篱落呼灯,世间儿女。写入琴丝,一声声更苦。

姜白石的《齐天乐》咏蟋蟀词,赢得历代词人和词论家的好评,有的人甚至把它说成是姜词的压卷之作。它的声价可以与《暗香》《疏影》《扬州慢》比高。

我也是很欣赏《齐天乐》的,不是因为它有名,而是它触动了我。

人的感情,随着季候的变迁而有所不同,春来多令人感"伤",秋至则为之兴"悲"。古来无数诗家、词人触景生情,为我们留下了多少瑶章佳句,今日读了,还为之心摇意动,同感共鸣。

触人情思、动人心怀的物类很多。秋风骤起,天地色变,欧阳子有秋声之赋：北雁南归，游子感怀，"无端嘹唳一声传。西风吹单影，刚是早秋天"。

  大自然以虫鸣秋，虫声成为最能令人兴悲的天籁，也是最能触发诗家词人灵感的引子。白石的咏蟋蟀，就是秋词如林中的一株嘉木。写蟋蟀，可以有多种写法。《齐天乐》小序里谈到富贵之家"以三二十万钱致一枚，镂象齿为楼观以贮之"，如果以此为主题，可能写出慷慨以讽的好词来，如同白香山的《十首秦吟》，可是姜白石他没有这么写，我们也没有理由责备他为什么不这样写。另外，还有一种写法，与他一道"同赋"蟋蟀的张功甫（张镃），就是全凭个人亲身的感受而写下了很有情味的《满庭

蟋 蟀

芳》"咏促织儿"。而白石道人下笔之时，少写个人对蟋蟀的亲切的生活感受，一上来几句带过，然后推己及人，使读者眼界大开，胸怀辽阔，心心相通，情感交流。正像刘勰所说的"是以诗人感物，联类不穷"。我所以喜欢这首《齐天乐》，原因就在这儿。

这首词的首句，就为全篇定下了调子。作者"先自吟愁赋"，心中因秋来而兴起了怆凄之感，而蟋蟀的"私语"，不过是撩人悲思的外因而已。因为自己情怀感伤，觉得蟋蟀的鸣声也成为"似诉"的"哀音"。又由此推开了去，一层又一层，一种境界又一种境界，凄凄切切，令读者感同身受，引起强烈共鸣。"思妇无眠，起寻机杼"与砧杵捣衣，欲寄远人，其实是一种意思，作者却分开来写，好似因为虫声哀切，使人无眠，因而夜织；断续虫声，和砧杵之声好似有意和答，况又加上"西窗又吹暗雨"，更加浓了环境的气氛，凄凉的情调。

我们一面微吟这些动情的词句，自会想到"长安一片月，万户捣衣声。秋风吹不尽，总是玉关情"，自会体会到"欲寄君衣君不还，不寄君衣君又寒"（元姚燧《越调凭阑人·寄征衣》）思妇的痛苦情怀。

接下去，又另辟一个天地。"候馆迎秋"，"离宫吊月"，虽然寥寥两句，却概括地写了两种情景，含蓄深厚，动人遐思，真是"别有伤心无数"。

我们读到这几句词的时候，自然想到了唐玄宗的"朝朝暮暮情"，"行宫见月伤心色，夜雨闻铃肠断声"；也会想到李后主作为臣虏之后的哀吟："晚来天静月华开，想得玉楼瑶殿影，空照秦淮"（《浪淘沙》）。

游子天涯，思亲无绪，秋风乍起，虫声唧唧，当此景，若为

情?苏东坡的"赴密州,早行,马上寄子由"的那首《沁园春》词,一上来的那引人旅途愁思的三个句子"孤馆灯青,野店鸡号,旅枕梦残",多么好呵!也忘不了少年时代就念熟了的莺莺临别张生时的那亲切关怀、牵肠挂肚的几句嘱咐:"荒村雨露宜眠早,野店风霜要起迟!鞍马秋风里,最难调护,最要扶持。"

　　白石作词,好写小序,字句无多,情味隽永,为人所激赏。但有人指出小序与词句意多重复处。这篇《齐天乐》的小序,不但写出了他创作这首名篇的当时情况,同时也透露出了他所以如此立意遣词的一点消息。他与友人会饮,听到了壁间蟋蟀有声,触动了词客们的兴趣,相约为之赋,功甫先成,写得甚美。白石构思未就,如是,徘徊茉莉花间,"仰见秋月,顿起幽思,寻亦得此"。

　　功甫的《满庭芳》"咏促织儿",有的词选上与白石词同在,一定就是被白石称为"甚美"的那一首了。我揣想,白石先拜读了功甫的佳作,自己也不好再重复以个人亲身体会为主调的写法了,所以苦思冥想,追求新意,忽然仰望秋月,幽思大动,灵感袭来,一挥而就。从他的思路上寻绎,听虫声,望秋月,引出了"候馆近秋,离宫吊月,别有伤心无数"。于是再串连上"思妇无眠""相和砧杵"另外两种景况,成为这首名作的主调,使人动情,引起共鸣。

　　当然,作者开头的几句,还是写了亲身的感受,情景颇为动人的。这只是大文章的小破题而已。接近尾声的"《豳》诗漫与,笑篱落呼灯,世间儿女"这三句,读来情调与主调不甚和谐,但按词句的脉络看去,这情景虽不是亲历却是共感,与开头"露湿铜铺,苔侵石井,都是曾听伊处"遥遥相呼应。而最后两句,与起首第一句的悲凉情调是一致的。

功甫的《满庭芳》写得情真景真，引起读者美好的回忆，动人的幽思。"静听寒声断续，微韵转，凄咽悲沉"，"儿时曾记得，呼灯灌穴，敛步随音"，描绘入微，动人心弦。我总觉得，白石的《齐天乐》是受到功甫《满庭芳》的启示的，从某些句子上也可看出一点迹象来。

两位好友，一同会饮，一同赋诗，彼此吟诵，均成名作，这是词坛盛事，也是人间乐事。

词论家们由于观点不同，各有所爱。强调思想性与现实意义的对姜白石及其流派虽不抹煞，但颇多指责，说他是封建统治阶级官僚的清客，娴于词律，注重艺术，但为时、为事而作的则甚少。另一方面，侧重艺术、讲求形式的论客，对白石则推崇备至。我们觉得，如果把他的作品和苏辛词的内容与风格相比较，是不同的；但他的艺术成就、他的广泛影响却是人人承认的，与他同时代的大作家范石湖、杨万里、辛稼轩等对他的作品均甚为激赏，他不但名传后世，而且早已声振当时了。

白石的词，有的超逸，有的豪爽，在艺术上是独具风格的。有的人推为南宋第一家，虽不允当，但他的作品在词坛上地位很高、影响很大，是不容置疑的。

姜夔《齐天乐》(并序)试析

顾易生

姜夔,字尧章,号白石,南宋词人。《齐天乐》是他的一篇代表作,但历来对其评价颇有分歧。宋末张炎《词源》标举"清空""雅正",以姜词为典范,称为"如野云孤飞,去留无迹"。清代浙派词家朱彝尊、汪森等也推它为极则。汪氏《词综序》评宋词流派,以为"短长互见,言情者或失之俚,使事者或失之伉,鄱阳姜夔出,句琢字炼,归于醇雅",意谓其高于"婉约""豪放"两派而独造至境。然而周济的《介存斋论词杂著》却认为它"情浅""才小","看是高格响调,不耐人细思"。王国维《人间词话》也说:"格调之高无如白石,惜不于意境上用力。"近时多有指摘它偏重形式格律而内容贫乏者,甚至视其为当时词坛的逆流。其实这两种评论都不无偏颇,贬者也许失诸皮相,誉者或未必搔着痒处,究其原因,都是对姜词的境界深度缺少探析,故而各执一端。现在试就《齐天乐》进行解剖,或许有助于认识姜词的思想艺术成就。其词及小序云:

丙辰岁,与张功甫会饮张达可之堂,闻屋壁间蟋蟀有声,功甫约予同赋,以授歌者。功甫先成,辞甚美。予徘徊茉莉花间,仰见秋月,顿起幽思,寻亦得此。蟋蟀,中都呼为促织,善斗。好事者或以三二十万钱致一枚,镂象齿为楼观以贮之:

庾郎先自吟愁赋,凄凄更闻私语。露湿铜铺,苔侵石井,都是曾听伊处。哀音似诉。正思妇无眠,起寻机杼。曲曲屏山,夜凉独自甚情绪! 西窗又吹暗雨,为谁频断续,相和砧杵?候馆迎秋,离宫吊月,别有伤心无数。《豳》诗漫与。笑篱落呼灯,世间儿女。写入琴丝,一声声更苦。(自注:宣、政间,有士大夫制《蟋蟀吟》。)

这里首先值得注意的是词前的小序。词在唐末宋初是新兴的诗体,被视为小道,大都为遣兴之作,所谓"满心而发,肆口而成",常常无题,当然也没有序。北宋词至苏轼而有大发展,其词很多有题,不少有序。诗词的由无题而进到有题,或有自序,使主题更明确,创作背景与意图更清楚,这是一种进步现象。当然有了题不能使诗词的意境为题所拘限,仍应让读者有丰富的体会;有了序不是把诗词的内容预先说尽,而是更启迪读者深邃的遐思。姜夔的许多词前有序,

姜夔像

文辞优美,有似散文诗,内容与词篇相生发,珠联璧合,交相辉映,因此甚受推重。周济说"白石小序甚可观,苦与词复",并以时人"津津于白石词序"为可笑,今试看本词的序,便知这一批评并不是中肯的。

序文介绍了本词写作的过程。本词是宋宁宗庆元二年(1196)在当时都城临安(杭州)写的。此时北宋沦亡约已七十年了,南宋统治集团在这山明水秀的西子湖畔偏安已久,可是中原父老、北国山河、国仇家恨、远虑近忧,仍然郁勃于爱国志士心头。在一个秋凉的夜晚,姜夔与其好友张功甫(名镃,抗金名将张俊之孙)等一起饮酒,听到蟋蟀鸣声,相约以此为题作词。张词先成,即《满庭芳·咏促织儿》(见《南湖诗余》),细致地描写了月下草间、楼外墙阴的"寒声断续,微韵转凄咽悲沉",并追忆儿时捕斗蟋蟀的生动情景。姜夔称赞它"辞甚美",而自己则继续在花间徘徊觅句,显然他是在寻思如何出奇制胜。当他仰头望见明月的时候,灵感突生,顷刻成篇。为什么低头觅句久未有得,仰见秋月顿起幽思呢?因为明月阅尽世事的盛衰沧桑,普照人间的悲欢离合,很能引起人们丰富的联想。南朝谢庄的《月赋》、李白的《静夜思》、杜甫的《月夜》、陆游的《关山月》等许多诗篇中流露的感情就是由诗人望月引起的。姜夔的《齐天乐》亦如此。他吟咏蟋蟀而仰望秋月,联想到过去与当前斗虫的情景,联想到同在这月下的行人思妇、羁客骚人听到寒声的情感,创作思路顿时豁然开朗。应当说,这首词的境界已超出一般咏物题材的界限而反映了某种时代风貌。郑文焯校《白石道人歌曲》,在肯定张作的同时,高度评价了姜词的别开生面。

《负暄杂录》载:"斗蛩之戏,始于天宝间,长安富人镂象牙为笼而蓄之,以万金之资,付之一喙。"此叙所记好事者云云,可知其习尚至宋宣、政间,殆有甚于唐之天宝时矣。功甫《满庭芳》词咏促织儿,清隽幽美,实擅词家能事,有观止之叹,白石别构一格,下阕托寄遥深,亦足千古矣。

序的最后叙说中都斗蟋蟀的豪华竞逐现象一段文字,是很可以推敲玩味的,郑文焯认为是追记北宋末年政和、宣和间汴京故事,下阕中寄寓了对离乱时事的悲慨。俞平伯《唐宋词选释》持相同看法,注云:"中都,汴京。蟋蟀北方俗呼促织、趣织,自汉以来如此,非始于宋。看本篇'候馆'下三句,'中都'云云自非泛语。""政和、宣和,宋徽宗年号(1111—1125),北宋亡国之时。本篇作意自注甚明。"这些解释应是深得姜夔遗意的。但也有不少注家认为中都指杭州。

其实，中都指汴京，不但有词末自注可相印证，作者此时正在杭州，从上文看，这段紧接"顿起幽思"之后不像是记述身边近事的口吻。而且南宋虽建都杭州，究竟有点临时性质，故一般称之为"行在"。一些不忘中原的作者笔下的"京都"是专指汴京的。如张孝祥《六州歌头》的"渺神京"。陆游《梦从大驾西征尽复汉唐故地》的"凉州女儿满高楼，梳头已学京都样"，也当指汴京。张端义《贵耳集》说李清照"南渡以来，常怀念京洛旧事，晚年赋《元宵·永遇乐》词"。所谓"京洛"，即汴京与洛阳。那末，姜夔在序末为什么要追忆北宋末年汴都盛事呢？是寄托故国之思？是抒发盛衰之感？还是揭示那酿成北宋灭亡和无数时代悲剧的某种原因呢？他没有明言，却留给读者自己去体味。这正如他的诗论著作《白石诗说》中所指出的："句中有余味，篇中有余意，善之善者也。"这和白居易《新乐府序》所标举的"首句标其目，卒章显其志"直言谈相式表现手法是有所不同的，故而不能因其未曾明说即断言他对现实并无讽谕之意。这篇小序与下面词篇之间，存在内在联系，却保留相当的空隙；相互呼应，却不犯复。正因如此，我们读了这篇序，觉得饶有引人入胜之趣，怀着迫切的心情向往去读下面的词，而当读他的词的时候，眼前又突兀展现出人意表的无限风光。

词的开头："庾郎先自吟愁赋，切切更闻私语。"宛如奇峰突起，与逶迤而来的陵陆脉络相连而壁立千仞，又如高屋建瓴，飞流直下，展开为浩渺烟波。蟋蟀候虫，随季节而鸣，本是无情之物，无所谓愁，也无所谓乐；然而听者的境遇和心情不同，感受也各异，豪客捉来竞胜夸富，骚人闻之倍增怅触。这里开宗明义表明了自己早已是愁情满怀，听到了似泣似诉的虫声而更加感慨万千。这也点出了本词虽是咏物却以抒情为主，实际上是寄寓着身世之感，家国之痛，因而

宋·张择端《清明上河图》（局部）

所着重描写的不是蟋蟀本身而是各种人物听其鸣声后的情景。庾郎，即庾信，南北朝后期著名诗人。这时祖国陷入战争，长期南北割裂。他初仕南朝梁，出使西魏而梁朝覆亡，被羁留北国。漫漫岁月，伤感身世时局，写下了《哀江南赋》《枯树赋》等光辉作品，既抒发了自己的乡关之思，也描述了故国凋残、人民离丧的苦难。杜甫曾给予很高评价，在"漂泊西南"时期的作品《咏怀古迹》之一中，他说："羯胡事主终无赖，词客哀时且未还。庾信平生最萧瑟，暮年诗赋动江关。"是既咏庾信，也咏自己。由此可见姜夔以庾郎赋愁自况，寓有深意。有人根据传本《庾子山集》中无《愁赋》之目而遽讥姜词"开口"便"捏造典故"。据夏承焘《姜白石词编年笺校》等考证，宋时庾集确有此篇，后当佚失，已足辨其诬。这里更想补充的是，姜夔原像杜甫那样称道庾信暮年诗赋以自喻萧瑟。"愁"，概括了庾赋的精神风貌，庾信《哀江南赋序》便自称所作"惟以悲哀为主"。故"愁赋"者，抒写愁情之赋也，如果拘泥于某一篇，反或缩小其意义。

姜夔所处的宋金对峙时代与庾信所处的南北朝颇相类似。当女真铁骑南侵的时候，惊破北宋汴京城中歌舞升平的迷梦，不论贵

族宦家或平民百姓，都饱尝兵荒马乱、死别生离的苦果。有的惨遭屠戮，有的被掳北去，有的逃亡到了南方。从此辗转呻吟于金朝贵族统治之下的中原父老，便日日夜夜盼望着南宋出兵恢复而不见影踪。而在南方地区，由于赵宋统治集团的妥协投降政策，忠臣义士反被投闲置散，还我河山的壮志难伸；南渡的北方人民"鸟飞还故乡"的愿望也遥遥无期。他们分别处在破碎的大地，分隔千里，共同望看着这普照九州的皓月清辉，将有多少悲恨？再加上候虫的哀鸣，倍增韶华易逝、归期无凭的感慨，怎能不伤心无数呢？这些悲剧，在词中一幕幕展示出来了。

"露湿铜铺"，是失意人被幽禁的处所。铜铺，铜质门环底座，长时无人敲打，故为露湿，表示门径的久闭。此句语本唐李贺《宫娃歌》："屈膝铜铺锁阿甄。"屈膝，即铰链；阿甄，三国时著名美女，魏文帝曹丕之后，后遭谗毁，被废幽禁，不久赐死。"苔侵石井"，是山居野处者的闲寂庭院。井栏生苔，表示使用的稀少。此句语本唐司空曙《题暕上人院》："雨后绿苔生石井。"那些幽闭的失意之人与寂寞的闲散之士，听到蟋蟀的鸣声，不是像在诉说他们的幽恨与闲愁么？然而这秋夜的哀音更能打动那怀念行人而深夜不眠的妇女的心弦，使她猛省到严冬不远，赶紧起床找寻织具，为远人制作寒衣。蟋蟀别名促织、趋织，原是声音之转。古代有这样的俗语——"趋织鸣，懒妇惊"，意谓虫声报寒催妇女纺织。词人把这常用成语移置到征夫思妇的典型环境中，更有特殊意义了。

画屏回合缭绕，象征着女主人居处的深邃，屏上连绵的山峰却使她的愁情触绪而长，何况秋夜的凉意仍然透过曲折屏山而侵袭她的肌骨，她的离情别绪更加凄惶而缠绵了。词的上片到此戛然而止，而又余韵盎然，并与下片开头"西窗又吹暗雨"紧密衔接。深夜不

明·郭存仁《金陵八景图》(局部)

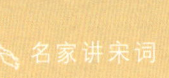

知何时飘起濛濛细雨来了,昏暗中既不见形,又不闻声,只是被西风吹拂湿透窗隔,既似慰藉,又添寂寥;何况伴随着它,还传来了与断断续续寒虫鸣声交响合奏的远处砧杵捣衣之声。这使词境愈加凄清又无限伸延,一种幽情孤绪竟然弥漫于寥廓长空和大地。一首词的上下片之间,词意须要有断有续,最见作者功力。张炎《词源》曾举此词作为范例云:"最是过片,不要断了曲意,须要承上接下。……此则曲脉之意不断矣。"这里"为谁频断续"的问句也很有意思。对无情之物偏发有意之问,问得似极无理,却更见感情的真挚沉郁,屈原的搔首问天,欧阳修的泪眼问花(《蝶恋花》),都是如此。秦观《踏莎行》"郴江幸自绕郴山,为谁流下潇湘去",作者浪迹天涯的惆怅情绪与流水俱逝;姜夔的幽思也随着虫鸣而绵延不尽。思妇空房夜织是孤独的,然而在山河破碎、征行不断的时代,这种情景有着普遍性。窗外水边捣衣的妇女也是在为远征的亲人准备衣服啊!正像李白《子夜吴歌》所描写的:"长安一片月,万户捣衣声。秋风吹不尽,总是玉关情。何日平胡虏,良人罢远征!"在姜夔词中,蟋蟀的鸣声把深闺屏中与窗外水边妇女的情绪织成一片,并继续远伸到羁旅在天涯海角的行客征夫。

"候馆",即客馆;"离宫",帝王临时居住的地方,也称行宫。白居易《长恨歌》描写唐玄宗逃亡四川时的凄凉境况说:"行宫见月伤心色,夜雨闻铃肠断声。"李贺《宫娃歌》又有"啼蛄吊月钩栏下"之句。旧注谓"吊月,对月而鸣"。离人吊月,则是望月伤感了。本词这里写到那些流离羁留在异乡客地的各种人等,闻蟋蟀的哀鸣而惊觉秋凉的来到,望夜月的孤冷而自伤归期的无准,去国怀乡的愁绪也纷至沓来,"当君怀归日,是妾断肠时",遥遥相对,真是"别有伤心无数"啊!

姜夔《齐天乐》(并序)试析

清·黄向坚《剑门图》

本词以蟋蟀鸣声为线索，展现了广阔的画卷，到处是幽怨与离恨，这对怀着强烈身世时代之感的作者来说更是满眼悠悠，诗兴郁勃了。"《豳》诗漫与"一句有力地与开端的"庾郎先自吟愁赋"相呼应。《诗经·豳风·七月》是比较全面地反映周时农业劳动和生活的长篇，其中有咏蟋蟀之句。《诗序》说："《七月》，陈王业也。周公遭变故，陈后稷先公风化之所由，致王业之艰难也。"反映它的重要社会意义。杜甫《江上值水如海势聊补述》云："老去诗篇浑漫与。"谓晚年作诗多属即兴而无矫饰。姜夔以《七月》与杜甫的创作譬喻自己的作词，鲜明地表示了其倾向性。然而，在通篇都写怨情之间，突然插入"笑篱落呼灯，世间儿女"两句，别开生面而感触更深。一些痴小儿女，不知愁恨为何物，正在篱落之间兴高采烈捕捉蟋蟀呢！这是何等尖锐的对照。正如陈廷焯《白雨斋词话》所说："以无知儿女之乐，反衬出有心人之苦，最为入妙。"张镃词中，也曾有"儿时曾记得，呼灯灌穴，敛步随音"等句，与此语近而意不同。张词乃是追忆自己儿时欢乐与老境相对比，这里则是以当时一些醉生梦死之徒与别有伤心怀抱者相对比。在南宋偏安的岁月中，有不少人已经忘却国难家仇而文恬武嬉，正如与姜夔大约同时的林升《题临安邸》所云："山外青山楼外楼，西湖歌舞几时休。暖风熏得游人醉，直把杭州作汴州。"姜夔大概也有类似的悲慨吧！这样深沉而强烈的感触，自然"写入琴丝，一声声更苦"了。词末作者自注，说明北宋末年已有作《蟋蟀吟》的了，其词云何，已不可考，但姜夔既以之作比较，想来也当有所伤感，可是怎么及得上经历了社会大变乱而触目惊心之作那样回肠荡气呢？

这首《齐天乐》词，把秋夜听蟋蟀的许多情景有机连缀起来，浮想联翩而描写真切，处处切合咏题而展示出了瑰丽多彩的社会画

宋·夏圭《西湖柳艇图》(局部)

图,意境是深远的。有些讥之为"不耐细思"的批评者,也许是未曾细思吧。甚至还有认为它是拼凑堆砌的,如陈锐《碧裛斋词话》说"'邠诗'四字太觉呆诠;至'铜铺''石井''候馆''离宫'亦嫌重复"。显然对这些词句的特殊意义缺少探求,也不理解全词的脉络,几乎把这首名作肢解了。陈廷焯《白雨斋词话》说姜词"清虚骚雅,每于抑郁中饶蕴藉","感慨全在虚处",确能揭示其特色。当然力求骚雅与含蕴,也有缺陷,避初期婉约词的俚俗而失其清新,抑豪放词的高亢而不够开朗,用典较多,锻句炼字,有时过于曲折隐晦,致使粗读不识深意,深求或成穿凿,作者也不能说没有责任。宋翔凤《乐府余论》认为姜夔词句"皆借托比兴","如《齐天乐》,伤二帝北狩也"。可能是因词中某些语涉宫禁而遽加附会,这是词论中另一种偏向。其实作此词时,徽、钦二帝去世数十年,如有所寄意,自当不只伤其蒙尘北国而应哀悼他们的丧身胡沙了。本文对全词不惮辞烦,试为阐释,不知能否探骊得珠,还有待读者的指正。

不无危苦之辞 唯以悲哀为主
——李清照、刘辰翁、汪元量"元夕"词

缪 钺

夏历正月十五日,所谓"元夕"(或名"元宵"),是自古相传的赏灯佳节。古人诗词中咏元夕者甚多,大都是欢庆之辞。举其著者,如唐苏味道《正月十五夜》诗云:"火树银花合,星桥铁锁开。暗尘随马去,明月逐人来。游妓皆秾李,行歌尽落梅。金吾不禁夜,玉漏莫相催。"宋辛弃疾《青玉案·元夕》词上片云:"东风夜放花千树,更吹落,星如雨。宝马雕车香满路。凤箫声动,玉壶光转,一夜鱼龙舞。"这类作品还很多,不胜枚举。但是也有个别咏元夕的词作,却是并无欢庆之言,而是像庾信《哀江南赋序》所说的,"不无危苦之辞,

唯以悲哀为主"。这是什么缘故呢?因为每当天翻地覆、民族危亡之际,凡是经历沧桑巨变的诗人,遇到佳节良辰,抚今思昔,更容易引起其家国之思的沉忧隐痛。宋代李清照、刘辰翁、汪元量诸人的"元夕"词,就是这一类作品。因此,这类作品比起那种描绘庆祝佳节的欢娱之辞,更具有感人的力量。下边,我们试加以评述。

先看李清照的《永遇乐》词:

落日熔金,暮云合璧,人在何处?染柳烟浓,吹梅笛怨,春意知几许?元宵佳节,融和天气,次第岂无风雨?来相召、香车宝马,谢他酒朋诗侣。　　中州盛日,闺门多暇,记得偏重三五。铺翠冠儿,撚金雪柳,簇带争济楚。如今憔悴,风鬟雾鬓,怕见夜间出去。不如向帘儿底下,听人笑语。

张端义《贵耳集》卷上:"易安居士李氏,赵明诚之妻。《金石录》亦笔削其间。南渡以来,常怀京洛旧事,晚年赋元宵《永遇乐》词。"说明这首词是李清照晚年"常怀京洛旧事"而作的咏元宵词。李清照是经过沧桑巨变的。宋钦宗靖康二年(1127),金人灭宋,俘徽、钦二宗北去。1129年八月,李清照之夫赵明诚又病卒。时金兵渡江南侵,李清照避乱流离于浙东西各地。一直到绍兴六年(1136),始回临安(以上据王学初《李清照事迹编年》)。李清照经过十年的国忧家难,战乱流离,其心中的痛苦创伤是可想而知的,所以曾在一个元宵之夜写了这首词。此词大约作于绍兴六年李清照回临安之后。因为就词中意思看来,写的是在南宋都城临安过元夕而对于北宋都城汴京欢庆元夕时的追忆。

这首词上片先写元夕景物,是佳节的"融和天气",但是自己兴致不好,所以"酒朋诗侣"虽然以"香车宝马"来相召,但是自己辞谢了。下片换头处宕开(这是作词时惯用之法)。自"中州盛日"至"簇带争济楚"数句,追忆当年承平之时,汴京("中州"即指汴京)妇女"闺门多暇",非常重视元宵佳节("三五"即指正月十五日),每到这时,都是盛妆打扮,整齐美丽("济楚"是宋时俗语,整齐美丽之意),到街市中游赏观灯(言外之意,当时自己也是很有兴致的,不过这层意思不点自明)。"如今憔悴,风鬟雾鬓,怕见夜间出去"三句,一下跌到现在,点出饱经丧乱后沉哀隐痛的心情,笔力矫健。结尾两句写枯寂情怀,大家都去欢庆灯节了,自己只在"帘儿底下,听人笑语"而已。李清照这首词,借咏元夕,写出自己饱经沧桑世变之后感怀家国身世的沉痛心情。

在李清照作此词之后一百多年,南宋遗民刘辰翁又作过《永遇乐》《宝鼎现》两首咏元夕的词,也寄托了亡国后抚今思昔的哀怆之情。我们先看他的《永遇乐》词:

余自乙亥上元,诵李易安《永遇乐》,为之涕下。今三年矣,每闻此词,辄不自堪,遂依其声,又托之易安自喻,虽辞情不及,而悲苦过之:

璧月初晴,黛云远淡,春事谁主?禁苑娇寒,湖堤倦暖,前度遽如许。香尘暗陌,华灯明昼,长是懒携手去。谁知道、断烟禁夜,满城似愁风雨。　宣和旧日,临安南渡,芳景犹自如故。缃帙流离,风鬟三五,能赋词最苦。江南无路,鄜州今夜,此苦又谁知否?空相对、残灯无寐,满村社鼓。

刘辰翁（1232-1297）字会孟，庐陵（今江西吉安市）人。他少登陆象山之门，补太学生。景定壬戌（1262），廷试对策，忤贾似道，置丙第。以亲老之故请任濂溪书院山长。宋亡，隐居而卒。他这首《永遇乐》词题序中所谓"乙亥上元"，"乙亥"是宋恭帝德祐元年（1275）。上一年，元兵攻陷襄阳之后，发兵十万，大举南下，陷汉阳、鄂州，宋朝岌岌可危。刘辰翁大概预感到将不免亡国之祸，所以"诵李易安《永遇乐》，为之涕下"。恐怕将与李易安有同样的命运。果然，此后一年（1276），元兵入临安，俘恭帝等北去。自乙亥之后三年（1278），又遇元夕。上一年，宋帝赵昰被元兵追逼，逃至海中，复兴无望。所以刘辰翁这首词结尾数句："江南无路，鄜州今夜，此苦又谁知否？空相对，残灯无寐，满村社鼓。"较李清照词尤为凄苦。这是因为，李清照作元夕词时，北宋虽亡，南宋犹能偏安半壁，而刘辰翁作元夕词时，宋朝完全覆灭，绝无复兴之望。大约二十年之后，当元成宗大德元年（1297）元夕之时，刘辰翁又作了一首《宝鼎现》词，自题曰"丁酉元夕"（"丁酉"是大德元年）。词中追想北宋汴京、南宋临安元夕灯节的繁华景象是"红妆春骑，踏月影、竿旗穿市。望不尽楼台歌舞，习习香尘莲步底。箫声断、约彩鸾归去，未怕金吾呵醉。甚辇路喧阗且止，听得念奴歌起"。但是这些都是往事了，现在想起来，无限凄凉，"父老犹记宣和事（宣和是宋徽宗的年号），抱铜仙、铅泪如水"。词末发抒伤痛说："又说向灯前拥髻，暗滴鲛珠坠。便当日亲见《霓裳》，天上人间梦里。"刘辰翁在宋亡二十年后，其故国之思仍然如此沉痛。所以张孟浩评刘辰翁词说："其词反反复复，字字悲咽，真孤竹、彭泽之流。"（《历代诗余》卷一一八）

以上所举出的李清照、刘辰翁两家的《永遇乐》咏元夕词，都是传诵千古的名篇，各种词选中大都选录，是世人所熟知的。下边，我

不无危苦之辞　唯以悲哀为主
——李清照、刘辰翁、汪元量"元夕"词

们再举出汪元量一首咏元夕词。这首词虽然与前举李、刘两家之作相比并不逊色，但是从来未见有人称道过，因为汪元量这位在宋元之际异军突起的词人，长期以来没有得到应有的重视。兹先录这首《传言玉女·钱唐元夕》词如下：

一片风流，今夕与谁同乐。月台花榭，慨尘埃漠漠。豪华荡尽，只有青山如洛。钱唐依旧，潮生潮落。　万点灯光，羞照舞钿歌箔。玉梅消瘦，恨东皇命薄。昭君泪流，手撚琵琶弦索。离愁聊寄，画楼哀角。

汪元量字大有，号水云，钱塘（今杭州市）人，其诗词集名《湖山类稿》。他生于宋理宗淳祐元年（1241），少时以善鼓琴给事宫廷。恭帝赵德祐二年（1276）春，元兵攻陷临安，俘虏宋帝后妃等北去，汪元量随行。汪元量在北方时，"侍三宫于燕邸，从幼主于龙荒"（王国维《书宋旧宫人诗词湖山类稿水云集后》，见《观堂集林》卷二十一），备历艰苦。他还多次慰问文天祥于其囚禁之所，作诗唱和。文天祥就义之后，汪元量作《浮丘道人招魂歌》九首以挽之。至元二十五年（1288），汪元量以黄冠南归，游历江浙、湘、赣、巴蜀诸地。至元三十一年（1294），他在杭州西湖畔筑室隐居，其卒年约在仁宗延祐四年（1317）稍后（据孔凡礼《汪元量事迹纪年》，见《增订湖山类稿》）。

汪元量这首《传言玉女》词是何年所作呢？孔凡礼认为："同中慨叹'尘埃漠漠'，当为元兵入杭前夕。题所称'元夕'，当为德祐二年（1276）之元夕。"此说可信。宋度宗咸淳十年（1274），元兵大举南侵。次年，恭帝德祐元年（1275），元兵攻取黄、蕲以下沿

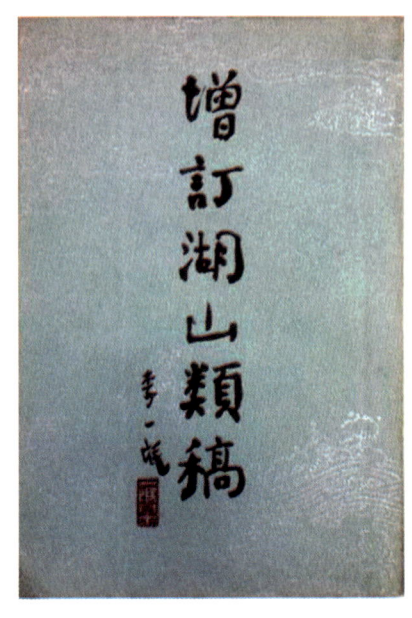

《增订湖山类稿》书影

江诸州,击败贾似道兵十余万于池州,进陷建康(今南京)、平江(今苏州),势如破竹,临安岌岌可危。所以在德祐二年元夕之时,汪元量预感到国家将亡,于是发出"豪华荡尽,只有青山如洛。钱唐依旧,潮生潮落"的哀叹。虽然是元夕佳节,但并无欢庆心情,而只是感到"万点灯光,羞照舞钿歌箔",玉梅也消瘦了,弹琵琶的也流泪了("昭君"借指弹琵琶的女子,也暗示将有北行出塞之灾难),一片凄凉气氛,只好"离愁聊寄,画楼哀角"而已。这首词写得的确是非常凄怨悲凉。

汪元量词的风格在当时是独树一帜的,特立于风气之外。宋末元初,南方词坛为姜夔、吴文英两家所笼罩。当时著名词人中,张炎以清空为宗,是推尊姜夔的;周密以丽密见长,是效法吴文英的;王沂孙则是兼取姜、吴两家之长。汪元量与张、周、王诸词人都无往还,词风亦不相近。汪元量的词,不多用典故,不偏重藻饰,以疏淡之笔,

不无危苦之辞　唯以悲哀为主
——李清照、刘辰翁、汪元量"元夕"词

直抒胸臆，又能保持词体幽约深婉之特质，而不流于粗率。论其词之风格，与当时人刘辰翁之《须溪词》相近。况周颐评刘辰翁词云："须溪词多真率语，满心而发，不假追琢，有掉臂游行之乐。其词多用中锋，风格遒上，略与稼轩旗鼓相当。"（《餐樱庑词话》，转引自龙榆生《唐宋名家词选》）况氏对于刘词之评语，亦可转用以评论汪词。汪元量南归后，曾赴庐陵访晤刘辰翁，两人气味相投，一见如故，刘为汪的《湖山类稿》撰序，加以赞扬。这固然是由于两人均有故国之思、遗民之痛，而作品风格相近也是一个因素：

汉上繁华，江南人物，尚余宣政风流。绿窗朱户，十里烂银钩。一旦刀兵齐举，旌旗拥、百万貔貅。长驱入，歌楼舞榭，风卷落花愁。　　清平三百载，典章人物，扫地俱休。幸此身未北，犹客南州。破鉴徐郎何在？空惆怅、相见无由。从今后，梦魂千里，夜夜岳阳楼。

悲歌一曲了此生
——徐君宝妻《满庭芳》

臧克家

我喜欢古典诗歌,也欣赏宋词,多年来,不断阅读各种选本,从中得到一种美好的精神享受。对于大家、名家的作品,比较熟悉,却几乎漏了一位女词人的佳作——《满庭芳·汉上繁华》。这首词,可谓珍品,对我说,确有相识恨晚之感!作者之名不见经传,不像其他女词人声名赫赫,仅以"徐君宝之妻"的身份留名文苑,一生也只有这一篇作品传世,真是吉光之片羽了。这决不是以少为贵,而是以它的艺术价值令人一触目即惊心!悲其遇,悯其情,壮其志,她的词,表现出了一个弱质闺秀强烈爱国的情操，忠于爱情的赤诚。

  这篇佳作，像一颗明珠，放射出耀眼的光辉，照亮了作者与读者的心。我，百读不厌，越读越爱读，每读心底起波澜！读这篇调寄《满庭芳》的宋末悲愤词，不禁使我想起汉末蔡琰的《悲愤诗》；当然，我也不会忘记与作者同时代、同命运的王清惠的《满江红·太液芙蓉》、汪水云的《醉歌》《钱塘歌》《湖州歌》。但有一点不相同：其他几位，满腔悲愤，忍辱苟活，而这位女性却豁出了自己宝贵的生命，"自古艰难唯一死"呵。所以，我对她在生死关头勇敢的抉择，心中有一种既悲且壮的特别感觉。

  南宋末年，君臣被俘，国破家亡，是统治者咎由自取造成的一场大悲剧，而《满庭芳》作者不过是这场悲剧里的一个小小角色而已。这首词，她用极为悲切的浓烈情感，高超的艺术表现力，概括了南宋衰颓覆亡的惨状，像一座令人目炫的琼楼，一下子倒塌在地，使人心动神摇，悲愤难抑，也令人怜悯之情油然而生。它的主要可悲之处在于，这位词人在悲剧终场之时，才从繁华梦中一下子坠入了现实之中，惊惶诧异地看到敌人"一旦刀兵齐举，旌旗拥，百万貔貅"。其实这个"一旦"，事实上年月已久矣！即使生长在深闺之中，对蜩螗的国事，议和与抗战之争，这些关系到国家存亡、人民命运的大事，也应该感知的。可是，她却在割地纳金、认贼作叔、以"宝器销兵气"的屈辱气氛中沉醉。身子成为幕上之燕，还在歌唱；做了涸辙之鱼，意趣犹欢。我们要真正领会这首《满庭芳》的内涵意义，必须拿《宣和遗事》《东京梦华录》《繁胜录》《梦粱录》《都城纪胜》和《武林旧事》……这些实录做背景，才能看到一个个荒唐的黄粱梦，一幕幕惨痛而令人悲悯的场景，彻底了解作者的生活环境及其复杂的心情。

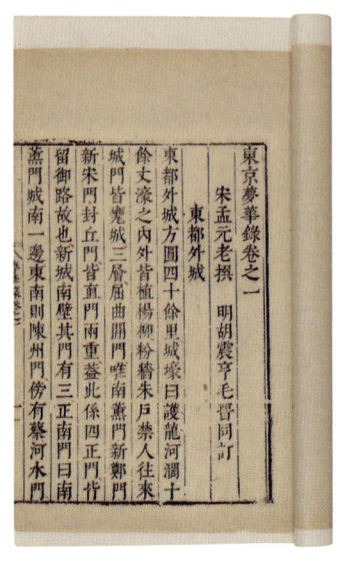

《东京梦华录》书影

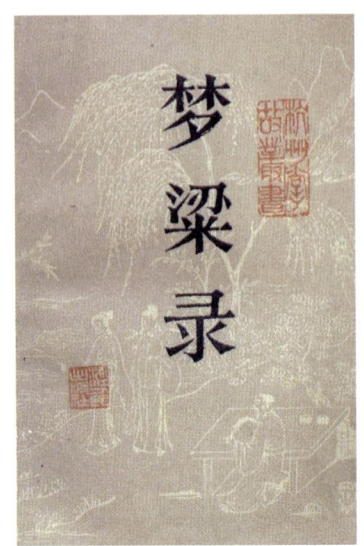

《梦粱录》书影

这样才明白,词的作者为何临死芳心还萦系着"汉上繁华"。实际上,这繁华涂上了耻辱的颜色,像一柄红艳的毒菌,在媚惑人、毒害人。所谓"江南人物",其中应该包含着风流天子道君皇帝,也该有祸国殃民奸佞的"六贼",由于他们对敌屈膝,残害忠良,使国家一步一步走向灭亡,他们终于受到惩罚,身败而名裂,还谈什么"宣政风流"!词中"绿窗朱户,十里烂银钩",这些带着眷恋深情的描绘,并非夸张,而是不足。"名茶数瓯,价值四十万";"买笑千金,呼卢百万";一碟"春盘",可值"万钱"。这明明是饮鸩止渴,竟还陶然而乐,君无心肝,臣无心肝,